U0063558

香港立法機關關於政制發展的辯論 第二卷

彭定康改革

強世功　袁陽陽　編

1992

1994

責任編輯　蘇健偉

封面設計　吳丹娜

書　　名	**香港立法機關關於政制發展的辯論（第二卷）** 彭定康改革（1992—1994）
編　　者	強世功　袁陽陽
出　　版	三聯書店（香港）有限公司 香港北角英皇道 499 號北角工業大廈 20 樓 Joint Publishing (H.K.) Co., Ltd. 20/F., North Point Industrial Building, 499 King's Road, North Point, Hong Kong
香港發行	香港聯合書刊物流有限公司 香港新界大埔汀麗路 36 號 3 字樓
印　　刷	美雅印刷製本有限公司 香港九龍觀塘榮業街 6 號 4 樓 A 室
版　　次	2017 年 9 月香港第一版第一次印刷
規　　格	16 開（185 × 260mm）424 面
國際書號	ISBN 978-962-04-4229-2

前言

　　香港政制發展這個概念直接源於基本法規定，即行政長官及立法會全體議員的產生辦法按照香港的實際情況，循序漸進至最終由普選產生。雖然早在英國對香港實行殖民統治伊始，就有了關於修改立法局組成辦法的辯論，但直到 1980 年代中英談判啟動香港回歸祖國的歷程，香港政制發展才真正作為一種地方的特殊憲制安排進入到公眾視野中。從此，香港政制發展問題不僅成為香港關注的問題，也成為整個國家關注的重大課題。為了便於研究人員與普通讀者系統認識、瞭解及研究香港政制發展問題的歷史與現狀，我們曾經選編了《香港政制發展資料彙編》（香港三聯書店，2015 年版），系統收集了官方正式公布的有關權威資料，包括憲制法律的規定、政府報告、相關政府官員的發言等。然而，在港英政府、中國政府和香港特區推出有關法律、政策和報告的時候，香港社會對此進行了深入討論，其中香港立法機關（包括港英時期的立法局和特區政府的立法會）作為香港的代議機關，對香港政制發展問題進行了持續辯論。從這些辯論中，我們可以看出香港社會各界對香港政制發展的不同立場、觀點和理據。為此，我們選編《香港立法機關關於政制發展的辯論》，系統呈現 1980 年代以來香港立法機關關於政制發展的辯論的相關資料。

　　本書按照時間順序分專題進行編輯，其中香港回歸前編為三卷。第一卷集中在 1985 年至 1990 年關於港英代議政制改革和基本法起草中相關安排的辯論。第二卷集中在 1992 年至 1994 年圍繞彭定康改革方案展開的辯論。第三卷集中在 1994 年至 1997 年關於香港過渡期相關問題的辯論。而回歸之後香港立法會關於政制發展的辯論，我們會繼續編輯。本書的內容編排既考慮時間順序，又兼顧主題。在選編過程中，我們盡可能照顧到不同派別的議員的觀點，並摘要最能反映其立場、觀點和理據的內容。為了便於讀者對每一卷的內容有全面的理解與把握，我們在每一卷開始處撰寫了導讀，扼要介紹在本卷所涵蓋的時間跨度與主題

下，立法機關就相關問題的辯論主旨。由於時間跨度大，辯論內容繁雜，選編難免有錯漏不足之處，還望讀者指正，所有可能的錯誤由編者承擔責任。

　　本書的編輯獲全國人民代表大會常務委員會港澳基本法委員會的課題支持，香港敏華控股有限公司也給予特別支持，特此致謝。北京大學法學院易軍、楊坤和陳卓等同學先後協助收集相關資料，並承擔錄入、排版及校對工作，感謝他們的辛勞和付出。本書收錄的文獻來源於香港特別行政區立法會網站，已獲香港特別行政區立法會授權使用，在此一併致謝。

編者

2017 年 3 月

體例說明

一、材料來源

　　本書材料來自香港立法機關會議過程正式記錄，已獲香港特區立法會授權使用。該記錄逐字記載了會議過程內容。具體來看，首先，議員及官員在立法機關會議上的發言會被以其所用的語言進行編製，形成即場記錄本。其後，即場記錄本會被分別翻譯為中、英文版本。本書採用的是中文版本，節選其中有關政制發展的內容。本書絕大部分致辭均為節選，為避免繁瑣，每篇均不再注明「（節選）」字樣。

二、術語解釋

　　本書節選內容涉及立法機關在會期內處理的多種事務，為了方便讀者理解，特作出說明。具體如下：

（一）總督／行政長官施政報告
　　施政報告，是總督／行政長官在每個立法會期的首次會議席上的發言，概述各項管理香港的政府施政建議。自 1969 年起，這一安排成為常規慣例。香港回歸後亦被沿襲下來。施政報告通常在 10 月發表，但有的也被延遲至下年 1 月發表。

（二）致謝議案辯論
　　致謝議案辯論，是議員就施政報告提出的辯論，藉以感謝總督／行政長官發

表施政報告。1969 年，致謝議案辯論首次提出，自始成為慣例，延續至今。按照慣例，致謝議案辯論會在施政報告發表後兩周進行。辯論環節的編排與該年度施政綱領的政策範疇互相對應。由於涵蓋範圍廣泛，通常需兩次以上會議，所以再次開會時被稱為恢復致謝議案辯論。

（三）發言或聲明

發言或聲明，是指總督／行政長官或者獲委派官員在立法機關會議上發言（除發表施政報告外）或發表聲明，通常旨在回應公眾關注的事件。1997 年之前，總督有時會在立法局會議內發言或發表聲明，或是指派一位獲委派官員代表政府發表聲明。在回歸後，行政長官亦採納這種做法。

（四）質詢

質詢，是指議員在立法機關會議上就政府的工作向政府提出質詢，促請政府就具體問題或事件及政府政策提供資料，或要求政府採取行動。早於 1873 年，議員便可在立法局會議上提出質詢。回歸後，這項權力一直沿用至今。質詢分為口頭質詢或書面質詢，由獲委派的官員以口頭或書面形式作答。質詢獲得答覆後，任何議員均可提出補充質詢，以求澄清該答覆。

（五）總督／行政長官答問會

總督／行政長官答問會，是指總督／行政長官酌情出席立法機關會議，答覆議員就政府的工作或特定事件提出的質詢。1992 年，總督答問會首次舉行，自始成為立法局會議的恆常安排。這一做法也為香港特區每位行政長官所採納，但答問會的舉行次數及時間，則有所不同。通常而言，在每個立法會會期，行政長官出席四次立法會會議，每次答問會為時約一個半小時。

（六）議案辯論

議案種類繁多，本書所涉及的議案辯論，是指議員或獲委派官員提出辯論以便就關乎公眾利益的問題發言。具體分為兩種：一是狹義的議案辯論，旨在對公眾關注的事項表達意見，或籲請政府採取某些行動。二是休會辯論，旨在討論

某項對公眾而言有迫切重要性的問題或提出任何有關公共利益的問題。按照歷史傳統，相關官員會列席這些辯論以回應議員的發言內容。這一做法一直沿用至回歸後。

（七）法案審議

　　法案審議，是指由政府官員或議員將新訂法例或現行法例的修訂建議提交立法機關審議，以制定成為法例。1888 年根據《英皇制誥》修訂後的條文，總督制定法律的過程，不但須徵詢立法局的意見，更須獲得立法局的同意。回歸後，法案要獲通過，須經首讀、二讀及三讀的程序。首讀，是立法會秘書處在立法會會議席上宣讀法案的簡稱。二讀，是指提交有關法案的政府官員或議員動議法案予以二讀的議案，並發言解釋法案的目的。在動議議案後，有關的辯論通常會中止待續，以便把法案交付內務委員會詳加研究。隨後，在其後舉行的立法會會議席上恢復二讀辯論，立法會繼而就法案予以二讀的議案進行表決。若法案獲得二讀通過，立法會全體議員以全體委員會名義審議法案各條文，並在委員會同意下作出修正。隨後，法案不論是否有所修正，全體委員會回復為立法會，在負責法案的官員或議員動議該法案予以三讀並通過的議案後，立法會隨即就法案進行三讀的程序。

三、編寫說明

　　由於本書性質是原始資料彙編，所以我們採取「審慎修改」原則，非正誤問題、不礙文意的字詞與病句一般不改。對於一些確定的錯別字，我們用中括號將正確的字置於其後，予以訂正，如漢〔漠〕不關心、撒〔撤〕銷、遣〔遺〕憾等。需要增刪的字詞，亦以中括號形式列明。為使全文前後一貫，我們對本書中的異體字、繁簡轉換字等進行了統一，如裏（裡）、舉（擧）、腳（脚）等。這些統一不作為錯別字處理。

本卷導讀

　　1992 年 7 月 9 日，彭定康宣布就任香港總督。1992 年 10 月 7 日，彭定康發表施政報告，並在其中提出了一系列具爭議性的憲制方案，分別就政制發展、行政局與立法局的關係以及 1995 年選舉做出安排。由於 1995 年立法局選舉是香港主權移交前的最後一次，對香港及中國意義重大，而該等建議的取向明顯是朝著加深中英矛盾而發展，因此施政報告公布後，中英兩國的合作關係逐漸出現危機。香港社會亦因該政改方案爭論不休，導致民意嚴重分化，社會動蕩不安，股市急跌狂升。立法局議員也為此展開了持久討論，集中在功能組別、選舉委員會、立法與行政分家等問題上。本書收錄的 **1992 年 10 月 7 日、8 日、21 日、22日、28 日立法局會議過程正式記錄**，**1992 年 10 月 14 日立法局會議過程正式記錄**就呈現了他們對上述問題的不同看法。

　　為了解決分歧，中英雙方不斷進行外交接觸，力圖就香港 1994 及 1995 年的選舉安排重開談判。彭定康第一天履任時就宣布沒有秘密協議，隨後施政報告又提出政制方案要符合「公平、公開和為港人接受」的三個原則，施政報告發表時更是配合了一連串前所未有、親自上陣的市民公開答問大會、公聽會等宣傳推廣活動，並頻頻公開強調政改方案只是建議，是拿出來諮詢討論的，一時間香港政壇出現一番新氣象，港人的意見好像突然受到格外重視。因此，在中英政府磋商之際，立法局議員也極為關心一旦重開談判，如何令談判過程及其結果能貫徹「公開、公平和為港人接受」的原則。為此，部分議員甚至值中英重開談判之際，提出就 1994 及 1995 年的選舉安排進行全民投票的主張。本書收錄的 **1992 年 11月 11 日立法局會議過程正式記錄**、**1993 年 3 月 5 日立法局會議過程正式記錄**、**1993 年 4 月 21 日立法局會議過程正式記錄**，展現了這一時期各方議員的心態。

　　在與中方磋商的同時，港英政府也積極著手準備有關 1994 及 1995 年選舉安排的條例草案。因此，應否待中英談判有結論後再將有關條例草案提交立法局審

議的問題，也備受關注。1993 年 1 月 13 日，黃宜弘議員提出動議，促請政府不要提交施政報告所概述的憲制方案，引發激烈辯論。1993 年 2 月 2 日，行政局通過有關草擬法例，隨後四度決定延遲刊登憲報，但又表示不能拖延太久，並訂出規限時間表，再次引發各方議員的密切關注。詳細內容請見本書 **1993 年 1 月 13 日立法局會議過程正式記錄**、**1993 年 2 月 24 日立法局會議過程正式記錄**、**1993 年 3 月 5 日立法局會議過程正式記錄**。

1993 年 4 月 22 日，中英雙方正式就 1994 及 1995 年的選舉安排展開談判。隨著談判的進行，彭定康政改方案、談判過程的公開性以及有關條例草案的立法進程等問題，再次備受關注和討論。詳細內容請見本書 **1993 年 5 月 12 日立法局會議過程正式記錄**、**1993 年 5 月 19 日立法局會議過程正式記錄**、**1993 年 7 月 14 日立法局會議過程正式記錄**。

1993 年 10 月 6 日，彭定康發表第二份施政報告，基本維持之前對香港政制發展的安排，引發各方前所未有的論戰。中英關係瀕臨決裂，香港市民因政見衝突亦壁壘分明，甚至大罵出口。本書 **1993 年 10 月 6 日、7 日、20 日、21 日立法局會議過程正式記錄**呈現了各方議員的對立主張和理據。

1993 年 12 月 2 日，在中英經過 17 輪會談即將達成協議之際，彭定康忽然單方面宣布將把第一部分的政改方案即有關最迫切事項的草擬法例提交立法局審議。1993 年 12 月 15 日，憲制事務司隨即動議二讀《1993 年選舉規定（雜項修訂）（第 2 號）條例草案》，旨在訂立區議會、兩個市政局和立法局的投票方法和投票年齡，取消區議會和兩個市政局的委任議席。1994 年 2 月 23 日，該條例草案恢復二讀辯論，並獲順利通過。1994 年 2 月 24 日，彭定康繼續表示必須在立法局 7 月休會前完成政改方案餘下較為複雜部分的立法工作，並隨即啟動了相應立法程序。1994 年 3 月 9 日，憲制事務司動議二讀《1994 年立法局（選舉規定）（修訂）條例草案》，並於 6 月 29 日恢復二讀辯論，旨在於 1995 年新設 9 個功能組別議席，並設立一個由選舉產生的區議員組成的選舉委員會。由於在過去近七個月的談判中，港督及有關官員屢次強調政改方案的各項建議具有內在的聯繫、不應分拆，英方亦在談判中始終不肯接受中方提出的先易後難的建議，即將 1994 年區議會選舉和 1995 年市政局、區域市政局和立法局選舉分開處理；而且中方曾在很多場合表示，一旦港英政府向立法局提交政改方案，即使只是一部分，談判亦

終止。所以，港英政府的上述一系列舉動引發了各方激烈辯論。本書 **1993 年 12 月 2 日立法局會議過程正式記錄**、**1994 年 2 月 23 日立法局會議過程正式記錄**、**1994 年 2 月 24 日立法局會議過程正式記錄**、**1994 年 3 月 9 日立法局會議過程正式記錄**、**1994 年 6 月 29 日立法局會議過程正式記錄**，呈現了他們的激烈辯論。

　　縱觀這一時期的辯論，各議員因其立場的對立，大致分為激進派和溫和派。隨著彭定康兩份施政報告的相繼發布、中英談判的持續進行，他們的論辯焦點也集中在這相互聯繫的兩個方面。

一、彭定康政改方案引發激烈論戰

　　1. 關於功能組別選舉的改造。施政報告改造功能組別選舉，將 21 個功能組別的法團票改為個人票，交由主管有關法團公司的個人，並建立 9 個新功能組別，令功能組別的選民人數擴大至全港 270 萬工作人口中所有符合資格的選民。對此，馮檢基、楊森、劉慧卿等激進派議員表示贊成，但認為美中不足之處在於未能將家庭主婦、退休人士、合乎選民資格的學生及暫時失業人士囊括進來。另一方面，譚耀宗、劉皇發、何承天、楊孝華等溫和派議員則表示反對，認為新制度偏離了 1980 年代港英政府成立功能組別的初衷及其對功能組別的基本界定，違反了多年來行之有效、並被社會接納的功能組別選舉精神，實質是變相的分區直選。詳細辯論請見本書 **1992 年 10 月 21 日、22 日、28 日立法局會議過程正式記錄**，**1992 年 11 月 11 日立法局會議過程正式記錄**，**1993 年 10 月 20 日、21 日立法局會議過程正式記錄**，**1994 年 6 月 29 日立法局會議過程正式記錄**。

　　2. 關於 1995 年選舉委員會的組成。施政報告建議 1995 年選舉中建立選舉委員會，其全部或大部分委員由直接選舉產生的區議員出任。對此，譚耀宗、倪少傑、楊孝華等溫和派議員認為選舉委員會的產生方式將不利於跟基本法所訂立的政制模式相銜接，也違反了中英兩國有關 1995 年選舉的秘密協議，不利於平穩過渡，也將造成社會震蕩。但李柱銘、司徒華、黃宏發等激進派議員認為該等建議並不違反基本法，也得到廣大市民支持，由這個建議選出的立法局議員，應可保留其議席並繼續坐「直通車」，直至他們的任期在 1999 年屆滿為止。詳細辯論請見本書 **1992 年 10 月 14 日、21 日、22 日立法局會議過程正式記錄**，**1992 年 11 月 11 日立法局會議過程正式記錄**，**1993 年 10 月 20 日、21 日立法局會議過程正**

式記錄。

　　3.關於行政和立法的分家。施政報告宣布行政局與立法局分家，並提出設立政府及立法局事務委員會。對於後者，眾議員一致反對，認為政府及立法局事務委員會的設立將造成立法局的分化和行政局的封閉。但是，針對行政立法分家後如何處理二者關係的問題，各方分歧較大。司徒華、張文光等激進派議員主張建立行政機關對立法機關負責的機制，但李鵬飛、夏佳理等溫和派議員則主張二者的關係應該朝著維持行政主導方向發展。詳細辯論請見本書 **1992 年 10 月 21 日、22 日立法局會議過程正式記錄，1993 年 7 月 14 日立法局會議過程正式記錄**。

　　4.關於地區行政發展，重點是委任議員的存廢。施政報告公布將在 1994 及 1995 年選舉時徹底取消兩個市政局和區議會的全部委任議席，對此，陳偉業、劉慧卿、林鉅成、楊森等激進派議員表示支持，認為要提高區議會的認受性和代表性以及地方政府部門的工作效率，必須走上全面普選的道路。另一方面，譚耀宗、劉皇發、鄧兆棠等溫和派議員雖然也贊成減少區議會的委任議席，但認為政府應在對區議會的職能和地區行政的角色做出詳細的檢討後再考慮如何取消，而不是倉卒做出決定，並一次性取消所有委任議席。詳細辯論請見本書 **1992 年 10 月 21 日、22 日立法局會議過程正式記錄，1994 年 2 月 23 日立法局會議過程正式記錄**。

二、中英磋商談判備受關注

1.關於中英談判的「公開、公平和為港人接受」

　　（1）中英談判的公開性。自中英磋商以來，立法局議員就開始關注談判的公開性問題。雖然港英政府多次強調不存在秘密協議，但談判正式展開後，政府卻遲遲不向市民或立法局公開談判內容。因此有議員就要求政府將每輪談判的議程和進展告知立法局，也有議員擔心會有秘密協議，害怕市民會被出賣，甚至有議員質疑彭定康的所有承諾都是虛假的，並表示不滿。詳細內容請見本書 **1992 年 11 月 11 日立法局會議過程正式記錄、1993 年 2 月 24 日立法局會議過程正式記錄、1993 年 3 月 5 日立法局會議過程正式記錄、1993 年 5 月 12 日立法局會議過程正式記錄**。

（2）**中英重開談判之際舉行全民投票的合理性。**激進派議員表示支持，但倪少傑、李鵬飛、周梁淑怡等溫和派議員認為時間上是不恰當的，會破壞中英談判。詳細內容參見本書**1993 年 4 月 21 日**立法局會議過程正式記錄。

2. 關於磋商談判過程中 1994 及 1995 年選舉的立法安排

（1）**在中英達成協議前是否將有關條例草案提交立法局。**杜葉錫恩、李鵬飛、何承天等溫和派議員雖然贊成草案內容的部分修改，但由於不贊成在中英未達成協議前向立法局提交草案，認為當務之急是力促中英雙方談判，所以對草案投棄權票、反對票或提出押後辯論動議。另一方面，李柱銘、麥理覺、劉慧卿等激進派議員則支持提交草案，認為擱置草案並不能解決中英爭拗，而且選舉在即，立法時間緊迫，政府應盡快將政改草案提交立法局。詳細內容請見本書**1993 年 1 月 13 日**立法局會議過程正式記錄、**1993 年 2 月 24 日**立法局會議過程正式記錄、**1993 年 3 月 5 日**立法局會議過程正式記錄、**1993 年 5 月 19 日**立法局會議過程正式記錄、**1994 年 2 月 23 日**立法局會議過程正式記錄。

（2）**是否採取分拆方案、按照先易後難方式進行立法工作。**張文光等激進派議員質疑政府此舉推翻了先前不可拆分的說法，實屬倒退。李鵬飛等溫和派議員則認為拆分有助於中英兩國談判，但政府對於難易的界定與中方不同，因此提出修訂動議，建議刪去草案中立法局直選的單議席單票制，將 1995 年立法局選舉與 1994 年的選舉分開，以免中英談判破裂。詳細內容參見本書**1993 年 12 月 2 日**立法局會議過程正式記錄、**1994 年 2 月 23 日**立法局會議過程正式記錄。

目錄

1993 年 1 月 13 日 —— 議案辯論：不提交施政報告所概述的憲制方案.......................................138

1992 年 10 月 7 日
總督施政報告

憲制方案

101. 要保證香港在我們可預見或展望的將來仍然繼續繁榮興旺，最有效的方法，是維持我們現有的生活方式。香港的生活方式不變，正是中英聯合聲明所訂明的一個要點。已故總督尤德爵士在談判聯合聲明中扮演了一個重要的角色。這種生活方式，亦即所謂本港的「制度」不可或缺的一部分，就是每個市民在管理香港事務方面的參與。我們以甚麼步伐去擴大這種參與，以及可以把這種參與擴大至甚麼範圍，是本港及其他地方許多公開辯論的中心問題。我亦希望就香港推行民主的問題，申明我自己的信念和目標。我們能夠越快找到令本港市民滿意的方法，去解決這些重大問題便越好；我更希望這些解決方法能令中國和英國的朋友都感到滿意。而我所說的一切，都是基於一個假定，就是最後達成的方案除非能令香港市民滿意，否則便很難像我們以至北京和倫敦所希望一般順利推行。

102. 有關民主步伐的辯論，有兩派不同的主張，其中一派要求即時取得最大的民主進展，理由是無論從經濟成就、教育水平或任何其他進展指標方面去衡量，香港都顯然是高度發展和成熟的。另一派卻認為，每個社會都應以順應本身情況的步伐來發展自己的民主制度。他們並且認為，強行加速步伐，會對本港獨特的憲制安排構成壓力，同時令一九九七年的銜接變得困難。

政制發展

103. 我有責任向公眾表明我的立場。我的事業生涯，都是在參與一個以代議民主為基礎的政制之中度過的。如果說這並沒有對我產生甚麼影響，那就奇怪了。事實上，我是有受它影響的。我一直很拜服以賽亞‧柏林對民主的看法，他說：「民主就是：認為促進社會公義和個人自由，未必意味著有效管治不再存在；

權力和秩序並不等於要受到經濟或政治教條的束縛；而個人自由 —— 社會一個鬆散的特質 —— 與不可或缺的最少量組織和權力是可以調和的。」

104. 我是本著這些觀念來履行管理香港的責任。在這裏，已簽訂的各項國際協議，以及不可改變的歷史、地理和經濟實況，塑造和限定了如何把這些觀念應用於香港的方式。香港人都深深明白這個現實，也許較很多希望以香港人作為賭注，實現他們的主張的人更為清楚，雖然這些主張無疑是善意的主張。

105. 我們都知道，本港推行民主的步伐必然是受到約束的。不過，它只是受到約束，而不是在前進的軌道上被截停。當然，有些人認為，無論其他地方的情況會如何，香港都不需要任何進一步的政制發展。他們往往提出冠冕堂皇的論據。容許我說，香港的管理方式已經是公平和正當的；香港的經濟欣欣向榮；以任何標準來說，個人自由程度都很高。我也明白到香港獨特的歷史經驗，但這些論據都只不過是主張民主步伐應停滯不前的。

106. 我們不能選擇停滯不前。中英兩國政府在聯合聲明中，已同意應繼續推動民主，成立一個完全經由選舉產生的立法機關。基本法亦訂明立法機關的直選議席會穩步增加，而不是停滯不前。而且，基本法的草擬者無疑也知道，市民都希望有更大程度的民主。每當市民被問及這個問題時，都會這樣回答。

107. 民主並不僅是一個哲學理想，它還是促進經濟進步的要素。讓我舉例說明我的意思。如果沒有了由民主制度支持的法治，投資者便會毫無保障。如果沒有了獨立的司法機構，去執行以民主方式制定的法律，商業便很可能因任意、專橫的政治決定而受損，這樣肯定會導致信心崩潰和令海外投資者卻步。

108. 所以，民主不單是一個價值觀念，也會對人民帶來好處。民主有助於創造可以吸引人才和資金流入香港並把他們留下來的社會和營商機會。最重要的，民主提供了一個行之有效的制度，讓成熟和練達的市民，有權對如何管理他們的社會發言，並且可以毫不畏懼地指出管理階層在那些地方和甚麼時候犯了錯。

行政局與立法局的關係

109. 在著手推動憲制發展時，有些轉變是可以即時實行，以鞏固我們的代議機制的。其他改善措施比較長遠，而且主要與一九九五年的選舉有關。我們需就這些措施與中國政府進行磋商，同時亦需 —— 我希望強調這點 —— 顧及社會人

士的意見，並取得本局的支持。

110. 讓我先談談那些可以、並且應該立即實行的措施。我的目的是確保我們有一個有魄力的、有效的、行政主導的政府，而這個政府又確實地向立法局負責。我相信在現階段的政制發展，行政與立法兩個機關的角色有可能混淆不清，引致削弱行政機關的效能，同時阻礙立法機關發展成為一個制衡政府的獨立組織。

111. 去年，香港在憲制上有長足發展。不過，正如我所說，這些發展令人對行政局和立法局的關係產生疑慮，這是不足為奇的。由於我們已展開建立一個完全由選舉產生的立法機關的步伐，對行政局的角色不免產生影響。然而，我們不應忽略我們的首要工作。聯合聲明和基本法都清楚表明，立法機關是憲制中須加以發展的主要部分，因此，這就是我最關注的事項。

一個與立法局分開的行政局

112. 有了一個已經改變和更具有代表性的立法局後，行政局的發展和所擔當的諮詢角色，又有甚麼可供選擇的方案呢？在已研究過的多項建議中，看來只有兩項是較合乎情理的 —— 其一是聯盟形式的行政局，其二是行政局和立法局徹底分家。

113. 在一九九一年立法局選舉後，我們在某種程度上曾嘗試採用聯盟的方式，但卻未能完全付諸實行。一些可能同時出任兩局議員的人，視保密原則和集體負責制為過於沉重的負擔，這是可以理解的。對那些已加入行政局的立法局議員來說，要在爭取社會人士支持或成立政黨的同時，卻又要履行支持政府政策的責任，實在是一種負累。

114. 除了這些在政治上的實際困難外，我認為聯盟的方式還有一個更基本的問題。人們不時說，他們擔心行政局會變成立法局的縮影，主要是因為他們擔心這樣做不知會對行政局造成甚麼影響。我反而更加關注本局會受到的影響。這個做法會把政治辯論由立法局的公開辯論變為行政局的閉門討論。如果把在立法機關公開進行的政治辯論，改為閉門保密討論，令選出立法機關的選民無法知情，那還算甚麼民主？

115. 此外，一個聯盟式的行政局，意味著一些從委任途徑加入立法局的議

員，再獲委任加入行政局。這種「雙重委任」的做法，日後會令我們為加強本
港代議政制作出的努力，變得毫無意義。我這樣說，對一直表現出色的行政局議
員，絕無不敬之意。

116. 在考慮過這些論點後，我的結論是，在現階段的政制發展中，行政局和
立法局議員的身份不應重疊。我打算暫時把行政局和立法局的非官方議員分開。
此舉可令兩局都能適當地發揮本身的角色。各政黨和政治團體將來亦可在本局內
自由發揮他們的計劃和政綱，而不會受到因兼任行政局議員而必須遵守的約束所
掣肘。

117. 我謹向今天退出行政局的各位兩局議員致謝。他們很多在履行行政局議
員所必須遵守保密和集體負責的責任的同時，還要努力負起政黨政治帶來的重要
新職責，實在令我欽佩不已。香港市民應感謝他們在過去一年來，本著真誠和善
意，肩負起日益艱巨的政治重擔。

新組成的行政局

118. 我期望新組成的行政局是一個非政黨的政治組織，並可以就政府需處理
的多方面事務，向我提供明智和中肯的意見。因此，我會委任在本身行業中表現
卓越的獨立社會人士，加入行政局；他們向我提供意見時，可以無需顧慮因積極
參與政治活動而與他們對行政局的忠誠有所牴觸。行政局的成員亦會包括數名政
府高級官員。我將會在今天稍後時間，公布新的行政局議員人選。此外，我亦期
望行政局能一改近期的做法，用較多時間處理策略問題，減少用在政府細微事務
上的時間。我將會不時邀請非官方議員運用他們的專門知識，與政府當局共同制
訂一些與他們專長範疇有關的政策。然後政府當局便會負責向本局議員闡釋這些
政策，以及說服本局議員通過和發展這些政策。負責的實際意思就是：政府當局
與各位議員之間有建設性的對話，而這就是我接著要講的話題。

立法局主席

119. 分開兩局的非官方議員，意味著必須讓立法局自行處理本身的事務，而
在這個過程中，它更須要進一步發展與政府的關係。這是《皇室訓令》現時訂明
的情況，亦是基本法第七十五條所訂明的將來情況。我希望在完成所需的程序

後，盡快把主持本局會議的責任，交予由各位議員互選出來的主席負責，作為朝著這個方向邁出的重要一步。

120. 這表示在將來，我會以行政機關首長的身份向本局負責，而不受作為本局主席的角色所局限。為要實行向本局負責，我建議如各位同意的話，我在立法局會期內，每個月至少有一個星期四與各位會面，答覆議員的問題和討論政府的政策及建議。但實際上，我相信我們會面的次數將會更頻密。此外，我亦打算就一些重要的外地訪問，例如行將到中國的訪問，以及其他重要發展，向本局作出匯報。我們顯然要共同訂出實行這些安排的最佳辦法。正如各位所知，在各位同意下，我已安排明天就舉行第一次這類會議。

立法局的行政管理

121. 我們需要更進一步確保本局具備有效地代表市民所需的獨立性。你們必須可以明確而獨立地管理本局的事務。行政立法兩局議員辦事處表現卓越。我知道你們一直在考慮該辦事處的前途，而結束該辦事處似乎是明智的做法。我們準備和議員積極合作，發展在行政管理和支援設施方面的財政和管理獨立。我們歡迎你們提出建議。

122. 你們已擁有發展本身的委員會架構所需的權力。我想你們都希望建立一個制度，以確保行政機關正如聯合聲明和基本法訂定一般，能充分向立法機關負責，並確保這個過程是有實效和公開的。

政府及立法局事務委員會

123. 我們需要建立本局與政府的關係，以確保公眾事務，亦即政府的立法及財務計劃，能夠有效地進行。我建議應成立一個政府及立法局事務委員會，以便政府當局可與本局議員商討有關處理立法及財務計劃的事宜。這個新的非法定組織，將會由我或布政司或財政司主持，視乎所討論的事項而定。我會請本局自行決定我應邀請那些議員加入這個新組織。我想本局亦希望確保這些議員能夠廣泛代表全體議員。

124. 我們需要商討有關成立這個委員會的詳細安排。不過，這個委員會的主要目標，是建立本局與政府之間的有效工作關係這個重要任務，使政府可充分瞭

解議員的關注，而本局亦可獲得政府詳細解釋它要求議員支持的建議。

一九九五年選舉

125. 我所概述建議，將為一九九五年選舉所需的轉變作好準備。我知道許多人都認為最重要的問題，是直選議席的數目。按照現時的計劃，在一九九五年，直選議席的數目，將由 18 個增至 20 個，並會在以後的選舉中繼續增加，最終達至立法局完全由直選議員組成的目標。有人認為我們應該致力加快這方面的發展步伐，這個論點已提出了一段時間，而英國政府亦已作出承諾，答應與中國政府磋商。因此，英國外交及聯邦事務大臣兩個星期前在紐約與中國外交部長會面時，向中方提出增加一九九五年立法局直選議席的事。中方認為此舉並不符合基本法，而他們已說過，基本法在一九九七年以前是不能修改的。

126. 我們會繼續就有關在一九九五年增加直選議席的事，力陳我們的立場。但這並不是在香港建立民主的唯一途徑。我很希望我們能同時研究如何在聯合聲明和基本法條文的範圍內，盡量發展我們的代議制度。英國外相已在我先前提及的紐約會晤中，把我的想法告訴了中國外交部長。

127. 我想強調，我們以真誠的態度，著手進行這些由英國外相展開的磋商，以期向中國政府的同事說明更具代議特色的制度可為香港帶來的好處。若要這個過程順利成功，香港的政界人士便要表現睿智和克制，並以事實證明較大程度的民主，可為香港的發展、市民的福祉，以及社會的信心作出重大的貢獻。

為何需要進行討論

128. 希望大家都明白我們為甚麼與中國政府磋商這些關於一九九五年選舉的問題。社會人士都想擁有更具代議特色的政府。不過，我認為同樣明顯的是，大多數市民都希望各項憲制改革能盡量符合基本法，並從而跨越一九九七年。我尊重這些人士的意見。同時，我們亦須考慮香港現時及未來的主權國的意見。因此，我們需要與北京方面認真討論我今午提出的各項建議。

選舉方案

129. 在這裏劃一條線，宣布本局將會在適當時候獲告知磋商的結果，在外交

或許以及政治方面來說，都非常容易。不過，我從來沒有想過要這樣做。你們應該知道更多，而我亦相信，我的首要責任是要對本局和社會人士坦誠。

130. 因此，我今天會向各位闡述我希望與社會人士和中國政府大致上在那些方面取得諒解。

降低投票年齡

131. 首先，正如本局所提議，我希望投票年齡可由 21 歲降低至 18 歲。在中國和英國，以及世界其他國家，18 歲都被視為一個合理的投票年齡。香港的青年男女，與其他國家同一年齡組別的青年人一樣，都能運用自己的判斷力，履行公民的責任。

單議席單選票

132. 接著下來，我想談談分區直選的投票制度。我認為所採用的制度應該清楚易明、公正持平，以及得到選民信任。一九九一年實行的雙議席選區制度受到批評，被指為有一種所謂「聯票」效應。為免產生這個問題，而又能維持一個簡單明確的制度，我認為最佳的辦法，是在單議席選區中，讓每一名選民投一票，選出一名由直接選舉產生的代表。這個辦法，是市民通過參與兩個市政局及區議會選舉所熟悉的辦法，亦反映了本局多數議員的意見。

功能組別方面的修改

133. 第三，我們需要研究現有的 21 個功能組別，以及需要增設的九個新組別。在這項工作上，我認為我們應有兩個目標。我們要回應一些對現有功能組別的批評，辦法是擴大功能組別的選民數目，從而給予它們較廣闊的支持基礎。此外，假如我們能夠讓社會上每名在職人士都有第二個投票機會，代表他們工作上的利益，則可取得市民對整個功能組別制度的莫大信任。

134. 至於現有的功能組別方面，我建議所有形式的法團投票均應以個人投票取代。因此，商界和工業界功能組別的法團選民，應由擁有或主管有關法團的個人取代。舉例來說，香港總商會會員公司的所有董事將可以投票，而不像往常一樣，只有這些公司本身才有投票權。根據同一原則，在勞工界功能組別中，指定

的職工會執事將會獲得投票權；而在社會服務界功能組別中，已登記的社會工作者將與福利機構的主管人員一樣，有權投票。

135. 總的來說，這些措施會把有關的功能組別的選民範圍擴大五倍以上。同時，擴大若干專業選舉組別（例如衞生界、教學界，以及工程、建築、測量及都市規劃界）的選民範圍，看來也是合理的。

136. 至於九個新的功能組別，最簡單和最公平的做法，是使它們的界定範圍包括整個香港的工作人口。要做到這點，我們可以沿用現行界定各行業的辦法，使每個行業內的每名在職人士都可投一票。

這些界別是：

　　——漁農礦產、電力及建築界；

　　——紡織及製衣界；

　　——製造界；

　　——進出口界；

　　——批發及零售界；

　　——酒店及飲食界；

　　——運輸及通訊界；

　　——金融、保險、地產及商業服務界；及

　　——公共、社會及個人服務界。

此舉有兩個主要作用。第一，可讓本港每個在業的人都有機會選出一名代表他們行業的立法局議員。第二，把所有行業都包括在功能組別內，可確保立法局有廣泛的代表性。

137. 這些措施會把 30 個功能組別的選民範圍，擴大至全港 270 萬工作人口中所有符合資格的選民。當然，每一名選民只能夠在一個功能組別中投票。

加強地方行政

138. 我現在談到第四點，就是區議會和兩個市政局所擔當的極重要角色。本局曾於本年較早時敦促我檢討它們的角色，以及加強兩個市政局和區議會的代表性和責任承擔。

139. 兩個市政局已經擁有廣泛的行政權力。但我認為，非常重要的區議會，

它們的職能卻過於局限。因此,我打算在一九九三年,擴大區議會的職責、功能和財政預算,使區議會在處理影響區內居民的問題上負起更大的責任。在許多地區事務上,區議會比較中央政府更適合為區內居民的利益,作出決定。因此,我們會讓區議會全權負責小規模環境改善工程、地區性工務計劃和社區建設活動的經費管理。此外,區議會亦將會負責管理社區會堂和委任多類地區團體的成員,例如學校聯絡委員會、工業聯絡委員會和公民教育委員會。

140. 當區議會負起更大的責任,而本局的議員在一九九五年完全由選舉產生後,我相信很難再有理由繼續實行區議會的委任議員制度。因此,我建議由一九九四年起,除了新界的區議會的當然議員外,所有區議員都應由直選產生。同時,我們亦應增加兩個市政局的直選議席。我們會繼續讓區議會及鄉議局選出現有數目的代表進入兩個市政局,但我們亦應廢除委任議席。

選區分界及選舉事務委員會

141. 實施上述各項為立法局、市政局和區議會選舉所作出的安排,須劃定新選區的分界和重劃現有選區的分界,因而會產生大量工作。為確保這項重要工作做得公平合理起見,我提議我們應按照本局的建議,建立一個獨立及直接向我負責的選區分界及選舉事務委員會。

把計劃具體化

142. 我想強調一點,就是我提出的是一些建議,並非最後決定的計劃。要把這些建議具體化,香港、倫敦和北京均須付出努力、坦率對話和處事以誠。其中一些建議亦牽涉繁複的行政安排。舉例來說,根據工作人口的廣泛工業類別劃分新功能組別的選民登記工作,將會十分艱巨,但我相信,我們是不能讓這些挑戰阻嚇我們的。

143. 在制訂這套方案時,我是嘗試在現有制度上發展,並嘗試給予這些制度較廣闊的支持基礎。

一九九五年的選舉委員會

144. 現在只餘下一項具有特別挑戰性的問題。

145. 除非基本法有任何更改，否則我們在一九九五年便須有一個選舉委員會。這個委員會將須選出多至十位立法局議員。基本法並無訂定一九九五年選舉委員會的成員組合。事實上，基本法清楚訂明，該選舉委員會的成員組合，不會是一九九九年選舉委員會的規定成員組合。

146. 我們若須組織選舉委員會，最理想便是組織一個能夠真正代表社會人士的。鑑於在一九九五年所有立法局議員都必須由選舉產生，委員會的成員亦應由選舉產生才合理。如並非全部都由選舉產生，則可能被視作間接委任。若要任何在一九九五年組成的委員會符合上述原則，最簡單有效的方法，是讓全部或大部分委員由直接選舉產生的區議會內的區議員出任，他們應不但可以投票支持委員會的委員參選，還可投票支持任何符合資洛〔格〕的候選人。

整體目標

147. 讓我重申一個簡單的要點。我提出這些建議，是要達至兩個我知道也是代表市民意願的目標 —— 就是擴大民主，同時要在基本法範圍內進行。我相信我概述的所有建議都符合基本法的條文。因此，這些安排應會為我們提供一列民主「直通車」，在基本法鋪成的軌道上前進。

1992 年 10 月 8 日
總督答問會：施政報告

狄志遠議員問：

總督先生，你在施政報告內提及的民主發展建議，匯點是表示歡迎的。雖然這建議與我們所期待的仍有一段距離，但我們昨天已聽到中方不願意接受。究竟在未來的談判中，你是否有信心說服中方接受你的建議？

總督答（譯文）：

人類歷史中，自信事必可成，但公布周知後首次行動即一敗塗地的人，屢見不鮮。因此，我不敢妄言必能成事。我只可以表達一個願望，就是我希望可向北京的官員證明，我提出的建議有助香港的安定繁榮，因而亦對中港關係有所裨益。我能就此盡力而為。我敢說而且可以說的是：如果不提出這些建議，那提出甚麼建議？這些建議並非我憑空想出來的，也不是只因為由我倡議而提出這些建議的。我提出這些建議是因為香港總督和香港政府必須就一九九五年選舉委員會、一九九五年功能團體選舉，以及一九九五年直選議席選舉安排提出建議。我必須提出建議。要是有人認為我的建議不對，就應該說出他們會提出甚麼替代的建議。如果香港總督就這方面或關於機場提出建議後，對方說建議乏善足陳，於是他把建議帶回去，對方大概希望他再提出另一些建議，再看看是否理想；這樣彼此就很難建立對話。要是有公眾人士、本局議員，或者其他地方的人認為我的建議不對，理應由他們說明想改那些部分，又會用甚麼來取代。這樣我們才能以理性、明智的方式交換意見，進行對話，而我是熱切盼望以理性、明智、公開的方式和北京的官員進行對話的。公開是必要的，因為香港人有必要知道雙方正在就他們的前途討論甚麼事。

詹培忠議員問：

多謝總督，我要提的問題是很多人期待已久的，因為我的問題不是那麼輕易回答！總督先生，有關你的施政報告，我昨天很小心地看了三遍。在憲制方面，你很贊成有直選議員，但對委任議員有少許排斥。閣下是由《英皇制誥》委任的，這與直選精神是否有牴觸？在施政報告 104 段內，你批評部分人士將民主步伐作為賭注。現在憲制方面，你明知中方是會有意見的，這是否將香港人的利益作為賭注，你自己則變成大賭家呢？我希望你能將這兩個問題詳細地分析給全港的市民知道，因為他們畢竟是賭注，只是看看由誰拿去賭而已。

總督答（譯文）：

終會有一天，而且是在不久的未來，香港即使並非透過選舉，亦會經由一個揀選程序選出一位行政長官，因此我覺得自己好像進化論裏的生物一樣，是進化過程中一個部分（眾笑），而我希望這部分的進化過程並非屬於原始階段的進化。我認為我們在行政長官的問題上向前邁進是很重要的，同樣，舉例來說，我認為在我昨天談及的區議會問題上，又或者在區域市政局問題上向前邁進，也是十分重要的。

事實上，是基本法本身訂明將來要取消本局的委任議員，以及透過不同方式的選舉選出所有立法局議員。我肯定這位議員不會希望我在這些方面質疑基本法。我們要做的其實是要尋找方法，以求填補一些餘下的空白，這正是我昨天發表的施政報告中各項建議設法要做到的。

我的確說過香港人不給人視為賭注。這確是我的看法，而我亦會向世界其他地方致力宣揚這個看法。據我自己的判斷，正如我較早時說，我提出的各項建議，代表了本港社會就未來政制發展所逐漸達至的共識。我相信沒有人會以為可以恫嚇香港人，使他們改變該等結論。如果香港人是要改變主意的話，我認為那只會是一個透過理性和明智討論的結果，而且結果只會有兩個可能，就是加快或減慢民主步伐。

周梁淑怡議員問（譯文）：

總督先生，在民主改革的問題上，你較早時表示會向中方大力遊說，你現在提出的建議與基本法並無牴觸，因此可以達至最大程度的銜接。然而，假如你不能說服中方，你會否在沒有可能銜接的情況下，仍然向本局提出該等建議，此外，你會否進行全民投票，讓香港人表達自己的意願，以便本局能按民意辦事？

總督答（譯文）：

恕我不想回答太多假設的問題，即使這些問題深入地觸及一些本局及總督在未來數月要作出的抉擇。我踏入政壇獲得的第一個忠告，就是不要回答假設的問題，可惜至今我一直未能做到這點，往往也因此吃虧。關於這位議員提出的問題，我想以稍為不同的方式回答，希望最低限度能為問題的重點提供答案。

在我與本局討論這些問題後，在我有機會聽取社會人士的意見後，在我有機會，相信是不止一次的機會，與北京的官員商討這些問題後，我便要作出自己的結論，決定究竟怎樣做才是明智之舉。屆時當中可能有一項因素，一項仍在爭辯的因素，並非如我們所冀盼的那麼如意，在這種情況下，我便要顧及有關的因素。此外，如果我們要在一九九四或一九九五年前把一切安排妥當，那麼很快，我深信在明年春天，我就會向本局提出我的建議，而本局亦將就總督是否做得對，或者總督的建議是否須要修訂，作出自己的結論。這就是實際的情況，而這就是作出決定之處。作為領導這個政府的行政首長，我可以發揮有力的領導作用，但本局才是通過法例的地方。因此，在未有定案之前，有關決定將會由本局作出，而我希望本局是在考慮到我的意見後才作出有關的決定。我希望本局明瞭我剛才所說的，並且欣然接受作為全港市民代表的角色。

黃秉槐議員問（譯文）：

總督先生，設立功能組別，是為了確保本港經濟體系中所有重要行業都可以參與立法的過程。你建議擴大選舉基層，實際上就是否定這個理論，並且推翻一

種經過時間考驗的做法。你的建議是否違反基本法的精神？

總督答（譯文）：

我不認為有違反基本法。並非每一個社會都設有功能組別，但對我們的民主發展來說，功能組別顯然扮演一個重要的角色。我認為，設立功能組別的理論基礎，一向都是各行各業的人都應在立法局裏有代表。如果有人問我如何擴大功能組別，我覺得最佳的辦法就是根據這個論據作出合理而非荒謬的推論。我不明白為何可以說，一個每天都乘坐漁船出海捕魚的人並非從事一種應可派代表入立法局的職業。我並不完全明白 —— 在這裏我並非有意針對銀行業 —— 但我不完全理解為何銀行業應在立法局裏有代表，而從事零售業的人則不應有代表。零售業在香港享有一定的聲譽。又為何從事紡織業的人不能有代表入立法局？就我們與其他國家的經濟關係來說，他們比任何人都要聞名。

黃議員，現在讓我回到我開始時所說的話。如果有人認為我的建議並不合理、穩當和理智，請他們提出建議。如果有更好的方法去界定九個新設功能組別的功能，這些功能是甚麼？我們還要代表些甚麼人？我們是否要代表其他的商會？我們是否要代表紡織工人，卻不代表從事漁農業的人？我們如何做到這點？我想可以提出一個有力的論據，就是要保證在現階段的政制發展，香港有一個有廣泛代表性的立法機關。我認為這是以往設立功能組別的論據，而現在也是一樣 —— 我慷慨地 —— 我認為這也是鞏固基本法內功能組別地位的論據，而我認為，我希望社會大眾亦認為，我所提出的建議，是完全符合基本法的精神和內容。

1992 年 10 月 14 日
議案辯論：一九九五年設立由各區議會的民選議員組成的選舉委員會

麥理覺議員提出下列動議：

「暫停執行會議常規第 21、第 22 及第 69 條，俾使一位議員可毋須給予通知而按下述措辭在是次會議提出動議 ——

鑑於公眾支持香港政制繼續邁向民主，本局贊成總督的意見，就是如需為一九九五年的選舉設立選舉委員會，該委員會會由各區議會的民選議員組成，藉以盡可能在當前情況下帶來最大程度的民主和讓香港人作最廣泛的參與。」

麥理覺議員致辭（譯文）：

副主席先生，上星期總督曾向本局發表多項我們非常關注的事項，其中包括本港政制進一步民主化的擬議安排。總督下星期訪問北京時將會討論的這套影響深遠的政制方案，包含了一項具有非常特殊意義的建議。這項建議在促使本局更深入及更廣泛地代表本港市民的各項措施中，佔了中心位置。當然，我所指的該項建議，是有關確保在一九九五年選出十位立法局議員的選舉委員會，其成員應全部由選舉產生，區議員亦因而應全部在一九九四年由直選產生，並擔任選舉委員會所有或大部分議席。我相信本局大多數的議員，無論其政治派別或信念為何，都會支持這個簡單的方案，而本港市民亦同樣會鼎力支持。我很高興地說，香港民主促進會全力贊成這項建議，我肯定香港總商會絕大多數會員也會贊成的。

副主席先生，在總督發表施政報告之前，我曾草擬一項類似的建議，並在九月十三日提交本局議員，以便憲制發展常務小組加以審議。該小組在九月二十三

日進行討論，據我記憶所及，當時大部分小組成員均支持有關原則。因此，我原打算要求本局在動議辯論中，辯論這個非常特別和重要的問題，而辯論時間也獲本局秘書處同意。後來總督發表施政報告及就這個問題提出意見。他的意見與我個人和本局多位同事的意見相近。我認為本局如能在總督訪問北京之前，表示支持這項極有建設性、極為民主的建議，對總督會有莫大幫助。本局的支持可加強這項建議的實力，並增加總督代我們向中國當局提出的整套政制改革方案的重要性和可信性，我並不要求本局討論總督上周施政報告所提及的其他問題。我知道議員對政制方案的其他部分有不同意見，而且下星期便會在本局提出。不過，屆時總督已身在北京，考慮到時間性問題，我認為屆時辯論的結果，對總督的幫助，不及我今日所提出的那麼大。

副主席先生，我選擇了一個看來頗為曲折的途徑使能在本局進行辯論，希望各同事見諒。我這樣做，是因為我深信總督會把本港市民的希望和抱負向北京反映，而維護本港市民的最佳利益，是本局議員時刻不忘的責任。在今午較後時間，我會請各議員通過我的動議。我現在要求本局同意暫停執行會議常規第 21、22 及 69 條的規定，以便就這個重要問題進行動議辯論。

（編者注：該動議付諸表決，獲得通過。）

麥理覺議員致辭（譯文）：

多謝副主席先生，我現在提出下列動議：

「鑑於公眾支持香港政制繼續邁向民主，本局贊成總督的意見，就是如需為一九九五年的選舉設立選舉委員會，該委員會會由各區議會的民選議員組成，藉以盡可能在當前情況下帶來最大程度的民主和讓香港人作最廣泛的參與。」

副主席先生，我已經發表了一些資料，列舉為何要求進行是項動議辯論的理由。對於本局議員同意這樣做，我衷心感激。為免浪費時間，我不會贅述已提過的論據。現在一齣偉大的戲劇正慢慢揭開序幕，我們各人都是參與演出者。我們正循着多姿多采〔彩〕，令人激勵的政制發展堅定地邁向新紀元。我們的命運已有了定案。我們的生活方式和所居處的社會，已得到莊嚴和合法的保證。香港的六百萬中國人，將由英國的殖民統治，平穩地過渡到由他們的祖國 —— 中國統

治。這兩個幾乎在每一方面都不同的政府，已共同覓得一條途徑，讓香港可成為中國的一個特別行政區，繼續繁榮，享受人權和中國同胞仍未能完全達到的生活水平。一般人都可以理解到「一國兩制」模式所指示的正確意義。而且，這兩個制度在性質和執行上，都大相逕庭。人們也不難明白，為使第二個制度可繼續有效運作，香港人必須在可容許和可能的最大程度內管治香港。這即是說，能使香港達到這目標的制度就是那種深受香港市民支持的代議政制。換言之，香港市民必須參與所屬政府的構成和運作，而採取的最佳途徑，就是實際透過直選而進入立法機關。不過，我們在這數年間已清楚知道，中國只能接受一個審慎，但有些人會說是非常緩慢的民主過程。同時，基本法亦訂明由一九九七年起應做的事，英國政府也同意致力使一九九七年前的政制發展，與一九九七年後的基本法銜接。

英國政府和英國最高層的部長多次向我們說明，中英兩國並無就一九九五年的選舉，達成這「直通車」原則以外的秘密協議。我們也曾在本局多次辯論政制發展。議員對民主改革步伐發表廣泛不同的意見。我從未聽過任何議員說香港不應有民主政府，不應享受民主政制的真正好處。我從未聽過議員在本局說，我們應致力與統治中國的社會主義政治制度配合。事實上，中英聯合聲明和基本法亦清楚指明從未有這個意向。因此，我們所關注的，只是民主改革的步伐和實現民主改革的制度，俾能將主權和權力順利移交與中國。我們都希望移交程序順利完成。至於我們迫切要求讓香港市民在決定本身命運的事情上有較多的參與，中國實毋須顧慮我們這樣做的動機或目的。中國希望香港繼續成功，市民安居樂業，我們也是這樣。中國希望繼續享受香港所提供的龐大經濟利益，我們樂意提供。中國有時對我們做事的動機感到焦灼不安，我們同樣急於要中國放心。我們展開了一項新奇但又妙不可言、大有可為的事業，我們必須尋找目前和日後管治香港的最佳模式。鑑於以上種種因素，總督就一九九五年選出十位立法局議員的選舉委員會而建議的簡單組成和運作方式，實在具有極大優點，這顯然是符合基本法的精神和目標，原因是它允許那些贏得香港市民信任，獲選擔任區議員的廣泛階層不同行業人士，可運用其判斷力選出十位立法局議員。這個方式簡單、公平、民主和不易受人操縱，可防止某個政黨或某種政治見解在選舉中左右大局，因而定可跨越黨派的界限，實在值得各派的支持。我覺得這項建議已廣受公眾支持。我相信本局議員的意見也不會有嚴重分歧，因此，我懇請各位同寅應摒棄任何政

治上的敵視態度，投票支持這個動議，表示實質支持這朝著正確方向但畢竟只踏出的一小步。副主席先生，我謹提出動議。

李柱銘議員致辭：

副主席先生，近日中國政府在港發言人說，港人實行民主，是香港人自己的事，不是任何人的恩賜。其實，他說這番話的目的，是反對香港實行民主，我不禁無限感觸。現在很多亞洲國家已經開始實行民主，甚至是蒙古，都有民主；但偏偏香港就不能夠有。問題不是香港沒有足夠的社會條件實行民主；相反，相比東南亞許多國家，香港無論在經濟發展程度，市民的教育水平，傳媒的發達情況，以及公民的意識水平，都只有過之而無不及，絕對有條件實行民主。香港至今仍沒有民主，只在於香港人無權決定實行民主。香港過去和現在的宗主國英國，以後未來的主人翁中國，都不願意見到香港有民主，強行拖慢香港民主政制發展的步伐。即使現在有一個轉機，英國人突然變得從善如流，願意於九五年作出民主政制發展，中國也要反對到底。自己的祖國在民主問題上竟然同外國殖民地統治者一樣，甚至比他們更加保守、倒退，作為一個香港的中國人，我實在感到痛心、難過。我對中國在港發言人上述的一番說話，有一句卻是十分同意的，就是：「港人實行民主，是香港人自己的事。」因此，我呼籲香港所有熱愛民主的市民，勇敢站出來，為我們及我們的下一代，爭取民主到底。

一九九五年的新一屆立法局，應有三十席由直選產生。這是港同盟一貫的立場，我們對民主的熱切追求，由開始至今，都沒有改變。大家都知道，分區直接選舉是最有效、最有代表性、最能令議員向市民負責的選舉制度。透過這種制度，候選人能直接與市民溝通，而選民亦較易對他們的代表作出較深入的監察，只有這樣，市民才可保證那些真正為他們做事的人能繼續連任，而那些無心做事的人將會退位讓賢。其實，這就是八九年達成的所謂「兩局共識方案」。在那次辯論之中，立法局已經肯定了這點，雖然最終當基本法頒布時，沒有接受這個方案。但在基本法頒布的同日，絕大部分立法局議員都贊成我的動議，要求中國大幅度地修改基本法，而其中包括要落實兩局共識方案的原則。況且在今年五月，本局的 18 位直選議員都一起去信英國首相馬卓安提出在九五年落實兩局共識方案

的要求。

至於麥理覺議員的動議，港同盟的立場是，如果香港將來必須成立一個選舉委員會，它的成員必須透過民主選舉方式產生，所以我們贊成動議。

其實，早在基本法起草時，已有人提出大選舉團的構思，當時我已經講過，如果大選舉團的成員是由民主方式產生，是可以接受的。

副主席先生，有些人說施政報告有關選舉委員會的建議有違基本法，我認為他們的觀點是錯誤的。基本法對於第一屆立法會選舉委員會的組成根本沒有任何規定，只對第二屆的選舉委員會的組成，有明確安排；但至於這些成員應怎樣產生、或者根據甚麼原則產生，是需要特區立法會立法進行。而基本法附件一列明，這些法律是要根據「民主、開放的原則」制訂的。所以，無論第一屆選舉委員會怎樣產生，都不可能違反基本法的條文，但若要符合基本法的精神，就一定要符合「民主、開放的原則」來組成選舉委員會。

總督提出選舉委員會的產生方式，正好符合基本法的精神，而且也受到廣大市民支持，我希望那些認為這個方式是有違反基本法的人，站出來，提出他們的方案，但為甚麼沒有人講？他們不出聲，是否代表他們不希望香港得到民主？是否因為想成全中國共產政府控制香港的願望？如果我沒有看錯，任何一個令中國政府滿意的方案都會是違反基本法的「民主開放」精神，背棄港人的意願的。

司徒華議員致辭：

兩三天前，有人說：「民主不是任何人的恩賜。」驟然一聽，還以為是方勵之來了香港。這句說話不論是誰說也是對的，民主不是任何人的恩賜，香港市民一直以來為爭取民主政制而奮鬥，任何點滴的進展都是他們奮鬥的成果。眼中沒有群眾，習慣只聽見來自天庭的聲音的人，才認為有人在扮救世主。其實，他是擁護恩賜的，不過，只認為應該由玉皇大帝恩賜而不是救世主。

麥理覺議員的動議，從基本精神到具體條文，都沒有違反基本法。基本法的基本精神是甚麼？「一國兩制、高度自治」。這個動議所提出關於選舉委員會的方案，有甚麼地方是不符合這八個字的呢？請有人來指出。「一國兩制」的基本精神不是基本法的基本精神嗎？動議的方案怎樣違反了基本精神。請他們指出。

「全國人民代表大會關於香港特別行政區第一屆政府和立法會產生辦法的決定」只規定了產生行政長官的推選委員會的組成，以及產生行政長官的辦法。但對產生十名立法會議員的選舉委員會的組成，以及產生這十名議員的辦法，卻完全沒有規定。基本法附件二「香港特別行政區立法會的產生辦法和表決程序」，更清清楚楚地規定，其中的產生辦法，只限於第二、三屆立法會，同時白紙黑字寫明，是「除第一屆立法會外」的。上述的人大決定，更寫明，作為「直通車」的查票員的籌備委員會只根據三點：（1）擁護中華人民共和國特別行政區基本法；（2）願意效忠中華人民共和國香港特別行政區；（3）符合香港特別行政區基本法規定條件者」。只根據這三點去確認九五年當選的立法局議員能否成為特別行政區的第一屆立法會議員，沒有規定要根據這十名議員由一個怎樣的選舉委員會產生和怎麼樣產生？

基本法為甚麼對產生十名立法會議員的選舉委員會，不作任何規定呢？因為中英雙方同意了「直通車」，這十名議員在九五年產生，中國沒有權力對九五年的選舉作出規定和干預，所以讓出了空間。當時讓出了空間，現在又出爾反爾，要封殺這個空間，這樣，眼中還有甚麼基本法，還有甚麼資格來抨擊別人違反基本法？

黃宏發議員致辭：

副主席先生，憲制發展小組果然一如麥理覺議員在上一個辯論中所說，已於九月二十三日討論過一個方案，與彭定康總督施政報告的選舉委員會方案大致相若。我們當時的意見就是將三層架構的全部民選議員共同組成一個選舉委員會，由他們進行互選，這也是麥理覺議員原本的意見。但經過小組討論後，同意維持選舉委員會的組成，但不一定要限於互選委員會內的人出任這十個立法局的議席，我當時已經說出了該日議員的意見，並且告知報界和市民。

小組多數議員的看法是，選舉委員會如由區議員或由其他民選議員組成，是沒有甚麼問題的。我們看見在基本法的條文裏，果然有一個空間，所以不能說是違背基本法的條文。但當小組討論時，亦有相當強烈的意見，表示有可能違背基本法的精神。究竟精神何在？原來基本法的有關規定（包括人大決定、附件一、

和附件二），在一九九六年、九七年時將有一個籌備委員會，然後再設立一個推選委員會，推選出一位行政長官。這個組成包含四部分人士。由政界人士組成的只佔四分之一，其他三部分則包括工商界、專業界和社會服務和基層組織。在一九九九年才成立的是一個八百人選舉委員會（一九九七年成立的委員會是四百人），但亦同樣由四個部分組成，與上述所講的四部分相同。在一九九五年或一九九七年（如能談妥就在九五年，談不妥則在九七年）所要選出的十個議席，若由選舉委員會選出的話，這個組成應該大致和它相同。這點可以說是推想得到的。所以小組有部分意見認為，有可能違背基本法的精神，但很明顯沒有違背條文。我要在此說，在我自己看來，這安排似乎是違背了基本法的精神。

但我必須指出，基本法的精神是違反了聯合聲明的精神。聯合聲明列明立法機關是由選舉產生，其所指的選舉，是要符合普及和平等的選舉原則。當然，最好是直選，但間選亦無不可。現在這個由直選區議員組成的選舉委員會，會選出十位立法局議員，是一個符合普及平等原則的間接選舉制度。這可說是與聯合聲明精神相符，反之，基本法所列出的選舉委員會，其組成方式是與聯合聲明精神完全不符。

有些人謂選舉委員會如果是由區議員組成的話，就是「變相直選」。我認為這完全不是變相直選，這個是符合普及平等原則的間接選舉。若說是變相直選的話，那麼，我所提出有關功能組別，功能類別的選舉，才真正是變相直選。我所提議的是，日後安排將全香港 30 個功能組別的議席分為四大或五大類別，依照各類別從業人員的人數為它們劃分不同數目的席位。候選人必須要與該類別行業有關，但投票權則交給全香港的選民。在這情況下，功能選舉就是普選。

其實，現時的功能組別選舉，無論選民是團體抑或個人、選民數目有多少，基本上都是直接選舉。經過彭定康總督的建議，改革了 21 個現有議席，將團體票改為個人票，用以防止變相地控制多於一票。但不論是團體票或個人票，都是直接選舉。新的九席交給工人、受僱工人選出的話，亦是直接選舉。但這些選舉全部均不符合普及、平等原則；不符合聯合聲明的精神。因此，我認為現時建議中功能組別選舉的改革，並不如此可取，所以我對彭定康總督新的施政報告，亦大失所望。若依照我的建議，進行功能類別選舉的話，那麼在一九九五年時，我們就會有 20 席直選，所謂「直選」是分地區的普選；有 30 席功能直選，是分功

能類別的普選，是符合普及平等原則的；還有 10 席是符合普及平等原則的間接選舉。

若 60 席之中，只有 10 席關乎選舉委員會的話，選舉委員會的 10 席的重要性大大減少；況且在二○○三年時，亦會全部取消，即由一九九九年逐步取消，至二○○三年全部取消為止。我雖然不喜歡講談判，講討價還價，若真要談判，真要討價還價的話，就寧願堅持 30 席功能類別的普選，而不要這 10 席符合普及平等原則的間接選舉。

副主席先生，由上述意見，我不可以說我支持彭定康總督的方案，只可以說我接受或不反對它，因為它基本上不夠徹底。我在此促請他再次檢討他的方案，並將我的意見亦列入他的方案內，帶到談判桌上去。

梁智鴻議員致辭（譯文）：

⋯⋯基本法並無列明一九九五年的選舉委員會應由何人組成，這表示香港政府可自行作出決定。有些人暗示，基本法並無規定一九九五年選舉委員會的成員組合，是因為中英兩國政府已達成秘密協議，而這個協議所規定的成員組合，與當前動議所提出的迥然不同。我們無法證實是否真的有這樣的一個協議，因為香港市民並無機會參與有關香港前途的討論。我們只能以中英聯合聲明和基本法這兩本經典作為依據。但是，我認為只要總督在施政報告第 1.45 段提出的建議並無牴觸基本法，我看不出有任何理由，為何我們不可以朝著這個方向前進。香港長期沒有民主，而增加直選議席的機會亦相當渺茫。很多人都認為本港不可能獲得更大程度的民主。但是，隨著這些新建議的出現，我們現在又再樂觀起來，我們實在不能錯過這個機會。副主席先生，這是千載難逢的機會，為了香港的福祉，本局議員應發揮團結精神，同心協力地支持這些憲制改革。議員團結一致所匯聚的力量，定必令本港市民感到鼓舞。匯點雖然對這些建議表示支持，但對某些地方仍有所保留。首先，我們的底線是應有較多直選議席，因為我們覺得這是大多數香港市民的意願。英國政府答允就此事與中國進行磋商，但我們懷疑英國政府在這方面盡過甚麼力。第二，我們反對保留區議會的當然議席；如要在草根階層充分實現民主，這些議席應該及必須由直選議席所取代。

　　總督說，除非有人提出較佳建議，否則他會將自己的憲制改革方案付諸實施。有人指出他的建議與「直通車」的概念背道而馳，關於這一點，我認為除非總督的建議被證實是違反基本法，否則按照這項建議選出來的立法局議員，應可保留其議席並繼續坐「直通車」，直至他們的任期在一九九九年屆滿為止。

　　此外，如證明總督的建議是可行的，一九九九年立法局選舉的第二屆選舉委員會，其成員組合應仿照第一屆。基本法不應是一道永遠不可修改的磚牆，如果它是為本港市民服務，若有充分理由，當然可以，亦必須修改。

　　我十分贊成總督的意見，就他推行較大程度民主所提出的所有建議，中國不應有否決權。推動民主並非要令中國尷尬或延長英國的利益，這一點總督在訪問北京時定會解釋清楚。現在讓我們放下猜疑，做一些實際工作。……

張文光議員致辭：

　　不過，我要藉著這個機會，提醒所有支持民主的朋友，包括我所尊敬的麥理覺議員，要警惕和小心，不要以為善良的願望一定會變為現實。因為，在總督施政報告中，談到的選舉委員會組成，與麥理覺議員所期望的，仍然有著一定的分別。最主要的分別就是，選舉委員會的成員，可能有一部分並非民選區議員，而這一部分人數有多少，我們並不知道。這就造成一個缺口，一個灰色地帶，使未來的選舉委員會，出現另一個非民選的政治力量，去平衡和左右選舉的結果。而選出來的立法局議員，按施政報告所建議，更不需要是民選的區議員，而是其他「符合資格的候選人」。這候選人的定義，又是另一個缺口，另一個灰色地帶，我們必須警惕和小心：政制方案的民主步伐不會因為外來的壓力而倒退，甚至轉軚〔軑〕。

　　副主席先生，稍後，總督將會和中國政府磋商九五年立法局的選舉方案。但在上京之前，我看到報章上引述憲制事務司施祖祥先生在電台中的說話，大意是有關九五年選舉委員會的組成，除了施政報告提到的，以民選的區議員為基礎外，尚有其他建議。這些建議不可以透露，要作為總督訪京與中方商討時的籌碼。

　　副主席先生，對於這段說話，我是感到震驚和不滿的，我要求施祖祥先生澄

清，究竟總督有沒有一個關於選舉委員會的秘密方案？這個報告是有異於施政報告內所提出的，有沒有另外一條底線，如果有，為甚麼市民不能事前知道？我還記得，總督彭定康第一天踏上香港的土地上，就向我們宣布，他沒有秘密議程。這番說話，曾經贏得市民的掌聲，言猶在耳，總督的說話究竟算不算數呢？如果算數的話，我要求總督向全港市民公開這個秘密方案，而不是將我們蒙在鼓裏，讓中英雙方透過秘密談判來決定我們的命運，決定民主的前途。

副主席先生，在很多事情上，我的意見跟新華社副社長張浚生先生不同。但今天，我卻完全同意他的一句說話，就是：「民主不是任何人的恩賜」。在香港民主政制的問題上，這番說話尤其貼切，是民主派的心裏話。我們當然不會期望任何當權者會賜給我們民主，我們也不會隨便相信施政報告的允諾能夠輕易地實現。然而，作為民選的議員，我必須要保持警惕和小心，不要讓善良的市民成為談判的籌碼，而不是決定自身命運的主人。

詹培忠議員致辭：

副主席先生，總督在十月七日就未來五年提出的施政方案預告中，對各樣事情講得很清楚，著實引起整個香港社會的爭論。作為一個政客，他已經達到他的目的。我們作為立法局議員，要瞭解到，除政制外，在總督的施政報告，或者預告內，還有許多其他事項。換言之，我們除了為香港市民考慮政制、民主的問題外，還有其他事項需要顧及的。就憲制而言，大家瞭解到，一九九五年是有六十〔個〕議席。對於九五和九七的問題，我們要清楚瞭解，最要注意的是順利過渡。記得三個多月前，總督彭定康先生在七月九日來到香港，在大會堂說：他第一個責任就是如何令香港順利過渡。這點我應該沒有記錯。換句話說，我們就九五及九七的問題，要達到第一：順利過渡；第二：「直通車」；第三：要銜接的話，便應該尊重歷史。我個人所理解的歷史，就是到一九九七年六月三十日，英國政府有責任、有義務將香港的主權、管治權交給中國政府，讓中國政府代替她的主權，並將管治權交給認為符合基本法的香港人實行「港人治港」。這是我個人理解，有沒有錯呢？有待歷史去見證。

大家要瞭解在五十年代來到香港的人，當時生活水平很低、很辛苦。到近十

年來，中國開放政策令部分人士著實賺了錢，令我們在國際地位提高了。當然這亦有賴現在香港政府的管治和領導。此外，大家要瞭解一點，就是全世界的海外華僑根本上將香港作為第二故鄉，出了很多力，這是不爭的事實。我們大家現在希望給他們更好的生活，但無可否認，九七年已經給他們很大的心理壓力。我們為何不好好引導他們，反而要令他們驚慌呢？我們作為立法局議員，對於這種為了達到政黨的目的、達到個人的從政目的，而作出的事情，我認為是有必要去好好地思考的。

我個人認為目前香港人第一個意願應該是在安定之中，尋求如何順利過渡；第二、就是共同努力，利用中國作為後台，會更加繁榮；第三、是有各方面的自由，各種形式的自由，如出入境自由、投票的自由等等；第四、我個人覺得是民主。日前，許多政黨說讓香港人全民投票，我相信，如果就憲制進行投票是行不通的，但如果是就我剛才所講四點的次序進行投票，則我認為是行得通的，即是給香港人決定他們究竟先要民主、先要自由、先要繁榮、還是先要安定。我們從政者要瞭解甚麼叫做事實，太過煽情所產生的結果，會令我自己坐在這裏也覺得不舒服。香港是一個多方面的社會，有賴大家的共同合作才可更加繁榮。

在座有很多所謂「民主派」。根本香港那個人不要民主？你可能認為我是資本家，但我自己承認我是個開明的資本家，但是我自己也是一個民主的擁護者，只不過大家的模式不同，見解不同。大家可以看看李光耀，你可以說他不是民主嗎？但新加坡人就不會說他絕對不是，這當然是有不同意見的。

我們在座各位最須瞭解的，就是我剛才所說，九五、九七是否需要「直通車」、銜接、順利過渡呢？我個人認為這有賴中、英兩國政府討論符合香港人的模式，那才是理智的做法。我們若給太多壓力予總督或中國政府，結果是不切實際的。

說到有關的十個議席的選舉，我個人就有所保留，因為由區議員選出十位未來立法局議員，根本上差不多局限於代表區議員本身。若果大家不要銜接、不要「直通車」，則我個人主張到九五年時立法局六十個議席全部直選，那樣才表示最大的公平。在九七年後中國政府如何做是她的事。我們要瞭解香港到九七年不是獨立的，主權是屬於中國的。叫中國不要維持主權，犧牲一切給予香港人，這點大家不要誤導市民，因為是絕對沒有可能的。我們應該對此充分瞭解。因此我們

除了坐在這個議會照顧我們自己的目的之外，最主要還是要照顧外面市民的想法。

譚耀宗議員致辭：

副主席先生，我對今天的辯論感到很驚奇。驚奇的原因之一就是現在距離總督發表施政報告後只有一星期，而本局尚未正式就施政報告的整體內容發表意見和進行辯論，就已經要求本局考慮支持施政報告中對政制改革的一些建議了。如此急速地希望本局接受總督的建議，甚至要為此而改變本局的一些慣例，不知有甚麼原因呢？另外，我還覺得有趣的是在整件事中，麥理覺議員似乎和總督很有默契，彼此合作無間，「伙伴」式的關係，成為一個典範。

我覺得總督的政制改革建議，有不少未經過深思熟慮和未充分尊重民意的地方。例如今天我們要辯論的是以民選議員組成九五年的選舉委員會一事，就未有在經過足夠的民意諮詢及討論前倉卒推出來。事實上，這些改革建議確實可能會影響香港在九七年前後的平穩過渡。我曾經多次在本局中指出任何對本港政制的檢討及改革建議，都必須要考慮跟基本法所訂立的模式銜接。然而，現在總督要用民選區議員組成選舉委員會，就顯然沒有充分考慮到基本法對九七年後選舉委員會的設計。在基本法的附件一中已清楚地訂明一個由八百人組成的選舉委員會將會選出未來的特區行政長官，而基本法的附件二中亦指出九七年後有份參與第二屆特區立法會選舉的選舉委員會，亦即是附件一中所規定的選舉委員會。由此可見，基本法已經設計好未來的選舉委員會了，所以我想九五年的立法局選舉及九七年時的第一屆立法會選舉委員會，亦最好按照基本法中所訂立的模式，以便順利銜接。

副主席先生，我想如果要達至更大程度的民主和讓香港市民有廣泛的參與，九五年的選舉委員會就不應該只是由民選的區議員組成，這樣恐怕未必能夠完全代表社會各界的意見。因此，我們最好能夠有一個盡量包羅社會各界意見，具有廣泛代表性的選舉委員會。在基本法中為第二屆立法會選舉而設的選舉委員會，就是推選行政長官的選舉委員會，這委員會將會是以民主和開放的原則，選出包括工商界、專業界、立法局議員、區域性組織代表等八百人，再選出行政長官和六位立法局成員。我想這種選舉團模式更能夠體現民主，因為其成員是社會上不

同界別的人士以民主的方式選出來，能夠代表社會上的各種意見，不至於只會代表區議會議員的意見。於是，選舉委員會就會像一個社會的縮影，由這個選舉委員會所選出來的立法局成員，就可以代表了社會各界人士的意見。這樣的一個選舉委員會，可以讓社會各界人士更廣泛地參與，體現民主的精神，實在值得政府參考。

　　因此，我建議政府大可以考慮按照上述的大選舉團模式，用民主和開放的方式在九五年設計一個類似的選舉委員會，選出十位立法局議員。如果政府仍然一意孤行，以民選區議員組成選舉委員會，這樣一來不能達至更大的民主和更廣泛的參與；二來這種選舉委員會模式恐怕亦只可以維持到九七年中。這種做法又有何意義呢？希望政府能夠三思。

馮智活議員致辭：

　　副主席先生，一九九五年由直接選舉產生的立法局議員數目應由 18 名增至 30 名，這是全港市民要繼續努力達至的目標，使立法局更民主化，更能代表市民的意願。假若事與願違，直選議席只能增至 20 個時，港同盟極希望那產生 10 個立法局議席的選舉委員會，是全部由直選的區議員組成。這個選舉方法，雖然是不及由市民直接選舉立法局議員那麼好，但也算是勉強可以接受的方法，因為它能夠符合「全民參予〔與〕」的原則。但有一點非常重要的，就是必須確保只有直選的區議員才有資格成為選舉委員會的成員。

　　港同盟提出這點是因為：

　　第一、總督施政報告中建議取消區議會的委任制，但仍然保留 27 個鄉事委員會主席自動成為區議員的當然議席。這些當然議席，並不是由地區居民選舉產生，同時在這些鄉事委員會所代表的地區，其實已經有區議員的選舉，為甚麼再有當然議席呢？而且，鄉村地方的直選區議員為數不少，這是因為政府在劃分選區時，特別照顧了鄉郊地區人口較為分散的特質。故此在這些地區的每個選區內，選民人數往往比市區的少得多。故此，在區議會內是有足夠的議員代表各選區，包括鄉村在內。港同盟十分希望由一九九四年開始，區議會是一個 100% 的民主機構，故此要求所有區議員皆由直選產生，取消委任議員之同時，也要取消

當然議員。假若九五年區議會仍然有當然議員，這些議員亦必須是沒有資格成為選舉委員會的成員。

第二、施政報告中提及選舉委員會將會全部或大部分由直選的區議員組成，港同盟對「大部分」這個字眼表示疑惑。因為如果選舉委員會的成員只是「大部分」由直選的區議員組成的話，那麼其餘的「小部分」成員是甚麼人呢？是否指一些完全沒有民意基礎的特權階級呢？另外，到底幾多議席才算是「大部分」，其實可能是小部分，亦可能很多。這裏寫得如此含糊，是否表示總督心中其實有另外多個方案，準備在受到壓力時作出妥協呢？港同盟希望彭定康先生能就此向市民清楚解釋。

最後，港同盟認為選舉委員會由直選區議員組成，是可以接受的，不必加入民選的市政局或區域市政局議員，因為這兩個市政局分別有一個立法局議席由互選產生。

馮檢基議員致辭：

副主席先生，有關一九九五年選舉後的立法局，無論中方、英方或香港政府間中亦有提及，屆時的立法局已是一個沒有委任議員的立法局。當然，反過來的另一種說法是，屆時的立法局議員，是全部由選舉產生的。如果是可以的話，我相信最大的爭論點或討論點就是「全部由選舉產生」這幾個字。對香港人來說，一個民主的選舉，就是代表著用「普及」、「公平」和「平等」的方法去攪，所以如要攪大選舉團，如果將來的立法局是由選舉產生的話，我覺得應要、需要和必要遵循這個原則。當然，最理想的方法，是用分區普選產生選舉投票人的方法，因為這個方法是完全符合上述的原則，亦使選民能夠知道自己所投選票的對象。

至於麥理覺議員的動議，本人和民協覺得是最低限度能夠忍受的大選舉團方法。這個方法的好處，就是區議員或是民選出來的區議員本身是由普選產生的，具有民主的精神在背後支持，亦不需要令香港人再來一次一人一票的直接選舉。因為三層架構的選舉，可能有些人已覺得太多了。其不足的地方，就是選民投票支持某人做民選的區議員，可能因為覺得他做得好，關心地區。但如要再投票支持那一位做立法局議員，他們是不知道、甚至是不同意。所以這種選舉方式是有

其弊病的。我認為選舉委員會是一個過渡的選舉方法，到第三屆特區政府時，就已全部取消了。所以我們期望可以加快速度，盡快由分區直選代替，使香港能夠有一個公平、平等和普及的選舉制度。

我星期一在的士上曾聽到一段由電台訪問施祖祥司憲的說話。他說：「上京當然是要傾，無得傾上京幹甚麼呢？」這句說話的背後不知是否代表「有得傾」即是有得改，有得妥協？我們很擔心，如果有的話，我們期望施祖祥司憲能將「有得傾」的意思解釋給我們立法局議員聽聽。又或者我們的總督是否在讀完第一份施政報告後，在未足一年或三個月內，已有了第二份呢？第二份的施政報告是否已經寫備了？如果已寫備又或者是在草擬中，我希望你能將大綱告訴我們。

馬卓安首相在今年的保守黨大會的終結會上，曾經講過與我們總督有關係的兩點：第一、他說「下一屆的英國政府一定有彭定康先生份兒」；第二、他說「彭定康先生由現在以至將來，都是以英國的利益為第一位」。我聽完之後很擔憂。第一個擔心彭定康先生是否「身在香港心在英」？第二個擔心是香港人的利益在彭定康的心內是排第幾？在以後的幾年裏，我真不希望見到彭定康先生只用言語、姿勢、形象向香港人提供一個假象，並僅僅為了自己和英國人的利益才和中國交涉。我很希望我是看錯了，作為一個新進的政治人物，我相信我可能會看錯。但我亦要告訴總督彭定康先生（我希望你會聽到，雖然你不肯見我們），我和香港市民是會看著你、監察你，如果有一日被我們發現你出賣香港人的話，你今日在香港所建立的一切，都會全部消失。

最後，我呼籲香港人，如果你對自己在九七之後是有一個理想，對香港有一個夢，你想在香港建立一個民主制度，那麼由現在開始，香港人就要自己去講，自己去爭，要直接向中國政府爭取。基於以上的說話，我支持動議。多謝副主席先生。

林鉅成議員致辭：

副主席先生，香港民主發展的特色，是進一步，退兩步，和左搖右擺。妨礙民主步伐順利前進的，有三大阻力。第一是殖民地政府；第二是基本法的關卡；第三是我們當中一群自欺欺人的所謂「有識之士」。

我一向認為基本法並非真理，絕對不是神聖不可更改的。基本法應該是可以隨著時代和環境的轉變而作出適當的修訂。甚麼是基本法的精神呢？剛才司徒華議員已經提過，就是落實「一國兩制、高度自治」。當然亦有人會對基本法精神有不同的觀念和解釋，不過這些人心目中的基本法精神，如果是違背了廣大香港市民的意願和利益時候，香港市民又應怎做？逆來順受，還是據理力爭呢？

區議會的地位和角色隨著政制式微而日漸低落，以往政府是企圖透過委任制度將區議會變成一個可以控制的民意場所。在現有制度之下，區議會主席受市民擁護的程度有多少，我們可從九一年直接選舉知道。眾多區議會主席中，有多少個可以如李永達議員那樣「信心爆棚」地出來參選呢？區議會主席和一些間選出來的市政局議員都是現有委任制度下的得益者。因此，他們當中有些人反對選舉委員會由民選議員委任，是可以理解的。由民選區議員組成選舉委員會，有一個好處：就是可避免總督隨意委任保守派或民主派人士入局去左右區議會的決定；即總督想多些保守的話，他就委〔派〕多一些保守派人士；如果想多些民主的話，就委派多一些民主派人士。政治學大師 Robert Dull 的研究證明，民眾參與政治之高低，和他們感到自己所能夠產生的影響能力有極大的關係。這點，我們可從九一年的立法局直選投票率比區議會高，以及遠高於市政局這點略見一二。所以，如果選舉委員會由民選區議員出任的話，可提高區議會的影響力，亦會提高市民參與區議會事務的興趣。以民選區議員出任選舉委員會成員的做法，是一個毋須更改基本法，但仍可取得一個較大民主政制的安排。雖然民主是打了折扣，但也是勉強可以接納的臨時性折衷方案。選舉委員會這個怪獸，最後是必須消滅的。我們香港人所追求的，不是「欽點」或委任，亦不是類似的直選，而是真真正正的全面直選。

劉慧卿議員致辭：

副主席先生，我多年來一直全力支持立法局全面直選；我是反對任何形式的間選，當然亦反對委任制。我很希望立法局在未來幾年，會盡快推行全面直選，所以對麥理覺議員這個動議有很大的保留。

現在我樂見民間團體，包括婦女團體，都站出來要求全面直選。所以，這

種情況使我想到，或者我不是太過理想化或不切實際的。副主席先生，可能是本局有些同事落後於形勢，我很希望他們盡快迎頭趕上，尤其是那些口口聲聲說支持民主的同事為然。副主席先生，我相信你都知道，民主是沒有一半的。要就是有，要就是沒有。我們現在是絕對沒有，即使有麥理覺議員的十個議席，也算沒有。直到一天，本局全是由香港市民一人一票選出來，否則香港是沒有民主的，所以我們不要自己騙自己。

有些同事說要攪妥協，希望爭取選票。副主席先生，我自己是新界東選民選出來的，我好清楚知道，選民從來沒有叫我將他們自己的民主權利妥協，他們給我的訊息很簡單，也很清楚：就是全力為香港、為新界東市民一同爭取全面的民主。絕非爭一半議席或爭十個議席等這些廢話。所以我自己絕不支持這些非驢非馬的選舉團。我覺得這是侮辱香港人的智慧。副主席先生，在今時今日這個階段，我相信大家都知道香港已經有充分的條件推行西方式多黨制全面民主。而大家都知道，唯一的障礙就是中國共產黨反對，我希望總督得到廣大市民的支持，盡力向中方爭取。我亦希望，正如剛才馮檢基議員所講，我們香港人亦可以自己去爭取。但副主席先生，你知道，中國政府是不肯和本局一些同事對話的。我希望這個荒謬的情況，可以早日結束。

副主席先生，倘確實不可能有全面民主，要設立選舉團，那麼麥理覺議員提出的動議，我相信就是最低限度的了。不過，總督在施政報告雖然說要廢除區議會的委任制，但卻說要保留 27 席鄉事的當然議席，就這方面來說，正如馮智活議員表示，我是絕對不能接受的。所以，最後，副主席先生，我相信我是代表很多香港市民說話的，就是希望香港可以有全面的民主。

楊孝華議員致辭：

副主席先生，剛才在決定是否辯論這個話題的時候，我表示過我覺得要講的話，未必可以幫助總督爭取到香港人希望爭取的東西，反而可能會「幫倒忙」。我本來希望下星期在回應總督施政報告的時候再談，但由於今日的辯論，我只好將有關選舉委員會的部分提前於今日論述，但準備卻沒有那麼充分。但我相信即使我發言後，對於總督要爭取到我們希望爭取到的，亦不會有幫助。

第一點，根據我參與諮詢基本法工作的經驗，我到目前為止，仍然不能說服自己謂這個選舉委員會的方案是怎樣符合基本法的精神。我對總督能夠充分和很有技巧地找到基本法內沒有說明的事項，或稱是灰色地帶，即所謂「鑽進空間」，我是表示讚賞的。不過，我覺得基本法不是香港的法律，而是中國的法律。究竟誰可以解釋呢？基本法亦講得很清楚，是由人大常務委員會解釋，並不是由我們立法局解釋。更何況我自己不是一位律師，法律知識有限，對中國法律的知識更加有限，所以不敢解釋基本法。可能剛才有些草委或者曾經任過草委的議員，以為他們有這個資格，我不敢說他們有沒有。但是我看到基本法內有兩個委員會：一個是推選委員會、一個是選舉委員會。其中的構思是這些委員會的組成會由工商界、金融界佔四分一，專業界佔四分一，勞工社會服務各界等等佔四分一，還有立法會議、區域代表組織、香港港澳人大代表、政協委員會又佔四分一。當然基本法並不是說九五年那一次的選舉，亦不是說九七年的選舉，而是說九九年的，是講到行政首長產生的方法。但我覺得擬訂基本法時，肯定有某一個構思。為何要這樣寫呢？背後一定有一個精神。我只能夠推測當時草擬基本法的人士，認為那樣對保持香港社會的穩定、「一國兩制」、香港的繁榮均有好處。我覺得他們的意圖是這樣的，但我現在看不到麥理覺議員動議內所說的未來選舉委員會由區議會民選議員組成這點，怎樣可以達到上述各個四分一的組成呢？我認為很難達到，除非有某一種形式令區議員也予以符合，否則很容易造成九五年我們想出來一套，希望九七過渡「直通車」又想出一套，這就會與基本法原來構思的一套，有很大的不同。當然，我們可以一意孤行，但是這會冒著一部分議員未必能夠過「直通車」的危險，這點我亦不想見到。對於背面一些原則，例如以民主方式進行選舉，我並不反對。如果我們能夠想一個方法使工商界、金融界那四分一的議席是以民主方式選出來，專業界的四分一亦是民主選舉選出來，至於人大代表、立法會議員、或者是區議會議員也是以某種形式的民主選舉選出來，使組成符合有關規定，我覺得那會令銜接和過渡更加順利。

第二，我想談談關於民主的重要性。我最近曾在自己的界別進行探討，並且徵詢選民的意見。雖然我們的功能界別選民有限，但卻是當時功能組別選民投票率最高的。我在問卷中列出很多社會民生的事項，問他們認為今後工作的方針有何取捨？應該優先處理甚麼？將他們認為最重要的，寫在（一）那裏，而（二）

是表示較為次要，（五）則代表不大重要。若完全不填，便根本表示將有關事項的優先次序訂得很低。至今收回來的問卷中（差不多有 10% 的回應），在 27 項裏，其中有一項說及「爭取立法局更多直選議席，爭取民主的政制」，那項是排至第 25，即在 27 項中排 25。有一位人士很講究「一國兩制」的民主，他說希望我們能夠確保「一國兩制」，爭取香港真正資本主義制度，不要那種不容反對派的作風，亦不要在香港有一言堂，不要有中國式社會主義制度下的所謂資本主義制度。他雖然有這種感覺，當填到這項的時候，只是填寫「零」字。我覺得在這種情形之下，我確實很難說，我這個界別的人士對民主看得重要到須冒著「直通車」翻車的危險，來制作一種與基本法相差太遠的模式。我沒有辦法支持麥理覺議員的動議。

憲制事務司致辭：

首先，我可以向本局各位議員保證，總督絕對沒有任何秘密議程。正如總督所說，現時的方案仍然是一個提議，既是這樣，我們又如何可以在這個時候形容為絕對一成不變呢？下星期，總督將會帶著他最大的誠意和他提出的方案，在北京與中國政府進行認真的討論。既然是一個討論的過程，我又怎可以說完全沒有修改的空間？當然，大家都知道，總督在多個場合說得很清楚，他認為他的方案是最好的方案，亦都代表了香港市民的意願，或者是民意的主流。但是，他亦是很樂意和願意聽取其他更好更多的意見。如果中方的朋友有更好的意見提出來，他一定會很仔細聽取。至於說除了這些區議會選出來的議員之外，還有些甚麼人呢？我想在這裏說，在我們心目中沒有清楚的一群人，但是我們可以說，如果有一些人是透過公開、公平、民主的選舉過程而產生出來的話，我們很願意考慮他們。

我亦想說究竟我們有沒有底線呢？我們是有底線的，這條底線一早已公開了，而總督亦已說過，就是在一九九五年的時候，選舉委員會必須要以公平、公開和選舉的方式為基礎。但是假設有人可以在這條底線的基礎上提出更好的方案，我們當然要加以考慮。

由於今日的辯論是基於由總督提出來的憲制方案，本人想藉這次機會，闡述

一下政府在這方面的構思。首先，假設基本法中有關立法會直選議席數目的條文不變，明顯地，我們便須要在一九九五年成立一個選舉委員會，選出十位立法局議員。我們在這方面的想法是：既然一九九五年的立法局須要全部由不同方式選舉產生，則選舉委員會的組成，亦應建基於一個公平和開放的選舉安排上，而不能包含任何的委任成分。根據我們現時提出來的方案，兩個市政局及鄉議局，將分別保留他們在功能組別方面的議席，故此，我們以為選舉委員會的成員，應該大部分來自由選舉產生的區議會；而為了使到選舉更加開放，我們建議任何登記選民均可參選。

另一方面，我們亦考慮到新界區議會的 27 個當然議員，由於他們亦是通過選舉程序產生，代表了新界原居民，故此，讓這些議員參與選舉委員會，我們以為是可以接受的。

誠然，在今天的辯論中，各位議員在選舉委員會的詳細組成問題上，發表了不同的看法。但是，本人察覺到，其實大家都有一個共通點，那就是這個委員會的全部成員，都應該通過民主選舉產生，這實在是令人鼓舞的。當然，正如總督在他的施政報告中強調，政府對選舉委員會組成的構思，現在仍屬建議階段，諮詢的大門仍然是打開的。本人誠心希望，社會各方面的人士，能繼續在這些重要的問題方面，把他們的想法告訴政府，使我們最終能找出一個最合乎本港長遠利益的方案。

在政府訂出有關選舉委員會組成的建議時，我們對這建議會否和基本法相違這問題，曾經深思熟慮；而明顯地，這亦是本局各位議員以至全港市民所關注的問題。其中的理由非常簡單，即如果最後決定的方案真的與基本法相違背，中國政府方面將理應不能接受，如此，九七年前後政制的銜接，可謂不知從何說起。但一如總督在上星期再三地指出，政府現時的建議，很清楚是在基本法所容許的範圍之內。有關這方面的論據，總督已在他的施政報告中精要而正確地指出，本人不想在這裏重複，而只想扼要地回應幾點對現時建議的評論。

首先，有一些人以為，由區議會議員出任選舉委員會的成員，會把區議會政治化，因而影響它們的有效運作。對於這個論點，本人實在難以苟同。回顧在一九八五年立法局首次引進選舉的成分時，其中的安排是由各個區議會分別組成十個選舉團，由區議員當中選出十位立法局議員，雖則當時競選情況相當熱烈，

但並沒有對區議會的工作產生任何負面影響；而現時兩個市政局在功能組別方面仍然是選出他們的代表，來參加立法局的工作。它們的運作卻依然有效而為人稱道。我們可以從這些事實看到，所謂引起政治化而影響運作的論調，是完全沒有立足點的。

此外，有論者認為一九九五年選舉委員會的組成（楊孝華議員亦都有這個論點），應主要參照一九九九年香港特別行政區立法會中有關選舉委員會的組成成分（見基本法附件一）。但是，我們應留意到，基本法清楚指出，特區政府首屆立法會的選舉委員會的組成，並不等同第二屆立法會的選舉委員，亦即是說，一九九九年八百人的組合，那一套是不適合一九九五年的使用。這並不是我在這裏作出來的，大家請看基本法。但基本法卻指出後者，亦即是說選舉委員會所選出來的，應基於民主和開放的原則，而這正正是我們提議的指導原則，與基本法的精神剛好配合。再者，特區政府第二屆立法會的選舉委員會，其實亦包括了區議會的成員。

另外一些論調，則以為現時建議的步伐過於急速，有違循序漸進原則。對於這種說法，本人實在不能同意，政府現時的提議，是一個平衡了各方面考慮的方案，符合演進發展的精神。舉一個例子，一九八二年時，三分一區議員由直選產生，三年後，直選區議員的比例增至三分二，現在我們的建議是在區議會成立後的 12 年，即在一九九四年時，將區議會餘下來的三分一委任議席取消，試問還有甚麼比這種步伐更為漸進呢？

副主席先生，政府深信，現時有關一九九五年選舉委員會組成的建議，是在基本法所容許的範圍內，除了可與一九九七後政制銜接，亦同時體現了民主選舉的精神。雖則在該委員會組成的細節地方，政府的建議和現時動議內的具體提法有所差異，但兩者背後的精神和旨趣，卻並無異致。故此，政府雖然在細節上有多少保留，但認為麥理覺議員的動議原則上是值得我們支持；而本局的當然議員將投贊成票。本人期望在不久將來在作最後決定之前，我們再有機會討論有關安排的細節。

1992 年 10 月 21 日
致謝議案辯論

杜葉錫恩議員提出下列動議：

「本局對總督的致辭，謹表謝意。」

杜葉錫恩議員致辭（譯文）：

凡是轉換任何理想目標的人，往往比那些畢生致力爭取該目標的人來得更激進。我作為一個花了數十年在倫敦遊說總督先生所屬政黨但無功而回的民主派人士，對於彭定康先生現時成為香港的民主鬥士，實在感到高興，或甚至有點驚訝。如果他早在十年或二十年前已發表了這些意見，我們今天就可避免陷入既要不違反基本法而又可加速民主步伐的進退維谷政治局面。我們的現任總督一定知道遠遠在一九九七這年份成為政治議程之前及之後，他的政黨均堅持反對本局出現任何由選舉產生的代表。我倒有興趣聽聽有關這些突然轉變心意的解釋。

然而，由於總督已轉而為香港爭取民主，我同意現時某些功能組別的範圍須擴大，而其實這項工作應於較早時的選舉進行。我認為依照建議實行該九個新功能組別是會出現一些困難，因為其他團體也是要求一人兩票，而結果可能會導致混亂。

有關其他政制改變方面，我現在想說一說我感到的一些疑慮。

一九九五年的選舉安排，必須非常審慎地計劃，因為這些選舉將會開展一個橫跨一九九七的過程，我們絕不能犯一些會引致一九九七年出現重大改變的錯誤。

由於基本法是經過多年討論、草擬及立例公布，現時明顯中方是不會願意連基本法仍未施行之前就考慮修改。因此，根據我的估計，明智的做法是總督先就

那些可能被認為違反基本法的事項，與中方達成協議，然後才向香港市民公布。舉例來說，雖然將行政局與立法局分家可能會受到港人的歡迎，但是否違反了基本法第五十五條的規定呢？此外，有關由擬議的選舉委員會選出人選，去填補十個委任議席的空缺，這含意是否符合「直通車」的概念呢？如果是符合，那就甚麼問題也沒有；但如果是不符合，這會否令北京政府不滿而同時又令歡迎這些改革的本港社會人士感到失望呢？如果我們要走回頭路的話，是否會令某部分人士感到驚恐呢？其實，總督在作出決定前，並沒有充分徵詢意見。我代表的組別市政局，就不曾獲徵詢有關該局事宜的意見。該局準備於下月進行辯論，以發表他們的看法。此外，總督亦沒有徵詢其他組別的意見。

總督在其演辭中清楚表示建議的政制改革並非最終定案，他明白到有可能須要作出一些複雜的行政安排。但我懷疑他是否考慮到他亦有可能遇到一些反對？

我衷心希望總督這次訪問北京，能夠說服中方官員相信他的方案是符合基本法的，否則，我們將會進入另一段不明朗時期，而過往我們已經歷了太多不明朗的局面。中港雙方就政治問題互相對抗，是我們從現在到一九九七年期間最不需要的事。我們「最需要」的是信任、合作及諒解。如果總督在完結他的施政報告時，是說他已與中國政府磋商過那些改革建議，並獲得他們的首肯，我們會是多麼的高興！事實上，相當多香港人都擔心這次就好像青馬大橋事件一樣，香港搶先作出一些本來可由雙方共同達至的決定。

我希望我的疑慮是沒有根據的，以及在總督訪問北京期間，中港雙方能達成協議，並且希望總督能令中方信服他所建議的民主，可以一如他所說，為我們提供「一列民主直通車，在基本法鋪成的軌道上前進」。

李柱銘議員致辭：

總督彭定康所勾畫未來五年的施政藍圖，很多人都拍手叫好，但他的政治藍圖是否真的可實現港人渴望得到的民主自由呢？抑或過去八年中英的秘密談判、檯底交易一次又一次粉碎了港人美麗的夢想，已令到港人在無可奈可情況下降低「審美」的標準呢？假若彭定康先生是在一九八四年中英聯合聲明簽署那年宣讀同一套方案，告訴我們到了九七年，立法局只有三分之一的議席由直選產生，而

行政局更全無直選代表，相信台下傳出的一定不會是拍掌聲，而是噓聲，因為這個方案距離中英政府當日在聯合聲明訂下的標準實在太遠。

因此，雖然彭定康先生的施政報告是向前走了正確的第一步，當中亦不乏民主派多年來不斷爭取提出的建議，例如擴大功能組別的代表性，取消區議會的委任議席，但這一步絕對不是一大步，更不是好似某些人所講是「起飛」；相對於中英聯合聲明的標準來說，這一步只是「牛步」。當然，向前走一步，始終比停滯不前或者退後好，但請不要忘記，我們已經浪費了八年的寶貴光陰，要在未來五年內追回過去的日子，趕上八年前訂下的目標，我們要走的路途實在遙遠。我們必須繼續朝向著這個方向走，而且萬萬不能後退，我希望彭定康先生不要違背當年中英政府對港人許下的承諾，在任何情況下都不可「退鈦〔軚〕」。

有人認為彭定康先生的施政藍圖太過「激進」，因為報告的內容不符合聯合聲明「五十年不變」的原則。的確，「五十年不變」是香港人所嚮往的。但所謂「不變」是甚麼意思呢？是否代表科技不變、環境不變、抑或人心不變、政制不變呢？對不起，這些東西是一定會變的。那麼聯合聲明的「不變」是甚麼意思呢？聯合聲明的所謂「不變」，其實是指香港資本主義社會自由投資環境裏頭一種「隨機應變，自由求變」的運作方法。其實聯合聲明是向前看的、它的目的並不要將香港凍結在某個歷史時空，而是要保持香港的生機。但是，現時基本法的條文卻是與這種精神背道而馳，企圖把九七年後的香港盡量凍結在八四年的狀況。所以，如果我們要保障香港賴以生存的「隨機應變、自由求變」的運作方式，就必須盡快修改基本法。

事實上，基本法並非永恆不變的真理，它不過是一本受到某個特定歷史時空限制的成文憲法。一九九〇年四月四日，中國全國人大通過基本法，這時候中國正籠罩著「六四」事件的陰影。基本法是在這個緊張的政治氣氛下通過的，當時的形勢促使北京政府將香港九七年後的政制發展限死在一個不符合聯合聲明以及不符合市民意願的方程式裏。我認為北京政府應該讓香港人自己決定香港政制發展路向，因為只有香港人才最清楚知道應怎樣管理自己的事務。將九七後的政制發展模式局限在一個固定的框框裏是不切實際的。就正如一個政府不能夠決定它十年後生產多少部汽車、製成多少件成衣、或增加多少個學位一樣。

副主席先生，民主是現今世界的大潮流，不能為人的主觀意志所移。企圖

用僵化的條文來阻礙歷史巨輪的前進，是愚不可及的行為。請記住：我們要害怕的，不是「改變」本身，而是那些阻礙歷史潮流的反動力量。因此，請不要再以「基本法在未生效前是不能修改」這類藉口來諸多推搪了。中國政府連經濟體制這樣重大的事情也可以求變，難道卻不可以容許小小的香港有發展的空間嗎？基本法是中國政府拍板的，只要他們有誠意，就一定能夠修改。

在後過渡期有一個問題經常困擾著港人，就是有關「銜接」的問題，或者所謂「直通車」的問題。表面上，政制能銜接，過渡期一切事務能銜接是對香港有利的，但這是否表示為要求銜接，我們可以不必理會是甚麼東西在銜接呢？坐「直通車」的原意是好的，但這是否表示我們就可以逢車必上，不管它載我們往何處？如果九七年前後銜接的是一種對香港不好的制度，如果我們坐上的「直通車」是載我們往地獄去，我們是否還要贊成銜接，還要繼續坐「直通車」呢？我們必須確保，九七年前後銜接的，是對香港人有益的制度，港人坐上的，是一部跟隨聯合聲明的軌跡把港人載向「港人治港、高度自治」目的地的「直通車」。

副主席先生，今年施政報告發表後，很多人都欣賞總督在設計九五年選舉方面的進取精神。市民都希望見到九五年的選舉能把香港的民主政制發展向前推進一大步。但與此同時，亦有人擔心，這個方案一定會被中國大力反對。假使英國一意孤行，到頭來不單止中英關係惡化，香港九七年前後的政制亦不能夠銜接，不能夠坐「直通車」。今天，當本局正在這裏舉行辯論時，總督彭定康先生正為政制問題，在北京與中國官員進行第一輪會談。談判的結果最終會怎樣，目前仍是言之尚早。不過，我要嚴正指出一個事實，香港人不能夠為了達成協議，達成銜接而犧牲了我們對民主政制的理想。

中英談判有幾個可能的結果。最理想的情況，是中英雙方均按著中英聯合聲明的本子辦事，就政制問題達成一個合乎聯合聲明精神的協議。這協議不單能滿足銜接的要求，亦同時有利香港的民主政制發展，合乎香港市民的民主意願，這是最好的結果。另一個可能性，就是中英雙方，一如上述，為達成協議而協議，為求銜接而銜接，大家都放棄聯合聲明的承諾，得出一個有違民主原則的政制方案。結果，香港的政制發展，不錯是可以做到九七年前後銜接，亦可以達至「直通車」的效果，但政制的內容卻已經變了質，變成背棄民主、違反民意、阻礙香港的民主發展。這樣的談判結果，是最惡劣的，是最失敗的，是對香港損害最大

的，亦是最不能接受的。如果真的要為中英談判擔心，我本人最憂慮的，就是出現這種萬劫不復的結果。

因此，在權衡利害下，假若中英雙方無法按著聯合聲明的民主承諾，得出一個有利香港民主發展的政制協議，本人寧願見到港英方面繼續信守聯合聲明的精神，單方面於九七年前推行一個合乎民主，有利香港民主發展的政制方案。起碼，香港的民主政制發展不會即時腰斬，還可以繼續向前走。當中國的領導人見到香港民主發展的情況，原來是對香港這樣有益有建設性時，他們便會放棄執著，容許香港的民主政制繼續發展下去。這樣就是銜接，這樣就是「直通車」。

倪少傑議員致辭：

……首先，這一個施政報告對於後過渡期的香港具有特別意義，是香港最後一任總督彭定康先生親手炮製的。其次，在政府大力催谷本港政制急劇民主化的時候，使少數黨政人士產生權力奮亢，卻使多數公眾感到無所適從。我想提醒香港市民，本港的最高權力機構，一向都是總督而非立法局或行政局。

無論我怎樣不同意施政報告內有關政制改動部分，我不得不承認總督的策劃是極高明的。在短短三數月間，他的知名度即已凌駕所有本地政治領袖，在市民大眾心目中的地位，比在「九一直選」中以驕人的壓倒性姿態勝出的本局同僚，實在有過之而無不及。總督的形象有如一個備受選民愛戴的元首，其個人魅力使普羅大眾一時間沉醉於一種極富浪漫感的政治氣氛裏。但可惜，政治是講現實的，而統治亦是建基於法理之上的。現實的法理是，總督是受英廷委任，前來執掌權威，代表英國進行統治。在香港這個小小的殖民地上，總督的權力是源自《英皇制誥》和《皇室訓令》，是至高無上的。在這個法理的現實底下，無論立法局有幾多民選議員，政府如何把自己變得看起來像一個問責政府，總督這一個權力重心可以是一丁點問責的性質也沒有的。無論所謂的代議政制怎樣發展，港人根本無權，亦無途徑向總督進行問責、彈劾、甚至罷免，而他的政府亦永不倒台。我認為，作為香港市民，尤其是那些被政府魅力吸引得頭腦飄飄然的人，應該緊記這事實。

在這個事實之前，我們應當好好地想一想，施政報告所推行的問責政府，

它的問責只到九七為止。那麼，政制的急劇改變究竟會將香港帶到甚麼境地？在彭定康總督所鋪設的路軌上開出的政制快車，究竟如何能接上基本法已經定好的軌道，而不會導致出軌、翻車等人為意外，對特區政府和居民造成不可彌補的傷害？

副主席先生，政制變改引起我不安的另一部分是關於功能組別選舉的新安排。為了將直選成分硬塞到每一個政制空隙裏，總督將功能組別的定義重新界定，過去是著重不同專業的獨特社會功能，現在卻把標準變更，單按行業來劃分功能組別，完全失去「功能」的意義。此舉將造成兩個不良後果。第一，功能組別將失去其功能作用；第二，由於所有行業的僱員皆有投票權，新增的功能組別結果將變成另一類的勞工界組別，極其可能將立法局內兩名工人代表的數目驟然增加，而且尚未包括循直選途徑入局的工會人士。自此，人為的勞資矛盾更呈尖銳化，勞資分歧將升級至議會層面，在立法局形成更大的壓力，促使香港走向福利社會，危害本港一向賴以成功的資本主義制度！

副主席先生，150 年的殖民地歷史和香港過去四十年的經濟奇跡，應該足以告訴彭定康總督，香港人所珍惜的是非政治化的自由生活。自一九八四年以來搞不起來的「權力穩固地立根於香港，有充分權威代表香港人的意見」的代議政制，和一九八八年企圖引入立法局直選卻功敗垂成的經驗，也應該能給彭定康總督一個歷史教訓，將香港人推到對抗中國的陣線上，會大大地違背香港人的意願，損害香港社會整體利益。現在，這些已證實行不通，也不為香港人和中國接納的措施，卻在他的施政報告內有借屍還魂的跡象，把他的前任者與中國建立互相尊重，尋求制度銜接，順利過渡的努力，付諸東流。目前，彭督正在北京，與中國政府協商對話，目的就正是尋求互相合作和諒解，消除對抗因素，我在此祝願他成功。

前瞻未來五年，港人恐怕要在中英兩國緊張關係的空隙裏尋找生存的空間，在民主發展過程和平穩過渡之間探索一條可行的生路。假使彭定康總督決定一意孤行，實行施政報告內的政制改動，則平穩過渡、順利銜接將成泡影，那麼史家將稱之為「定康之治」，亦即是不定不康之局。

司徒華議員致辭：

副主席先生，東歐巨變，蘇聯覆滅，又一次在全人類面前，展示出一個這樣的真理：民主潮流，浩浩蕩蕩，順之者昌，逆之者亡。

施政報告中，關於政制發展的建議提出後，在所有的民意調查內，都受到絕大比數的支持。幾天前，香港教育專業人員協會，也在會員當中，做了一個抽樣調查，支持和反對的比例是 12:1。這並不稀奇，這是意料中事，因為香港並不是處於太空的另一個星球，香港人心脫離不了世界的潮流。

提出這些建議的，並不是救世主。這些建議本來就是多年來的民意，是「從群眾中來，到群眾中去」而提出的建議。從八六年的高山大會開始，香港市民為爭取民主的政制，簽名、集會、遊行、絕食……，不斷奮鬥。沒有他們的不斷奮鬥，今天的施政報告會出現這些建議嗎？這些建議又怎會得到這麼強大的民意支持嗎？那些高唱「從來就沒有甚麼救世主」的人，竟認為這些建議是救世主的恩賜，這豈不是笑話？

有人問：香港百多年來，沒有民主，為甚麼現在才要加快民主步伐，才那麼熱愛民主？其實，這樣發問的人，是心知肚明的，港人都知道，在九七年後，我們要有一個民主的政制，來維護香港的人權、自由和法治，來捍衛中英聯合聲明當中的「一國兩制，高度自治」的原則。我們不希望，在九七年後，香港會出現舉手通過預選名單，然後再進行等額選舉的類似事情。

有人曾經反對八八直選，但在去年九月的直選中，在選民的質詢下，卻說：她本是支持八八直選的，只不過她所屬的團體反對八八直選而已。這是在雪亮的眼睛下，非常拙劣的狡辯。她有沒有對她所屬團體反對八八直選而提出反對嗎？她對爭取八八直選的洶湧澎湃的群眾運動，有否曾經表示過半點同情和支持嗎？

現在，又面臨一個類似的考驗。所有政治團體和政治人物，都要對施政報告中關於政制發展的建議，向全港市民表態。不要再一次現在表示反對，到了九五選舉，又對選民說，我本來是支持的，只不過我所屬的團體反對而已。

全港市民，請擦亮眼睛，看清楚今天每一個政治團體和每一個政治人物，對民主政制建議的立場及態度是怎樣，緊記其立場態度，用來作為九五年選舉時投票的參考。

民主潮流，浩浩蕩蕩，順之者昌，逆之者亡。反對民主政制發展的人和政治團體，必定會被潮流所淘汰。

施政報告中的建議遠非十全十美，距離民主的理想，還有一段很長的路。即使這些建議得到實施，也只不過是向前走了一兩步而已。香港的民主運動，必須繼續發展，繼續奮鬥。假如這些建議被打了折扣，甚或全部被封殺了，我們不可氣餒，香港的民主運動，更須繼續發展，繼續奮鬥。

黃宏發議員致辭：

政府及立法局事務委員會

上周末我從報章上得悉，有議員認為政府及立法局事務委員會應以「三二一四」或稱「四三二一」這個方式組合而成，即是按各政團及獨立人士在立法局中所佔議席的數目比例，而選派代表進入這個委員會。我對於這個建議，未敢苟同。

總督在施政報告的說話，無論令本局議員對該委員會的性質和權責產生甚麼期望和憧憬，我仍然堅決認為這個委員會應該只以討論協調政府及立法局之間的議會事務（Council business）為主，例如討論或安排條例草案、撥款等等的動議、條例的起草和政策的推出先後次序，而不應、亦不宜討論和決定任何實質問題（substantive matters）。否則，該委員會將會容易發展成為一個「超級立法局」，雖然數目迷你，但權力大大，是一個「講數」場地。（當然有議員認為講數是很對的事情。）而現時存在的內務委員會（House Committee）、專案小組及即將成立的對口委員會（Subject Committee）亦會變得毫無存在的意義，即不用開會也行。

我認為應該將「政府及立法局事務委員會」的人數限制至越少越好。此舉不但易於討論事項，而且亦較有效率。我建議立法局的議員各自成立若干個「議會組合」（Parliamentary Groups），政黨政團固然是一個組合，但獨立議員亦可組成組合，但我暫訂的一個規則是起碼要有五名議員才能組成一個議會組合（這仍可再從長計議），不論組合中人數多寡，每組只能派一名代表進入委員會內，至於該名代表背後有多少人，和背後各人的立場如何堅定，是眾所周知的。由於該委員會乃是用於處理議會事務，所以是歷年來首席議員及其後正副召集人或正副主

席與布政司經常會議的延續及擴大，因此，立法局內務委員會的正、副主席亦應成為該委員會的成員。不欲參與或不能參與任何組合的議員，他們對議會事務的意見，可透過立法局內務委員會正、副主席代為反映。

我認為這個委員會是政府與立法局之間的協調器，不是探熱針，亦不是講數場，而且應是雙向的會議，無論是政府需要與立法局商討有關事宜，又或是立法局內務委員會有相同需要與政府商討，雙方均應可召集對方召開會議。

該委員會討論有關事宜後，無論結果怎樣，也應向立法局內務委員會詳細匯報。這種安排才能有效地保持行政局、行政當局（包括總督和各司級官員）與立法局之間的協調關係。

略帶一提的是，在現時新憲制安排下，有人認為現時行政局、「總督商務委員會」和「政府及立法局事務委員會」形同「三個行政局」局面。若果以上述我的建議處理，將「政府及立法局事務委員會」的議事範圍予以確定，委員會便只是一個處理議會事務的非法定的協調組織，而不會成為另一個行政局。總督商務委員會只是總督的顧問團，其與行政局如何協作，以及兩者可能出現不協調的情況，是一個總督需要處理的問題。從立法局角度來說，我們只需確保立法局能夠向包括總督、司級官員、行政局的議員，商務委員等等在內的行政機關追究責任便已足夠。

地方行政

施政報告就地方行政方面，只提出了取消委任議席及略增區議會撥款而非職權等。這華而不實的所謂新猷，實在是一大敗筆。我仍然堅持我歷年（自一九七〇年代已開始談及）的建議，香港只需要一層地方架構，地方架構由十數個有決策權和財政自主權的地方當局組成。這見解現已得到廣泛支持。彭定康先生即使並非無此勇氣，也可說是錯失良機。

譚耀宗議員致辭：

副主席先生，自從總督彭定康先生發表他的第一份施政報告以來，社會各界均議論紛紛，這份施政報告可算是近年來最富爭議性的。無可否認，這份施政報

告中的若干有關政制改革建議,不但沒有經過深思熟慮和沒有充分地尊重民意,更可能會影響到香港在九七年的平穩過渡。在距離香港的主權交接還只有四年多的時候,總督發表一些可能會妨礙香港順利過渡的建議,實在使人憂慮。另外,施政報告對現時香港的社會民生問題缺乏深入的瞭解和分析,也沒有認真地反省一些社會政策的問題,只強調一些較表面的和物質的改善,特別是對目前香港勞工所面對的困難認識不足,迴避了需要解決的問題,這些都是使人失望的。

在施政報告中,總督建議在九四年取消各區議會的委任議席,我很贊成區議會的委任議席應該逐步減少,以致最終全面取消。然而,我想政府應該先對區議會的職能和在地區行政的角色作出一詳細的檢討,才考慮如何取消區議會的委任議席。記得在今年六月三日本局曾就應否在下一屆取消區議會和兩個市政局的委任和當然議席進行過動議辯論。那時絕大部分的區議員都對要一下子取消委任議席持保留態度,而那個動議亦被本局否決了。因此,我希望政府不要倉卒地作出決定。另外,建議用民選的區議員去組成九五年的選舉委員會,將不利於跟基本法所訂立的政制模式銜接,我已經在上周的辯論中詳細論述,在這裏就不再重複了。

此外,關於在九五年所增加的九個新功能組別的設計,總督建議各個行業的在職人士以一人一票的方式去選舉議員,這樣做跟以選民職業界別分類的直接選舉方式,沒有甚麼分別。這個建議明顯地是違背了基本法起草時考慮的。

作為基本法的起草委員之一,我想在這裏說明在諮詢和起草基本法期間對未來政制設計的種種考慮。記得在那時不論是基本法的起草委員、諮詢委員和社會各界人士,都同意功能組別選舉需要保留,並要有一定程度的發展,使一些在社會上有重要作用的組別能夠在議會內繼續發揮其專業特長,而那是直接選舉所不能一下子取代的。香港政府在八十年代中推行代議政制發展時,對功能組別選舉的意見,亦是如此,這可以在政府在八四年及八八年所頒布的政制改革白皮書中找到。因此,基本法雖然在九七年後保留功能組別選舉,但也只是一個過渡性質的措施,因為到二〇〇七年時將會有一個政制的檢討,屆時將會對功能組別選舉的意義和作用再作檢討。

可是,現在施政報告的建議是漠視了基本法對功能團體選舉的理解,破壞了政制應循序漸進發展的原則,對此我亦深感遺憾。此外,亦有位傳媒朋友向我

表示，假如九七年後中國的人大常務委員會也像總督一樣地隨其所好去解釋基本法，而不理會基本法起草時的種種考慮，那就不是香港人所願意見到的了。

劉皇發議員致辭：

副主席先生，總督彭定康先生上任後發表的首份施政報告，勾畫出香港未來五年的發展大計，在很多方面都大刀闊斧，令人耳目一新。未來五年是香港主權回歸中國後過渡期的關鍵階段，因此港府在此段期間的施政，對香港是否能夠繼〔續〕穩定繁榮以及平穩過渡，均有重大的影響。

可能正由於上述的緣故，施政報告引起了巨大的迴響，其中爭議最大的是報告中所載的憲制改革建議，是否牴觸中英聯合聲明和基本法。在過去兩星期，不少人士包括中方和英方的官員，已經就此問題發表了不少意見，我也想借此機會，表達本人以及所代表的功能界別對這個問題的一些看法。

總督宣誓就任致辭時，曾明確指出他一定竭盡所能消除中英兩國誤會，建立彼此間的信任，並且認為雙方的衷誠合作，在未來五年，是不可或缺的，對香港的將來極為重要。我相信港人十分支持這些觀點，並且深切期望得到落實。刻下總督在北京正與中國負責香港事務的官員就政改和機場的財務安排問題進行磋商，有關的磋商，無論對中、英、港三方面都很重要，倘若最後還是談不合攏，對雙方的信任和合作，以至香港的順利過渡，都會構成嚴重的影響。在目前情況下，我認為港人首要的任務，是盡力促進中英雙方的諒解，協調有關的衝突，而不是發表煽風點火的言論和做出激烈的行動，加深雙方的矛盾，因為鬧翻了，最終受害的將會是香港人。

對於政改的問題，新界鄉議局一貫主張應循序漸進地施行，我們覺得施政報告建議在九四年取消兩個市政局和區議會的委任議席，是未能符合香港的實際情況。我們感到十分關注的是：鑑於兩個市政局和區議會並不像立法局有功能組別的組合，一下子取消所有委任議席，這兩層議會將難以保證有均衡的議員組合，這將不利於議會的健全運作。更為穩健的做法，是應該分期遞減委任議員的數目。

關於區域市政局和新界區議會保留鄉議局及鄉事委員會的當然議席問題，我

注意到個別團體有不同的意見，有關問題，我在今年六月三日的動議辯論上，已經作出詳盡的解說，由於最近的言論並無新意，我亦不打算重申我的觀點。但我完全同意總督和憲制事務司施祖祥先生較早時對有關質疑的回應 —— 就是維持區議會與鄉郊社群的聯繫是非常重要的，再者，鄉事代表是透過合法選舉程序產生的，無論從傳統和廣泛代表性考慮，保持這些議席都是有需要的。

報告建議擴大現有功能組別的選民數目、同時將新增的功能組別的界定範圍包括整個香港的工作人口、以及九五年成立的選舉委員會的成員組合，都是爭議性甚大的問題。有關功能組別的建議，無疑正如總督所說，可以將功能組別的選民範圍，擴大至全港 270 萬工作人口中所有符合資格的選民，但這項改變似乎偏離了當初成立功能組別，使社會上有重要功能和專業的代表參與立法工作的原意，將功能組別的選舉變為普羅大眾另一途徑的選舉。

九五年選舉委員會的組成是另外一個有重大爭論的建議，在看待這個問題時，倘若不考慮到起草基本法時保持香港制度，以利銜接的原意和精神，而只是針對基本法字面上有無明確規限，來作為論據，這樣對整體妥善解決問題是無補於事的。觀乎總督在施政報告中論述政制發展部分的建議是頗具彈性的，希望中英雙方本著實事求是的精神，以香港的穩定繁榮，港人的利益為前提，通過協商找出相互可以接受的方案。

劉華森議員致辭：

副主席先生，總督施政報告中的憲制方案，對於香港的政制發展，有很重大的影響。對於加速民主進度，我們市民一定會贊成。但是，有意在九七後留港的人，對他們的前途更重要的，是政制必須能與基本法銜接，維持安定繁榮和確保順利過渡。他們一定認為重要過加速民主，因此，我希望總督能與中國就憲制方案的各項具體安排，達成共識。

......

最後，我要為有意長期留港的人士，表達他們的心聲。政制民主化，是符合將來香港行政特區高度自治的原則，但是進展速度，必須依照社會接受的程度及是否銜接基本法而定。對於留港人士來說，安定與繁榮、政制銜接，以及順利過

渡，比較加速民主步伐更為重要。現在有些人，持有外國護照、擁有外國資產，
無意在九七後留港，但他們高唱民主，而不理會是否能夠順利過渡，這樣做，實
在是不負責的，他們一看到形勢不對，大可以搶先比總督更早離港，留下準備長
期居住在香港的人，收拾他們遺下的殘局。現在只有四年多就到九七，我希望港
人雪亮的眼睛，能在他們冠冕堂煌〔皇〕的主張背後，看到他們的狐狸尾巴，不
要被他們的美麗謊言所欺騙，若果相信他們的謊言，受害的只是我們留下的這
五百多萬香港人。

梁智鴻議員致辭：

匯點歡迎總督為香港未來的憲制發展作出一系列的改革，因為此舉有助香港
邁向更開放的政府，從匯點舉辦了幾次的公聽會反映，市民都支持政制邁向民主
化的發展，因此政府必須順應市民的要求和期望，落實執行民主化的改革。

……

副主席先生，在我們歡迎總督在推動憲制改革上走出了第一步之餘，我們有
以下兩項的保留：

（一）匯點認為總督一系列的民主化建議仍未足夠，最終來說應該要增加立
法局的直選議席；

（二）匯點反對在新界區議會及區域市政局保留鄉事的當然議席，因為此舉
違背民主原則。

匯點歡迎在功能上將行政立法兩局分家，但我們強烈反對總督將所有民選議
員摒諸行政局門外的做法。

新的行政局沒有了民意基礎，只能向總督提供專業及技術層面的建議。沒有
了民意授權而制訂的政策，如何確保政府決策更民主、更開放？而將立法局的民
選議員摒諸行政局門外，無從參與政府的最高決策，我們又如何培訓「港人治港」
的人才？我們擔心的是沒有了民意授權，新的行政局很難對總督發揮一定的制衡
作用，而令「行政主導」最終演變為「行政長官主導」。

因此，當務之急，就是相應地調整立法局的運作機制，政府一定要在財力及
其他資源上支持立法局建立健全的委員會制度，通過委員會有效地監察政策的制

訂和執行。我在此強調行政當局與立法局的正式溝通必須在相關的立法局委員會進行，而不應依賴一個有可能凌駕於立法局之上的「政府及立法局事務委員會」來做。

麥理覺議員致辭（譯文）：

總督建議的政制改革，可以在反對任何改革的人及希望英國人在離去前能建立全面民主的人之間起平衡的作用。對於主要的建議，我有以下的意見。

將行政局與立法局分開，並非一項建議，而是一項事實，因此我不打算加以評論。這做法的效果如何，讓我們拭目以待。中國對此應感到高興。此舉亦可使立法局重組，以便更能反映香港人的意見。

我最初是同意設立政府及立法局事務委員會的建議。我認為這個委員會能發揮重要的聯繫作用。不過，對於這個委員會的角色，我愈來愈感到不安。現時正有人就委員會成員的問題進行遊說，我聽到有關的言辭，更加感到擔憂。我開始同意譚耀宗議員的意見。他認為至低限度不應設立一個限制成員人數的委員會。這種限制會令很多議員被冷落，而他們的意見將得不到反映。這項建議實在需要審慎研究。也許實際上可由本局全體議員提供總督所尋求的聯繫。

我非常贊成降低投票年齡及在各選區推行單議席單選票制。在上一個會期將近結束時，立法局已表決通過這個制度。這個制度將較易明白及推行。此外，亦較為民主。

關於功能組別，我支持總督所提出令九個新功能組別民主化的建議背後的概念。不過，在選民的登記方面，可能會遇到很大的困難。我認為我們必須非常仔細地研究詳細的建議。

我亦支持增加 21 個現有功能組別的選民數目的建議。不過，在這裏，我再次提出一個值得注意的問題，而這並非只因為我是來自其中一個功能組別。我們現有的制度並非最民主，亦非沒有漏洞。不過，這是經過八年的研究、爭論和修改演變而成的。政府必須小心，不要製造一些比它解決的問題還要大的問題。例如，讓所有公司董事都可以在商界和工業界功能組別中投票，聽起來是很不錯，但大公司的董事通常較小公司的董事為多，因此大型商業有投票權的人便會比小

型商業有投票權的人為多。還有，公司要增加董事的人數，是很容易的事，故此須訂立一些限制條件，以防止有不法行為。

然而，我要重申一點，就是這個原則是好的。

我曾在本局詳細談論總督所提出關於選舉委員會成員組合的建議。本局幾經辛苦才通過這些建議，我很希望這些建議能夠獲得採納。

我們都同意應設立選區分界及選舉事務委員會。這個委員會要做的事情有很多，它的工作對於一九九五年的選舉能否成功，至為重要。

總督彭定康在制訂一九九五年的選舉制度時，企圖給與香港更大的民主，在程度上比起以其他方式可帶來的民主還要大。我剛才所說的話，已顯示出我是極支持總督這樣做的。明顯地，即使中國不反對全部建議，亦會反對部分建議，而在未來的一段日子裏，雙方肯定仍會不斷爭吵。然而，我希望中國最終都會明白到，這些建議是不會為一九九七年後的中國政府造成任何嚴重的問題。如果中華人民共和國接納這些建議，香港將會很高興。如中華人民共和國並不接受全部建議，便要看看有那些事情是可以商討的。不過，時間畢竟有限，因為最終來說，總督都要就他將會提交本局以獲得法律認可的建議作出決定。

黃匡源議員致辭（譯文）：

副主席先生，總督就憲制發展提出的建議雖然受到很多人歡迎，並獲推崇為一個資深政治家的堂吉訶德式代表作，但會計界功能組別卻對這項建議採取審慎的態度。我所接觸的會計師均擔心建議的改變可能過於激烈，而且香港可能要冒太大的風險。我們認為這些建議雖然大體上已符合了漸進式民主化的目標，但卻有三方面做得有欠理想：第一，這些建議忽略了與基本法的實際條文，或其實應該說與其精神銜接的重要；第二，這些建議忽略了區議會選舉的傳統及架構；第三，這些建議是涉及跨越九七的重要問題，但卻沒有徵詢中方的意見。香港會計師公會重申銜接的重要，並且希望中英雙方能盡快就憲制改變達成協議。

對於總督建議的憲制改革，我贊同這些改革背後的精神，但我不支持採用一些不妥協及西方式的手法，去推行這些改革。然而，我接受採用這些建議作為制定政制發展藍本前，進行廣泛徵詢民意的試點。此外，倘若北京政府不接納這些

建議，我全力支持透過全民投票將這個重要問題交給香港人解決。我相信只有香港人自己才能決定我們應該怎樣繼續我們與中方的關係。沒有任何一個政治家可以裝作具有該項授權。

詹培忠議員致辭：

　　……總督的政制方案，現在做到甚麼呢？大家都瞭解，到現在為止，只是將行政及立法兩局分了家。雖然以前的行政局議員都是總督委任的，但我們不要忘記，當時行政局還有一位議員是分區直選議員，兩位是功能團體選出來的，而現在連少少的代表性亦消失了。他竟然只是做了這些事，這是第一點。其次，談到功能團體的未來九席的選舉，大家都瞭解，基本法內已寫得很清楚，就是在九五年一屆最後的立法局和九七年第一屆立法會內的 90 席中，很明顯有 30 席是屬功能團體的。現在大家已明白到有 21 席已落實，有 9 席則仍未加以界別。基本法中無疑沒有清楚說明這九席是如何產生的，但是，我個人對總督這項提議的瞭解，就是所謂「功能團體從業員」（加了「從業員」三個字）。我不反對總督有這樣的構思，他可就我以下提出的問題，指出我錯誤的地方。我只能很清晰地說一句：作為一個政府部門、作為一個領導機構，一切的立法，一切的改法，權力都集中在他自己手上，若果他認為是錯誤的，有漏洞的，應大膽地拿出來，加以修改，但必須符合一種精神：政府不應該利用部分議員所說的灰色地帶，即我個人所說的「剩餘權力」（在法律上是有剩餘權力的），而這些剩餘權力是屬於市民的，政府是不可以這樣濫用。如認為有必要，就應清晰地改例，改法。這樣才有說服力。

　　在九五年最後一屆的選舉中，將會有十席是由選舉團產生的。大家都瞭解選舉團的意義。無可否認，基本法對一九九九年的第二屆立法會選舉寫得很清楚，但不幸地，對第一屆立法會選舉則寫得不清楚了。總督的意願就是：「你寫得不清楚，即是我的！」但情況不是這樣，應該是提出來討論，因為有關議席屬於那些人士，仍屬未知之數。不過，如由區議員選出十席立法局議員，我認為這建議是有瑕疵的。情況就好像「由孫子選出阿爺」。我不是小覷他們。但深一層看，在基本法第九十七條中，已有規限區議會以後的職責。雖然職責日後可予修改，

但在未修改前，就應有這樣的瞭解。

另外，總督現指令要成立一個政府及立法局事務委員會。我們部分議員很贊同，但我很震驚。因為如果作為立法局議員，當被總督指令要成立這個委員會，成立那個委員會時，就使議員的權力喪失了或貶值了！我覺得這樣會很對不起我的選民。雖然我看過很多例書，但沒有一條可以保障我。如有機會，我想請教副主席先生，給我一些提示。

目前，英國保守黨控制了上、下議院，既然它有那麼大的勢力，大可成立一個特別委員會或成立兩個委員會，將其他政黨或代表完全攆走，這樣可以嗎？但保守黨沒有這樣做。所以，這種情況給我很大的信心。我亦希望在星期五的內務會議正式討論有關問題時，政府提出將其撤銷，以免日後發生其他糾紛。

談到總督近期的表現，顯示他的權力實在很大，使我們有所擔憂，因為他自認是本港最後一屆的總督。這樣，屆一九九七年時就有特區首長，如果特區首長要模仿總督握有這樣大的權力時，你們這些「民主戰士」又如何取決呢？這個情況是要我們在將心比心的合理情形下，加以平衡的。

剛才所說的芸芸事項中，最主要有一個問題是，九五年最後一屆立法局與九七年第一屆立法會是否需要銜接？第二是否需要「直通車」？第三是否需要順利過渡？若需要，則基本法與中英聯合聲明已清楚說明，應由中英兩國對話。當然，我們港人可以盡量表達和爭取，但對話的結果如何，卻仍未知。而今次總督的對話方式，是在商討前先行宣布，這樣做是給人一種「叫罵式」或「叫陣式」的感覺，對一個很英明，很有內涵、或很有表達能力的政治家來說，可能是另一種手法（現今世界進步，手法日日鮮，或許是有機會用上這種方法），但如果是具有道德觀念的話，我認為應大家一同討論。政府應盡力避免因一些不理智的政策，而導致市民有錯覺或被誤導。

副主席先生，本人來自金融服務界。我的世界性「擁躉」雖無權投票，但來港投資就是直接或間接給我支持。他們當然非常認同民主，我個人對民主鬥士亦相當欣賞，因為畢竟大家都付出一切，以後成功與否是另一回事。但我只能強調一點，所謂民主政制，在目前香港的環境來說，並非代表一切，只是四個重要條件中的一個。至於另外三個條件就是：

第一、安定之中尋求順利過渡；

第二、大家共同努力，減少各階級之間的磨擦，從而達至繁榮；

第三、我們希望保留各種自由。

民主政制與上述各點配合，就會取得更佳的成就；如單是講民主政制，就會動搖投資者的信心。很幸運，自總督發表施政報告至今，股市上升了六百多點，足證大家對他的支持，亦證明港人膽子現已較大了，亦認清了港人的意願。與十年前，即一九八二年戴卓爾夫人在北京跌了一跤的情況比較，已有不同。

馮檢基議員致辭：

首先，報告中有關政制改革的建議，他提出行政、立法兩局分家的做法，這是本人和民協一向支持的，因為此舉可以消除行政及立法局監察角色混淆的情況，有助分權和制衡。

然而，分家的基礎在於行政機關及立法機關的權力源頭均是來自市民，才是民主政制的最重要關鍵。所以，本人及民協一向建議未來的基本法需要檢討，而須檢討的地方是特區行政長官的產生方法，改由一人一票直選產生。

而在過渡期間，行政立法分家後，我們覺得總督或行政機關很易過分濫權、甚至獨裁。所以，行政機關（包括政府部門、行政局、各諮詢委員會）應加強透明度，開放資訊，接受公眾的監察。

本人和民協亦建議應減低行政局的權力，使其逐步變成總督顧問的角色，而不應具實權。因為在行政機關定義上，行政局並非一個執行政府工作的機關，而且不應屬於行政機關的一部分。今次行政局成員的重新委任，依然集中於中、上階層及專業人士，我和民協認為行政局成員的委任應重視低下階層背景人士，成為總督顧問，令其能聽取多方面的意見。

立法局監察行政機關的能力亦應同時加強，例如加強立法局傳召政府公務員質詢政策的權力；提供更多資源，如立法局的獨立秘書處，讓立法局就社會政策作獨立運作和研究。

至於新建議的政府及立法局事務委員會，雖然名義上不具實權，但由於參與此委員會的立法局議員，往往可接觸到政府的第一手資訊，而且成為政府政策會否獲立法局接受的探熱針，無疑會提升了部分議員對政治及政策的影響力，而

委員會內的立法局議員也將規限於十名以內，這表面上為了提高效率，但明顯地這些委員與其他立法局議員所獲得的資訊及被諮詢的機會肯定較高，亦會逐漸成為政府及民間的主要遊說對象。我擔心慢慢會演變成立法局內將有兩種等級的議員。這情況並不健康，也對選民不公平。

我和民協建議設立立法局常設會議，即類似星期三的立法局會議，及多個政策常設委員會，前者討論影響全港或全局工作的事宜；後者討論各類民生政策。前者由全局議員參加，後者由立法局議員根據其專長選擇加入，作用是向行政機關反映全港事宜，或民生政策有待改善的地方。同時，亦加強行政機關與立法機關的溝通。由於議員分散參與各委員會及擁有同等參與權利，故此將不會引致上述的政府及立法局委員會將立法局議員分開兩個等級的現象。

至於功能團體選舉的改善方法，我覺得仍然有不足之處。

第一，新功能組別選舉是以在職與否來界定選民的投票權。這種著重經濟利益，以市場生產力界定選民權利的做法，我覺得非常值得商榷。它完全漠視了家庭主婦、退休人士、合乎選民資格的學生及暫時失業人士，他們在以往、目前及未來對社會均有貢獻，但卻沒有投票權。

第二，新增設的九個功能組別，其中每組代表的選民人數，比現有 21 席功能組別所代表的人數遠超百倍，這是否更加不公平呢？

我和民協建議把現在 30 個功能組別議席重新安排，將其中所有行業及非在職人士分成組別，並根據他們在職的性質、薪金收入狀況，把他們編在相類似的組別內。當然功能選舉是不公平的制度，長遠而言，最後應以分區直選代替。

1992 年 10 月 22 日
恢復致謝議案辯論

鄭海泉議員致辭（譯文）：

　　總督提出的憲制發展方案如付諸實施，會為香港帶來比兩局共識方案更快的民主步伐。我們不要自欺欺人，雖然該等建議並無違反基本法，但實際上卻可在一九九五年為本港提供 39 個直選議席。對於民主，無人會、亦無人能夠反對。然而我們必須緊記，民主只是一個途經〔徑〕，不是目的。我們不應忘記政府和政制的最終目的，是自由、繁榮和安定。民主雖然是最佳政制，但也有其缺點，並非十全十美。我們只須放眼英國，便可找到例證。我支持加快民主步伐，我只是希望我們已作好準備。對於成立一個由十人組成的政府及立法局事務委員會，我有極大懷疑；這並非是明智之舉，因為那些不屬該委員會的議員將沒有機會與三個政府首長直接商談。我不知道提出這項建議背後的原因，但我不禁想到，這個構思可能受彭定康先生在英國議會的經驗所影響。英國的議會會議秩序甚差，而且充滿人身攻擊。我可以向總督保證，我們的內務會議絕非如此，如果我們兩星期前首次與他舉行的會議可作為依據，他應該知道與我們相處並不困難。在上年度會期，行政局的決定均在兩局議員內務會議席上討論。縱使出席議員人數眾多，討論過程仍秩序井然及十分有用。對於提出討論的每項行政局決定，各議員都有機會表達其意見和關注，我不明白一個由十個人組成的委員會，如何可代表本局廣泛階層的意見。因此，我促請總督收回這項建議，直接參與立法局，向所有議員而非少數議員解釋他的政策。我本人不會受這個委員會的決定所限制，並會按照個人對政策的意見而投票。

黃震遐議員致辭：

副主席先生，彭定康先生在政制方面的建議雖然比香港政府以往的主張較為民主，實際上所提出的仍然離開市民多年來的要求還有相當距離。但有些人已經大驚小怪，認為這是過分激進。最可悲的是他們說不出為甚麼香港人不應該享有更多民主。他們只是口口聲聲說不符合、不銜接基本法。

副主席先生，從前中國封建時代男人喜歡女人的腳小，從小就用布纏在女孩子的腳上，不給它正常發育，不管她多痛苦，哭天呼地也要她纏著腳布，形成畸形的三寸金蓮。現在有些人也是這樣，將基本法當作是又長又臭的纏著腳布，希望將香港人的民主，得不到正常成長，希望變成畸形變態的小腳。為甚麼他們不看香港人的教育文化水平、經濟實力、政治思想成熟程度？為甚麼他們不想制訂一個符合香港人成長的政治制度呢？而是要削足適履，要香港人的成長受限於基本法，像封建時代的女人腳的大小，要受限於三寸金蓮鞋的尺寸呢？其實這不過是因為他們看不起香港人，亦看不起中國。他們以為中國會永遠封建落後，而看不到中國是會進步的，變得更民主、更文明。難道只有殖民地官員才會明白香港人對民主的渴望嗎？凡事都不應該太僵硬死板，如果基本法追不上香港的需要就應該修訂，正如十四大要修訂黨章加入市場經濟的觀念。如果說市場經濟不符合當初的中共黨章，不可搞改革開放，又如何有過去幾年的經濟蓬勃繁榮呢？為甚麼中國不可以給香港市民一個比彭定康建議更好的方案，提出九七年前在香港直選香港的人大代表，和在九七年七月一日就由人大修改基本法給香港人更大的民主？這樣不是既可以解決銜接問題，又可以讓香港的民主得以正常發展。銜接基本法又怎能當作是甚麼問題呢？

葉錫安議員致辭（譯文）：

概括而言，我歡迎這些改革採取的方向及將有關構思落實的創新建議。我支持在可確保順利過渡的情況下，加快香港代議政制發展的步伐。因此這些建議必須與中方商討，而總督現在正進行此事。我相信這些建議是在基本法的憲制範圍之內。

我認為不能說這些建議是違反了基本法的條文或精神。沒有違反條文,因為基本法並無提及這些範疇。沒有違反精神,因為:

(1)基本法第六十八條規定我們的最終目標是立法會的全部議員由普選產生,而這些建議其實只是朝著該方向踏出一步。

(2)基本法附件一規定為一九九九年立法機關設立的選舉委員會,必須根據民主、開放的原則組成。我相信總督就選舉委員會提出的建議是符合上述建議的。

這些建議不能完全替代直接選舉,但如果我們最多能做到的就是這樣的話,我們便應該支持這些建議。

然而,我必須對行政局及立法局的分家表示有所保留。首先,我擔心如行政局及立法局保持分家,對未來的政府將會產生的影響。現時的安排可能是權宜之舉,但如果行政局內沒有立法局的民選議員,則恐怕行政局會成為一個除了對涉及財政或需要立法的事宜外,對其他事項毋須向市民交代的專制機構。

此外,倘若這些受命於市民的立法局民選議員不可以參與管治方面的事務,我們又怎能培養未來的民選領袖去管治香港呢?

副主席先生,當中國繼續推行經濟改革的時候,中港雙方的經濟將更形唇齒相依。最後,雙方的經濟更可能融為一體。香港作為特別行政區的地位得以與中國其他經濟特區不同的重要因素,就是法治、獨立的政制及已獲允諾的自治權。現在我們必須建立起穩固的制度,以保護這些寶貴的條件,以及正如總督所說的,保障香港的生活方式。

林鉅津議員致辭(譯文):

憲制改革

總督在基本法沒有明文提到之處,找到一條加速民主步伐的途徑。他因而在香港受到罕見的歡迎。在這段期望高漲的日子,我實在要促請政府確保不可為求加速民主步伐,而需犧牲香港良好的民生。我希望總督注意英國與香港/中國之間的三大分別:

(1)傳統上,中國人的態度是政治只屬政治家的事。普羅大眾的首要事項是

民生。政府多次進行的民意調查可證明這點。鮑磊議員引述的那項民意調查，港人認為五項首要的事情中都涉及影響民生的要素。在總督近期的答問大會上，絕大部分的問題都是與民生有關，進一步證實市民視此為首要事情。雖然我們十分渴求民生，但在我們市民的心目中，從未視民主比良好民生更重要。我認為這在更大程度上是英國為香港所訂的先後次序。我們希望能看到在九七年後與有關制度銜接（你喜歡的話可稱之為基本法），以便我們為跨越九七作出計劃（並非直至九七年為止）。一種在九七年便廢除的制度，會在我們面前築起一道厚牆，阻擋我們展望未來。總督在與中國對抗時，應弄清楚港人對各項事物的正確先後次序。

（2）從歷史的角度來看，中國人，無論是否共產主義者，視九七這個問題是英國為連串恥辱而作的補償。這是一項十分敏感的問題。十九世紀時，中〔外〕國因絲—茶—瓷貿易的支付赤字而不悅；隨後外國不斷輸入鴉片以代替用白銀支付；接著〔中國〕又因鴉片戰爭戰敗而受辱，接著便是南京條約的恥辱。現時正當雙方透過友好的方式彌補此事之際，中國領導人卻發現在他們一向聲稱屬於自己領土的地方，有一名新來的英國政治家以好像勝人一籌的手法將他們絆倒。我恐怕中國領導人會視這種行動，是一齣公演了個半世紀名為「欺侮中國」的戲劇的最後一幕。總督應明白到他正觸著非常敏感的痛處。況且，中國仍然是人治而非法治的國家，這樣對香港並沒有好處；而我們亦曾於一九八九年目睹一些人治超越法治的例子（當時中國所有的法院法官均宣誓向共產黨效忠）。因此，如要解決問題，總督也許實在不應試圖利用基本法的灰色地帶，而應與那些對基本法擁有實權的人士，進行真誠的討論。這對我們來說並非最理想，但我恐怕是現實的情況。我恐怕這似乎不是總督在其施政報告中對憲制改革所採取的方法。我所得到的印象是總督正試圖將自己的意見，強加於中國之上。倘總督的智囊團不明白中國的觀點，他們也許明白英國諺語：「一個人在違背其本意的情況下被說服，其意見仍會是一樣。」可能是由於不瞭解中國歷史文化，致令總督的施政報告沒有任何部分提及改善中港關係。倘中港關係變壞，遭殃的會是港人。

（3）民主在香港不及在英國那樣成熟。這裏選舉的投票率仍然偏低。兩星期前在大興的一次區議會選舉中，只有三分一已登記的選民投票，只佔該區人口 9.39%。更大的問題是許多有才能的人拒絕政治。我已於較早時說過，就香港

目前的情況來說，政治只屬政治家的事。在這裏，公眾服務並不相等於政治。范徐麗泰女士便是一個例子。她是本局的委任議員，並在公眾服務方面成績有目共睹。去年她是立法局議員當中獲得香港市民最高評價的議員。然而，她因厭惡政治而辭退本局職位。她的離任是香港的一大損失。去年六月，有三分二議員是直選產生的區議會重申了他們希望保留委任議員的想法。倘政府於一九九四年或之前推行全面民主化的計劃，那麼區議會、市政局及區域市政局的成員便會失去像范徐麗泰這樣的人物。政府必須謹慎從事，切勿以不民主的手法來推動民主。在時機尚未成熟的情況下強行實施一套良好的制度，可能得不到預期的效益。設若有人要求新總督和其來自英國的智囊團在今日將英國推回歐洲匯率機制中，他們或許會更明白我們的告誡。

副主席先生，政府或中國從未就建議的憲制改革會如何影響香港現時至一九九九年這段期間的民生，向本局提出任何看法。政府必須說服本局，建議的憲制改革不會因在九七年之前與中國對立，或因在九七年時廢除該制度而使民生變得困頓。為了使港人得到公平待遇，我們應在作出選擇前，更清楚獲知各項選擇的結果。不然的話，倘我們倉率〔卒〕通過改革的建議而令香港的民生受損，港人永遠也不會原諒我們為了政治理想而草率以他們良好的民生作賭注，但到頭來卻兩者盡失。

劉慧卿議員致辭：

……最近，總督接受一本雜誌訪問時，記者有一條問題問得很好：「即使你（總督）提出的有關政制改革部分，全部得到中方的支持而可以推行，是否表示香港會有民主呢？」總督也很誠實地回答：「不是，香港是不會有西敏寺式的民主的」。他的意思是說香港會有多一點民主，而透過這多一點的民主，他希望能達到自己的目標。他也曾清楚說明會保障我們香港人的生活方式。我曾於十月八日總督蒞臨本局進行答問時提問：「我看不到有這個藍圖，可以令我及很多香港人有信心認為你是確實為我們繪畫了未來，可以保障我們的生活方式。」副主席先生，更重要的，我相信你也當然知道，就是保障我們正在享有的自由。

姑勿論我們對這個殖民地政府有何評價，我相信我們很多人都不可以否認，

英國的統治給予我們五六百萬人很多自由，而這些自由如果在中國政府的管治下，我相信我們是不能達到的。也因為這些自由，我父母在四十年代末期，逃亡到香港。我們香港的一半人口是從共產政權下逃亡出來的，另一半便是這些難民的後代。我們非常珍惜我們的自由。所以，副主席先生，我感到十分失望，在總督施政報告中看不到有一個憲制發展的方向，讓我有信心知道我將來的自由可以受到保障。不過，雖然我對總督的施政報告感到極為失望，但是與我記憶所及的任何一份以往施政報告比較，它是進取的。我覺得他提出的多項建議已是到達最低的底線，我希望總督在得到六百萬市民的支持下能盡量爭取。

我想先談談立法局的問題。副主席先生，關於立法局的組成和權力，我去年也提過。我希望你能饒恕我這種有如唱片重播一次的做法。第一，總督在立法局的組成方面已作出一個很大的妥協：便是直選議席。他不提議增加直選議席，以超過現時的二十席，我對這點感到十分失望。我相信百分之一百的直選，我也希望英國人在撤退之前，可以盡最大的努力，為香港帶來全面民主。對於功能團體的改進，我是支持的。雖然我反對功能團體，但我也支持功能團體增加九席。不過，有二十萬、三十萬、甚至四十萬選民這麼龐大的功能團體，將來怎樣進行競選？我相信實行時會有很多實際困難。這麼多的疑問令人想到何必這麼麻煩？倒不如，乾脆一人一票的選舉，不是更好嗎？

副主席先生，我絕對支持廢除區議會的委任制，但我卻絕對反對保留 27 席當然鄉事議席。我支持林鉅成議員剛才提到的各個論點，我不再贅述。

副主席先生，除了立法局的組成外，立法權也十分重要。中英聯合聲明清楚表示，立法權在立法局。但正如我去年十月所提出，基本法中第十七條提到，我們九七年後的立法機關在立法後，便要拿到中央備案，若中央覺得不符合基本法，會發回給香港，這些法例便會失效。副主席先生，基本法第十八條更提到，若中央覺得香港政府出現不能控制的動亂時，全國性的法律便會在香港實施。副主席先生，請問如果有這兩項基本法的規定，我們香港的立法權有多少？我相信我們當時對中英聯合聲明的瞭解是，以為立法權在香港，其實看起來我們的立法權是十分空洞的。所以在此我十分同意剛才黃震遐議員提到，謂基本法有不完善的地方我們要爭取予以修改。當基本法在九〇年頒布時，英國政府和香港政府並沒有作出嚴正聲明，說明基本法有很多部分違反了中英聯合聲明，對於他們這樣

失當的做法,我感到十分遺憾。我希望總督不要被基本法的框框限制,當他看到有些基本法的條文直接令香港將來不會有高度自治時,我希望他會爭取機會去修改,所以這絕對不是限於將直選議席增逾二十席的問題。

第二,副主席先生,對於行政機關的問題,我相信我們會更加擔心。我自己多次表示反對行政、立法分家,因為我覺得這與代議政制發展背道而馳。但我們也聽到總督說這個是現階段發展的做法,所以他給我們的印象是,這只是一個權宜之計。他又將行政局一分為三:第一,行政局好像變成了一個高級的智囊團,然後他再拆分一個總督商務委員會,然而我對這個委員會懷著非常大的戒心。剛才劉千石議員已提到各樣有關問題,我不想重複,但我十分支持他。因為這個委員會的成員是香港最大的商家,有很多是因政府的專利受益。諷刺的是,總督卻謂要這些人協力制訂一個競爭的政策,我真的不明所以。我也希望政府在答覆我們時,能向我們解釋這群人如何消除利益衝突;又如何能做到大公無私地向政府提供意見,以制訂一個競爭政策;第三,總督設立政府及立法局事務委員會,而這個委員會已在本局引起很多爭論。其實,副主席先生,我自己支持成立一個類似委員會,協助政府與本局同事的溝通,我自己也絕對接受,由於我是獨立議員,我只得一票,我相信我沒有資格和條件加入這個委員會。但如果這麼多同事也擔心,我也相信啟聯和港同盟不會聯手壓逼二十多名反對設立有關委員會的同事。所以,我希望政府能盡早向我們解釋這個委員會有何功能及其他事項。但我相信即使作出解釋,也不能消除同事們互不信任、互相猜忌的問題,這是如我們一樣的不成熟政黨政治議會必須面對的。所以,政府若想在我們之中選出若干同事與其溝通,會十分複雜。

副主席先生,其實在行政機關中最重要的自然是總督。在總督施政報告中,他當然無權提出九七年的行政首長要從選舉產生,不過,這是我自己的願望。我也希望英國人在餘下這四年多的日子會盡量為我們爭取建立一個制度,因為現時的總督可能是一個很具問責性的總督,例如:他出來答問等等,但這是他個人的決定。我們絕對沒理由相信他日的總督仍會像他這樣。

李永達議員致辭：

⋯⋯新功能組別內未能包括家庭主婦及退休人士，是一個明顯缺失。我們不可以說家庭主婦沒有功能，我相信彭定康夫人亦不會同意這種說法。我們更不可以說退休人士在工作日子中對社會沒有貢獻，所以，港同盟建議政府應將家庭主婦及退休人士納入新功能組別之內。

在區域組織政策中，彭定康先生建議取消兩個市政局及區議會的委任議席，港同盟是全力支持的。這亦符合循序漸進原則，因為區議會在一九八二年已開始有直接選舉，經過了13年，到九五年才全面直選，已是一個非常慢的步伐。可惜有一些政團代表仍然以循序漸進為藉口，反對區域組織全面直選，其實這只是掩飾他們事事要聽「北大人」說話的「跟風」主義，這些連區域組織進行全面直選都反對的政團，他們所支持的可能是「烏龜式民主」。烏龜式民主有兩個特式，第一，步伐非常慢；第二，當有甚麼風吹草動，或被「北大人」喝兩聲時，這些烏龜就會縮頭、縮尾及縮爪，然後完全停止行動。

區域組織改革中，彭定康先生建議取消委任議席，但又同時保留新界區議會中鄉事委員會的當然代表，這是互相矛盾的。第一，這個安排，使新界原居民在區議會選舉中，有兩次投票選代表的權利，而一般新界市民只有一次，這亦不符合公平原則。第二，村代表是由每戶的男性戶主中投票選出，是一種歧視婦女選舉權利的選舉方法，所以這亦不符合公平原則。彭定康先生建議保留當然議席，便是親手延續這種歧視婦女權利的「惡行」。

上星期政務司向立法局議員簡報時，強調保留當然議席是維持原居民與政府間的連繫。我對這個說法感到詫異，因為根據港同盟研究中心初步分析，在屯門、元朗、北區、大埔及離島區議會，最少有三成的直選議員，是鄉事委員會代表或與鄉事委員會有非常良好合作關係的議員。所以，在直選議員中，已有足夠反映鄉事意見的代表。所以，政務司的解釋是沒有足夠理據的。

我向全港婦女組織及個別婦女呼籲：寫信給總督及透過各種行動，去表達你們在新功能組缺乏代表及維持鄉事當然議席的不滿。我亦希望總督能接納民意，主動作出修改。否則，他有可能會失去全港婦女支持，亦背上「歧視婦女」的惡名。

副主席先生，在地方行政改革方面，可以說是「新瓶舊酒，了無新意」，它不單完全沒有觸及應否將兩層區域組織變為一層，更加沒有對區議會職能作出改革。現時在施政報告所描述的新職能，已為大多數區議會執行多年，我懷疑是否有政府官員向新總督提供引導性看法，出現現時這種令人啼笑皆非的所謂建議。其實多年以來，很多區議員包括我在九一年卸任葵青區議會主席時，已向政務總署提出了很多改善地方行政的建議，但這些建議都是石沉大海。我個人初步看法是，這個透過全民普選的區議會的政治代表及職能是不相稱的。一個動員百多萬選民投票的區議會，原來只有諮詢角色，得個「講」字。

所以，為了使政治代表性及職能趨於吻合，政府研究將一些不涉及中央政府政策的地區事務管理權交給區議會，及將區議會改革成為地區事務決策過程中的其中一分子。我建議的運作原則是，在地區事務之中，區議會只是可以表示對政府官員所提議的工作及事務。如果政府有決心改革，很容易便會找到每一個地方部門有甚麼可以與區議會共同決策。以下，便是我過去多年向政務總署提出的一些例子，這些都不涉及決策，可交給區議會和地方部門一起共同決定，其中包括屋宇地政署所管轄的短期土地租約、拓展署植樹計劃、小型地區交通安排、地區掘路工程、以至類似新加坡的城鎮委員會（Town Council）負責公共屋邨管理等職能。

梁錦濠議員致辭：

副主席先生，我在準備今日發言之前，曾向區域市政局的議員發出問卷，徵詢他們對總督施政報告關於憲制改革的意見。在回覆的議員中，有不少議員對於總督在憲制方面的改革是有很大的保留，其中包括：（1）行政立法兩局分家；（2）功能組別法團票改為個人票；（3）取消兩個市政局和區議會的委任議席；（4）由區議員組成選舉委員會以選出 10 位立法局議員等。我們諮詢的結果，使我深切感到，雖然民意普遍支持這份施政報告，但可能有不少人對總督提出的一些具體建議和安排，持有不同的意見。因此，當我們原則上肯定整份施政報告時，我們要知道總督建議的具體安排，不一定是可行的唯一安排，或最好的安排。

要確定施政報告所提出的是最好的安排，或要找出一個更好的安排，則香

港政府、香港市民和中國政府便要開誠相見，冷靜理智地進行討論。現在很多人說，中英兩國的關係已跌至最新低點，在機場和政制問題上，雙方僵持不下，談不上開誠相見地討論。

我認為，中英雙方作為香港現在和九七年後的主權國家，最主要的任務是照顧香港市民的利益。因此，如果香港市民對於主要的問題可以做到求同存異，達至主流意見，我們便等於在協助中英雙方化解分歧。所以，如果我們希望中英雙方快點達成共識，消除歧見，我們香港市民之間就要首先達成共識，消除自己香港人之間的歧見。中國和英國是香港的兩個家長，兩個家長所作的決定，最終亦不能違背作為兒女的意願。只要我們港人之間消除了分歧，中英兩國之間亦沒有分歧的基礎。香港市民應該有權決定我們的未來。

......

副主席先生，一九八五年時，在政府大力推動代議政制的旗幟下，我離開服務了八年的公務員行列，參加地區議會的選舉。在過去七年的議會生涯，我深深感受到地區議會的發展潛力。很多地區事務都需要一些地區議員的關注和處理。公共事務千頭萬緒，而我們把一切集中到中央政府和立法局層面，只會費時失事。我認為，政府應該把八十年代初期發展的地方代議政制「解凍」，逐步在地區層面建立全面的代議政制，賦予地區議會在管治地區事務問題方面，有更大的自主權。目前由市民選出來的區議員，只是負責一些諮詢的工作，真是貽笑大方。根據我在區域市政局議員之間的調查，超過八成的議員是同意擴大地區議會的權力。總督這次的施政報告是提出擴大區議會的職能，和宣布增加今後兩年的區議會財政撥款，這些只是向前走了一小步。我希望在改善了這些財政撥款和把一些小規模的職能擴大後，政府更加有一個全盤的計劃，有效地去發展地區的代議政制，以鼓勵更多地區的人士出來參與服務社區工作，這些才是香港民主政制的正確發展。

唐英年議員致辭：

副主席先生，在今日香港這個敏感時刻，怎樣才稱得上一份好的施政報告呢？在我心目中，有兩大要素：第一、香港是一個舉足輕重的國際金融貿易中

心，一位新總督到臨，究竟他會如何治理這個已邁進後過渡期的香港，如何穩重地讓香港「順利過渡」到特區政府，在尚有四年半的關鍵時刻，這一切，不單本港 570 萬市民關注，國際間亦極之重視。換言之，未來這幾年，中英港三方面可否建基於一個互諒互讓的伙伴關係上，令香港能夠平穩過渡九七，是施政策略上不可或缺的重要環節。

第二、施政報告必須高瞻遠矚、有長遠目光的發展計劃。對英國而言，九七或者是一個休止符；但對廣大的香港市民來說，九七絕對不是一個極限，我們期望九七後會有更理想的發展。假若全港市民對九七以後均沒有任何盼望，那今日的香港，早已是一池死水。作為一位負責任的總督，我們有理由要求他作出明智的決策，引領他的老百姓展望將來，這個「將來」，不是到九七為止，而是更長遠的發展，為未來、下一代，更加努力奮鬥。

無可否認，彭定康先生的施政報告，無論福利政策或民主政制，都向前邁進了一步，令普羅大眾興奮又雀躍。不少市民甚至認為這是歷年來最出色的一份施政報告。不過，本人則稍有保留，因為我對施政報告的兩大期望，總督都嚴重忽視了，令本人和很多工商界朋友，非常失望。

中英港關係，是一項極其敏感的問題，亦相當抽象，沒有任何硬性條文或具體方針，可以必然性地套用。然而，要建立一個良好的中英港關係，最基本精神，是要三方互相信任，達至衷誠合作，否則的話，「順利過渡」，恐怕只是紙上談兵。

記得今年七月九日，總督彭定康蒞臨香港，宣誓就職，其演辭最後一部分是這樣說：「我曾聽說，中英兩國關係，仍然因種種誤會和互不信任，而出現問題……我定會竭盡所能，消除誤會，建立彼此間的信任。信任是雙方的，與中方衷誠合作，是我摯誠的目標。」

言猶在耳，總督似乎先行推翻自己的承諾。施政報告的取向，很明顯，是朝著中英關係惡化，加深彼此間誤會而發展，這肯定會破壞已建立的諒解與信任，令過渡期的政治發展，更蒙上陰影。我希望他今次北行，不是叩頭，亦不是朝聖，而是為香港人爭取一個我們可以接受的政制。

黃秉槐議員致辭（譯文）：

轉到民主發展方面，一九八四年《代議政制在香港的進一步發展》綠皮書內已描述了功能組別的概念，闡明在本港的特殊環境下，財經界及專業人士對維繫本港前途的信心和繁榮，關係重大，因此這類人士應有充分的代表權。基本法的有關章節，就是以這個概念作為依歸的。事實上，這個概念源自擬訂中英聯合聲明的談判人員。他們認為香港得以創造經濟奇跡，是由於立法局有來自不同社會階層的議員所致，因此在選舉方面最好亦能沿用這個模式，以便既選出一些代表草根階層的議員，也選出一些代表功能組別的議員。後者議員已盡責為本港製造財富，直接參與創造經濟奇跡，若非如此，我們便無法維持對於草根階層及其代表極為重要的較佳社會政策。

……

總督的方案偏離這個概念。他建議的功能組別界限，足以確保議員人選、政黨之間的相互作用、投票人的動機等較接近分區直選，而非功能組別選舉（有人指他的用意正是如此）。特別要提出的是，本港在經濟上極為倚重的資訊科技界，在本局仍沒有代表。

因此，我毫不願意作出的結論是，總督的建議確實違背基本法的精神，而中國政府的反對是合理的。

此外，縱使這個辦法普遍得到贊同，在現階段是否本港發展民主的正確路向？誰能保證急劇擴大選舉權，可維持本港的經濟奇跡？總督可否保證，擴大九個新功能組別的範圍，定能維持經濟奇跡？答案當然是否定的。倡議維持現狀的人，也同樣不能保證這一點，但他們最少可以提出可觀的往績作為憑據。

我的批評至此為止，我接著要提出論點和進行遊說。我相信總督未有正確認識問題，因而選擇了錯誤的解決辦法。問題不在於選民沒有渠道在向本局表達意見，他們是有的。在本港推行民主的弱點，是投票人數太少。投票率是如此之低，以致本局每一位直選議員，無論來自分區選區或功能組別，都是由選民中的少數選出。他們無法肯定自己是否代表選區或選舉組別中的大多數人士。

緣是之故，讓所有工作人士有第二次機會投票，並不是可立即解決本港發展民主的問題。由於選民不願前往投票站投票，尤其是不止前往一次，因而可能會

將事情愈弄愈糟。要解決問題，首先得推動更多選民投票，讓本局將來的議員，可真正宣稱是由大多數選民所選出，可代表大多數選民。

我現在提出一個可行辦法。

當局可讓選民利用指定的電話撥電投票 —— 首先當然應保留傳統的投票站作為另一選擇，這方面科技是可以應付的。鑑於今日的科技已可提供足夠保障防止欺詐，故此銀行也可讓客戶用電話轉帳。未來一年內，科技發展可進一步減低欺詐和濫用的機會。投票日午夜一到，點票結果即時有分曉，絕無絲毫錯誤，由於沒有人為干擾，可更進一步減少欺詐的機會。我預料這方面唯一的障礙是消極的思維，而我們的新總督似乎不諳此道。

上述辦法應可增加投票人數，因為最低限度有更多身體欠佳、嚴重傷殘和照顧嬰兒的人士可以投票；投票人數最多亦會增加一倍，特別在天氣惡劣的時候。這樣我們在本局才有真正的代表，這樣，我們才有真正的民主，這樣，我們才可充滿信心地擴大分區選舉。

雖然我贊成總督提出應發展立法局與政府的關係，但對於成立政府及立法局事務委員會的建議是否恰當，我抱有極大的保留。我認為要發展這個關係，必須採取較多不同的方法，而參與其事的人數也應大得多，才可達至高度的互相瞭解。在現階段，由於該委員會的職責範圍尚未界定，亦未有任何確實安排，立法局議員決定他們之中誰人加入該新組織，尚言之過早。我極力要求重新審慎考慮此事。

綜合來說，我促請各同事全力支持我們的新領導人。由現時至一九九七年，如有一項因素，其重要性是凌駕任何其他事情的話，那就是齊心合力去延續經濟奇跡。

楊森議員致辭：

過去兩星期，我們聽到社會上有些人不斷強烈批評總督施政報告的憲制部分，他們不滿的原因，不是由於建議中的憲制改革未夠民主，而是相反認為太急進，想搞大亂，甚至在搞陰謀。我很不明白，中英聯合聲明明文規定香港特別行政區的立法機關是由選舉產生，基本法也為九七年後的立法會立下「最終全部議

員由選舉產生」的目標，既然上述兩份重要的香港前途文件都為本港確立了民主政制的發展方向，沿著這方向把香港現有政制於九五年進一步民主化，又何來陰謀之有呢？

我更不明白，一個要用十年時間才能把立法局由首次開放間選推展至三分之一的議席直選化，和將地區區議會由三分之一直選議席擴展至全部直選的政制發展步伐，如何可以用「急進」這個字來形容？說穿了，根本不是「急進」、亦不是「大變」。那些認為有這樣言論的人，其實是憑空捏造的一派胡言。說這些話的人，其實只有一個思想，就是反對香港有民主，反對香港人當家作主。

副主席先生，施政報告的憲制部分還有以下數點值得商榷：

首先是功能團選舉 —— 港同盟基本上是不贊成功能團體選舉。最終我們覺得要取消功能團體選舉。但既然功能團體是會存在一段很長時間，我們便必須令它由民主化程序產生。因此，對於施政報告建議將現有的功能組別所有形式的法團投票取消，改為個人投票，以及按政府現時界定各行業的辦法，分配九五年新增的九個功能團體議席，令功能團的選民人數擴大至 270 萬人，港同盟是支持背後的理念和精神的。不過，我覺得美中不足的地方，是選民人口擴大後的功能團體，卻未有包括三類人士：（1）非在職婦女；（2）年滿 18 歲的學生；（3）退休人士，令社會上仍有一些人，喪失在立法局選舉中的兩次投票機會，這是不符合人權法所規定的平等和普及選舉權利的原則。同時我們認為非在職婦女在家庭裏發揮的功能很重要，因此，政府考慮新增加功能組別時，應該將她們包括在內。

（二）九五年選舉委員會的組成 —— 港同盟原則上是不贊成選舉委員會的構思。我們一向要求於九五年將原來的十個選舉委員會議席全部轉撥給直接選舉，令屆時立法局的直選議席可增至全部議席的一半。但若最終選舉委員會仍然出現，我們則要求選舉委員會的組成必須民主化。現時施政報告建議九五年選舉委員會的組成，是全部或大部分委員由直接選舉產生的區議員出任。我們認為這個提議有點曖昧。港同盟強調，如果九五年真的要成立選舉委員會，全部委員必須由直選產生的區議員出任。

（三）地方行政發展 —— 施政報告建議加強兩個市政局和區議會的代表性，於九四年全部取消兩個市政局和區議會的委任議席，這一點毫無疑問是值得支持的。但另一方面，施政報告又表示要保留鄉議局和鄉事委員會在區域市政局和新

界九個區議會的當然議席,這種安排實在與加強代表性的目標相違背。我們認為,既然政府願意取消所有缺乏民意授權的委任議席,就沒有理由偏偏要保存當然議席。

（四）行政立法分家問題 —— 在立法局日趨民主化下,行政和立法的關係是有需要重新檢討。過往我們一直要求,總督應委任更多的立法局直選議員進入行政局,以增加行政局的民意基礎,和確保行政局所作的決定能符合香港市民的民意。但現在施政報告不單沒有委任更多的直選議員進入行政局,相反更建議把行政和立法徹底分家,令到行政局比以前變得更加封閉,更加缺乏透明度。我們認為這是政制發展的一個很大倒退。此外,施政報告又建議在行政立法分家之後,總督作為行政機關的首長,每月至少一次與本局議員會晤,討論政府的政策和建議,以及在一些重要的外訪之後,向本局匯報。港同盟基本上是支持上述的構思。因為無論行政立法是否分家,這等措施都是有利於促進行政部門與本局的溝通,和加強本局監察政府的職能。然而,美中不足的,是根據現時的建議,上述措施只是一些非正式或非制度化的安排,總督隨時可以改變主意,放棄執行。因此,若果要保證上述的措施能夠長期落實,有關方面必須予以制度化。

副主席先生,總的來說,總督施政報告的憲制部分,雖然展示了政府對發展九七年前本港民主政制較大的承擔。但在程度上顯然仍未能滿足香港市民的民主渴求。港同盟在支持其方向和精神的同時,謹此提出了上述四項要求。

楊孝華議員致辭:

D. 憲制改革 —— 功能組別

在上星期的辯論,我已提出了我認為選舉委員會不符合基本法精神的理由,今日我講功能組別。總督在其憲制改革方案中對現行功能組別的若干方面作出修改,並提出嶄新的構思。

首先,現有 21 個功能組別的法團選民將會改由主管有關法團公司的個人取代。我支持此項辦法。然而,政府當局必須訂定防止流弊的辦法,例如採取措施,以避免一些公司基於政治目的而將董事或主管人員的數目,提高至與商務需要殊不相稱的水平。

其次，由於此項方案旨在根據功能組別的行業界定選舉權，此等「功能組別選民」的登記地址應為工作地址而非其私人住址。此外，應根據選民的工作地點設置投票站，應定在工作日而非星期日進行投票，而僱主則須有責任給予屬下員工數小時的休假，以便其前往投票。此外，如同其他所有功能組別一樣，有關候選人必須能證明其工作與其所屬功能組別有實質的直接關係。

我認為此項增設功能組別的概念並不完全符合基本法的精神。原因是總督所指的功能組別與香港政府於一九八四年所設立及所稱的「功能組別」頗不相同，並與根據當時公眾的理解寫入基本法內的功能組別互有出入。

功能組別是本港憲制架構的一項特色。有人或會質疑此類組別能否取信於民，但此類組別是特別為配合本港政治和經濟的實際情況而設。設立功能組別的目的，在於加強本港爭取經濟成就的力量，倘若沒有經濟上的成就，中國根本毋須為本港提出「一國兩制」的構思。

總督表示，新方案包容了同樣對本港經濟有重要貢獻的在職人士在內。我認為此屬實情。我並不反對根據職業類別，使各行業內每位在職人士均可投一票。事實上，這樣做的好處是使選民的注意力，同時集中於經濟及地方事務，兩者兼顧。

我們或者應該直言不諱，承認這是另一種方式的直接選舉，並且以配合社會需要或基於本港在職人士在政治上已更趨成熟為理由，說明修改功能組別定義的做法合理。我們也應將九五年二十個直選議席的一部分，改為由按職業劃分而非按地區劃分的組別直選產生，因為現在提出的已是一個以功能組別為名，直接選舉為實的建議。

本年九月我曾在所屬功能組別之內進行民意調查，以探討這個組別的人士對政府有何期望。

旅遊業人士認為，使香港獲得順利過渡是其中一項政府首要任務。我們珍惜和平政治環境，因為我們曾目睹在其他〔地〕方不穩定的情況而扼殺旅遊業。我今年在進行新總督人選辯論時，曾表示：「新總督的首要任務是協助本港順利過渡」。

在所進行的調查中，我請每位受訪者為一連串事項列出輕重的次序，此等事項包括安定、順利過渡和民主。結果認為順利過渡屬當務之急的人數，比較認為

加強民主為首要任務的人數多出三倍。

鄧兆棠議員致辭：

在施政報告中，總督用了頗長篇幅，勾畫出憲制改革的建議。在今日的香港，市民對民主進程與平穩過渡的看法，是同等重要，所以一切政制改革，應符合這些標準。當然，還須研究該等建議能否令香港在一九九七年之前及一九九七年之後，有一個更有效率的政府，這因素令人增加對香港前途的信心。另一個實際的考慮，就是注意該等建議的含意。憲政方案很多建議及改變，都是發生在一九九五年，離開九七時限只有年半時間，在這一年零六個月的短促時空裏，要解決政制的問題，及其可能帶來的衝擊，使其在一九九七年有效地運作，是有困難的。若有差誤，則只有很少時間作出糾正。因此，任何太急促的改變，足以令人擔心。同時，要平穩過渡，是需要包括很多有關行政及人事上的過渡安排，因此，本人建議政府成立一個由高層人士組成的「特別委員會」，專責研究及策劃一切行政措施的過渡安排，以便減低在過渡期間本港所可能受到的影響和動蕩。

施政報告亦建議取消兩個市政局和區議會的委任議席，這種民主化的過程，本人原則上是贊同的，但是，由於港人的傳統習慣，並非一朝一夕可以改變過來。而且，實際有用的傳統機構，尤其是新界，理應獲得尊重。今日，有不少社會賢達和專業人士，他們很願意為社會服務，但對參加競爭性的議會選舉，可能不感興趣，因此，本人希望取消委任制的步伐能循序漸進，分階段進行，使這些機構的事務及討論，有更均衡的各界人士參與。

建立良好的中港關係，對香港發展極為重要，但施政報告，在這方面未有提出具體的政策和意見，本人期望政府將來能加強這方面的發展，有效地增加中港的合作性。總括而言，任何政制改革，若能確保平穩過渡，保持香港繁榮安定，本人是會全力支持的，若改革引來不必要的動蕩，本人的支持是有所保留。

陸恭蕙議員致辭（譯文）：

副主席先生，我們經常都聽到有人說，我們必須維持香港的繁榮和安定，以

保障我們在這裏的生活方式。

總督明白到情況並非這樣，這是令人鼓舞的。他瞭解到事實剛好相反；我們最關注的事情，應該是要保障我們在這裏的生活方式 —— 這是個首要的原則，能夠做到這一點，繁榮和安定便會隨之而來。

我們的生活方式是受社會和政府的民主準則和民主價值所支配。正如總督所說：「民主是促進經濟進步的要素。」

大致上，我歡迎在十月七日宣布的憲制方案。但我覺得這只是第一步，早便應該踏出的第一步。我們終於取得一些進展，但我們只有很少的時間。我們應充分利用這段時間。

這套方案略作修訂後，便應付諸實施。我們衷心希望能得到中國的同意，但我們亦不應只期待中國的贊同。我們應向前邁進，以實現香港人的民主意願。

我們不能漠視這些意願。每當香港人有機會對憲制發展表達意見的時候，他們都宣稱支持民主。他們已透過直接選舉選出一些敢於宣揚民主而無懼反對與威脅的立法局議員。

本局應不斷敦促總督和英國政府去促進香港的民主。本局並應使中國和英國明白到，我們需要有一個時間表，而這個時間表不會把達至全面民主的日期訂得過分遙遠以致變得毫無意義。

在此期間，我們應極力宣揚本局像總督所說般，是一個「有幹勁和有效率」的政府機關。我們應找尋機會把我們的共同智慧應用於政策的制訂。

為有效地做到這一點，我們須透過一個委員會制度，集中及靈活地處理有關事務。由一些常設委員會去審議一般政策及條例草案，這樣便可充分利用本局的經驗和專門知識。因此，我請求各位議員立即採納這個制度。

對於憲制方案，我還有一點想提出的。我不能支持一個有損本局完整性的政府及立法局事務委員會。政府似乎急於取得十個獲提名者的名字，這令我感到困擾，而議員之間現正進行積極的遊說，我對此甚感不安。如果真的設立這個委員會，我們必須確保它不會成為一個讓政府官員和出任該委員會委員的本局議員進行談判的專有會所。

1992 年 10 月 28 日
恢復致謝議案辯論

政務司致辭（譯文）：

委任議席

很多議員在發表這方面的意見時，都表示支持廢除區議會委任議席的建議。我想將政府對委任議員的重視及深切讚賞，記錄在案，以確認委任議員在地方行政計劃發展上所曾擔當的重要角色。他們樂於撥出寶貴時間、費盡心思，有時甚至大破慳囊，為社會服務。他們在這方面的重大貢獻，我們的確深表感謝，大家應清楚知道，現時的建議絕非意圖貶低他們的工作，只是指出區議會的下一步發展必須配合整體趨勢，邁向更有代表性的政治架構。

有關議員對區議會的 140 個委任議席改由民選議席取代一事及對此所帶來的影響，表示關注。

政府期望委任議席盡可能由民選議席取代。在訂定確實的數目時，必須考慮每區的情況，特別是人口的分布情況。此外亦須考慮這些轉變對區議會本身的影響。最直接而又最受關注的問題，是必須確保區議會能有效運作，因此必須仔細研究每個區議會的大小及議席數目。

政府的〔這一〕步構思是以單一議席為基礎的選區，其選民人數不應太少。政府認為每個選區的人口最少應約有 17,000 人。這項安排將使區議會的直選議席總數增加 66 個，即由現時的 274 個增加至 340 個。政府十分希望增設更多選區，因而可鼓勵一些委任區議員在一九九四年參加競選，爭取連任。

我們的計劃一旦實施，所有區議會的選區分界便須重新劃定。選區分界及選舉事務委員成立後，便須負責處理這項事宜。不過，我比較關注此事對區議會大小的影響。由於任何一個區議會的議席數目均取決於每個選區的人口數目和人口準則，我們應該不需要太多時間便可決定每個區議會的議席數目，即議員人數。

新市鎮的發展令市區人口轉移至新界區，加上舊市區亦進行重建，這反映各區人口在八十年代的均衡分布情況，現已有有〔所〕改變。因此，可能出現一些地區有太少區議員，另一些地區則太多的情況。

我們認為要維持有效運作，每個區議會的議員人數最理想應是 15 至 30 人。假如這個數目獲得接納，政府便須尋求一些方法，對目前的區議會選區分界作出合理的修訂。我們須仔細研究各個方案，例如將規模較小的區議會合併，以及調整毗鄰地區的分界。

政府已經考慮過這些問題，並會將意見向區議會提出，共同商討。在未來兩個月內，我將與 19 區區議會的主席舉行會議，向他們講解改變現有安排的原因，並提出在評估各個不同方案的相對優點時所持的基本原則，以便為將來作出最佳的安排。這些會議將為與個別區議會舉行的另外 19 次會議鋪路。屆時，政府會與每個區議會詳細研究為每區所作出的安排。我希望聽取區議員對於上述安排，以及提高區議會的地位、影響力和效能方面的意見和建議。

當然議員

新界區議會的當然議員既是新界原居民與政府之間的重要橋樑，亦為鄉民和剛遷往新界居住的新居民起著連繫的作用。當然議員的人數不多，而且是經由選舉產生的。在新界區議會保留當然議席符合我們建議的漸進式改變。不過，新界區議會的當然議席稍後仍將會加以檢討。

布政司致辭（譯文）：

現在我想談談這次辯論中最受關注的事項，亦即憲制發展問題。這反映出憲制發展不單備受各位議員關注，公眾人士也十分重視這個問題。但在談論總督在施政報告所提出有關憲制發展的建議前，我想先解釋一些背景事項，而這些事項議員亦有談及。

首先是與中國的關係。我必須開宗明義指出，政府深明最理想的做法是與中國維持良好關係。這一向是我們制訂政策時要考慮到的主要因素。由於中國將於一九九七年恢復行使對香港的主權，故隨著我們邁向一九九七年，與中國的關

係便更形重要。香港市民的將來在很大程度上會受中國影響，他們當然明白到中港關係的重要性，故此當中港關係出現緊張時，香港市民也會與我們同樣感到關注。

但香港與中國的關係並不是一個獨立的問題，也不是衡量我們的行動的唯一基準。中港關係是由於雙方所採取的行動和所作出的決定而造成的結果。有時關係會出現緊張，因為其中一方為本身的最佳利益而作出的決定未必受對方歡迎。因此，要促進良好的關係，不一定表示雙方要永遠對每一項問題都有相同的見解。

有鑑於此，我們在處理一些對香港極為重要、但又可能會影響與中國關係的事項時，應以甚麼原則為依歸呢？當然，我們的原則應該是做我們認為符合香港市民整體 —— 我強調是整體 —— 利益的事情，因此，我們須考慮市民透過不同方式所表達的意見，包括市民透過各個正式及非正式溝通渠道表達的意見，透過本局表達的意見，透過意見調查在傳媒發表的意見等。當然，在作出決定時，我們定會考慮到這些決定對中國的影響。

這確實就是我們以往的運作方式。這個方式導致我們在人權法案和英國國籍計劃等問題上，由於遭到中國政府的堅決反對而很難作出決定。不過，我重申，我們的決定應取決於是否最能符合香港市民的整體利益。

總督在施政報告中提出的政制發展建議，亦同樣根據這個原則。我們仍然希望與中國政府就這個問題，以至所有其他問題達成諒解；當然，我們定會努力設法達成這個諒解。假若中方繼續反對我們的建議，我們很希望他們也會提出自己的建議。

在草擬憲制方案時，我希望大家都清楚一點：我們絕對無意要挑起與中國的對抗。事實上，我們所採用的原則和方法正是要避免這種對抗。假若我們一心要搞對抗，我們可能已經聽取了本局及其他人士的意見，推行那些一方面能為香港帶來更大程度的民主，但另一方面卻違反基本法的建議。我們沒有採取這個方式。正如總督已經說過很多次，我們草擬建議時，是要確保這些建議能清楚符合基本法的條文，並能延續到一九九七年後。

現在，我想談談這些憲制建議是如何制訂的，因為我相信這方面有甚多誤解。有一點我要絕對清楚地指出：這些憲制建議並非有如一些人所說，是「英國

從香港光榮撤退」的藍圖；它們不是為了「促進總督的政治前途而設計」的；它們也不是「英國內閣為維持一九九七年後英國在香港的影響力而擬就」的。這些說法不獨荒謬，更有意以一種低下的政治手段，污衊一位誠實而坦白的總督的施政動機。總督已說得很清楚，他唯一的目的是盡力為港人謀福利。

那麼，這些憲制建議是如何制訂的呢？它們是總督花了許多時間諮詢港人的結果，參照了本港各階層人士的意願，參照了不同意見人士及團體的意願，當然包括了本局議員的意願。這些建議也代表了香港政府的集體智慧。它們是經政府內部多星期來長期商討後制訂的。參與討論的都是政府高層人員，包括個人前途繫於香港的本地高層人員。此外，它們也代表了我們最大的努力，在考慮及所有向我們提出的意見後就這重大課題提出建議。

有人認為我們的一套方案不夠徹底，亦有人認為我們太過急進，有違反基本法之虞。此外，在諮詢中方得到結果前，也有一些人不願談論這些建議。他們似乎滿足於充當旁觀者的角色。我想嘗試談談各議員在今次辯論時提出的一些關注點及憂慮。

有些議員認為，政府在宣布方案前應先諮詢中方，以確保方案可獲中方支持。我從某些社會人士口中聽過類似的意見，但在本局內聽到則十分意外。

這是因為政府過去曾一再被認為進行所謂「秘密外交」而備受批評。舉例來說，我可把杜葉錫恩議員於去年十二月在本局就終審法院進行動議辯論時所說的話引述如下：「假如當局要求本局通過一項我們無權討論或修訂的條例草案，同時亦未就該條例草案諮詢公眾意見，這是不幸的。我認為政府要求我們這樣做是不當的。」而本局在一九九一年四月就新機場問題進行動議辯論時，議員曾踴躍發言，一致支持諮詢公眾意見。例如，譚耀宗議員當時曾要求「公布談判內容，讓香港人有發表意見的機會」。現在當我們要使憲制建議變得透明，並給予社會人士真正而且大量的機會發表意見時，有些人卻因此而批評我們。

過去數天，中英兩國政府曾否就一九九五年的選舉安排達成「秘密協議」的問題受到一些爭論。各議員定已知道，英國政府剛發表了兩國政府在這問題上的一切往來文件。

現時仍有一些議員表示，期望他們就應否通過這些憲制建議作最後決定是不公平的。有一位議員更認為我們應請聯合國幫忙。

讓我再次徹底申明政府的立場。當然總督可在聽取行政局的建議後,決定把甚麼法例提交本局。他會根據與中國磋商的結果,並考慮到香港社會各界人士的所有意見,當然更會考慮到本局議員的意見,然後作出決定。關於草擬法例的內容,則由政府決定。這就是行政主導政府的意思。但在作出了決定、草擬了有關法例以及在法例草案提交本局議員審議後,沒有任何東西,我重申沒有任何東西,可把本局議員的憲制責任拿走,議員的憲制責任就是對提交給他們審議的法例提出意見以及決定是否把法例通過。本局所有議員,不論是民選議員、委任議員抑或是經由間接選舉產生的議員,都不能推卸這個責任。如果議員試圖選擇不負起這個責任,那誠然將是本港民主發展史上悲哀的一天。

有些議員認為方案太急進和違反循序漸進的概念,我現在想就這方面的意見作出回應。首先讓我們先看一些簡單的事實。

以市政局為例,市政局於一九七三年成為一財政獨立的組織。當時,半數的市政局議員經選舉產生。這個比例 16 年來一直沒有改變,直至一九八九年,才增至僅少於三分之二直選議員。假設取消餘下三分之一委任議席的建議獲得通過,也要三年後才能付諸實行,而由部分議員經選舉產生發展至全部議員經選舉產生,共需時約二十年。如果以政務司所提及的區議會為例,根據建議的方案,區議會需要 12 年才能發展成為全部議員均由選舉產生的機構。因此,議員是否確實認為現時有關市政局、區域市政局及區議會的建議,是以急速的步伐衝向民主?

至於成立選舉委員會這個建議在那方面是過於急進呢?我們提出的建議,是根據基本法內民主及開放的原則制訂的。因此,我極不明白為何有人批評這項建議。本港的憲制安排在一九九一年前,本局有 12 名議員由區議會及兩個市政局選舉產生,所以這項建議只不過是這些安排自然的發展。

我們聽過中方就如何組成選舉委員會的問題所發表的部分意見。而傳媒報導中最新的建議之一,就是成立一個由一百至二百名成員組成的選舉委員會,其中由中國政府和英國政府提名的成員各佔一半。這樣的一項建議,豈能符合開放和民主的原則呢?批評我們的建議的議員是否真的認為,必須這樣釐定選舉委員會的成員結構,或者不客氣地說,這樣操縱成員結構,才能確保預先揀選的候選人能獲這樣的一個委員會橡皮圖章式的循例通過呢?即使要逐步發展民主,又是否必須這樣呢?

現在讓我談談議員對有關功能組別的建議所作的批評。部分議員認為，功能組別是為了確保商界和專業界在本局有充分的代表。亦有人說現時的建議實際上是透過另一途徑提供更多直選議席。在回應這些批評時，我想提出以下三點：

——首先，我相信議員都很清楚，功能組別制度多年來一直備受非議，原因是其代表性過於狹窄。我們的建議目的在讓更多公眾人士加入功能組別，從而消除這方面的批評。同時，我們深明現有的 21 個功能組別均對本局及社會有重大貢獻，因而予以保留。因此，以整體效果來說，功能組別制度應更形強大、更富代表性，並肯定更能獲得信任。

——其次，功能組別的一貫目標是盡量將賴以維持社群的繁榮和信心的不同社會、經濟及專業組別包羅其中。建議設立的九個新功能組別完全符合這個目標。而且，我想補充一點，這些組別亦完全符合一九八八年白皮書訂明的選擇功能組別四個準則，其中包括功能組別應該是有份量和在社會上有重要性的組別。因此，我們所做的，是在現行制度的基礎上謀求發展，而不是作出激進的改變。

——第三，這項建議並不是變相增加分區選區直選議席，情況只是跟現時的教育功能組別等一樣。雖然選民人數大為增加，但只有那些從事經濟活動的人士才能成為選民，這些選民不會有一個按地區劃分的選區。家庭主婦、學生、退休人士等都不會包括在內。這表示在 370 萬名合資格在分區直選中投票的選民當中，超過一百萬人將不能在功能組別選舉中投票。

1992 年 11 月 11 日
議案辯論：中英有關政制對話應公開、公平和為港人所接受

陸恭蕙議員提出下列動議：

「本局促請英國及香港政府日後就本港政制發展事宜與中國政府進行對話時，應以公開、公平和為港人所接受作為原則。」

陸恭蕙議員致辭（譯文）：

聯合聲明之所以在一九八四年支配了香港人的信心，因為它以毫不含糊的條文許下了一系列重要的諾言。它允諾了：

——香港將會從中國中央政府那裏享有「高度自治」；

——立法機關由選舉產生；

——香港將會獲授獨立的司法權，包括終審權在內；

——人權與自由將會受到保障和擴大；

——到一九九七年為止，香港的行政管理由英國獨自負責，而中國答應對此給予「合作」。

這些都是支撐香港前途的支柱。

副主席先生，這些支柱都是搖搖欲墜的。

這些支柱的基礎現正受到一股勢力所搖動。這股勢力不見於聯合聲明，我們在一九八四年也不知道其存在。它是在一九八五年十一月至一九八六年一月間，被人秘密地納入過渡安排內。

我現在指的勢力，正是我們現在所說的「銜接」——一個誤導人的名稱，因為這個名詞說明了參與銜接的各方面應通力合作。在香港而言，「銜接」似乎代

表了中國說想怎樣，英國就體面地躊躇一段時間，之後便答應對方。

我們已被「銜接」所迷惑。它是中國為達到其目的而引入的一種手段。銜接不是戰略，而是戰術。然而有人告訴我們應視之為一種道德、一種需要，甚至應視之為一個至高無上的原則，而這原則足以侵害到我們一度奉為神聖不可侵犯的聯合聲明所訂下的承諾。

「銜接」使到香港人對加速發展民主政府的願望受挫。它令現行政府的權威受到質疑，也動搖我們對一九九七後香港「高度自治」的期望。

我們為甚麼要容忍這種情況？我們容忍，因為有人告訴我們，「銜接」是一九九七年「順利過渡」的必要基礎。且讓我另外提出建議。

在英、中的訓諭之下，我們一直設法與一九九七年後的政治制度「銜接」，而這個由基本法所訂定的政制，並不符合我們的標準與需求。

我謹提醒本局，我們已經在十月十四日宣布支持麥理覺議員的動議，就是選舉委員會應由民選區議員組成。中國不合情理地譴責建議中的一九九五年選舉委員會的成員組合，已表明「銜接」的主要功用，是用來掩飾其對民主改革的不合理敵視態度。

在十月二十八日，港府公開了英、中外長之間就香港憲制改革問題的信件。儘管這些信件並非如中國最初所指那樣揭示了中、英之間有一項秘密「協議」，但卻揭示了一種對待民主的態度，不能不教人痛心。信件顯示了倫敦和北京雙方並不視香港的民主為一項社會準則，而是一件商品，一件可以用來交易、討價還價、任意安排和予以利用的商品。

副主席先生，有些人會指摘我沒有列舉事實和細節支持我的論點，因此，本人謹提醒本局，無論怎樣努力謀求「銜接」，在一九九七年過渡期仍會遇上一些具體問題。因為「銜接」沒有力量解決基本法的內在問題。實際上在不准修改、不准反對或者不准革新基本法的情形下，「銜接」只會令情況更壞。

有人告訴我們本局成功「銜接」的「報酬」就是「直通車」。這是不錯的，但屆時我們應怎樣處理基本法第六十七條呢？大家當會記得該條文是這樣的：

「……非中國籍的香港特別行政區永久性居民和在外國有居留權的香港特別行政區永久性居民……其所佔比例不得超過立法會全體議員的百分之二十。」

問題在於我們不知道誰人會或不會在一九九七年後被視為中國籍人士。中國

的國籍法過於含糊及未經驗證，致令我們不敢肯定它會怎樣甚或能否於一九九七年後在香港客觀地執行。

基本法第六十七條是否會限制全部選舉組別的候選人，還是其中一部分？我們是否靜候選舉有了結果，看看誰人當選，然後抽籤決定誰人要被擯出局？屆時我們是否要再進行另一次選舉，以填補空缺，這樣循環不息地進行選舉。

這就是「銜接」的邏輯把我們推向的方向。這是否就是我們對「順利過渡」的概念呢？

這當然不是。單是基本法第六十七條就已表明「銜接」的原則和「順利過渡」的概念不可能協調一致。

現在讓我講講另一個矛盾之處。我要提醒本局，全國人大在一九九○年四月四日就香港特別行政區第一屆政府與第一屆立法會的產生作出決定。該決定使到立法局議員須經一個由中國中央政府委任的籌備委員會「確定」，才可以由一九九七年繼續服務至一九九九年。

這個籌備委會的成員怎樣仍是一個謎。該會的權責，不僅是審查立法會的組成是否符合基本法，也審查個別立法會成員。該會必須保證只有那些「擁護基本法」和「宣誓效忠香港特別行政區」的議員才可在一九九七年以後繼續服務。

我不認為這裏有任何人會在效忠香港特別行政區這方面有任何問題。但是「擁護基本法」是甚麼意思？是否表示盡量服從基本法所規定的各項特定行動方針？還是對每一項細節都全力擁護，毫不懷疑？

如果是後者的話，那麼本局任何一位曾經建議在某些方面要修改基本法的議員，在理論上已令自己受到籌備委員會的權責所責難。

事實上，無論這種或那種理解，都是由中國作最後決定。各種解釋均由全國人大常委會確定，而該委員會是一個受共產黨政治控制的機關。又由於我們不大可能預言共產黨在一九九七年及以後會選擇那種方式去行使其解釋基本法的絕對自由，所以我們無法以任何明確、可核實的方法「銜接」。

有一些在一九九一年獲選進入本局的議員，在一九九七年會不為中國接受。然而這些議員如果在一九九五年選擇參選的話，他們很有希望獲選連任。我們須預期屆時的籌備委員會或國籍規例都會加以利用阻止他們續任。重新選舉將是不可避免的，而「順利過渡」出現的可能性又一次受挫，但這並不是「銜接」失敗

所致，而是中國不以聯合聲明為基礎而發明和強加於香港的準則所引致。

假如該籌委會能夠把人民選出來的代表擯出局，那就是唾棄民主，而且挑戰基本法第六十八條作出的承諾，即最終達至全部議員由普選產生的目標。

那些說踢走「一兩個」民選立法局議員不影響順利過渡的人，其實是完全誤導群眾。

聯合聲明承諾香港有言論自由和選舉自由。那麼就讓我們不在「銜接」的名義下，被誘使密謀推翻這些自由。讓我們堅持自己的信念和自己的價值觀。讓我們敦促英國和中國尊重我們這樣做的權利。

副主席先生，我現在提出動議文本。文內沒有提及銜接。

——本動議期望英國和中國政府就香港的政治改革繼續對話。

——本動議要求對話應該公開。中英雙方在談判香港前途的過程中，港人必須知道別人代他們說了些甚麼。這是關乎權利與禮儀的事。不應被視為一種偶然或意外的優待。

——本動議要求改革應該公平，對香港的民主意願給予適當的重視。

——最後，本動議要求以「為港人所接受」作為改革的客觀標準。

詹培忠議員致辭：

副主席先生，英國政府在一八四〇年利用鴉片戰爭佔領了香港，在 144 年後，即一九八四年與中國政府達成協議，簽訂中英聯合聲明。再經過四五年的共同努力和很多爭論後，確定了基本法。中國政府為了本身的權益，亦為了部分香港人著想，因為中國理解到香港人不能適應共產黨、共產主義的生活方式，故此提出「一國兩制」。事實上，「一國兩制」是給與香港人一個非常好的抉擇。

我們作為香港人要認清楚四個條件和權利：

第一點，我們要確認一九九七年後，中國政府擁有香港的主權，換句話說，香港在九七年後的主權，絕對屬於中國。

第二點，若我們對「一國兩制」和基本法的實施沒有信心，作為香港人，要怎樣做呢？就是爭取居英權，因為英國政府對香港人絕對有責任，絕對有義務要做到這點，就像葡萄牙政府對澳門市民一樣。

第三點，若我們不去爭取，我們便要尊重「一國兩制」和基本法的規定。我們至少要給與實施的機會，要予以默認。我對一九九七年後的「一國兩制」和基本法，非常有信心。理由是我們看到台灣和新加坡的情況，這兩地何嘗不是由中國人來管治呢？到九七年後，我們還有經驗豐富的外籍人士，協助香港。

第四點，如果我們對上述完全否定的話，就足以證明，我們選錯目標。

副主席先生，香港很需要在九七年平穩過渡和銜接的。銜接的意思就是一九九五年最後一屆立法局，和在一九九七年第一屆立法會很需要銜接下去。當然有些議員反對這種講法，說這是不必要的，因為如果要我們下車，我們當然要反對的。這種說法其實已經是很有私心，不是對香港市民負責的，不是為香港市民著想的。我們要瞭解，屆時若不能銜接，香港雖然不致面臨末日，但若不需銜接，那根本上甚麼事也不用討論的，可以說「我支持九五全部 60 席直選」。九七年後，中國政府有權根據基本法去實施他們認為應做的事情。基本法內無可否認地說明香港有絕對的管治權。但大家亦要瞭解，還有一個中國，擁有它的主權。我們要瞭解，我們不可以說香港是百分百屬於香港人的。如果這樣說，台灣是否台灣人的呢？西藏是否西藏人的呢？如果持有這樣的觀點，根本上不單不會得到中國政府的同意，亦不會得到真正中國人的擁護的。大家作為議員，是絕對要瞭解這個事實。事實上，大家要充分瞭解，依照基本法的規定，一九九五年的立法機關是要有 60 個議席。關於議席的分配，大家已瞭解是很公平的。所有議席是透過三種選舉產生的。不同的選舉方法，是適應不同的環境。直至現在為止，功能團體選出的 21 個議員中包括譚耀宗議員、彭震海議員、麥理覺議員、梁智鴻議員、杜葉錫恩議員、張文光議員、何敏嘉議員、許賢發議員等八位連我在內，何嘗不是代表基層的利益，何嘗不可說代表民主呢？所謂民主派的怎可武斷說別人是不民主，自己就絕對民主。我作為一個議員，對此是有義務、責任、代表部分市民表達他們的心聲。

……

作為一個議員，我是有義務，讓香港的市民瞭解實際環境。香港確實需要工商界和勞動界衷誠合作，爭取更加繁榮的未來。如果我們否定了銜接的重要性，則根本上一切動議、一切辯論都可以不用多談，我們支持香港政府在九五年想怎樣便怎樣做。這樣做對香港市民，對一切有識之士，根本上是絕對不可接受的。

所以，中英兩國更需要為了銜接而討論，更加要尋求符合香港人實際利益。

麥理覺議員致辭（譯文）：

總督的建議是要在中英聯合聲明和基本法規定的範圍內，在本港推行民主改革。中國指其中若干建議超越這個範圍，如非在法律上，便是在精神和意向上違反這些文件的規定。從我們所閱悉的有關秘密往來書信看來，我認為英方的立場在法律上是正確的，但中方最少亦有一點非常合理。中英雙方應在討論和磋商時提出其意見，不應透過傳聲筒，更不應透過他們所挑選的商界及專業界朋友反映。這些人的一面倒立場，我們各人在這數年來均有目共睹。那些聲稱代表商界說話的究竟是何人？商界有誰認同這批人？每當中港雙方有爭拗時，他們不斷支持中國反對香港，特別是反對香港政府？我認為這批名流富商，除了代表其本人和商界中極短視的一小撮人外，不能代表任何人。我是有感而發的。這批人基本上在兩次選舉中全都反對我，所以我對他們認識甚深。儘管如此，我兩次都獲商界選民支持，選我為本局議員。香港總商會所有成員都知道，我的政治取向是民主改革，可是他們仍然投票選舉我連任。許多商人原則上普遍支持彭定康先生的建議，雖然他們明白，在磋商和將有關法例提交本局通過時，可能須對這些建議作若干修訂。現在我們應多點聽到像湯俊傑、汪儒倫這些對民主有信心的商人的意見，至於那些唯利是圖，而非以港人利益為依歸的商人的緊張不安聲音，則少聽為妙。

我修訂陸恭蕙議員的動議，因為它毋需議員就建議表示意見，亦毋需議員投票支持或反對。本局最低限度應向總督作這種表示。我看到一個奇怪現象，民選議員大部分支持總督，雖然他們仍有些保留，這是可以理解的。但沒有民意授權的委任議員，卻似乎大多準備投票反對總督的建議。這些建議代表重要的政府政策。如果政府委任的議員對政策建議這麼反感，我認為他們應辭去本局職位。這是他們脫身的辦法，他們應該加以利用。其實，他們曾先後多次要求在本港推行更大程度的民主，我這樣說是有記錄根據的。但當總督嘗試提供民主時，他們卻加以阻撓。本港市民會對他們作出裁判。

至於建議本身，那些涉及選舉委員會的事宜，我們毋須討論，因為在十月

十四日（星期三）的動議辯論中，這些安排已以多數票獲得通過。

一九九五年單議席選區的建議亦已獲得通過，而降低投票年齡至 18 歲的構思，也沒有遭反對。

那麼，那方面的建議需要討論？只有一個重要環節，就是九個功能組別議席的問題。總督的建議雖然很有意思、民主和獨特，但是我清楚看到，我們各人都認為建議的功能組別，只代表社會上某幾種行業。不但大部分香港市民有這個意見，中國亦一樣。我覺得這項新安排似乎倉卒訂立，未有詳細考慮實際問題，而這些問題卻極為艱巨。

我支持有關構思，但我認為這些建議應詳細加以考慮。當這些建議在本局或與中國進一步討論時，若大事加以修訂，我絲毫不會感到意外。

我們不要懼怕中國，亦不要被中國官員嚇倒。我們有充分理由推行進一步的改革，我們必須本著良心辦事，最終向香港市民負責。我們必須讓中國知道，我們所做的絕無傷害中國的企圖，而且正好相反。不過，我們各人必須以平等身份相處，毫不畏縮地向中國陳述我們的意見。我們必須一同前進，否則不會取得任何進展。

黃宏發議員致辭：

今天辯論的焦點，並不在於陸恭蕙議員的動議，也不在於我對她的動議提出的修訂案，更不在於馮檢基議員的修訂案，而在於詹培忠議員的修訂案，和麥理覺議員的修訂案。

詹培忠議員的修訂案，強調銜接，與基本法銜接、與基本法鐵定的未來政制銜接，即使這個政制如何不理想、如何不民主，也要銜接。這個立場，說得好聽，就是現實、實用；說得難聽，就是屈服、低頭。當然，還有更難聽的說話，作為一個負責任的議員，我不願意、也不應該在任何場合說出這些話，何況今天在這肅穆的會議廳內。

麥理覺議員的修訂案，旗幟鮮明地支持總督的政制改革建議，強調民主化、政制民主化、政制加速民主化，即使中英關係決裂，中方「另起爐灶」，也在所不惜。這個立場，說得好聽，就是理想，是有理想；說得難聽，也是理想，是浪

漫理想主義。當然，也還有其他更難聽的說話，作為負責任的議員，難道我們真的要無限上綱、喋喋不休、破口漫罵嗎？

可惜，副主席先生，戰線經已劃清，戰火也開始燃點了。但是，副主席先生，各位可敬的同事，我們是否想過這次局內的內戰是必要的嗎？即使是必要的，我們是否考慮過現在是最適當的時候嗎？副主席先生，我在此懇請各位可敬的同事，再次仔細地想一想。

副主席先生，我兩天前提交這個修訂案，看起來像是集大成，其實不然。我的修訂案的特色是在於故意略去、刻意不提「與基本法銜接」和「支持總督政改方案」這兩套敵對的字眼。

已經有人說我是「騎牆」，我原諒他們。我說我是正在勸阻我們香港大家庭內各人千萬不要「騎虎難下」。香港是我們的家，雖然我們不能事事自決，但是我們的確有能力去內鬨、內亂，把這美麗的家園完全摧毀至殘缺不全。罪人是中英雙方，還是我們自己呢？

副主席先生，我的修訂案旨在喚醒我自己、喚醒我們，眼前急務是要中英雙方以友好精神，進行具建設性的磋商。主權雖然不屬香港，主權屬於中英雙方。但有權自然有責，中英雙方有責任確保一切將來的安排，符合香港人的利益和意向。這是中英的責任，有責自然有債，這是中英欠我們的債。我們應該團結一致，向他們討債。

副主席先生，我的修訂案更進一步提醒中英雙方緊記和恪守中英聯合聲明的精神。香港人的利益和意向，以及中英聯合聲明，這兩者才是最基要、最基本的原則。

副主席先生，各位可敬的同事，我再說一遍，眼前急務是推動中英雙方坐下來真誠地討論，而不是推波助瀾，甚至火上加油，迫使我們自己各走極端，迫使中英對立、決裂，否則只會令我們同坐這一條船的一家人，自陷於萬劫不復的境地。

......

副主席先生，我已經作出了我的抉擇，我的抉擇是香港，我的抉擇是生命。我反對詹培忠議員的修訂案，並非因為我不支持銜接；我反對麥理覺議員的修訂案，也並非因為我不支持加速民主化。我想我支持民主化的記錄，若大家肯看的

話，應該十分明確。魚與熊掌，皆我所欲也，也是香港人所欲也，二者果真不可得兼嗎？

副主席先生，各位可敬的同事，我的抉擇是團結。今天是我們團結一致向中英雙方討債的時刻。副主席先生，我再次懇請各位可敬的同事，勇敢地否決詹培忠議員的修訂案，同時勇敢地否決麥理覺議員的修訂案，勇敢地支持香港、支持我們的香港。

副主席先生，必定會有人說現在是大是大非的時刻，正因為是大是大非的時刻，我籲請各黨各派，容許黨派內的議員自由投票，容許我們在這個大是大非的時刻，作出一個良心的抉擇。

馮檢基議員致辭：

副主席先生，今日的辯論其實涉及兩方面，一方面就是爭取政制改革；另一方面，就是可能令立法局捲入中英這個角力的漩渦裏。我想將這兩個問題分開來看：在爭取政制改革問題上，我覺得我們民間的團體一向都有爭取，從來沒有放棄，直至今時今日。我相信過了九七年我們亦會繼續爭取。我只能夠講講自己和「民協」的一些經驗。未有「民協」之前，在八四年進行的地方行政檢討，我們一班的青年人已致力爭取多些直選議席，到八七年代議政制檢討時，民協亦努力爭取多些直選議席。我亦與其他團體成立「民促會」爭取八八直選，我們要求九七之後，起碼有一半的議席由直選產生，到八九年代議政制進一步檢討，我們亦繼續努力。所以我們看到民間團體從來沒有放棄爭取民主和政制改革。

中英的角力帶出三件事項，首先，是中英談判，達成聯合聲明；第二件清楚的事項，就是機場的談判，其後頒布了機場備忘錄；第三件事項就是中英在聯合聯絡小組裏，久不久便吵架，久不久便天氣放晴，久不久就笑哈哈，這些角力令香港人嘆為觀止，問題就是，究竟我們香港人在討論香港未來的事項上，香港的聲音有多大？香港人的意願有多少是被尊重？香港人的意願在決策內有多少是變成決策的一部分？從七份的外交文件來看，我認為沒有。

我想集中討論民間團體爭取政制的改革。不論在甚麼國家，不論甚麼民族，民間團體向政府爭取它認為應該，它認為理想的民主步伐，是沒有時空的限制，

亦不可加以限制。在民主的社會，例如英國、美國、西德，一樣有人爭取更多的民主、更多的公平。在獨裁的社會，包括中國，一樣有人爭取政制開放，故此我看不到爭取民主有時間的限制、有空間的限制、有地點的限制。對於中英的角力，我覺得民間的團體或人士是不理解，亦無條件參與。原因是我根本不知道他們在爭論甚麼。第二，我不知道他們背後有甚麼內幕交易；既然不知他們爭論甚麼，又不知他們有甚麼交易，他們之間的角力就是他們的事，既是他們的事，就不要影響香港民間團體對政制改革的爭取。因此，我認為今次的動議或所有的修訂動議，均不應捲入中英爭拗的漩渦裏。我認為今次動議或修訂動議，是應該反映或決定本局同寅對一九九五年政制改革的建議。對我來說，這不是個表態的問題。其實，直到目前為止，還有多少議員未表態呢？總督施政報告公布當日，「啟聯」、「港同盟」、「匯點」、「民協」的同事已紛紛表示意見，已有過半數議員發言。個別的獨立議員亦有發表意見，其實有六七成的議員已經表態，因此我認為今天不是一個「表態會」。

　　以我們「民協」來說，我們在總督施政報告發表前一個月，即九月初，已擬備及發表了一份政制改革建議方案，這份建議與總督提出的 11 項政制改革建議相比，矛盾的有一項，不同的有一項，相同的有九項，所以我們說總督的建議有九成半與我們一樣，我們相信總督的政制改革建議，絕大部分都是民主團體以往所講的建議，所以我覺得這個不是總督的方案，如果要說是總督的方案，不如說這是民主派的方案，這是香港人的方案。所以今次的辯論，我們不是支持總督，我們支持一個香港人的方案，支持一個民主派的方案，支持這個方案與中國進行對話，而這個對話是不應該有限制，不應該有條件的。不過，我需要澄清一點，就總督的方案，我必須強調，其中一點令我們很不滿，就是功能團體的選舉。民協的建議是希望能夠改革為一人一票，或一人兩票；而總督建議舊的 21 席為一人一票，新的九席就一人兩票，做成有人一人一票，有人一人兩票，有人一人三票。這個政制比以前改善了，公開了，但不公平，這是違反總督自己的原則。

　　返回這個辯論的辯題，我看到陸恭蕙議員的辯題，原本是說本局促請英國及香港政府基於一個全面諮詢過程所取決的港人意願與中國政府就本港政制發展事宜，進行建設性的討論。這個動議我是同意的，但到了最後的版本沒有了一句，就是「全面諮詢港人的意願」，我想問問各位，中英自從一九八三年開始談判以

來，港人的意願有多少被重視過呢？中英談判機場的備忘錄又有多少是被談及過呢？是否今次來到我們立法局的辯論，我們也不談香港人的意願，那怎樣全面去諮詢呢？我一向認為，民主不是賜予的，民主是要人民去爭取，人民要自己爭取，我們不要中間人，我不希望總督做我們的中間人，我不希望英國人做的〔的〕我們的代辦，總督的政改建議是我們民間的建議，我們歡迎總督接納，但我不歡迎總督做我們的代辦。我們覺得總督唯一要做的，是提供一條途徑，使我們香港人有機會直接表達自己的意見，表達自己的喜好，而意見直接表達後，就能成為英方與中國政府討論的條件和討論的內容，故此，一個全面諮詢是需要的，而我所謂全面諮詢，是包括以綠皮書方式或者是一個全面科學和有代表性的調查，或者一人一票以顯示意願的活動，而到最後，我覺得可以由立法局透過條文，透過政府或透過全民投票作出最後決定。但剛才我所說的不論是透過立法局、政府或全民投票所作的決定，則是另外一件事，而不是我們所指的全面諮詢方法……

張鑑泉議員致辭：

副主席先生，擺在眼前的是一個亂局，我們是需要客觀分析，然後將整個畫面放在市民面前，這樣才是一個負責任的政府，一個負責任的議會。作為一個負責任的議員，我認為有必要指出我們必須注意的問題，以助港人作出理性的分析和抉擇。

若果大家還記得的話，中英兩國政府就香港前途問題進行會談、中國政府在草擬未來特別行政區基本法，以及中英兩國外長的來往文件中，均是以維持香港繁榮穩定，順利過渡為宗旨。這個宗旨便是香港人在後過渡期，以及九七年以後生活一個重要保障，我們可從香港過往的歷史，以及其他地區的形勢見到，局勢穩定是一個社會發展的主要因素，香港亦不會例外。我深切希望中英兩國在日後的磋商，仍能以此為大前提。

總督彭定康先生上任後數月，在本局發表了他對政制改革的建議，這個建議不單沒有諮詢作為香港未來宗主國的中國，亦沒有諮詢本局。他認為這個方案是他到任後，聽取民意後作出最佳的判斷。究竟如何界定民意取向呢？沒有人可以說得準。例如當總督認為「民意」要求廢除所有區議會委任議席，我們又可看到

大部分代表民意的區議會聲聲反對。結論難道是有些民意對，或是有民意錯；抑或是我們應該有取向性地選擇一些民意，而堅決執行一些一廂情願的政策呢？

若果港府不顧當日英方官員曾經強調的銜接論，不理政制「直通車」的模式可能毀於一旦，而獨自推行這套彭定康政府政制改革方案，我們必須告知所有香港市民，我們將會面對甚麼的後果，這才算是負責任的議員，因為負責任的議員不應、亦不能，只空喊一些虛無縹緲的口號，而對可能會發生的後果置諸不顧，誤導了香港市民的思想，犧牲了香港市民未來應可享有的安定生活。

這套已被中國政府指明是違反中英聯合聲明及基本法的政制改革方案，一旦在港推行，結果將是九七年香港主權移交時，中國政府按照基本法的法則，重組立法會議，到時香港政制出現不銜接，權力架構將作出重大改動，對香港所造成的社會、政治及經濟的影響及震蕩，是否應只是由留在香港的六百萬名市民承擔呢？

在過往個多月來，很多支持總督政改方案的人，對於不銜接的後果避而不談，只是隱晦地說希望中國方面到時顧及銜接不作改動或不敢改動。但擺在眼前的現實是，中國方面已一再表明態度，況且在中英兩國外長交換文件當中，已清晰說明是有協議精神，為甚麼現在硬要香港再回到草擬基本法的年代，為甚麼硬要香港走上一條絕對有可能加深社會分化及加深紛爭的道路呢？中英雙方就香港前途談判是基於求同存異的精神，互諒互讓才能達到成果。過去幾年，有關過渡安排、處理香港實質問題，中英聯絡小組亦是抱著這種精神得到成果。若果這種精神不可以繼續，今日這個政制安排又或其他實質事項的談判，是否會受到嚴重的阻滯呢？究竟是誰忘記了多年來中英合作的精神呢？究竟是誰挑起對抗情緒，令大家忘記了銜接的重要性呢？究竟是誰將全港市民的利益孤注一擲呢？究竟是誰認為需要在後過渡期的幾年內，將香港前途翻案再爭論呢？

我必須提醒總督，香港市民的共識是要安定繁榮，政制能否平穩過渡，關係到整體社會的利益。總督不應受到政客的誤導，不顧現實地單方面盲目加速本地民主發展步伐，為滿足政客們的一己私利，而犧牲全部港人的利益。

第二點我認為值得注意的，是某些政客誤導市民……

……

我們需要清楚界定高度自治並不等同獨立。中國將於一九九七年成為香港宗

主國是不爭的事實，任何制度上的轉變均非港人單方面可決定的。回顧香港過往殖民地歷史，亦沒有案例顯示香港能自行議決重要事項。否則，香港人在要求英國政府給予全港六百萬人居英權時，英國政府又怎會對我們說，這些要求是不切實際呢？此外，大部分的市民都要求消除第一收容港政策，讓香港可以盡快放下越南船民這個沉重包袱，但英國作為主權國受到美國的壓力，終於行使主權國的權力及影響香港政策，令香港市民「有聲」而「不能決」。這些事件實在有發生，我們沒有忘記。作為一個負責任的議員，我們的首要任務是在高度自治的基本原則下，引領市民走向一條有利順利銜接的道路，絕非魯莽地鼓勵港人撇開無法改變的政治現實，去追求一個幻想中的烏托邦。

有些不負責任的政客更往往把香港的經濟成就，作為籌碼，一廂情願地認為中國必需依賴香港經濟輔助，才能推動經濟發展，妄想能給中國政府施以壓力，讓其不設實際的政治理想得以實現。對於他們對中國經濟發展認識的匱乏，我覺得遺憾。十年來，中國在推行經濟改革開放是需要香港扶助。但時至今日，中國的經濟發展已形成一股自有動力。再者，南韓、日本及東南亞投資者深切瞭解中國擁有豐富的資源、龐大的市場、優厚的發展潛力，而蠢蠢欲動，意圖代替香港的角色。

過去幾年，香港經濟的蓬勃發展，無可否認地提高了市民的生活水平，而這個經濟背後的動力，便是中國的改革開放，以及中英關係良好。如果現時中英僵局不能化解，而導致中英雙方不合作，便會產生不穩定情況，因而削弱本地及外國投資者對香港的信心，直接打擊香港經濟活動。

以現時香港經濟及成本結構來說，假若缺少了中國經濟發展所引發的外交效應，恐怕香港的經濟增長未能如總督所預測的 5% 般理想。在這個經濟現實下，香港應該致力推動中港經濟合作，積極支持中國的改革開放路線，而非盲目對抗，死守固有的反共思想，相反地應該耐心地協助中國走向更開放的道路，否則，香港的價值便會眨〔貶〕於香港人的手裏。

我相信一定會有人罵我是危言聳聽，但事實上有歷史告訴大家，這些事情是發生過的。我提醒市民應用前英國殖民地如印度、巴基斯坦作為借鑑。英國在第二次大戰後所推行的非殖民地化政策，把這些前殖民地一夜間變成民主政府，結果打擊當地經濟發展，更往往導致政局不穩。這些情況除了證明民主化是要循序

漸進，以及過急的民主化只會不利地方發展之外，還可警惕大家在步入殖民地管治末期時，在接受任何突然的恩賜前，必先考慮清楚其前因後果，不可一時樂極忘形。

副主席先生，最後，我希望以另一個民意調查結果作總結。據《南華早報》五月份調查顯示，被訪者普遍認為總督就任後，首要任務是處理通脹問題，其次是中港關係。結果反映出港人重視本地經濟、民生問題的程度，遠超政制發展，因為一般市民均明白到經濟才是香港的生存命脈，只有一個穩定的投資環境、明朗的政局，才是經濟持續發展的基礎。

周梁淑怡議員致辭（譯文）：

副主席先生，在本局十月十四日的辯論中，啟聯資源中心召集人李鵬飛議員扼要地表明我們的立場，他說：「啟聯認為香港政制必須趨向民主化，但我們同時亦要求能在一九九七年平穩過渡。要達到這目標，政制方面就一定需要有所銜接，而在施政報告第 128 段內，總督亦提及『大多數市民都希望各項憲制改革能盡量符合基本法，並從而跨越一九九七年』。」

在當日的辯論中，提出動議的麥理覺議員也同意這個觀點。他說：「我們所關注的，只是民主改革的步伐及實現民主改革的制度，俾能將主權與權力順利移交與中國。」

啟聯資源中心在十月二十四日總督自中國返港後當日，再次公開申明我們的立場。我們認為，採用一套在一九九七年後沒有機會繼續實施的改革方案，並不符合本港的利益，亦不符合港人的意願。今日我們堅定維持這個立場，因為如果本港沿著這不明朗的途徑前進，不但憲制發展會受到擾亂或甚至可能突然終止，而且會殃及其他須依賴兩國政府的善意和互相合作才可繼續發展的重要範疇，這包括目前正在中英聯合聯絡小組中討論的問題。換言之，受擾亂的不僅是政治方面，還有社會和經濟方面，而其中所涉及的一些重要事項包括跨越一九九七年的專利權合約、民用航空運輸協定及其他國際性協議；治安以及涉及中港雙方須完全依賴雙方共同努力才能解決的多項日常問題。

香港經濟日報今天發表了最近進行調查的結果，顯示本港市民在銜接問題上

的新觀點。超過 50% 被訪者認為，兩國政府未能達成協議，會破壞本港的穩定和政制發展。換言之，這證實本港市民認識到中英雙方中止溝通對本港所帶來的負面影響，也證實本港市民希望兩國政府恢復對話和妥協，以便尋求辦法，將香港帶回中英聯合聲明和基本法所保證的安全而明確的軌道上。

基於以上各點，啟聯資源中心促請兩國政府拿出誠意和決心，進行有建設性的會談，以解開這個雙方共同製造的結。雙方為爭取支持所做的事，正在分化本港市民，使我們與希望達到的目標距離愈來愈遠。現在需要的是溝通，而不是對抗，我們的目標仍然是銜接，不是衝突。但假設 —— 這是一個很大的假設，並非港人所願見 —— 總督有朝一日決定向本局提出一套顯然在一九九七年後沒有機會繼續採用的政制安排，我們認為他有責任告訴本港市民，與英國政府過去十年謀求銜接的一貫政策相反，他已決定放棄謀求銜接的保證，以致令主權的順利過渡受到危害。我們堅持，這樣重大的抉擇，應透過全民投票決定。

總督向本港發表首份施政報告時，提出在他領導下的政府所依循的五項主要原則，其中一項是對中港之間建立互相信任的重視。最近的發展正嚴重威脅到這個目標。本港市民熱切盼望兩國政府為本港著想，從速採取行動糾正這個情況。

至於自稱為民主人士的麥理覺議員，屢次漠視異己者的意見，更要求他們辭去本局議席，他甚至在今日仍然是這樣。這並非民主人士應有的態度。他主張剷除敵人，排除異議，將中英雙方由意見分歧推向談判破裂的邊緣，使本港市民陷於困境，在未來數年須要承擔有關後果。

我現在要談談啟聯資源中心對總督所提方案中重要環節的意見，這是我們根據最近發表的兩國政府往來書信，以及市民提出的意見而得出的。關於立法局的選舉委員會和該十個立法局議席，我們贊成雙方所建議及同意的五項原則和委員會成員組合比例方面的安排，一如一九九〇年一二月間的往來文件所載。我們認為關於細節的討論，應盡快根據已訂立和同意的準則進行。至於功能組別方面，啟聯資源中心覺得總督就新功能組別所建議的安排，在構思上與一九八四年和一九八八年代議政制在香港的發展白皮書列載的背道而馳。雖然我們贊成這些新功能組別和現有功能組別的選舉應盡可能公開和民主，但我們也認為應遵從上述白皮書所載有關功能組別的定義和範圍。

副主席先生，我同意黃宏發議員所說，我們應該勇敢和憑良心投票。啟聯資

源中心成員知道，主張推行現有方案的人會責罵我們或把我們扣上「親中派」的帽子，原因是我們投票支持銜接。但我們必須為本港的利益著想。因此，我們支持詹培忠議員的修訂動議及反對麥理覺議員的修訂動議，他的修訂過於理想，以至不切實際，而且也顯得不負責任，會加劇和加深雙方的爭執，有礙溝通的進行和達成諒解。

許賢發議員致辭：

副主席先生，自從港府以代議制方式開放本港政制後，香港人在過去十多年從沒有放棄任何一次實踐民主的機會，尤其是在主權移交的過程中，普羅市民渴望得到更多民主和自由。因為比起中英聯合聲明和基本法的一紙保證，這是落實「一國兩制」、「港人治港」的最實際方法。明白這個道理後，加上港人向來表現出的務實精神，本人認為，中國政府不應以陰謀理論來看待港人追求民主的慾望。可惜，中英兩國政府過去沒有尊重港人的意願，導致連綿不絕、歷久不衰的政制發展爭論，叫人感到嗟嘆和遺憾。

眾所周知，社會服務界是最能夠廣泛地接觸普羅市民、最瞭解他們各種需要的專業服務行業。在過去十多年，專業社工尤其是從事社區發展的同工，不單止在孕育居民組織和灌輸公民意識，以監察地方政府和中央政策方面，作出積極的貢獻，他們甚至與市民站在前線，成為爭取民主運動的先鋒。事實上，專業社工對時代的敏銳觸覺並不僅限於政制發展方面，在各方面有關民生和民權的問題上，社工界都能緊扣不停跳動的時代脈膊〔搏〕，率先提出種種針對性的改善建議。這種專業精神早已獲社會人士的認同和信賴。

在民主政制方面，社工的信念就是，只有在一個奉行民主和自由的社會裏，市民的生活權利和社會資源的公平分配，才能夠得到徹底的保障。所以遠自港府推行地方行政，以至先後經歷中英香港前途談判、八七年代議政制的進一步發展、基本法草擬階段、九五年增加立法局直選議席及近期的憲政改革，社工界都是本著關懷社會的良知，呼籲中英兩國尊重民意，早日實落民主政制，以便香港在蛻變的過程中，發揮穩定社會的作用。因為歷史告訴我們，假若開放政制的步伐不能配合經濟發展的速度，便會對社會造成極大的震蕩。

在這個大前提下，本人認為市民近期就總督所提出的憲政改革中，積極發表意見，是順勢而來的，不僅是因為這是良久渴望政制進一步民主化的延續，更相信這是主權移交前最後一次爭取更多民主的機會。所以近期多個民意調查結果不單止顯示多數市民支持總督的建議，更反映多數市民不怕中方取消「直通車」模式和平穩過渡的恐嚇。

作為社工界的一分子，亦是本局的社會服務界代表，本人必須強調，市民熱熾渴望得到更多民主的呼聲早已經十分清晰。總督在施政報告所提出的建議其實並無新意，他只是提出一個具體的討論方案而已。因此，目前剩下來的問題，只是中英兩國政府是否願意基於本港未來穩定發展的切實需要，以及港人的意願，消除彼此間不必要的猜忌、成見和處事程序上出現各方面意識形態的分歧，以務實和理智的態度，磋商妥善的解決方法。中英之間任何利益或意氣之爭，最終的受害者都是香港，這是本人支持本局今日辯論的原因。

副主席先生，本人一向討厭賭博遊戲，所以對於有些人以一場涉及本港平穩過渡和民主發展步伐的賭博遊戲，來形容今次憲政改革的爭論，本人是不敢苟同的。本人並不認為這是中、英、港三方面是否輸得起的問題；相反，本人相信港人樂意見到的平穩過渡與民主發展，並不一定互相牴觸，因為事在人為，更何況爭取民主，是港人追求落實「一國兩制」的神聖任務！本人在此呼籲中英兩國政府除了盡快進行磋商外，更要公開每個談判階段，讓港人清楚知道，我們的意願並沒有被中英雙方利用作為一場所謂「賭博」的注碼，以及誰是阻撓香港民主發展的歷史罪人。

李柱銘議員致辭：

副主席先生，於一九八二年，曾經有一位中國領導人問一些訪京記者：「你們怕甚麼？」這一個問題當時沒有人回答。其實答案人人皆知，就是怕共產黨，怕他們不遵守諾言，講過的話不算數。於一九八四年中，當時的中國總理白紙黑字地告訴中文大學學生會「港人以民主治港」。多年來，經過不斷的爭論，現在所有香港人都已經接受民主對香港是好的，連最保守的政治團體亦以民主掛帥。我不明白今時今日為甚麼仍然有一小撮人耗盡心思要反對彭定康總督較為民主的

政制方案？我想最根本的原因就是因為共產黨從來不想香港有民主，所以希望透過一本基本法來阻撓香港的民主進程。當全世界的人都向著民主、自由、法治邁進時候，中國共產黨卻千方百計，用盡各種威迫利誘的方法來強迫香港人放棄民主的要求。他們不斷恐嚇香港人說：「如果爭取民主，就是搞對抗、破壞九七年銜接，破壞香港的穩定和繁榮。」但我想反問一句，有民主是否就一定沒有銜接呢？絕對不是。民主是香港人共同的意願，只要中國政府願意尊重港人的意願，即使九七年前我們建立民主，這個民主的政制亦絕對可以於九七年後延續下去。

副主席先生，民主和銜接並非互相排斥的。但可惜共產黨講一套做一套，口裏說讓港人民主治港，但骨子裏卻憎恨民主，不惜違反香港人的意願，亦要全力攻擊彭定康先生的施政方案。其實，如果不是衞奕信爵士的政府害怕開罪中國而逆香港民意，民主的進程早已比現在快得多。現在港英政府終於願意順著民意來定出一個較為民主的政改方案，雖然是來遲了一點，但始終好過沒有。自從十月七日政改方案公布以來，廣大的香港市民一直表示支持這個方案，可惜有些人因為經不起共產黨的威迫利誘，接受了他們所謂的「政治現實」，要香港跟九七年後一個絕不民主政制銜接。他們不單放棄了自己的良知，甚至希望其他人也好似他們一樣放棄原則，接受所謂「政治現實」。或者，他們感到如果多些人跟他們一起跪在地上向「北大人」叩頭，他們便不會那麼難看。亦由於這一種心態，當他們見到任何人不肯跟他們接受銜接，他們就攻擊說那些人不講現實，「搞」對抗，破壞香港穩定繁榮。

其實所謂「政制銜接」或者「直通車」的論調，不過是中共用來威嚇港人的武器，是英國政府用來掩飾出賣港人的遮醜布而矣。從較早前公布的七份秘密函件中可以清楚看見，英國政府一直怕得罪中國，一方面口口聲聲公開支持兩局共識方案，但私底下卻同中方秘密討價還價，名為照顧銜接，實質是向中國叩頭，犧牲港人對民主的要求。而中國政府以及投靠它的人，每當港人要求更多民主的時候，就以「直通車」這個講法，向港人施加壓力。

我相信本局很多同事都清楚明白這一點，只是有部分同事實在太熱衷要坐「直通車」，以致故意視而不見，甚至睜大眼說瞎話。我衷心希望大家不要再被「直通車」所迷惑，快些清醒過來，否則我們這個大部分由選舉產生的議會，將會淪落為一個實際上同全面委任無大分別的一言堂。試想如果本局同事整日要看北

京的「面色」做人，每次投票時都要受制於北京政府的旨意，我們的議會同八五年之前「橡皮圖章」的年代有甚麼分別呢？中英聯合聲明所承諾的「港人治港」又從何說起呢？我們要的是一個依從港人意願辦事的立法局，不是一個北京政府的投票機器；我們要的是一輛「民主直通車」，而不是一輛「叩頭直通車」。

有些人怕九七年要落車，由現在起事事聽從中方，千方百計獻媚討好，他們或者以為即使被市民咒罵，也是值得的。但我嚴正告訴他們，無論他們如何努力阿諛奉承，亦未必可以保證能夠一直坐到九九年。因為他們未必能完全滿足中方的要求，他們對中方的利用價值亦未必長久一樣。今天中方可以重用你，但難保他朝不會趕你落車，欽點一個比你更有利用價值的人上車。因此，只要這架「直通車」是有可能趕任何一個人落車，基本上這已經不算是「直通車」了；而每一個乘客亦不能夠「大安旨意」，相信落車的人永遠不會是他。

現在有些人，包括本局部分議員，認為如果真的要落實彭定康先生的政改方案，九七年便沒有銜接，到時的情況就好像世界末日來臨一樣可怕。我要指出，這是一種危言聳聽的虛假言論，真實的情況並不會如此。試想如果到了九七年，北京政府真的要在香港另起爐灶，結果只不過是於九七年七月或八月要舉行另一次的立法局選舉而已，而在九五年選舉產生的所有議員大可再次參加這次立法局選舉。只要他們能夠得到市民支持，他們是可以再次進入新的立法局繼續為港人做事。所以另起爐灶並非天大的事情，天不會因此蹋下來，香港的穩定繁榮亦絕對不會受影響。

倪少傑議員致辭：

副主席先生，自從總督發表施政報告以來，香港便因他的政制改革藍圖而陷入一個極度混亂的局面。中英兩國關係因政改而倒退；社會上不同政見者再因政改而出現分化；立法局被推到台前，為一個並不由它所決定的政改而負上「最終責任」；而一般市民被引導以為追求民主與平穩過渡、順利銜接不可兼得，必須二者擇其一，而同時選擇是否支持總督與中國對抗。在總督對香港未有任何建樹之前，總督已經先動手對現行政制隨意改動，卻要香港人自己負上責任，承擔後果，這是何等的不合理！

在政改問題上，我認為總督罔顧現行制度，起碼在三方面犯了錯誤。首先，他制訂政改方案有迴避行政局之嫌；其次，他企圖改變立法局的憲法權力；第三，他企圖不按聯合聲明有關過渡期中英雙方磋商的安排，逕自提升政改討論的層次。

須知道，過去總督管治之道，在於掌握行政局這個最高權力及決策機構，一切政策和政治決定都先在行政局拍板，然後轉化為法例，尋求立法局通過，因此，過往總督會同行政局享有至高的決策權，但亦負上政治責任。但在新總督治下，起碼在表面上出現了實質性的改變。政改腹稿看來並無諮詢過上一屆行政局；而新一屆行政局看來亦無份參政，因為當方案公布時，新的行政局委任尚未公布。故此可說政改並非出自行政局之手，因而行政局毋須負上責任。反過來，總督將一套高度對抗性的方案化為法案，拋給立法局，是乖離了傳統的決策方式，亦是對立法局極不公平。總督將立法局作為他跟中國交手過招的棋子，迫使每個議員，無論是正中下懷的，還是極不情願的，都走到對立面，為總督的對抗性方案而負責，我認為這是要立法局議員「食死貓」。

在此，我必須提出忠告，利用立法局通過法案的機制，將一些政策性和政治性的決定權下放給立法局，讓一些無緣進入行政局但亟欲分享權力的立法局議員得償所願，利用立法機制將立法局不具決策權的性質改變，是一種要不得的「偷龍轉鳳」技倆。同時，也是一種憲法性的改變，是違背聯合聲明和基本法精神的。在此我要回應一下，我不同意黃宏發議員所講，若依照基本法去銜接，我們將來的政制是「叩頭」或「屈服」，甚至正如李柱銘先生所講，避重就輕，一直談及不民主，就是違反港人意願，所以提出若要銜接，就要向北大人叩頭，而不要民主，就不是符合社會人士的要求。我看，我的回應就是，我想問李先生，150年來，我們的民主有多少？基本法的制訂是根據中英聯合聲明的基本精神，最後基本法有一條，全港立法局的立法會選出，是通過直接選舉產生，我又問一下這需要多少年呢？現在若說要去銜接，就是「叩頭」，就是「屈服」，相信大部分立法局議員和市民是不同意的。我覺得作為一位立法局議員和社會一分子，要講銜接，目的是要政制延續，而兩個政權可以順利移交和平穩過渡，避免社會的震動。這是合乎香港整體利益，亦符合大眾市民的願望，大家都想安居樂業，亦符合聯合聲明的精神，又何來是「屈服」或「叩頭」之由呢？就算講一百次銜接是

沒有問題，或講不銜接是沒有問題。要銜接就要「叩頭」，亦不能改變會引起社會震動，使受到損害。這是事實。

另一方面，由於行政局會議，包括議程，都是保密的，我們無從知道真相如何，只能憑表面現象作分析，而得出行政局未曾經手政改藍圖的結論。但這結論令我感到不安，因為這樣做顯然並不符合《皇室訓令》的規定。《皇室訓令》第十節明文規定，除了有關公職人士的任免和紀律制裁外，總督必須將所有事情諮詢行政局。請注意，是所有事情，除非據《訓令》所示，該等事情在總督的判斷下，是屬於三種特別情況而不需要或不適宜諮詢行政局的。以政改而言，我想問一問，不諮詢行政局是因為三種例外的那一種：一、諮詢會導致英國利益受到實質損害；抑或二、有關事情太不重要而毋須諮詢；抑或三、事情太緊急，不容許總督諮詢而必須立即採取行動？除非有這三個列明在訓令內的原因，我相信所有事情都應該諮詢的。

回說政改方案，九五選舉的具體安排應當按照聯合聲明附件二的規定，由聯合聯絡小組討論。該附件第五節〔第〕一款規定，在過渡期後半段，有必要進行密切的合作，而在此時期中審議的事項，包括為九七年順利過渡所要採取的措施。很明顯，九五選舉即在此範圍之內。該附件第三節又規定，聯絡小組未能取得一致意見的問題，提交兩國政府通過協商解決。假若總督當初按照規定辦事，一早將政改方案交由聯絡小組磋商，而不是貿然將政制問題提升至中央層次，那麼他的北京之行一定大有所獲。

總督剛愎自用，受苦的卻是香港人。總督不承認中英外長已達成的共識，嚴重地危害到過去十多年來中英努力建立的有關香港前途的默契。這默契是基於中英同意按「直通車」模式達至政制銜接、順利過渡，和按循序漸進方式推行民主化過程這兩大原則之上的。這兩項大原則已經廣為社會人士所接受。無論工商界人士或一般公眾，都預期在這些原則下，香港可以維持現行的社會制度和生活方式，同時亦可享受一個比較和諧的中港關係，有利於經濟發展，市民受益。

由於本港經濟增長有賴中國的經濟發展，有跡象顯示，工商界和勞工界出於經濟原因，正在縮減他們在政見上的距離，而勞資關係有希望更趨穩定、和諧，這對於過渡期的香港，是極為難能可貴的。可惜，總督的政改方案，和他一意孤行的態度，卻激發起政團間的矛盾，以及工商界跟一般市民的矛盾，因此是極具

破壞性的。這種只有破壞性而毫無建設性的方案，不是香港人所需要的。假若硬要由英方單方面推行，亦非港人之福。至於有關人士只選擇性地聽取中聽的意見，對反對和不中聽的意見卻採取貶低和蔑視的態度，同樣是非理性和對坦誠討論毫無幫助的。

在香港，眼前的現實是政制按「直通車」銜接的概念已寫進基本法，而中英外長所交換的密函亦顯示兩國就選舉委員會組成已達成共識。功能組別方面，過去兩屆選舉證明，雖然投票方式可以進一步改善，但組成方式和界別的定義卻已廣為社會人士接納。至於三級議會內的委任制度，將逐步取消，亦在社會上得到認同。相反，一次過取消所有委任議席、徹底改變功能組別的定義、毫無原則地開放投票權、不理外交討論結果而另組選舉團、最終導致政制脫軌，而美其名曰「民主」，就正如童話中的魔笛一樣，將帶領香港人向海裏跳。假若香港人聽這支笛，就必定死得人多了！因為大多數港人的意願就是希望政制延續、平穩過渡，市民能夠安居樂業。

作為一個負責任的議員，以及一個打算繼續在香港生活和做生意的人，我希望總督回到現實來，在既定的軌道和方向上樹立政績，在順利過渡和民主發展兩方面提出具創意但不具破壞性的方案，促進香港政制上的安定和經濟上的繁榮，這才會不負眾望，這才是香港人之福。

副主席先生，我會支持主張中英協商、平穩過渡、政制銜接的修訂動議。既然原動議者和麥理覺議員動議採取否定態度，我會反對原動議和麥理覺議員所提的修訂動議。

司徒華議員致辭：

副主席先生，有消息報導，有人施加壓力，遊說某些政治團體，不要支持彭定康方案，否則，其成員不能乘坐「直通車」，無法過渡九七，成為特區的立法會議員。假如這個報導是真的話，那麼，「直通車」便不是「直通車」，而是紅色豬籠車，乘坐在裏面的不是人，而是豬仔 —— 唯唯諾諾的紅色豬仔。堂堂正正的人，不坐這樣的紅色豬籠車，算甚麼一回事呢？紅色豬籠車式的銜接和平穩過渡，通向的不是一個人的世界，這樣的銜接和平穩過渡，不要也罷！

有人說：有人妄想在香港搞甚麼「獨立」、「半獨立」。這頂帽子實在太大了，強加於別人頭上，不但蒙住他的眼睛和口，甚至連手腳也縛住。從中英談判直到目前，民主派最先，而且從未改變過堅定的立場：收回主權，回歸祖國。我們沒有資格戴這一頂帽子，請奉送給當時曾附和主權換治權、延長治權的人吧！我們主張的，不是甚麼「獨立」、「半獨立」，而是獨立思考。我們反對不容許獨立思考，專以大帽子壓人，只准唯命是從的銜接和平穩過渡。

有人強調人大常委會擁有基本法的解釋權。人大常委會的確擁有這樣的權力。但是，解釋權並不是無中生有權、指鹿為馬權。指鹿為馬是一個教訓深刻的歷史故事。秦二世時，太監趙高，指鹿為馬，沒有人敢指出他的謬誤，他測試出所有人都害怕他的權勢，去盲從附和他，於是他便更加為所欲為。現在，正有人假借所謂銜接和平穩過渡去指鹿為馬，來測試港人以便進一步為所欲為，我們必須反對，決不能沉默。

有人強調基本法的精神。有精神，不能沒有肉體、條文就是肉體。他們所說的精神，反映在甚麼條文上呢？他們所說的精神，並沒有條文的根據，不是精神，而是幽靈，也就是「心中有鬼」的鬼，是一件看不見的卻主宰一切的神秘物。這個幽靈，這個鬼，這個神秘物，就是「一個中心兩個基點」中的一個基點，緊緊掌握著政治權力，要掌握絕對的政治權力。一些人心目中的所謂銜接和平穩過渡，就是要落實這樣的一個基點，一個不屬於資本主義社會制度的違反「高度自治」的基點。

我曾說過，有人罵我是漢奸。我要再回答一次：我沒有與染滿中國人民鮮血的戰犯握手言歡，互稱老朋友；我沒有建議把釣魚台無可爭辯屬於中國的主權擱置，去與外國共同開發；我沒卑躬屈膝，一連 12 次邀請拒絕道歉的日皇訪華。我沒有做漢奸的權勢和資格。這次，因為支持彭定康方案，一定會有更多朋友被罵是漢奸。按照這種謾罵的邏輯，孫中山先生也是漢奸。當年，孫中山先生在倫敦蒙難，是因為得到他的老師英人康德黎的救助而脫險的。假如那時已經有某些報紙的「來論」的話，他一定會被罵是與外國勢力勾結，進行顛覆祖國的大漢奸。孫中山先生與我們同行，我們對這些謾罵無所畏懼。吐出這樣的唾液的人，唾液只會落在他們自己的臉上。所謂樸素的階級感情，已隨著文革而被徹底否定。現在，這種近似的所謂樸素的民族感情，實在也是借屍還魂的文革式的東西。

譚耀宗議員致辭：

副主席先生，自從總督在十月七日發表施政報告，提出一系列政制改革的建議後，使美好的香港前途便蒙上一層陰影，事情的發展已愈來愈令人憂慮。在短短的一個多月裏，我們至少可以感覺到以下四個方面：

（一）中英問題惡化倒退

總督在漠視基本法精神的前提下，提出一些不利香港政制跟未來特區政制銜接的建議，破壞了中英就香港過渡期後半階級〔段〕的合作關係，而目前中英就香港政制發展的爭論和矛盾已經提升到一個外交上的層次，成為兩國在國策上的衝突，使問題變得更複雜和更難解決了。

（二）中港間的信任下降

還有四年多香港便要回歸中國了，但總督的政改建議挑起了中港兩地的矛盾，使雙方的互相信任程度下降了。這樣又怎可以有利於香港的順利過渡和以後香港作為中國的一個特別行政區和中央政府維持一個良好的關係呢？

（三）港人意見分歧

現時支持和反對總督政改建議的香港市民都有相當數目，而民意的分歧和矛盾使一些對政制發展的爭論變得情緒化和缺乏理性，一些人認為只有總督的政改建議便是「民主」，對中國則採取一種仇視和對抗的態度；另外亦有人認為要本著民族大義和自尊去反對總督的政改建議。港人意見的嚴重分化將會為未來的社會衝突埋下了炸彈。

（四）基本法的認受性受挫

作為未來特區憲法的基本法，在總督提出政改建議後便受到很大的挑戰。總督違反了基本法的精神，甚至隨己所好去解釋基本法的條文，但又聲稱沒有違反基本法，這樣便已經為不尊重基本法立下了一個極壞的先例，如果不尊重和不接受基本法成為社會一種風氣，我實在不敢想像將來香港如何可以貫徹「法治」精神？如何可以長治久安？

副主席先生，目前的政制爭議已經令到香港市民對前景感到憂慮。從今日一份報章公布的一項民意調查，被訪者當被問及假如中英在政制方面談判不成，估計香港的政治、經濟和社會穩定會怎樣時，接近和超過半數的人士都認為會較目

前差，可見市民亦很明白目前的政制執拗如不能圓滿解決，是會對香港不利的。另外，我們亦可以從多個不同的民意調查結果中發現，民意是正在變化之中。例如在十月二十六日的一項調查中顯示，有七成的受訪者認為如果中方反對總督的政改建議，他們仍然支持這些政改建議；但到了昨日，一個由幾位區議員所發起和策劃的調查，卻顯示出在被問及類似的問題時，仍然支持總督的政改建議者只有四成。可見市民確實愈來愈不願意見到總督的政改建議會破壞中英關係和不利政制銜接。

在目前民意仍在變化不定的時候，作為民意代表，我們實在不應在目前對政制爭議下定結論，帶導和影響民意，否則便有違民主的精神。今天麥理覺議員卻提出修訂動議，要求所有同事表態，我想這是不必要和不應該的。……

何承天議員致辭（譯文）：

副主席先生，在多項對陸恭蕙議員動議提出的修訂（黃宏發議員的修訂除外）之中，都用了一個共通的片語。這句「公開、公平相〔和〕為港人所接受」的措辭，誠然是總督的精句，用以形容他或任何人的政制方案必須接受的三項考驗。

我完全贊同那三項考驗，而我亦促請政府提供合適的環境，使這三項考驗得以公平地進行評估。在要求港人決定是否接受某個特定方案之前，須以最公開而公平的方式告訴他們方案的內容、可能的影響，以及支持或反對該方案的後果。在斷定某個方案的接受程度時，公開和公平是絕對重要的。

很可惜，近期事態的發展使我察覺到一個嚴重問題。我觀察到政府在推廣彭定康方案時，並未以公開及公平的形式進行。更嚴重的，是我觀察到政府開始不能容忍反對的聲音。容忍反對聲音畢竟是真正民主的特點，而民主正是政府似乎打算提倡的。我衷心希望我的觀察能證明是無根據的。

近期有許多例子令人懷疑政府的公開和公平程度。我不知道彭定康先生在工商專業聯會公布其立場書之前有否先行過目，但在該立場書發表前兩天，總督給形容為對該會的立場作先發制人的攻擊，警告他們別與本港市民脫節。工商專業聯會的成員當然也是本港市民的一分子，我不明白為何這群人士的意見，不能像任何其他界別的意見獲得等量考慮。布政司霍德爵士更被引述謂「工商界任何負

責任的成員必須顧及港人的意見，不應為自身的狹隘利益所牽引」。總督與布政
司為何認為商人並非是港人一分子，並且籠統地判斷他們是為自身的狹隘利益所
牽引？為何工商界的利益不是社會的利益？本港政府出了甚麼問題，以致不能考
慮反對的意見？這些著實是錯縱〔綜〕複雜的問題。

在總督施政報告辯論時，布政司在其演辭內質疑本局某些議員提出「必須
這樣釐訂選舉委員會的成員結構，或者不客氣地說，這樣操縱成員結構，才能確
保預先揀選的候選人能獲這樣的一個委員會橡皮圖章式的循例通過」。這是何等
令人驚訝的指摘。倘若屬實，他有責任向本局公開那些曾作出這項提議的議員名
字。任何人若將不正當的動機加諸那些坦率批評彭定康方案的本局議員或社會人
士，實令人感到無比遺憾。

總督在其施政報告內論及政制發展時說，「停滯不前」不是一項可行的選擇，
我再同意不過。但無人提議要停滯不前。基本法並無規定停滯不前：它就進一步
發展民主作出了規定，雖然我們某些人想要民主的步伐快過基本法所規定的，但
問題在於如何達至較快速的步伐，以便政制發展得以在較長期內持續下去。

由此而引出「直通車」的問題：本港大部分市民都渴望由現在平穩過渡到
一九九七年以後。這是中英聯合聲明及基本法賴以作基礎的其中一項基本原則。

在本局辯論施政報告時，李柱銘議員曾表示我們不是逢車必上。他質疑假如
一九九七年前後銜接的是對香港不利的制度，我們所坐的便是直通地獄的快車。
他續謂在該種情況下，我們便不應贊成銜接，不應繼續坐上那列「直通車」。這
是合理的忠告，雖然基本法所規定的民主發展步伐，未必如他和我們許多人所想
的那麼快，但講求道理的人，斷不會辯稱它會帶我們往地獄去。

一九九〇年三月一日本局辯論基本法時，布政司曾表示：「基本法提供了一個
架構，使香港得以繼續成功發展。」英國外相韓達德先生於一九九〇年二月十六
日向下議院發表聲明提及基本法時，說「有關安排是為香港的明智決定」。

這兩位男士均不相信基本法會一如李柱銘議員所說般引領我們往地獄去。銜
接不是一列往地獄的「直通車」。港人理應獲得更正確的引導：他們應該確切瞭
解當前的建議，以便可以公平地決定能否接受。

在該七封著名的外交往來函件內，英國政府一再申明香港所需的，是確保立
法機關的整體延續性，而英國政府亦希望在顧及聯合聲明的規定下，竭盡所能去

確保於一九九七年平穩過渡。

鑑於上述各點，我的立場至為清晰。我贊成一九九五年的選舉安排應公開、公平而民主，以基本法的內容及精神作基礎。我亦贊成應透過中英兩個政府達成的協議來加速民主的步伐，以確保民主發展得以持續，從而平穩過渡至一九九七年以後。

夏佳理議員致辭（譯文）：

副主席先生，我要讚許陸恭蕙議員坦率的陳辭，但可惜這種坦率並沒有反映在她的動議內。如果約十年前她在本局作出有關言論的要旨，看來更合時宜。不過，我想她可能會表示遲說總比不說好。

我不知道陸議員是否主張我們應該視基本法形同虛設，而以這種態度去處理我們自己的事務。假設我們贊成這種做法，香港的前途將會變成怎樣？我們豈不是將中英聯聲明置若罔聞？因為中方誠然在中英聯合聲明內提出對香港的基本方針政策，而且在聯合聲明中作出進一步的聲明，就是該等原則及政策應在基本法內具體說明，並由中方通過。剛才所說的一點已在中英聯合聲明內清楚說明，而且當這份聲明正式簽署及獲得英國國會通過時，英方實在已接納了這點。

陸恭蕙議員又指出，「銜接」這概念是在一九八五至八六年間神不知、鬼不覺地混進來，為立法局議員許下有關「直通車」的承諾。然而，我們大部分人已認同「直通車」協議，其中包括港同盟的領袖李柱銘議員在內。

副主席先生，崇高的理想無論怎樣令人欽佩，但恐怕也會將香港人從單程路引進一條死胡同。我的家族以此為家已歷五代。我們都是香港人。我心繫香港，否則我倒很懷疑今天會否坐在這裏。我們可以持不同的意見，但並非像麥理覺議員一樣，我認為他呼籲那些反對總督建議的委任議員辭職，根本是過分的做法。沒有任何委任議員在獲委任前已被要求支持每一項政府政策或措施。麥理覺議員實際上也知道他與所屬的選舉組別的選民曾各持不同的意見。然而，我們曾否建議他引退呢？如果我不是這麼熟悉麥理覺議員的話，可能會以為他是受人唆使才說出這樣的話。

副主席先生，麥理覺議員在修訂動議內提出的，實質上比總督的建議甚至更

進一步。總督強調他提出的只是建議。但是，如果我們採納麥理覺議員今天下午提出的修訂動議，我們實際上不是反而令政府受到掣肘？我們是否希望這樣？但我斗膽說一句，這並非香港所願見。

副主席先生，對於一些商界領袖公開坦率批評總督的建議，麥理覺議員也加以猛烈抨擊。但保持緘默對這些人士來說不是更輕而易舉嗎？我們都知道從商的人一般都不愛談政治，因為他們認為政治是政治家的事。對我來說，我尊重每個人的言論和發表意見的自由權利，並且譴責任何對批評者揚眉怒目，令他們噤若寒蟬的人。我不會批評這班商界人士，反而我認為應該讚許他們的坦率及勇氣。

副主席先生，本來我還有很多話要說，但現在不說了，因為我希望能活出英國政治家艾達禮（Clement Attlee）所創的一句名言，他曾這樣說：「民主指透過與人民磋商進行管治，但卻端視我們能否把人民的口堵住，民主才能有效實行。」

鮑磊議員致辭（譯文）：

行政立法兩局分家現時已告完成，雖然有些同事覺得這樣做等於「叩頭」，而忽略了贊成這項安排的論據，已獲市民普遍接納的事實。關於投票年齡和投票制度，以及修改區議會與兩個市政局的建議，看來並無爭議。因此，唯一受爭議的項目是選舉委員會和新功能組別的安排。

上述兩項在現階段僅屬建議，故此我認為值得本局給予支持。有關方面顯然需要在未來數月進行詳細討論，我希望屆時可取得一致意見。全盤否決總督的整套方案是不能接受的，所以我促請兩國政府開始認真考慮具體問題。與此同時，持有保留意見的人應當提出詳盡而具體的反建議，而發言反對建議卻又未能提出其他建議的人，必須承擔分化社會的責任。社會上仍有人繼續爭論，香港並未作好進行民主的準備，這是與時代脫節、陳腔濫調的廢話。我個人完全贊同總督的見解，認為香港市民是練達和成熟的。縱然如此，我也認識到那些擔憂在一九九七年不能達到順利銜接的人，他們是出於一片誠意的。幸而總督提出的三項原則，即是有關安排必須公開、公平並為港人所接受，已獲得中國高級官員的明確支持。

我亦要提醒各位議員，香港的國際關係，特別是與美國的民主黨，我重申

是民主黨新政府的關係，實在極為重要。我們在一九九三年討論最惠國待遇問題時，美國對本港的支持將成為關鍵因素，我們各人都明瞭它在這方面的影響程度。

民意與全民投票

市民對這些重要問題的意見，絕對不易評估，雖然套用麥理覺議員的話，總督的建議顯然已獲市民廣泛支持。縱然如此，市民也切實盼望保持穩定繁榮，伴隨主權在一九九七年順利過渡。事實上，政府進行的調查顯示，市民認為與中國維持良好關係和保持經濟強勁，比推行較大程度的民主更重要。但是，總督並非說民主是本港未來的唯一支柱，民主只是其中一個環節，雖然是重要的環節。

正如馮檢基議員的修訂動議暗示，有人要求進行全民投票。我反對全民投票，這會將香港攔腰分裂，並會為人利用，從而影響本港的穩定。

……

就本港來說，全民投票將與總督致力維持的強而有力行政主導政府背道而馳，而且會削弱總督和本局的地位。本局議員不能以這種方式來逃避責任，與中國的討論一經進行，我們便須自行作出決定。

結論 —— 未來路向

許多人強調有需要銜接，我們當然全都希望做到這一點，但說銜接和民主是不能協調的對立面，則是謬誤的。銜接亦非單方面的過程，銜接的要義是雙方隨著時間逐漸朝著中心點前進。不過，我們不能不顧代價地謀求銜接。舉例來說，假如在一九九五年獲選連任的本局現任議員，到了一九九七年時就要被推下「直通車」，就委實不妙。無論如何，我們之中在這方面出現危機的議員，應當為此自我反省。我相信他們可自行覓得解決辦法，就是毅然放下某些包袱，包括那些在一九八九年間基於可理解的原因而拾起的包袱。

總括來說，副主席先生，我相信現在是要冷靜、沉著和周詳地進行反省的時候。我接納總督冀望早日而非遲些解決政治問題的理由，但我們也要明白，這些問題解決需時，我們必須忍耐。因此，我希望有關方面可盡快重新展開對話。在總督進行這項工作時，我們理應給予支持。

黃秉槐議員致辭（譯文）：

副主席先生，正當我們只顧爭拗時，我們可能有忽略民主之虞。

民主是指由人民管治；這需要人民行使其管治權利。在香港，市民沒有這樣做。在符合資格的選民中，只有 20% 行使他們享有的管治權利。

讓我把重點放在這一點上。只有 50% 有資格投票的人士登記為選民；而已登記的選民，去年只有 39% 在地區性選舉組別中投票。這個比率佔合資格選民不足 20%。將這個數字與美國合資格選民有 55% 投票的比率相比，大家可看見我們的發展是如何落後於奉行民主的國家——這並非由於我們沒有切合時宜的適當方案，而是市民不管我們提出甚麼，他們也不投票。

那麼，80% 以上的選民不投票，他們試圖向我們表明甚麼，這是否表示他們不要民主？我希望不是。我要民主。我相信大部分出席今次會議的人士都要民主。我真的不願意想像我們正在與由 80% 選民所匯聚的洪流對抗。但事實上，我們不能肯定這 80% 的選民究竟要不要民主。投票的 20% 選民根本不可視為具有可信性的樣本。

今天的動議雖然有四項修訂，但在某一方面來說全是一致的。每個版本均要求考慮港人的意見。但市民連票也不投，也不會行使享有的管治權利，我們又如何能取得這類意見？

另一項大家可能忽略的民主問題，就是我們有權討論。總督已提出了一些他強調是建議的方案，一些可供討論的建議。由此推斷，這是一些可作修訂的建議。為何還不討論這些建議？為何今次會這樣鬧意氣、這麼多敵意、這麼多爭論，真使我大惑不解。

以往的做法一向是先發表綠皮書，以供市民討論。據我所知，就一九八四年的代議政制發展綠皮書以及隨後的有關文件而言，當局曾審閱及考慮約七萬份意見書。那才是成熟的民主處理方式。難道我們不能再採用這種方法？

我認為我們有偷步之虞。就連討論還未展開前，我們便已在本局通過動議支持方案的部分建議。現時在尚未有其他方案提出前，我們又在嘗試進一步影響它。我猜想我們當中許多人其實原則上支持總督的方案，但對某些細節卻有疑慮。故此，這仍然不是一個我們可以進行表決的方案。我認為我們不應在透過適

當的程序完成蒐集意見和進行討論的工作之前，在本局談論所有涉及政制發展的
事項。

這樣可以讓我們有機會在考慮到有關情況下，處理各主要事項，尤其是我們
可以處理為何選民一直以來阻止把民主大規模地引進香港這個問題。我們如何能
夠令他們投票，以便有足夠的數目使任何政制方案可望推行？

副主席先生，只要能找出一些方法來測試港人的接受程度，那麼我是可以支
持原動議的。這才是一種合理而實際的討論方式。但在尚未有充分討論之前，我
現時不會支持任何足以使我們立場變得僵硬的修訂動議。

林貝聿嘉議員致辭：

本人今日想集中談談有關一次過取消所有區議會和兩個市政局委任議席的問
題。我們是香港人，香港人都是熱愛民主的，不是某一些人掛了民主牌，說自己
是民主，而其他人不是，這是不該的。我們亦同意要加快民主步伐，但是我們不
想因為加快，或者過快而引致仆倒。我們認為民主也並不是單靠直選才有，直選
的議員是代表民意，但是不要忘記，直選的議員亦只能代表投他一票的市民（本
人是一位直選的議員，我想澄清一下，是一位直選的區議員），還有很多市民是
投競選中落敗的人士的，他們也需要有代表反映他們的意見，一些委任議員很多
時候便能夠做到這一點。

區議會是一個政府諮詢市民的架構。政府是希望聽到社會各方面的民意的，
如果一下子全部取消了委任議席，那麼有些民意便可能被扼殺了。我們認為聽取
民意，渠道愈多愈好，委任議員其實亦是反映市民心聲的渠道之一，所以我們認
為循序漸進比一次過取消所有委任議席更好。

目前市政局委任議席只佔全部議席的四分之一，而區議會的委任議席只佔
全部議席的三分之一。由此可以看到委任議員在議會中只是屬少數，並不能影響
議會的決議。但是這些委任議員在議會的其他貢獻，普遍良多。其實有關保留委
任議員的其他理由，本人在今年六月三日的辯論中，亦已提及，現在不想再贅述
了。不過，我想談談最近的發展情況，最近市政局例會亦曾就這個問題提出討
論，結果是絕大多數的議員支持保留委任議席。至於 19 個區議會方面，目前已經

有超過半數的區議會曾經在區議會大會中討論這個問題，結果主流的意見是：這些區議會多數贊成保留委任制。本人亦是受了灣仔區議員之托，要求我代表他們在這裏說出他們的心聲，所以，如實行民主，政府亦需要聽取這些聲音。在這裏我想談一談，就說：並非只是委任的議員贊成保留委任議席，其實很多民選的議員都是贊成保留委任議席，本人就是其中的一個。我是一個民選的區議員，我亦是由區議員選出來成為區議會主席的。區議會的意見已經由 19 個區議會主席向總督、布政司和政務司反映了。希望政府能夠從善如流，考慮一下區議會那麼多區議員的意見，為平穩過渡和繁榮安定，採取一貫循序漸進的發展模式。

最後本人希望中英雙方能夠摒棄成見，盡快恢復商討和對話，要訂出一套雙方都能夠接受的政制方式。市民不希望再看見吵吵鬧鬧，增加香港人的憂慮，做成社會的分化。我們希望順利過渡，我們希望香港經濟繼續蓬勃，香港人對前途的信心維持不變，我們是希望永遠留在香港的。

劉健儀議員致辭：

副主席先生，自從一九八四年中英簽署聯合聲明以來，中英雙方均極力鼓吹政制銜接以及平穩過渡的重要性，認為這是確保香港安定繁榮的關鍵，而根據聯合聲明附件二，雙方是同意「繼續以友好的精神進行討論，並促進兩國政府在香港問題上已有的合作關係，以求聯合聲明得以有效執行」。這種合作的精神，這種以順利過渡和制度銜接為重的取向，向來都是英國政府對香港所採取的政策的基調。從過去英國及香港官員所講的說話，以至目前政府公開的七份外交文件，我們可以清楚看到英國政府過往一直堅持過渡和銜接這兩個大原則。

一九九〇年一月十六日英外相韓達德訪港期間，對香港人說「達至一個可以銜接及延續的制度是頭獎」。其後，在二月十六日，他在英國下議院發表聲明時，表示英國政府希望「在九七年前，在香港建立一個包含了實質的民主成分的政府，而這個政府，可以過渡九七，並得以延續發展下去」。韓達德先生亦指出，為了達到上述的目標，在九一年開始的政制改革「必須按照基本法所定下的安排來進行」。至於九五年的選舉，他亦認為引進了基本法所構思的選舉安排，則「九五年獲選的議員便可跨越九七界限，做到九九年」。基於這番見解，韓達

德先生再三勸諭當時的兩局議員，以平穩過渡和延續為重，不要再堅持兩局共識，他強調一個肯定可以延續到九七後的制度，是較一個在九七年會觸礁的制度為好。

之後，香港官員亦多次指出，九七年若沒有銜接是不利香港的，是香港人不願看到的。英國首相馬卓安在一九九一年九月訪港時亦說過：「我們應該要做的，是確保我們朝著民主方向的道路前進，而所做的事可以延續下去，並且跨越九七」。

其實在近期公開的七份外交文件之中，亦可以看到英國如何重視九七年前後香港制度的銜接。在第一份文件中，英外相說中英雙方要「通力合作，共同建立一個能確保銜接和順利過渡的政治體制」。在第三份文件中，他說要為九五年的選舉作出安排，「從而保證延續性」，又說英國政府的願望是「設法依照聯合聲明，以確保九七年順利過渡」。第五份文件更具體說明：「英方提出，確保一九九七年順利移交的辦法，是規定一九九五年當選的所有議員，全部繼續工作至一九九九年。」以上的引述，是要證明英國政府在過去八九年以來，對香港的一貫政策是以銜接和順利過渡為大前提。在總督的施政報告中，我們仍然可以看到這種取向，儘管在字眼上，施政報告並沒有明確地使用順利過渡或延續性等這些措辭，但施政報告仍然強調要符合聯合聲明和基本法，例如：第 128 段說「大多數市民都希望各項憲制改革，能盡量符合基本法，並從而跨越一九九七，我（總督）尊重這些人的意見」。在第 147 段，總督重申要「擴大民主，同時要在基本法範圍內進行，這些安排會為我們提供一列民主「直通車」，在基本法鋪成的軌道上前進」。雖然施政報告沒有具體說明如何達至這些目標，但我認為施政報告所說的，其實是從另一角度表達英國政府對香港平穩過渡和制度延續的建議。

然而，英國政府這種一貫的取向，最近似乎來了一個 180 度的轉變。隨著近期中英雙方罵戰的展開，無論英國政府或者香港政府，再也不提平穩過渡和制度的延續性，現時只是說總督的政制改革建議，如何得到市民的支持、如何需要盡快推行這些政制的改革。韓達德先生在九〇年基本法頒布後，曾經提醒香港，他說：「任何人提議無論我們現在做甚麼，中國在九七年都會被迫接受的，都是和現實脫節。」但總督在本年十月二十四日，答覆本局議員的質詢時，他說：「行之有效的事情便能夠延續發展。」究竟是韓達德先生的分析錯誤，還是總督與現

實脫節？總督亦說明年初會將有關的法例提交本局審閱，不理這些制度能否延續到九七之後。

把過去的前後作對比，把近期的事態細心去觀察，我們難免心中懷疑，英國對香港的政策是否已經改變了？是否現時只顧政策發展符合民主訴求，而不再考慮過去高度重視平穩過渡和制度的延續性呢？若英國政府真正改變了對香港的政策，我覺得總督應代表英國政府向香港市民解釋為何在香港只有四年多就要回歸中國的時候，作出這樣重大的政策改變；為何英國政府過去認為銜接與延續性對香港如此重要，現在又認為可以不理；為何英國政府認為即使沒有銜接，沒有制度的延續性，香港仍然可以平穩過渡九七？在此，我想重申啟聯的立場，推行民主的改革是香港市民的意願，我們是必需要做的，但推行時，我們要確保政制可以延續，亦要顧及平穩過渡。這樣，香港才能夠取得美好的將來。

杜葉錫恩議員致辭（譯文）：

副主席先生，總督在十月七日發表施政報告時，我知道他的政制改革只是一些建議。但現在看來很明顯，總督打算把這些建議作為確實的決定。假如總督在作出決定之前曾徵詢意見，我不知道他諮詢過何人。他肯定沒有充分諮詢本局，卻使行政立法兩局議員辦事處在一夜之間消失，以致我們現在須設法設立新辦事處作為代替。同樣地，許多區議員和兩個市政局的議員亦發覺，他們獲政府委任，多年來為社會提供有用的服務，現卻被人當作廢物，棄置一旁。

總督的得力助手現正向不滿的人進行他們所謂的諮詢工作，但這些諮詢工作看來只是單方面就已實施的措施提供解釋，總督彭定康先生已向愚笨得不懂附和他的人挑戰，呼籲他們提出其他建議，但他的呼籲卻隱含一項恐嚇，就是任何人如接受挑戰，就可能會被市民指摘。接受挑戰的人實際上處於必敗的境地。如果我們不發表意見，即表示我們一致贊同總督的計劃，事情也就此了結。如果我們真的發表意見，又會被指為在市民面前自暴其醜。

建議的政制改革應該是提倡自由與民主的，但是，我們有些議員覺得沒有直抒己見的自由，反而受到某種精神威脅。很奇怪，這種支持民主的壓力，現正由一貫反對民主的人施加在一貫奉行民主的人身上，這些反對民主的人以往所持

的理由是鑑於本港的政治形勢，推行民主會危害本港的穩定與繁榮。我們還有比現在更不利本港穩定繁榮的形勢嗎？現在是分化社會和將我們分作不同派別的時候嗎？

在這個情況下，黃宏發議員的修訂動議為我們提供了喘息的機會。他的修訂沒有否決總督彭定康先生的計劃，反而是呼籲交戰雙方展開理智和冷靜的討論。我感激黃議員給我們時間，並使我們不用被人威脅須全盤接納總督的計劃。

副主席先生，我想向各同事建議，我們應接受總督彭定康先生的挑戰，早日選定日期，讓本局每位議員有另一次機會就個別建議表達意見，而毋須在今日對整套方案作出以大多數議員意見為依歸的決定，讓我們嘗試找出甚麼是既為人接受，又可保障本港穩定的方案。由於我不相信我們的意見目前獲得適當關注，同時我們正受到頗大的恐嚇，因此我認為應就上述安排訂立協議，使我們不但可以發言，而且所說的話得到有關方面留心傾聽。

副主席先生，有人含沙射影，指我沒有顧及民主和憑良心發表意見，對此我表示反對。我不會向任何人屈服，但我確有聽取社會各階層人士的意見。我不斷聽到他們說希望推行民主，但不是以平穩過渡作為代價。

鄭慕智議員致辭（譯文）：

副主席先生，不足一年之前，英國對本港政制發展的政策，與現在的是截然不同。不論好壞，英國決定在與中國大陸進行有關本港前途的雙邊談判裏作出如此重大的轉變，其後果在英國對本港主權終結之後還會長期影響本港。英國外相韓達德在不太久之前，即一九九〇年一月十六日表示：

「首要目標是要達至一個銜接而具延續性的制度，以便那些有志在立法局選舉中競逐的人士知道，這不單為一九九一年，也不只為一九九五年，而是會逐步持續向前邁向民主。」

外相當時積極倡議本港的最佳利益繫於中、英兩國以談判為基礎而達至的銜接。這兩個大國為何突然間認為這種做法是不合邏輯和不適當，則從未予以充分解釋，但處於因某一方提出單方面行動而出現顯然冰冷沉默的敵視氣氛之下，現在或許已是適當時候去重新檢討以談判達至銜接的做法是否明智。

我認為最近的做法似乎顯示出中、英雙方在互相瞭解上有何等重大的分歧，以致須由香港提供辦法，以期打破僵局。總督的施政報告，毋庸置疑是與剛透露的秘密函件內容背道而馳。現時撇開雙方以往對話的秘密性質不談，也不理前後兩種做法那種是更為誠懇真切，厥為重要的，是必須考慮對這轉變的各種看法。英方可能會說從未達成任何正式或具法律約束力的協議；但中方的理解卻可從中國名言「一諾千金」或廣東話「牙齒當金使」中看到一點端倪（即是指當有人說了一些話是要對方遵守時，他們便不應背信棄諾）。現時的政策之所以和以前不同，或者可以辯稱因為現時是以本港的真正利益為依歸。但鑑於近期遵循不同軌跡的歷史，也須考慮到中國對它認為違背信諾、貫徹始終及誠信談判等事的反應。畢竟我們是否真的希望中國在基本法的問題上，只遵守談判的內容而罔顧談判的精神？我們必須使這誤會冰釋，以確保多年來透過影響過渡的談判和協議所確認的生活方式和安定得以保存。無論香港市民審議改革問題的結果為何，政府當局和我們均有責任讓港人獲知「所有」資料和全部事實，使他們明白潛在的危險和可能的利益。對於理想主義者認為「不切實際」的改革，經常試圖以保衛性的措辭去隱瞞某些現實，例如理想主義者鮮會談論的經濟現實，最近卻促使工商專業聯會各成員集合起來，強調其他人士的呼籲，促請當局應更詳盡考慮經濟現實。

我們必須有延續性和平穩地過渡至一九九七年，以確保對經濟增長極其重要〔要〕的光明前途。此外，我們必須認清現實，就是本港的經濟力量促使我處於有利地位。假如我們削弱本港賴以產生影響力的經濟力量，以換取微薄而極可能只是短暫的政制改革，一旦喪失信心和缺乏安定，過渡期將會困難重重，損害嚴重。可惜，本港某些政治領袖關心其政治地位的面子多於長遠的考慮。他們寧願將討論範圍縮小，進行偏狹的政治活動以推動其政見。夾在兩個大國中間的香港市民，被迫按兩國的利益靠邊，我認為誠屬不智。亂扣「親中」及「反中」的帽子，是那些策動過分簡單化做法的人的特色，這些帽子始終不及切題的對話有益和有用。本港有些政界人士爭相大吹大擂，企圖推銷可能的得益，罔顧中國的反應，忽略港人是憑當前一切現實去思量此等問題的嚴重性的權利。

且讓我直截了當地說：要求讓港人有機會就圍繞這些具爭議性建議的問題作最廣泛和最審慎的考慮，絕非「騎牆看風」。這些問題影響他們的生活，但在某

種形式上絕不會影響現時掌權者的生活，而有關的辯論不應只局限於在老練的政界人士和報界的精英中進行。現時爭論的問題不僅限於總督彭定康的「謙厚」建議及機場的財務安排，涉及的問題已因為中國所表達的關注和具體的反應而升級，假如托辭北京只是在作勢嚇唬而在這關係上貿然前進，無疑是不負責任的做法。罔顧基本法神聖不可侵犯的地位及其對港人自主和各項權利所作的讓步及保證，只為短期目標而冒險侵擾，其後果著實過於重大而難以擔當。

張文光議員致辭：

副主席先生，在總督施政報告發表後，中方對民主政制的批評、攻擊和恐嚇，鋪天蓋地而來，已經到了非理性的地步。一個最核心的問題是：為甚麼中國政府，對自己的同胞，對即將回歸的香港人民，用民主的方式去管理自己的社會，竟然會這麼抗拒，這麼恐懼呢？

解釋只可能有三個，一是中國恐懼香港獨立，分離於母體之外。二是恐懼香港的民主政制，會產生一個親英政權，延續英國人的統治。三是恐懼香港代表著民眾力量的民主派坐大，動搖中國對香港的絕對統治，絕對控制權。一句話，就是中國希望在九七之後延續殖民主義的統治方式，並且不受挑戰。

這顯然與香港民眾的希望有著矛盾和分歧，而民主派就是代表著這樣的希望去為民眾爭取民主，去挑戰中國不合理的統治方式。當我們這樣做的時候，並沒有打算將香港推向獨立，亦不是要在九七年後建立一個親英的政權。如果我們沒有忘記民主派的成長歷史，就一定會明白，民主派的前身，七十年代的學生運動，就是以反對英國殖民地統治，支持回歸和統一中國為目標的。副主席先生，今天，我自己已是年近中年，但年青時的夢想和追求卻仍然存留，仍然在我的心頭和血管裏跳躍。可以這樣說，在我們一生所從事的事業中，愛國顯然佔據著一個極重要的位置，如果因為今天我們支持了一個彭定康的民主方案，就硬說我們親英、賣國，搞香港獨立，完全是污衊、是侮辱，是罔顧歷史和事實的非理性的做法。對這種做法，民主派是絕不妥協，絕不屈服的。

副主席先生，因為我們愛國，所以我們要求民主。中國建國四十多年來，正因為沒有民主，在毛澤東時代，產生了大躍進、文化大革命的大悲劇，使千千萬

萬人含冤而死，壯志難酬。正因為沒有民主，在強調改革開放的鄧小平時代，貪污腐敗橫行，而爆發了「六四」民運，至今仍然有人被監禁在獄中。這一幕一幕沉痛而悲慘的歷史，使我們確信，經濟改革必須和政治民主同步進行，中國才有希望。中國有希望，香港才有遠大的前途。

副主席先生，我們生長的地方，是香港，不是中國大陸。爭取民主，就必須由自己的地方做起。我們深信，香港這樣一個國際性的資本主義社會，必須要藉著一個公平的、開放的民主制度，去平衡和維護國際財團之間、工商界和市民之間，和不同階層市民之間的政治和經濟利益。只有這樣，才能建立一個良好的秩序，讓集團和個人，透過智慧和努力，而不是透過貪污和特權，去實現自己的理想，創造香港的未來。

當然，將殖民地的絕對權力轉化成現代化的民主政制，在過渡期中必然有著混亂和爭吵。尤其要面對著種種既得利益者的抗拒和反對。他們最期望的，是只換老闆，不換特權。所謂平穩過渡，是一種企圖繼續壓制市民要求民主的過渡，也是一種企圖繼續維護一小撮人士特權的過渡。副主席先生，我想請他們冷靜想一想，今天的香港市民，他們的教育水平，社會意識和國際視野，會心甘情願地讓你們的政治特權平穩過渡嗎？會心甘情願讓香港人的未來和命運像貨物一樣任人擺布嗎？

香港人的答案已經非常清楚的了，特權政治必須結束，民主制度必須在九七年前確立，而民主派要在這個歷史關頭，拿出政治的道德和勇氣，不怕恐嚇，不怕污衊，不怕九七年落車，堂堂正正，光明磊落地與全港市民站在一起，爭取一個民主的政制，爭取一個人人平等的政治權利，並且跨越九七，將民主連同香港，一起回歸至中國。

馮智活議員致辭：

副主席先生，當中國及英國在一九八四年九月二十六日簽署中英聯合聲明時，獲得全港各階層人士歡欣地支持，而中英兩國政府在聯合聲明中承諾未來香港特別行政區的立法機關是由選舉產生的，當時絕大部分人當然以為這是世界各地所普遍採用的公平而簡單的直接選舉。如果當時香港人知道九七年後立法機關

的選舉方法原來不是全部直選，有部分是不公平的功能團體及大選舉團的方式，相信對中英聯合聲明會有很尖銳的批評。不知是有意還是無意，我想多數是故意，聯合聲明無說明是甚麼選舉。既然無講明，便有機會給別有用心的人按自己心意構思出古怪的而又不公平的選舉方式。

副主席先生，當我們講選舉時，我們都知道公平是最重要的。選舉的結果應該是代表多數人的意願的，故此選舉的方式必須公平。例如我們在本局中選舉七個人成立一個專案小組，選舉方法如果是公平的話，最簡單的方法是每位議員投一票。如果有一些議員說因為他有特殊貢獻，他可以多投一票，相信這個建議是沒有人會接納的。如果有人提議專案小組七名成員中其中三位由立法局的直選議員選出，其餘四位由全體（包括直選）議員選出，這提議必被否決，因為這是不公平的選舉，有些人可以投兩票。

當基本法頒布時，受到與中英聯合聲明很不相同的遭遇，當時受到很多抨擊，特別是政制的部分，主要原因是基本法所定出的選舉方式是不公平的。由不公平選舉方法產生的立法機關會受到市民質疑它的代表性及合法性，這是一大隱憂。不公平選舉會在社會上製造特權階級，有些人可以投兩票，甚至可能三票，如果他同時是功能團體及大選舉團的成員。這是第二個隱憂。由不公平選舉所產生的立法機關必然不會公平地照顧社會各階層的利益，會制訂不公平的政策及法律，這是第三個隱憂。由此可見，不公平的選舉所產生的禍害極大。功能團體及大選舉團是不公平的選舉方式，應盡快取消。當我遇到外國的朋友時，當我向他們講及本港的功能團體及大選舉團時，他們都表示莫名其妙，竟然在二十世紀的民主時代會有人想出這極度不公平的選舉方法。

但我們還是要面對現實，功能團體及大選舉團還有一段時間才會消失，現在總督的政制方案只是把不公平的選舉方法搞得較為公平一些。總督將功能團體的投票人數盡量擴大，目標是人人都可以投第二票，但也遺漏了沒有職業的家庭主婦、退休人士、失業人士、學生等。總督的方案將大選舉團內的成員局限於由市民一人一票選出來的區議員，不包括其他在基本法所提及的第二屆大選舉團的成員，因為這些成員不是由公平的選舉產生。

副主席先生，彭定康先生勇敢地將不公平的選舉方法改善了些少，成為較為公平一些，但這種選舉方法本質無改變，改變後的選舉方法，也是不公平的，仍

然還有些人可以投兩票，有些人只得一票，有些功能組別選民人數只得幾百，有些則有二十多萬。公平一點的選舉方法對社會當然會好一點，對法治人權自由多一點保障，這些方案並不是翻天覆地的大改變。

總督的政制方案，顯然有不足之處，但他已經在基本法的限制之下，發揮最大的努力，議員也應盡自己的努力，支持較為公平及對香港較有利的政制模式。讓我們將眼光放遠一些，如果想香港要有長遠的繁榮和安定，民主是非常重要，本人希望香港早日有真正的民主。

黃震遐議員致辭：

從八八直選開始，香港市民已經不斷對民主政制表示強烈的支持。可惜過去多年以來，香港政府都是抗拒民意，用各級議會的委任議員為其護航，更用功能選舉阻撓直選的發展。總督彭定康先生在施政報告中提出政制改革，雖然仍未符合在九七年前有一半議席由直選產生的要求，但較為接近市民多年來的願望，對此我是歡迎的。但令我痛心的是，還有一些人迷戀殖民地的風光，要維持議員委任制度，維持現有功能組別保守特權的性質，希望香港的殖民地色彩可以五十年不變。

副主席先生，香港的政制改革目的，應要為香港人建立一個落實的「港人治港」、高度自治的政制模式。達到這個目的，才令香港繁榮得到保障，因此，政制改革對不對，試金石就是香港人的意願，既不是長官的意見，也不是在香港人背後秘密來往的書信。在這個問題上，答案是清楚的。民意調查證實，超過六成市民支持這個政制改革方案，但有些人擔心基本法銜接的問題。如何銜接，與甚麼銜接呢？基本法規定第一屆有一個四百人組成的推選委員會；第二屆有一個八百人組成的選舉委員會，成員由四大組別組成，但選舉這些成員的方法，至今仍未訂出。若果一九九五年選舉委員會的選舉方法，和第一屆推選委員會及第二屆選舉委員會相同的話，這樣，中國必需馬上開始用公開、公平及為港人接受的方法，諮詢市民對這委員會成員的產生方法。我認為完成了對第一屆、第二屆的委員會成員產生的規定，然後可以問香港人究竟同意與否？香港的九五年選舉委員會組成方法，是否應該一樣？如果委員會產生的方法是不民主的，不為香港人

接受，則絕對沒有理由要九五年選舉委員會用同樣方法組成。因此，我不同意詹議員那種「打死狗講價」，要香港人一早同意銜接一個不知內容的事情。其實「一國兩制」的精神，就是容許香港人有一套符合港人需要的制度，令到香港人能「港人治港」，落實高度自治的承諾。怎麼是銜接呢？以前的女子，年幼時就要用纏腳布，紮著腳部去適應一個預早訂好的鞋子尺碼，這是否算銜接成功呢？香港人壓抑對民主的要求、對民主的渴望來適應一個半殖民地、半封建式的政制，就算是銜接成功？是否中、英偷偷摸摸去「搞」一些秘密協議，將香港人當做畜牲一樣，賣來賣去，就算是銜接成功？答案是否定的。成功銜接的基礎，必需是公開、公平、為港人接受的。成功銜接的基礎，必需符合香港人的民主要求；成功銜接的基礎，必需是對「港人治港，高度自治」兩大原則的充分尊重，而不是詹議員所講本末倒置的做法。不談原則，空談銜接，絕不能成功銜接，因此中、英雙方要談的，不是令九五年政制改革銜接基本法的現有版本⋯⋯

⋯⋯

中英雙方要談的，不是如何使九五政制改革銜接基本法的現有版本，而是如何將九五政制改革和基本法在符合香港人要求上的銜接，令到兩者都適合香港民主自由的發展。基本法原版本在政制方面的安排，違背香港人對民主的要求。為了保護少數既得利益者的地位和特權，犧牲了廣大市民權益和中、港和睦關係。中國根本應盡早、盡快檢討基本法，將不合理的地方刪除，頒布一份更加符合市民需要的民主政制安排。

有些人擔心總督的政制改革方案，令到市民誤會，以為民主是殖民地官員所賞賜。如果真是有這誤會的話，根本不是彭定康先生夠「醒目」，會爭取民意，而是因為中國政府被一批極左官僚和趨炎附勢的損友所誤導，令到中國抗拒香港進步的力量，令到中國將自己的親人推向中國對手。有些人談基本法現在不能修訂，為何不能修訂呢？中國憲法有四次修改，有關人民代表大會選舉法，亦進行五次的修訂，時為一九四九、五三、七九、八二及八六年。中國共產黨十四大，最近不是大事修改黨章，將市場經濟加入嗎？可見有需要、有進步的話，黨章、選舉法、憲法都是可以修訂的。基本法為何不能修訂呢？當然修訂基本法是不能輕率、必須小心謹慎，應廣泛諮詢收集民意去決定。但我深信當中國政府擺脫了曲意逢迎、別有用心的損友，就能制訂出一套更加民主、更為港人歡迎的基

本法。

副主席先生，有些人恐嚇香港人能否承受中國的反對。有些人說，不可以支持政制改革方案，因為中國反對，對香港經濟不利。若接受這套邏輯，將來中國官員任意曲解基本法、指鹿為馬，都是一樣不能反對的。如果我們接受這種邏輯，何必又要欺騙市民，何必要講銜接呢？不如說全面投降、全面放棄、全面屈服！「一國兩制」是不會一夜之間消失的，若果每次中、港之間意見不同，香港一定要讓步，要屈服，「一國兩制」會逐步萎縮，逐步消失，最終變為一國一制。我深信要維護「一國兩制」，我們一定要有勇氣為香港人據理力爭，講真心話，憑良心做事。

葉錫安議員致辭（譯文）：

副主席先生，有關中、英雙方對本港政制發展的爭論，最近數星期已升級至罵戰階段。這種情況是前所未見的，但現在已習以為常。有關此事，我們不要忘記，總督提出這些建議，是要供大家討論，他亦表示會聆聽反建議，但人們不禁懷疑本港的社會領袖是否只顧公開爭吵，以致不能就該等建議進行理性和明智的對話。

副主席先生，這種情況絕對不能繼續下去。在這個關鍵性歷史時刻，實不容香港牽涉入充滿指摘與反訴的破壞性對話。倘有任何時候需要香港以團結的聲音發言，現在正是這個時刻。港人必須站起來，獲得正視，使我們的意見得以聽取。我們必須本著信實的態度和所抱的信念發言，不應向壓力低頭。從公開的中、英兩國外長的秘密函件，我們要這樣做的原因至為明顯；我們現已知悉，在我們不知情、未經諮詢的情況下，兩國已在我們背後達成交易。說得客氣一點，這種談判不能令我們信任或委以信心。中、英兩國政府在此事上均不太光彩。英國政府顯然並無致力向中方爭取獲本港社會廣泛支持的兩局共識方案，使中國政府得以將兩局共識方案置諸不顧，按其意願釐訂本港政制改革的步伐，明知英國政府只會提出象徵式的抗議。

單是這些原因，我們就應該將有關這些秘密函件是否構成「協議」或「默契」或「共識」或任何東西的爭論置諸腦後。這其實是宗檯底交易，忽視了港人的意

願和期望，因此，對本港並無道德上的約束力。刻下最重要的，是兩國政府再次坐下來，進行公開、具建設性、又真正能反映港人意願和觀點的對話。我們已受夠了這種公開爭吵。現在是進行認真及理性磋商的時候。

話雖如此，我們也不應假定本局在這重要問題上毋須擔當任何角色。我們最終須決定這套改革方案的最後形式，這是我們必須以信實、可靠的態度去履行的責任。際此關鍵時刻，港人倚仗我們作真正的領導。他們希望透過我們落實「港人治港」的概念；他們希望看見我們站起來，為他們及本港爭取。

假如中、英雙方最終能夠達成任何形式的協議，就會有銜接。然而，我們不應假定彭定康先生所引發的討論過程會難以避免地引致分歧，而我們也不應單憑這個理由就拒絕支持其建議。相反地，我們應該支持他的建議（其建議沒有一項違背基本法），並應給與他所需的民意基礎，以便與中國政府進行認真的討論。當然，我們應該努力爭取銜接和雙方達至相同見解。然而，我們不能讓銜接作為我們的主宰，支配我們每個想法及每項行動，此舉只會令我們習慣於每當我們的構思遇到阻力或反對，就在一切問題上讓步。倘若我們以銜接為名而不惜任何代價投降，便是失職之舉。因此，我不能支持詹培忠議員的修訂。

中、英雙方不能就每一事項達至相同的見解，這未必會令過渡產生困難，只要雙方本著誠意和善意，必定可以在歧見上互諒互讓，何況根據「一個兩制」和「港人治港」這兩個概念，歧見更是自由社會固有的特徵。時代在變，港人的期望也如是。我們不能將潮流扭轉。我們必須支持在聯合聲明及基本法的規範內，達至更廣泛的民主。

林鉅津議員致辭：

副主席先生，就中、英、港三方面的政治形勢來說，我的理解是：鑑於香港的糧食、食水、轉口貿易等民生命脈的來源，絕大部分是來自中國大陸，而香港在軍事上是無險可守的地方，所以香港目前的現實，就是任何運作和制度的最終允許權都在於中國。我想前英國首相戴卓爾夫人在北京人民大會堂前摔一交時，相信是領會到這一點，在這個政治前提之下考慮香港政制問題，出發點雖然應該是港人的意願，但最終是須要兼顧中國的態度的。如果以為有「一個兩制」做護

身符，就可以不理會中國的意願，我恐怕這種想法是脫離了現實。

中國對香港的態度，據我瞭解，一向視香港只是中英不平等條約中其中一個焦點，而一九九七年香港主權回歸這件事也是中英這兩個主權國的事。縱使我們自己看香港是很大，但從現實來說，香港只是一個被動的單位，從未曾與中英兩個宗主國平起平坐。事實就是：在這種政治形勢下，中英雙方未經過香港參與便達成聯合聲明；後來在九〇年，又就過渡期政制達成協議，同意一九九五年選舉的選舉團五項原則和比例。不過，後來香港總督提出一個全新方案，四出找尋支持和與中國對抗。我估計在有絕對權力的中國眼中，這只是一種枝節，連主幹構思的一部分也談不上。所以，我明白中國為甚麼要求，若想恢復中英談判，必須將彭定康先生的建議全部撤回（雖然我未必完全同意這樣的做法）。

我認為中英再商談的時候，會是從已經有協議的選舉團五項原則和比例開始，再進一步談及其落實和細則。彭定康總督全新的政制改革建議，恐怕快則在今年或明年，慢則到一九九七年亦將必成過去。我認為不值得花大量的精力去支持一個無前途的方案。啟聯的同事一向支持九七銜接，理由是香港市民需要有一個較明確的景象，然後才能計劃自己的前程。

副主席先生，快活谷今晚有賽馬，我就借賽馬來表明我估計一般人對於政制急劇轉變和不明朗、不銜接的看法。例如賽馬下賭注，我就必須知道我的「心水」馬匹，今晚會是跑甚麼場地、甚麼距離，以及其他同場馬匹的情況，然後才放心下注，和決定注碼有多大。假如馬會推出全新的構思，大石鼓之後不跑沙地、不跑草地，而轉為跑碎石地，隨時會人仰馬翻，那就刺激有餘，平穩不足。又再後一段路程，只知道賽制不銜接，卻不知道怎樣賽法，那就是說養和院彎之後，究竟是賽馬還是賽狗都不知道。在這情況之下，要押上我的家當來賭一次，無疑是說笑罷了。

香港在九七前後的政制發展關鍵，就是妥協之後依從。既然外交協議和基本法都是在雙方背向之下完成的妥協，各方面得不到完全滿意自己的要求，是必然的事。如果香港不理會妥協這種現實，而想完全滿足自己單方面的要求，那麼中國一樣可以不理會香港的要求，而完全滿足其自己單方面的要求，這樣一來，就將一切已經成立的妥協推翻，香港會回到一九八四至一九八八年時那種惶恐、沮喪的景象，嚴重影響民生。

副主席先生，我同意接受妥協中的現實，是不完全符合任何單方面的理想，但是，這是可行的。九七前後，市民需要有制度銜接，可以看得通，看得透，從而計劃自己的前程、適當地投資，香港然後得到安定、繁榮。

因此，我認為第一，中英外交有協議的地方，例如選舉團的構成和基本法定下的方向，是須要跟進和落實；第二，在中英未有明確協議的地方，例如新功能團體的界定，便須要訂定新的協議，而新協議是要以能夠銜接過渡至九九年及以後為依歸；第三，就枝節性的政改來說，我覺得時機成熟的時候，自然會枯萎、脫落，原不值得滋擾正在跑馬和跳舞的香港市民。

但有一點是非常重要，我必須特別提出的，從歷史事實看來，英國政權離開殖民地之後，往往會留下分裂、對立、仇視和打打殺殺的局面，例如印度和巴基斯坦、以色列和阿拉伯，斯里蘭卡，塞浦路斯等。今日的香港，自從有一張關於倫敦唐寧街十號門口的相片刊登各大報章頭版之後，我們的市民亦是陷入了分裂、對立的心態。激進民主派對平穩過渡派，這條路是有先例可援，是有其他國家走過以致焦頭爛額、手損腳破的路。我懇切希望香港市民保持頭腦清醒，否則一不留神，便會落入互相仇視的地步，過著不安寧的日子。

劉慧卿議員致辭：

副主席先生，我發言支持陸恭蕙議員的動議，她要求日後港英政府及中國政府討論香港政制的時候，要公開、公平，及得到香港人接受為原則，我是非常支持的。我相信引發陸議員提出這個動議，是因為最近公開了七封令人感到非常可恥的信件。這七封信，正如剛才有些議員說，是檯底的交易，是出賣香港人的東西，是香港人不能接受的。所以我十分支持陸議員的動議，希望中、英政府不要再繼續出賣香港人。除了以此作為談判的原則外，我更要強調一點，就是中英政府談判所得到的結果，必須為我們香港人所接受，亦同樣地須為立法局所接受。我相信我們在這件事情上，是要作出最後的決定。

副主席先生，對劉健儀議員剛才提出的意見，我非常同意，十分多謝。她講出了英國政府以前的政策，這點對我們是很有幫助的。英國政府的政策，很明顯地是有所改變。雖然英國政府或總督彭定康先生均不肯公開承認，但我相信改變

是由去年年底撤換總督衞奕信時開始，當時亦不知道由誰人接管，亦不知道何時會有人到香港接任這職位。但首相馬卓安的決定令我們感到他是極之有決心要衞奕信離開，亦要令衞奕信的決策告一段落。所以我同意劉健儀議員所講，英國政府應該站出來作一個交代，為甚麼會有這個政策的改變。而在本局內，我相信有很多同事會非常支持這個政策的改變，但由於這個政策的改變，可能會對將來構成一些不明朗或動蕩的情況。因此，我很支持詹培忠議員及梁智鴻議員所說，請英國政府重新考慮給五百多萬香港人有英國籍。副主席先生，我相信這件事你亦是十分支持的。我希望本局的議員，大家能夠齊心一致，為香港五百多萬人爭取英國籍。要做中國人的人，他們一定會去做。但是，不希望做的那一群，英國是有責任給他們一條生路。

副主席先生，我亦想回應杜葉錫恩議員所提出的論點。在大約一年前，我在本局發言，而當時我說在本局裏，我最欣賞的人就是杜葉錫恩議員，直至今日，我的想法亦沒有改變。我亦相信，在本局裏，為香港人做得最多的亦是杜葉錫恩議員。當日吳明欽議員亦有發言，他亦是十分尊敬杜葉錫恩議員，我相信本局有很多同事亦是非常尊敬杜議員。所以我們都推選她為本局的召集人。杜議員說今次總督所提出的建議，好像沒有諮詢過香港人，令我感到奇怪及驚訝。如果真的是沒有諮詢香港人。為甚麼當這個方案「拋出來」時，就得到 60% 至 70% 的香港人支持呢？難道這些民意調查全部是假的嗎？

回想一九八七年，當年香港政府玩弄民意所做的民意調查，有 70% 的香港人支持嗎？另外，「匯點」和「民協」的議員都指出，他們的提議，有很多已納入總督的施政報告內，所以，我相信總督是參考過很多人的建議，然後將它們納入施政報告內。當然，總督繼續去聽取市民的意見，應該是沒有問題的。杜議員說，總督是在恐嚇著香港人，令我甚為驚訝。老實說，副主席先生，近日我聽見很多恐嚇香港人的言論。但大部分都是說中國共產黨恐嚇香港人。這是第二次我聽到謂總督恐嚇香港人，第一次則來自商界。我真不明白，為何會有這些說話出現？不過，香港是一個自由社會，每個人都有言論的有由，杜議員說她覺得香港人是想要一個平穩的過渡，這點我是絕對不會否認。在這一兩個月內，我舉行了多次的居民諮詢大會。我得到了很多的意見，尤其是上星期六在將軍澳，有兩百至三百人出席，群情洶湧，個個罵中國罵得十分厲害。人人都熱烈支持總督的政制

改革。那麼，為甚麼杜議員與我好像生活在兩個不同的世界？所以副主席先生，我相信今日本局可能會出現分裂，但是在某些事情上，雖然大家的意見不同，其實不重要，只要大家清清楚楚表達，市民需要的就是我們的交代，並不是如一些議員講市民要我們做代罪羔羊。作出決定是很困難的，如果我們作出很多錯誤的決定，在一個民主制度內就會完蛋，並不如在一些極權制度下的社會，有些人可以錯完再錯，殺了人可以再殺。

副主席先生，詹培忠議員提到要平穩過渡，我自己是支持，但我不相信平穩過渡與民主改革是有牴觸的。照詹培忠議員所講，是最好不要「搞」民主改革，要現實一點，只要平穩過渡便可以。對此我是不能接受的。我亦不同意黃宏發議員的動議，因為是十分之模糊，這個時間已經過去了。副主席先生，我聽得太多市民的要求，叫我們個個都要挺起胸膛，出來表明自己的立場，要旗幟鮮明。

梁錦濠議員致辭：

民主訴求增強

對民主政制的訴求，近年來在香港愈來愈強了。當一個社會到達某一個發展階段，當人民的教育水平愈來愈高、當基本生活所需已經滿足，人民自然而然會要求有更多的渠道來參與公共事務，我們愈來愈要求當家作主。這種對民主政制渴求的趨勢，是社會發展的客觀定律，是不以主觀意志為轉移的。

所以我一直是希望和支持有更多的直選議席。如果一切可以由我作主，最好立法局有最少一半組成是全部由直選產生。我心目中的直選，是國際社會慣用的地緣性分區直選，所以在這一點上，我是不同意總督有關九個新功能組別選舉的建議。總督的建議基本上是引入了一種新的直選方法，但我認為這種按照功能職業界別劃分的直選，是很難做到分區直選那樣有明確的問責性的。代議政制的癥結，在於議員代表他的選民去處理政事，假如議員和選民之間的問責性難以維持，因為議員根本很難經常接觸選民，選民亦很難確定他究竟屬於那一個組別，代議政制便沒有了立足的基礎。所以我認為，要爭取更多的直選議席，香港應該積極遊說中國政府，在可能的情況下盡快修改基本法的有關條文，而不是引入一種運作存疑的新式選舉制度。

總督政制改革建議背後帶出的增加民主因素和加速政府開放，基本上我是十分歡迎。我而且認為，要發展代議政制，不單止要中央政府完善，還要發展地區層面的民主參與。我曾經提出，政府應該將現有的七零八落的地區議會制度加以整頓，建立有權有責、實至名歸的地區議會，使更多人可以參與政事，政府更加向市民負責。我相信地區議會的議員，更希望擴大對區議會的實際權力是多過付予他們投票選出立法局議員的權力。

民主訴求面對的限制

但我亦明白，香港並不是主權國家。香港的政制發展，以前要依賴英國政府的態度，到中英聯合聲明簽署後，亦必須得到中國政府的同意。無論我們多麼不喜歡這個事實，我們都不能不理這個事實。因為我很清楚，唯有我們不去迴避，勇於面對，我們才有可能克服和駕馭香港不是主權國家這個事實，才有可能超越我們身處的限制，才有可能化弱勢為強勢。

化弱勢為強勢

究竟怎樣做才可以化弱勢為強勢呢？第一，香港人要停止動不動就用「親英」、「親中」這些字眼來形容香港內部的政治取向和行動。「親中」、「親英」這兩個標籤，反映了香港人過去習慣依附中、英兩國政府的心態，繼續這種思想用字習慣，只會強化香港的弱勢。

中英政府都應該「親港」

我們必須認識到，作為香港現在和將來的宗主國，英國和中國政府的責任，是要妥善照顧港人的利益。因此，不是我們香港人要從「親英」和「親中」之間選擇，而是英國和中國政府在處理香港事務時，都要旗幟鮮明地「親港」。既然歷史和地理因素令中、英成為香港的「家長」，兩國政府便要做好本分，在處理香港事務時，必須要以港人的意見和利益為依歸。

談判要進退有據

香港要化弱勢為強勢，第二個秘訣便是要懂得談判，要清楚本身立場，進退

有據。只有這樣才能為香港人爭取到最大的利益。

李華明議員致辭：

自從匯點在八三年成立以來，一直大力主張民主回歸、「港人治港」。追求民主制度是匯點的基本綱領。在基本法定案前，我們為了妥協、求同存異，支持了「一九○方案」，後來又再為了立法局的團結，支持「兩局共識方案」，其後再退一步勉強接納由工商界及中間派人士提出的「四四二方案」，但都被基本法起草委員會拒絕。原來在草委會之上有中方及英方兩大巨人，兩個國家的書信來往及舉行多次的閉門會議後，就決定了香港的政制發展步伐。從已公開的部分外交書信，便可證明這點。可憐的香港人，我們的意見去了那裏？基本法政制的民意基礎何在？

匯點對基本法內政制部分由始至終都不接受，我們認為要落實「一國兩制」及港人民主治港的承諾，中方要在後過渡期聆聽港人的意見。況且香港的政制並非屬於國防及外交事務，而是自治範圍內的事務，不應事事由中英雙方秘密協議拍板決定。這樣的政制怎能強迫港人接受和認同呢？

匯點一直支持香港民主回歸中國，更加希望九七前後的政制能夠銜接，但我們希望這是在民主和民意的基礎上銜接。香港人絕大部分都會留在香港過渡九七，包括匯點。我們很明白香港絕不會是一個獨立的國家，事實上亦看不到有甚麼人倡議獨立。我們只不過要求政制民主化，以加強香港人的信心和落實「一國兩制」、高度自治的構思。

現時詹議員的修訂突出了「銜接」。我強調匯點絕非反對銜接，問題是在現階段「銜接」這個名詞已定下框框，即在九五年立法局的選舉制度不但要依照基本法的規定，而且必須要依照基本法有關特別行政區第二屆政府選舉委員會產生的方式。如果基本法內沒有白紙黑字寫的地方，就要符合基本法的「精神」及當時草擬基本法過程中的「意向」（這是虛無的），這意味著九五年的選舉模式要繼承中英雙方以往的秘密協議，再以閉門方式加以詳細定稿。難怪詹議員的修訂只提及港人接受或諒解為原則，避開了諮詢及尊重港人意見的重要原則。我們不可以接受走了樣的「銜接」。

匯點衷心呼籲中英雙方要冷靜對話，真誠地聽取及尊重港人的意見，以公開、公平和為港人所接受的原則，重新展開討論，不要將其他與政制無直接關係的問題，如機場應否興建拉入這場政治漩渦，影響香港的人心和經濟發展。

至於麥理覺議員的修訂動議，我們是支持的。

總督提出的政制方案，與我們原來的政制理想相距甚遠。因此我要聲明我們並非對總督提出的方案滿意，照單全收。這個方案比「四四二方案」更加保守，但最低限度它總算是向公平、代表性和普及的原則邁進一步。此外，我們認為這個方案並無違反基本法，只是將基本法政制部分的灰色地帶盡量加以民主化。例如：新增加九席功能組別選舉與現有大多數的 21 席功能選舉的確有很大分別。從社會人士及團體遞交本局選舉專責委員會的意見中，不少是抨擊功能選舉有違公平原則，甚至違反人權。今次擴大新增議席的選民基礎，正是針對這些批評，減少不公平的情況。

匯點支持總督施政報告對政制的主要建議，是因為匯點支持民主。匯點亦衷心向中英雙方發出最熱切的呼籲，希望雙方不要再加火加壓，再將氣氛弄僵，也不要將政制的問題與機場糾纏在一起，而應以公開、公平和尊重港人意願為原則，進行實質討論，以便推動香港政制民主化，落實「一國兩制、高度自治」的承諾。

文世昌議員致辭：

副主席先生，首先容許我扼要地詮釋民主的定義。根據美國一份民主期刊 Journal of Democracy，「民主是一種政治體制，通過公平及自由的選舉，市民及有組織的政治團體進行廣泛及和平競爭、角逐公職，以及容許市民積極參與政治，選出他們的代理人」。所以民主的要素是包含有公平競爭、自由選舉以及普羅市民的政治參與這些特質。而總督彭定康先生的一九九五年政制方案，相當符合以上的民主要素，所以本人是支持彭定康的政制方案，要以公開、公平及以港人可以接受的原則為基礎。由於政制改革是關乎香港人的未來前途，香港人應該有知情權而不是被蒙在鼓裏、任人擺布。所以我堅決反對中英就本港政制發展進行的磋商，是以秘密的方式進行，從而達成秘密協議，出賣香港人的利益，而應以公

開磋商的方式進行，讓香港人可以瞭解對話的整個過程。彭定康先生提出的政制方案是切合了公平的原則。因為彭定康提出的選舉委員會成員的組成，以及擴大功能團體的選民基礎，是符合民主精神的自由選舉、公平選爭及廣泛市民參與的做法。由於現時功能團體的組別，選民非常有限，這種選舉的方法對於功能團體以外的極大多數的香港人是非常不公平的。擴大功能組別的選民基礎可以做得比以前更加公平。選舉委員會的成員由直選的區議員再經選舉產生，可以確保選舉委員會產生出來的立法局議員有更大的民眾基礎，故此亦符合了廣泛普羅市民政治參與的原則。起碼可以做到避免重蹈覆轍、避免當年基本法諮詢委員會 180 人選舉的諮委那種做法。因為當時是受到新華社及中方的幕後操縱及活動，嚴重地損害到選舉的結果，大大地減低了基本法的認受性。更重要的是政制方案是要落實「港人治港」及高度自治的承諾。由於政制發展是香港人的切身問題，以及體現中英承諾的「港人治港」及高度自治，故此應該讓香港人有選擇的權利，去選擇他們認為可以接受的政制方案，而不是硬生生地將一套中方的方案強加在港人身上，使港人內心極度不願意接受而又不願意屈從中方的權威之下，有無可奈何的感覺。

本港及工商界有人批評彭定康的政制方案不能夠銜接未來的政制，這樣做是會不利香港的政制發展。其實這些只不過是些既得利益團體用銜接的藉口來保障他們的既得利益而已。首先他們強調全面競爭的貿易是本港經濟蓬勃的原因，他們甚至風塵僕僕地去美國以及其他地方提倡開放市場、提倡公平競爭、反對保護主義。他們是說一套、做一套。他們是香港政治上的既得利益者，他們頑固地在政制發展及政制遊戲規則方面處處設防，唯恐有人損害他們的既得利益。他們認為香港的政制是不可以有全面的發展、公平競爭的民主，不然，香港就會大亂。這些正是一些政治保護主義的心態，這樣不禁使香港市民會質疑他們的道德操守，何以他們在經濟上反對保護主義、提倡公平競爭，但是在政治上卻又背道而馳？他們為何要一方面實施保護主義、一方面又反對這種雙重的標準呢？似乎他們是「只許州官放火、不許百姓點燈」。無疑在經濟及政治落後的地方，經濟發展往往較民主發展可能佔有較優先地位，但是香港並不是一個落後的地方。相反來說，香港的政治發展蓬勃，不過香港的經濟發展拋離了政治發展很遠，如果我們不能夠配合發展民主的步伐而只照顧到經濟發展，如出現不平衡發展時，會令

香港變成第二個南韓或台灣。我們有時看到他們在街頭示威、打鬥、抗議既得利益團體壟斷政治，難道這些是我們香港想見到的嗎？一九九五年政制改革是香港的內部事務，中英聯合聲明規定一九九七年前香港事務是歸英國政府處理，所以政制改革是屬於香港的內務，香港市民是應有權去選擇他們認為既合理又可接受的公平政治制度。

唐英年議員致辭：

副主席先生，在現今後過渡期間，本人非常重視中、英、港三方面政府的衷誠合作，就各項事務，達成共識，為香港部署九七過渡到特區政府。而遵守中英聯合聲明和基本法規定，按部就班地進行交接事宜，正是兩國的基本責任。

無可否認，彭定康先生的施政藍圖，就民主政制方面，確比基本法釐訂的跨進一步，在追求民主步伐來說，無可置疑，我是歡迎的。不過，本人相信，遵守信諾，以中英聯合聲明和基本法為基本藍圖，確保過渡前中英和諧合作，政府得以順利移交；九七後，「港人治港」，高度自治，對香港人來說，更有保障。

很多香港人對中國缺乏信心，擔心中國日後出爾反爾，這是事實，所以聯合聲明需要備案聯合國，取得國際間的支持和監察。中英兩國是簽約國，兩國均有責任及道義，去履行有關的聯合精神。我們香港人，更有權去堅持及爭取有關的條文，不受任何一方單方面破壞其原先的立法精神。

總督彭定康先生的政制改革，的確沒有違背基本法條文，但他肯定有走「法律罅」。既然是「法律罅」，總督找得到，中方要做，當然也不難，開了先例，難保將來中方不會有樣學樣，把一些不利港人的意識加諸大家身上，那我們香港人的權益又有誰照顧？到時，恐怕不是五十年不變，而是五十年多變了。

現且，倘若彭督堅持單方面推行其政改方案，中方已聲明，九七後另起爐灶，屆時不單沒有平穩過渡，另起爐灶的結果，可能更不能為港人接受，這是值得擔憂的。有社會人士表示，不介意九七是否銜接，反正回歸中國對港人來說，已是一極大的衝擊。我認為這是極不負責任的說話。九七後，英國就要撤出這個殖民地，英國可以不理會今後中英外交關係惡劣與否。但我們廣大的香港市民，九七後仍要留在香港，到時香港會是怎樣呢，很多市民極之關注。

今天，本港一份報章就總督政改方案，公布了一份民意調查，結果顯示，有 12.2% 市民支持基本法，很奇怪，比支持總督方案高出 4.4%，由此反映，大眾市民是希望中英兩國能遵守基本法規定，去執行香港事務。

調查報告亦顯示，66.9% 的絕大多數市民，是支持中英各讓一步。這個訊息很清楚，廣大市民希望中英要以港人利益為依歸，以誠懇的態度展開對話，互諒互讓，尋求共識。若是未盡所有努力，就單方面推行有關的政制改革，都非香港市民的意願。

民主政治的精神，是要諮詢民意、聽取民意，和接受民意。香港一早已邁進民主開放的年代，但很可惜，歷史告訴我們，中、英、港三方政府，從來沒有尊重過香港人的意見，亦包括立法局議員的意見。從已公開的九〇年中英兩國就九五年政制發展的往來書信，就非常清楚。甚至一般社會政策，全立法局非官方議員都支持政府要積極扶持本港工業發展，或者政府要承擔退休保障的風險責任等，結果如何，到目前為止，好像完全沒有做甚麼。由此可見，政府說聽取民意，是一個假象，真正的事實是，當民意合乎政府心意時，政府就說按民意去做，當民意與政府有出入時，就根本聽而不聞。請問這是甚麼民主呢？

最近本人曾去信總督，要求接見，與本局同事劉千石議員一起就退休保障計劃提出意見，可惜總督的答覆是，工作繁忙，沒時間見面，著我們與陳祖澤先生會面，簡直不願聽我們的意見。本人很懷疑，類似政制發展的大事上，又會否以公平、開放的態度，去諮詢民意？

副主席先生，本人衷誠地期望，中方與港英政府，要以港人利益為大前提，以務實、衷誠合作的態度，恢復談判本港的政制發展步伐，本著互諒互讓的精神，共同達成一個為廣大市民接受的方案，令香港可以在一個無風無浪的環境下，平穩過渡到九七。

當然，我更希望中方亦要順應民意，好好自我反省，何以港人對中國沒有信心的原因，並加以檢討。

狄志遠議員致辭：

副主席先生，自從中英開始談判香港前途問題以來，香港的政制往往是一項

熱門而敏感的問題，中英在討論政制問題時，有過不少爭拗，在這些爭論中，香港人都有一種無奈的感覺，一來香港人對於太多的爭拗而感到對前途缺乏信心。另外，在決定香港前途方面，港人都沒有參與權及決定權，更感慨的是中英雙方都表示尊重港人的意願，但事實我們的意見，有幾多被採納呢？「一九〇方案」、「兩局共識」，又有多少被採納呢？如果尊重港人，何來有秘密協議？對於近期中英的大吵大鬧，香港人更覺煩悶。

近期的爭拗是使香港人處於一個困局，現時的情況是中英雙方各做一件事，英方提供進一步民主，中方決定是否銜接。香港人只能在民主與銜接兩者選其一，但兩者之間又好像互相排斥，因為如果選擇民主，就不保證銜接，會造成未來不穩定；如選擇銜接，就要接受一個保守的民主方案，真是難於取捨。其實，香港人是極渴望民主，以能達至真正「港人治港」，「一國兩制」。同時香港人也希望在政局穩定的環境下，努力生活，順利過渡九七，回歸中國，這些都是絕大部分香港人的心願。但可惜，世上總是好夢難圓，口口聲聲為香港人著想的中英政府，只容許港人在民主與銜接之間選其一，這給與港人面對兩難的困局。一個人的生存是需要麵包及清水，缺一不可，香港前途的發展，同樣是要有民主及銜接，同樣是缺一不可。香港人會問，為何我們只能吃麵包，或只能喝清水呢？

副主席先生，本人未加入立法局前，是一位社會工作者，從事青少年工作及家庭工作有十年，在本人工作的經驗中，發覺一個家庭，如果父母雙方時常爭吵或關係不和，最痛苦及最受害的是那個家庭中的子女，而非大吵大鬧的父母。如果父母爭拗的出發點是為著子女好處，那就更加無稽，因為任何的爭拗都只會為子女帶來痛苦。本人經驗認為，如果父母真的為子女著想，只要雙方冷靜下來，在照顧子女基礎下，共同商討問題，問題就容易解決。香港人就好像一個住在父母經常吵鬧家庭的子女，很多時因為中英的爭拗而感到煩悶和不滿。如果中英雙方真能為香港人著想，為著香港前途的好處，請大家冷靜下來，看清楚香港人的需要。我們是既要民主，又要順利銜接，這個要求並非過分，要做到這一點，道理很簡單，就是尊重香港人的意願，以香港利益為依歸。另外要給香港人參與權，因為我們已是「大個仔」了。

副主席先生，匯點一直站穩民主立場，過往我們爭取民主時，已經一退再退，我們認為彭定康的方案是民主化踏進一步的建議，匯點是支持的，而我們也

不會繼續退讓。如果有其他更加民主的方案，匯點也必定支持。同時，匯點要求銜接，但我們理解銜接，是中英雙方的銜接，而不是單方面決定，而強要另一方接上去。我們更加不願與一個不民主方案銜接。事實基本法第一屆立法會產生辦法留有很大空間，其作用是富有彈性，預備容易銜接，因此既要民主又要銜接，對中英雙方並非不可能的事，只是是否願意這樣做而已。

楊森議員致辭：

港同盟為香港人爭取權益，主要目標是希望能達到「一國兩制」、「港人治港」、高度自治的目標。正因為這樣，我們反對詹培忠議員的修訂動議。副主席先生，詹培忠議員在修訂動議中提出的銜接論，即大概以基本法為本，使現有的政制與未來政制銜接，就此我想提出三點的分析：

一、基本法背後的意識形態；

二、基本法對政制〔的〕規限；

三、基本法的影響。

先談第一點。中國政府怎樣看民主和高度自治呢？中國十四大的會議剛結束，會議通過反對在中國執行西方的議會制度和多黨制，這點正反映出，中國政府要走的路線，是經濟開放，但政治是保守的。一方面固然擔心外來和國內的和平演變，另一方面更根本的，是中國領導人相信人民專政和民主集中制，所以對西方議會的民主選舉、多黨制和權力均衡及制衡的制度，根本上是反對的。究竟怎樣去落實人民專政和民主集中制呢？原來要訣就是由黨去代表人民專政，由黨（特別是領導人）去集中民主的運作。由此可見，民主對中國政府來說，是由上而下，由黨去作領導、去指導、去賜予。

基於中國政府對民主的看法，相信各位同事對基本法如何規限政制，可謂心裏有數。基本法對政制的規限，是到二〇〇七年，立法會才有一半議席由普選產生，而第一屆到第三屆的行政首長，亦不過由不民主的大選舉團選出，然後由中國人大實質任命。雖然說二〇〇七年會有政制檢討，但觀乎中國政府的政治路線和意識形態，香港在九七年後要能出現全民直選立法局和行政首長的局面，除非中國政府或形勢大變，大幅修改基本法，否則只會遙遙無期。

總括來說，基本法對政制的限制是非常大的，主要是受到中國政府對民主的看法影響，而且基本法在九〇年頒布，很明顯受到八九年「六四」事件所影響。自八九年「六四」事件後，中國政府視香港為顛覆基地，極不信任港人，在這種環境下，基本法對香港的政制的發展，加上了很大的限制。可以說，基本法是不民主的憲法，局限了香港民主的發展，違反了港人對民主要求，所以港同盟決心要求中國政府修改基本法，落實港人民主的要求。

究竟基本法有甚麼影響呢？基本法在九〇年頒布，在九七年前香港社會是不斷地向前發展，金融管理局的出現、強制性退休保障可能會出現、五成人口會住公屋、適齡學生可以享受九年免費教育、18% 適齡學生可以讀大專，有誰可以說這些政策是違反積極不干預政策而不准推行呢？政治方面七十年代的學運和社運、八十年代的論政團體、九十年代的政黨，又有誰可以阻擋這種發展呢？副主席先生，香港是出現了向前的民主發展，我們不可以給九〇年頒布的不民主的基本法規限了市民對生活改善的要求，對民主人權的爭取。

「逆水行舟不進則退」，面對前景，香港是要面對很多困難，正如逆水行走的船。但副主席先生，港同盟是會與香港人一同奮勇向前，創造更好的環境，保障人權和自由。我只是要求中國政府和親中人士，不要不斷掉大石入河內，阻塞河道，打擊香港正常的發展。

最後，副主席先生，港同盟本著「一國兩制」、「港人治港」、高度自治的立場，支持總督彭定康的政制方案。雖然其中有部分的內容是我們不同意的，但我們予以支持並不是因他是英國政府的代表，同樣道理，我們不會因為基本法是中國政府頒布，就盲目地支持基本法不民主的政制。

楊孝華議員致辭（譯文）：

我們現正討論總督施政報告提出的政制改革，亦即憲制方案。我絕對同意，我們應注意，總督呼籲市民提出有建設性的建議，有實質的建議，及如對方案內各個範疇有任何地方感到不滿，則提出具體的建議。我甚至在總督未訪問北京之前已在本局指出，總督的方案有一個範疇應加以研究或改善，後來我又在十月二十二日指出有另一個範疇也應加以研究及修訂。我深信我們應接納總督所說

的，他提出的只是一套建議。

　　總督的其中一項建議與選舉委員會有關。上星期我曾向總督提出建議，並將副本分送本局各議員。當有人提醒我本局已辯論過這個題目時，我實在感到相當詫異，我毋需別人提醒。我清楚記得，在辯論這個題目時，我毫不猶疑提出我的意見。我現在響應總督的呼籲，就選舉委員會提出建議。坦白說，我認為與只由區議員組成的選舉委員會比較，我的建議有較廣闊的基礎，更為民主及更為各階層人士所接納。我也相信我的建議能達到選舉委員會所有或至少絕大多數成員以民主、公平和公開方式選出的目標。事實上，各位如仔細研究我的建議，便會發現由八百人組成的選舉委員會，可將三百多位區議員全部按某個界別包括在內。因此，我認為我們應繼續這項討論。我並不贊成中方的下列說法：「我們不會提建議，你們只須翻閱基本法便成。」我也覺得基本法有些方面並未有加以界定；我們不應再爭論，而應齊心合力，嘗試將其合理地界定。

　　關於憲制方案的另一個範疇，我要談論的是功能組別。在這次辯論的較早時間，麥理覺議員曾提及我的好朋友湯俊傑先生。今天早上我和湯俊傑談話時問他：「你為批發商和零售商功能組別努力爭取，老實告訴我，你是否認為你們已得到想要的東西？」他說會和所屬的零售管理協會討論此事，我相信討論快將進行 —— 就在明天。我盼望聽到他的意見。

　　我們異口同聲說應聽取市民的意見，今天早上我正是這樣做。我與香港旅遊業聯會舉行會議，出席者包括旅行社、零售商和酒店店東的代表。會上我看到由香港酒店業主聯會提交的一封信，看來他們已致函總督和憲制事務司，表明他們不完全認為所提供的是他們想要的東西。我認為這方面的討論應繼續下去。

　　今天本局有些議員表示不要銜接，令我感到相當意外。有些議員亦暗示，即使沒有平穩過渡也不會有問題。我覺得這類評論或非常激進的評論，不但對討論沒有幫助，而且不負責任，事實上亦不能反映公眾意見。我認為我們得承認一個事實，就是香港的主權在一九九七年會回歸中國。不過，我相信我們不應只是著眼於一九九五年或一九九七年，我們須放眼一九九九、二〇〇三、二〇〇七年，看看我們如何可達至平穩過渡與銜接，使其持續整段期間，而非只是一年。我們希望本港會維持「一國兩制」，而「一國兩制」的精髓是我們可繼續保留目前的生活方式。我們希望保留資本主義制度。本局議員所發表的言論分化了商界與專

業界、工業家與普羅大眾，令我感到震驚。我認為工業家、商人和普羅大眾皆同坐一條船，而且沒有商業，何來資本主義？

憲制事務司致辭（譯文）：

……我注意到，在所有的演辭中其實都有一個共同的主題，即不論任何憲制改革，均須公開、公平和被港人接受。正如總督已經說過很多次，這正是他提出的憲制方案的指導原則。事實上，這亦是政府的底線。我很高興知道這是本局普遍的意見，而我深信這亦是香港人的意見。

我們建議的憲制方案目的很清楚。一方面我們要按照社會人士的期望，開展更大程度的民主，另一方面我們要滿足大眾的意願，盡可能使到此等改革符合基本法，並因此而能夠跨越一九九七。我們的目的便是在兩者之間取得平衡。正如我今年十月十四日在本局發言時指出，總督曾經多次強調，他提出這些建議，是希望諮詢本港社會人士和中國的意見。總督於上月訪問北京時已開始與中國政府磋商。議員認為，我們與中國政府就此事進行的對話必須繼續下去，我完全同意這個看法。但我要重複一點，就是英國政府絕對不會在不讓港人知道的情況下與中國政府達成任何秘密協議，然後強加於本局和港人。

由於部分議員對總督提出的方案的性質表示懷疑，我認為有必要再次說明，現時這個方案只是一套建議，而不是決定。我們鼓勵議員和社會人士繼續就這些建議表達意見。假若任何人有其他具體建議，我們很樂意聽取，並且以合乎邏輯及理性的態度加以討論。我希望大家對這項要求有正面的看法。這個要求絕對不是威嚇。我曾聽過一些謠言和恐嚇的指稱，但我不相信有任何人會認為這是香港政府的所為。

令我感到鼓舞的是，我們已開始見到社會人士提出一些建議。若干議員曾表示尚未到作出最後決定的時刻，這點我同意。毫無疑問，在此時刻到來前，社會人士和本局會有更多討論。令人遺憾的是，由於我們需要在一九九四年區議會選舉前作好安排，而有關的授權法例還要更早制訂，我們不可能採取先發表綠皮書，後發表白皮書的程序。我們沒有足夠的時間，因此，市民更須現在便表達意見。我們目前打算在明年初向本局提交有關一九九四／九五年選舉的明確安排的

法例。

我想藉此機會向倪議員保證，當局向本局提交這些建議之前，會先徵詢行政局對建議的意見。本局議員屆時將有機會自行判斷這些建議是否真正反映社會人士的期望，以及是否符合本港的長遠利益。

副主席先生，總督亦已清楚表明，我們會以坦率開放的態度對香港市民，因為我們所討論的是他們的未來，而他們要承受我們作出決定所帶來的後果。顯而易見，我們都重視一九九七年前後的政制銜接問題。我完全同意鮑磊議員和葉議員所說，將銜接和民主兩者假設為互不相容的對立面，至為錯誤。鮑磊議員所言不虛，銜接並非單方面的步驟。最終的考驗是，這些安排是否公開、公平及為港人所接納。為港人接納這點不容更改，正如我所說，這是政府最低的底線。為此，各當然議員不能支持詹培忠議員提出的修訂。

1993 年 1 月 13 日
議案辯論：不提交施政報告所概述的憲制方案

黃宜弘議員提出下列動議：

「本局促請政府不要提交該份在一九九二年十月七日總督向立法局發表施政報告時所概述的憲制方案。」

黃宜弘議員致辭：

首先，我向各位同事報告的是，我提出這項動議的原因。自從總督彭定康先生提出政改建議之後，造成中英關係日趨緊張和惡劣，使香港社會繁榮的穩定步伐忽然間緩慢起來。如果繼續下去，會否因本港繁榮受到打擊而影響安定，亦已引起港人普遍的憂慮。通過我之所見所聞，很多香港人，尤其是工商界人士反對彭督政改方案的聲音愈來愈多、愈響亮、愈清楚。到目前為止，已有數以百計的工商業和社會團體，以各種方式和渠道表達他們的不滿。這種勇敢地公開表示反對港府建議的態度，在英國統治香港 150 年以來，實屬罕見。可見他們的憂慮已到達一個忍無可忍的地步，認為需要負起興亡之事，匹夫有責的道義。故而尋求一個解決目前困境的方法與渠道，成為當前急務。

我很相信今日我的動議就是解決中英關係僵局、迅速恢復本港欣欣向榮大勢的一個可行辦法。

在我提交了動議之後，曾接獲立法局法律顧問的函件，認為副主席先生可能會取消我的動議辯論，理由是類似的動議曾經在本季內被提出來討論過。據我的估計，那是指由陸恭蕙議員提出，經麥理覺議員修訂而最終獲本局通過的議案。我必須指出，該動議與我今日所提的動議截然不同。

我的動議並非就總督政改方案本質上的討論，事實上至今我們仍未得悉該方

案詳細內容，而是就程序問題上作討論。我只是促請總督不要把一個獨行獨斷，被中國政府清楚且嚴厲地聲明他們的反對和反感的政改方案提交到本局來討論。

在後過渡期，我們如果真正尊重銜接問題與祈望平穩過渡的話，應該贊成本局所辯論研究的政制方案，都是首先經過中英雙方會談討論，達至一定程度上的共識，才提交本局起監察的作用。否則，本局討論的功夫不只是白費，而且因為本局進行的政制辯論，而加強港府一意孤行的決心，會令中英關係更加難有轉換的餘地。

香港的工商百業人士曾經歷過八十年代初期本港政治前景不明朗的困擾，已很能瞭解前景不明朗、不穩定，甚至比壞消息更難以應付、更具破壞力的道理。將彭督政改方案提交本局討論，以期通過，助長港府推行政改的決心，必然導致九七年中方另起爐灶，而中方為了另起爐灶，需要作出的種種準備，無可避免地會增加本港前景不明朗的因素及依歸上的困擾。只有二十個月壽命的政制方案，不但不能得到國際人士，尤其是投資者的信任與認同，而且這二十個月就活像一個已被醫生宣布患了末期癌症的病人，他本身要健康正常地生活工作，固然會力不從心，就是他周圍的人，要侍候不久於人世的病者，都必會困難重重、愛莫能助與尷尬萬分。再由此類推，由九三至九五年期間，當海外與本港人士都確知港府堅持只有二十個月壽命的政制方案時，不論是港人士氣或者投資氣候，都只會消沉壯志，卻步不前。

我的動議就是誠懇地提出一個中英雙方政制問題上的緩衝點，表示本局對中英雙方應凡事先行有商有量的支持。

與此同時，亦表示本局不對香港政府以至港府背後的英國政府的政制建議負責，那是英國行之於香港後過渡期的政策，並非香港人的主意與策劃。一人做事一人當，不混淆責任與不推卸責任，同樣是負責任的行為。

此外，我要誠意地解釋，我的動議並非針對彭督個人，很明顯地香港問題不一定是由他個人主宰。故意令到彭督丟臉是沒有意義的行動，因為我們包括彭督本人在內也應明白，在香港利益的大前提之下，個人的成敗固然微不足道，甚至政府的榮辱亦屬次要。

我的動議提出來，正是對總督、港府以至英國政府的信任。史有前例，英國近期煤礦事件的處理，以及在一日之內把英鎊利率先升後降，就是一個愛護國

民、大公無私的政府應有的量度與決斷。

各位同事，如果真正希望中英雙方順利展開對話，且有建設性的關係進展，請投我的動議一票。

李柱銘議員致辭：

副主席先生，黃宜弘議員今天提出的動議辯論內容，很多人認為符合中國方面當前〔對〕總督彭定康先生政改建議的基本立場和對策。據此推論，在今日辯論中反對黃宜弘議員的人就是與中方過不去。中國人有一句名言：「苦口良藥」，最難吃的藥往往是治傷聖藥，最不好聽的說話亦往往是金石良言。本人今天要誠懇地指出一個事實，全面打倒總督彭定康的政改方案，其實是背離了中方對香港的基本方針政策，不利於香港的平穩過渡。而鼓吹和參與這個反民主計劃的人，到頭來只會是幫中國倒忙，做成不利於中國的結果。

首先我們必須明白，現時政制爭拗的焦點並不單在於選舉委員會的組成方式和九個新增功能組別的選舉方法，而是香港能否在九七時建立一個真正民主的立法機關去制衡行政部門。這一點是關乎到九七年後香港能否真正落實「港人治港」、「高度自治」的重大問題。在八四年，當中英草簽聯合聲明的時候，香港的立法局是全面委任的，根本不能監察政府。很明顯中英雙方是不想這種殖民地政制延續下去，因此在中英聯合聲明中清楚列明九七年的行政長官要由選舉或協商產生，立法機關全面由選舉產生，以及行政機關向立法機關負責等原則。只要中英雙方按照上述原則和方向發展，到了九七年時，香港將會建立一個民主的政治制度，並藉此真正落實「港人治港」、「高度自治」。中英兩國當時的遠見和意願是史無前例的，也是值得我們欣賞的。

可惜，自八四年以來，香港的民主政制發展卻未如想像般順利。歸根究柢，可以用十個字來形容，就是「中國無決心、英國無勇氣」。在這兩種不利因素結合下，試問香港的民主政制發展怎會順利呢？英國何以無勇氣推行民主？相信對英國現實和功利的政治文化稍有認識的人都不難瞭解。但作為九七年後香港長遠主權國的中國，卻何解會無決心執行自己的聯合聲明中所許下的民主政制承諾呢？確實令人費解。中國的最高領導人曾經講過：「有一個好的制度，壞人都做

不到壞事；沒有一個好的制度，好人都做不到好事，並且可能被迫做壞事」。既然中國的最高領導人也承認制度的重要性，也推許一個良好制度的建立，何以中方卻一直恐懼香港建立一個民主的政制，千方百計加以阻撓，甚至在基本法內為香港未來的民主政制發展設下重重關卡呢？

由於港人的努力爭取，英國終於提出了一個比過往都進步的建議。作為香港未來主權國的中國，自己不提出有利於香港長遠發展的民主政制建議，而讓英國人有機會搶風頭提出，本身已經是一個失策。當英國人提出這個建議，而又普遍受到香港人的歡迎時，中國方面不單不順水推舟，玉成好事，反而紅了眼睛大肆鞭撻，展開全方向的攻擊，誓要制止這套民主改革建議的推行。這種做法更是徹底地錯誤。

其實，彭定康提出的方案有甚麼大不了？這套政改建議既沒有超越聯合聲明中所列明的原則，亦比不上八九年兩局共識方案要將九五年立法局直選議席增至三十席的民主發展速度，究竟有甚麼地方值得中方不顧一切地反對呢？

在過去幾個月，從親中傳媒的報導中，我們聽到一些駭人聽聞的反彭定康建議的原因。據說，中國領導人認為英國人的政改計劃是西方反華大陰謀的一部分，是國際社會一次反華大合唱；同時中國領導人亦接受一種講法，認為於九七年前在香港推行民主，將會使香港變成獨立或半獨立，不利於主權回歸。但我必須實事求是指出，將民主政制發展的結果描繪為把香港變成獨立或半獨立，是完全不合乎事實的不負責任講法；將民主政改提升為國際反華大陰謀，亦是一個憑空捏造的臆測。但可惜，上述兩種講法，容易挑起人的民族情緒，容易鼓動人的對抗意識，對於過往長期與西方國家鬥爭的中國領導人來講，更是容易受落。我實在不希望見到，中方將民主政改無限上綱，跟國家主權和民族利益相提並論，結果扼殺了香港應有的民主發展。這樣只會不利「港人治港」、「高度自治」的落實。

中共總書記江澤民先生最近表示，中英的爭論終有一日會雨過天晴的，當然，雨是不會永遠地落，太陽始終是會出來的，問題是當有一天風雨過後，我們是懷著怎樣的心情迎接雨過天晴的日子呢？我既不希望見到中方做出愚不可及，傷害香港的事情，以至雨過天晴之日，仿如如夢初醒般後悔莫及；我更不希望見到本局的同事，特別是過往長期為香港爭取民主的同事，因為一時想錯，以為現

在採取妥協忍讓的做法，就能解決當前的問題，結果兩面不討好，到了雨過天晴時茫然不知身在何處。

譚耀宗議員致辭：

副主席先生，自從總督在十月份發表了施政報告，提出一系列富爭議性的政制改革方案以來，中英兩國的關係出現了倒退的現象，雙方的合作關係亦出現了前所未見的危機，「平穩過渡」彷彿很難實現了。香港社會亦受到很大的衝擊，政治前景不明朗，股市受到衝擊，外國投資者對香港未來的穩定開始懷疑，市民消費意欲下降，各行業的生意受到不同程度的影響。此外，香港的民意亦因為這場政制爭論而出現了很大的分化，使社會的整體安寧蒙上陰影。

總督的政改建議帶來如此嚴重的後果，完全是由於該等建議使香港政制發展背離了基本法所訂定的方向，不利政制的平穩過渡，因而不被中國方面所接受。如果政府不肯撤回這個帶來危機的政改方案，又想不出其他可行的辦法，貿然將政改方案提交立法局，我覺得這是個推卸責任的行為。

其實，今次政制爭論，導致危機的出現，是完全可以避免，亦是沒有需要的。雖然政府需要對一九九五年的立法局選舉作出一些具體的安排，但政府大可以參考本局在去年成立的選舉事宜專責委員會所提交的報告書，因為那是本局的議員花了大約半年時間廣泛諮詢香港市民的意見和對九五年選舉具體安排的意見的結果，只要翻閱那厚達六吋的報告書，政府便可明白香港市民的意見了。此外，政府亦必須把九五年選舉的具體安排建議提交中英聯合聯絡小組會議討論，因為根據中英聯合聲明附件二，中英雙方應該在中英聯合聯絡小組內討論與一九九七年政權順利交接有關的事宜。我相信如果政府按照選舉事宜專責委員會報告書的建議，對九五年立法局選舉進行設計，並將這些建議跟中國方面磋商，那就根本不會出現目前在政制上的爭論，造成如此嚴重的危機了。

李鵬飛議員致辭：

副主席先生，啟聯成員一致認為不可能支持今日的動議。細讀今日的動議，

發覺無論從那個角度看，都很難成立，因為政改方案既已在去年十月七日由總督彭定康在本局提出，就不可能再由本局請政府不要提交給本局。所以這項動議是於理不合的，因為時光不能倒流，無論我們對總督提出的方案贊成與否，亦不能逃避這個事實。

啟聯呼籲政府能夠從善如流，基於平穩過渡、政治制度的衝接、一貫政策，和各界在方案提交本局後所提出的意見，主動提出修改建議。這個呼籲是基於方案已經提交本局，現在又怎能夠叫政府不要提出呢？

再者，何況自從去年十月，本局已經兩度對政改方案進行詳細辯論，中英雙方亦都展開劇烈論戰。黃宜弘議員在目前情勢下，提出動議，大有可能引起無謂的政治風波，這樣做，不但於事無補，更可能火上加油。我曾數次要求黃議員不要提出動議，但他不加理會。我認為我們在這個時候應對有關政改問題保持冷靜、謹慎、客觀而持平的態度，並且盡我們所能，催促中英兩國回到談判桌上，商討政改問題，以確保平穩過渡。

基於上述理由，啟聯成員不想令事件複雜化，所以會對今日的動議投棄權票。

麥理覺議員致辭（譯文）：

副主席先生，我在就黃宜弘議員的動議發言前，想回應有關新聞報導我改變支持彭定康方案的原本立場，是因為我所工作的公司集團向我施加壓力，而這個集團與中國的金融及商業機構有緊密而不斷擴展的關係。雖然來自其他方面的許多壓力是有的，但從未有人向我施加這樣的壓力。我對彭定康建議所持的態度是憑著自己的個人經驗、信念和良知而取向。我亦意識到有需要堅持做個正直而有骨氣的人。

我原則上大致支持彭定康建議。我贊成彭定康先生採取主動，對他認為屬於港人的真正意願，竭力作出反應。他勢必將有關建議提交本局，因為我們必須就一九九五年選舉的安排作出決定。他曾在香港廣泛徵求意見，然後再將這些意見匯集起來。我相信他甘冒自身政治前途的危險，因為他所提出的建議，雖然都是在聯合聲明和基本法的嚴格法律釋義之內，但定必招致中國的不滿和反對。他可

能嘗試藉著提出這個在我們大部分人意料之外的民主改革方案，以求為英國政府平反在他管治前的十年裏所表現的不成熟行徑。彭定康先生不能因為將這些建議提交本局而受指摘，因為這些建議須由本局予以贊同、否決或修改，同時決定是否通過及在何種程度上通過彭定康建議成為法例，亦正是本局。

我曾設法要使本局今日能就每項建議投票，這樣就能使政府、公眾及中方均對可能被採納的或那些有問題的建議瞭如指掌。本局畢竟已自行對部分建議表示贊同，而且看來也不會反對大部分的建議。降低投票年齡的建議，在短短數年前雖然引起激烈爭論及反對，而部分反對的議員今天仍在本局，但看來這項建議也會順利獲得通過。選區分界及選舉事務委員會的設立肯定會獲批准。設立二十個單議席選區的建議亦已獲接納，並以一人一票的原則為主流，這項建議應可獲本局表決通過。至於廢除兩個市政局及區議會的委任議席，我認為也可順利通過。

此外，本局同意有關選舉委員會的組成方法，但由於中方強烈反對，這項建議明顯須進一步審核，及可能須予修改。

加強 21 個現有功能組別民主化及擴大每個組別的選民數目的建議，照我看來也可能獲得大家的贊同。但建議新增的九個功能組別可接納社會各階層人士為選民，則會遭遇重重困難。

但有一點是肯定的，就是彭定康先生絕對有權提出他的建議。

其實，他有責任這樣做。我們有責任審核這些建議，並以真誠及實際上以香港的利益為出發點，決定對那些建議可表贊同，對那些不可以。我們進行這項工作時，不應以安撫中方為目標，而應旨在作出正確和對香港最有利的決定。

我深信不管怎樣，黃宜弘議員的動議將徹底失敗。屆時中方便會明白到彭定康建議是不會收回的，而會由本局進行徹底的辯論及作出決定。我希望中方瞭解到，這是民主進程的一環。我相信到了適當時候，中方始終會接納我們在這裏所作出的決定。

杜葉錫恩議員致辭（譯文）：

副主席先生，這項動議促請總督不要提交他在施政報告內所概述的政改方案。其實，我私下也曾致函總督，詢問他會否考慮撤回方案。自動撤回方案將是

一項既光采〔彩〕又果敢的行動，因為這方案所造成的影響已震動及分化了我們的社會。

任何人也不應將本身尊嚴置於社會利益之上，而我仍然希望敦促總督能顧及已造成的破壞。現時的英國政府最近已在其本國犯了嚴重錯誤，因此更應加倍小心，避免在本港重蹈覆轍。

無論是中國或是香港人，都沒有獲充分諮詢有關政改方案。此舉不單止偏離了過往的程序，而且更是不民主的表現。英國與北京之間的裂痕已在這問題上到達一個危急關頭，並引起廣泛恐慌與不安。這不但對香港的經濟無益，而且亦因此不利於英國的經濟。

副主席先生，不論我的同事會就這項動議投怎樣的一票，我希望他們在研究總督的建議時（如果他們必須研究的話），能緊記唯一的目標是順利過渡九七，因為我們唯一的希望就是聯合聲明和基本法能得以貫徹執行。假如中英過往所訂的協議受到破壞，正如目前的形勢所顯示一樣，要實現聯合聲明和基本法的理想便會完全幻滅。我想促請總督執行那件光榮的任務，撤回他所提出的方案內那些違反較早協議的建議，好讓他本人和我們各位，都能維護我們服務香港市民的誓言。

詹培忠議員致辭：

副主席先生，首先我要表態說明為甚麼會支持黃宜弘議員提出動議：就是希望有多一個機會就這件事向全港市民表達意願。最後，我會投棄權票。

總督在十月七日提出的施政預告，關於修訂政制的方案中，實際上是涉及九點修訂。其中有四點我個人相信絕對沒有異議。第一，將行政和立法兩局分家；第二，他本人將會不擔任立法局主席；第三，投票年齡由 21 歲降至 18 歲；第四，實施單議席單票制。相信這四點會獲得全體議員的通過。第五點是有關設立政府及立法局事務委員會，這項建議已經取消了；第六和第七點是關於區議員和市政局議員的委任問題。我從報章上得知在 19 區區議會之中，有 17 區議員投票反對取消委任制度。市政局第一次投票結果是 12 票比 5 票。剛才杜葉錫恩議員對我說，昨日市政局已一致通過有關動議，無人反對（當然，有馮檢基議員提出其

他建議）。換言之，這兩點修訂已受到大部分議員反對。故此，我個人認為總督把他的建議提交行政局時，應主動提出修訂，因為這是兩個議會的大部分議員的意見，而且這樣做亦代表了民主精神和依法辦事。若總督不提出修訂或其他行政局議員亦不提出修訂，則我可以大膽說，行政局根本是沒有用的。

剩下的兩點，就是選舉團和九個新功能組別成員的組成。我個人的意見是，總督應在適當時間將這兩點提交立法局審議，讓議員們提出意見，以便作出修訂。修訂的最大理由，是因為英國政府首相和外相曾再三強調：第一，尊重中英聯合聲明；第二，尊重基本法精神。我個人認為這兩份文件，雖然不是十分好的文件，但無論如何，是目前在守則上、法律上和文件上確認了香港人的權利。在沒有更好理由的支持下，怎麼可以不遵守這兩份文件呢？

大家都瞭解香港的成功基於四個因素，我以前亦曾提及很多次。第一：英國和香港政府的制度；第二，香港人的「醒目」和勤奮；第三，中國提供後勤基地；第四，與香港有往來的外國人士和香港人的共同努力。我要再次強調，並非「民主」兩個字便能夠讓香港有今時今日的經濟地位。我們立法局議員中，有部分民主派人士認為有必要加速這個政制的發展步伐，並且再次強調不需要銜接。這樣做是漠視基本法。如果認為這個法律或這個守則對香港人沒有作用時，大家就應該在它還未正式確立之前，加以強烈反對，可是，到了今時今日再提出反對意見，不但於事無補，而且是誤導市民。

我們要瞭解香港今天並非是一個獨立體，亦不是一個獨立國家。在九七年之前，一切有賴於英國法律，就以總督要辭任立法局主席為例，亦需英國修訂法律，何況其他事項呢？九七年後，香港成為中國一個特別行政區，並非一個獨立國家。「我們鼓勵香港人應該出來講話」這句話，差不多是告訴香港人有機會獨立。我個人可以大膽講一句，在目前和未來的情況下，這是絕對沒有可能的，也是對香港人現在或未來的發展沒有好處。為甚麼呢？九七年後香港便成為中國特別行政區，任何真正對香港人負責的從政者，若想和中國對抗而從中取得成功，我可以大膽說一句，這個可能性是絕對沒有的，因為這是政治團體把自己的成功建立在未來中國的失敗上。大家都瞭解到中國現在的經濟發展與香港是息息相關的，如果有些政治團體希望把自己的成功間接建立在香港市民的失敗上，又怎會得到市民的支持呢？民主的演變和自由是分不開的，香港很多人享受著自由，但

是民主卻又如何呢？民主是要時代慢慢進步，才能達至的，而不是被政治團體利用，稱為市民爭取的，因為大部分市民對政治認識和瞭解不深。因此，我希望「民主」這兩個字以後會為香港創造更加好的未來和明天。

馮檢基議員致辭：

　　副主席先生，今日黃宜弘議員提出的動議，是促請港府不要向立法局提出總督在施政報告內發表的憲制方案，對這個建議我不敢苟同，我甚至覺得這個辯論根本是不需要。香港民主民生協進會認為解決現在中英爭拗僵局的出路，不是要總督收回他的方案，而在於究竟中英雙方是不是有誠意聽取港人的意見（不過，我不是想香港獨立）。中、英雙方要重新回到談判桌上，擬訂一套民主而且可以跨越九七發展的政制方案。

　　我同意總督彭定康所說，其施政報告內所描繪的憲制方案只不過是一些建議，而這些建議可以由香港政府自己主動修訂，亦可以由其他人提出修訂，更可以由其他人提出動議取締。因此，為了尊重人人都能夠有發表意見的權利，行政機關有權及有責任向立法機關提交草案和法案。為使行政和立法兩局的職權能夠清楚分開，我認為立法局毋須在這個階段迫總督收回其方案。若議員不同意方案的內容，可以在方案提交立法局時提出修訂，亦可以投反對票去否決總督的建議。至於港府應在何時向立法局提出這個方案及提交的時候應否作出修訂，以及行政機關在聽取本港的民意及掌握了中英的形勢後所作的決定，我覺得立法機關是不需要向行政機關作出任何指示，而我亦相信只有行政機關是最瞭解現在的形勢、民意和實況。

　　本人所屬的香港民主民生協進會曾經發表過對未來政制發展的建議，我們希望這個政制的建議，能夠發展到一人一票方式去普選產生行政長官和立法機關的所有議員。我將會以這個方案作為自己的藍本和原則。我期望港人能夠接受民主，將來向立法局提交的憲制方案，我亦會以此作為量度的準則。倘若香港政府所提交的方案不符合這些原則，我將會提出修訂或反對。

　　我希望各位議員在這個階段努力鼓勵香港人發表對政制的意見，從而使香港政府和中方都能蒐集更多的資料，作為日後審議總督方案的民意基礎。我必須

強調，我與詹議員有不同的看法，如果鼓勵香港人講話等於「搞」獨立的話，那麼，很多人都正在「搞」獨立；同樣，很多社會都在「搞」獨立，這個說法未免過於偏激。這樣很容易令香港人不敢「出聲」，使本港的發展被一些人所壟斷。我相信詹培忠議員都不想見到這種情形。股票市場有越多人參加越好，越多人有不同看法投資就越多，所以我希望詹議員能夠對這個看法再加以思考，希望他能夠加入我們的行列，鼓勵香港人「出聲」。

我建議在兩國外交部長的聚會或者中英聯合聯絡小組的聚會上，在討論到香港未來政制的發展時，應將香港人和香港政團所提出的政制方案與彭督的政制方案一併加以討論和考慮。

黃秉槐議員致辭（譯文）：

副主席先生，我們必須為一九九五年的選舉及早準備一套憲制方案。由於這是與民主有關，因此，應獲得香港市民的支持。這個方案必須受具有約束力的協議所限制。究竟涉及的是那一些協議？

首份協議是中英聯合聲明。香港市民在當時的憲制架構限制下，曾廣泛討論這項聲明達數年之久。這是一項國際協議，對締約雙方均具有約束力，並且已交聯合國備案。這項協議對香港市民具有約束力，而且大部分內容只於一九九七年後才適用於香港。然而，中英聯合聲明第四段卻就締約國於一九八四年至一九九七年這段過渡期間某些政策作出規定。

第二份協議是基本法。基本法在一九九七年後始告生效，因此在一九九七年前基本法不會對任何人具有約束力。

第三是各項中英雙邊協議。這些協議並無提交聯合國備案，可能由中英雙方秘密訂定，而且並無香港人支持。這些協議中，有些是與過渡期有關的，並且特別提及與基本法的銜接問題。這是基本法與過渡期唯一可以有關連的地方。

要制定憲制改革方案，就必須確定有關方針政策的目標。正如我剛才指出，由於首要的協議是中英聯合聲明第四段，有關方針政策必須基於該段的規定來制訂。在該段內，英國政府聲明負責香港的行政管理，以維護和保持香港的經濟繁榮和社會穩定。憲制發展的政策目標必須以中英聯合聲明為依歸，並且必須根據

聲明內所載的目標制訂。該項目標大概是這樣：

「發展憲制，俾能充分達至香港的經濟繁榮和社會穩定，令香港市民及中國政府感到滿意。」

該項目標一經制訂，任何人自行倡議按己意發展民主，都不可能獲得接納。若有人提出建議，但卻沒有證據足以令香港大部分人士，或他們的代表及中國政府相信這項建議能充分達至香港的經濟繁榮及社會穩定，則這項建議便不可行。

由於政府於十月七日提出的建議並沒有上述的支持，而實際上亦沒有附帶任何政策目標，因此有關政策一旦制訂完畢，必須連同其他建議提交本局，以便審核是否符合已獲接納的政策目標。

在此等情況下，我不反對以政府提交的方案作為本局委員會討論的依據。委員會將首先制訂有關政策目標，然後審核收到的各項建議是否符合目標。在這個過程中，本局應邀請中方官員參與討論。要注意的是，中方官員是與本局，而非香港政府或任何英方代表討論。他們應該積極參與，因為既然他們知道中英聯合聲明是在聯合國備案的國際協議，所以便應透過參與討論，來履行中方在中英聯合聲明第四段作出的承諾。

這樣，所有建議均會在有中方代表充分參與的情況下，得到適當的研究及討論，這正是大家樂見的事。由於本局擁有上屆選舉中當選的代表，而該次選舉的投票權是凡已達投票年齡及本港居民均可擁有的，因此，我相信此舉最能符合港人的意願。

當然，我充分明白投票率低是本局能否代表全港市民的最大弱點。但是，這是我們目前所能做到的最佳一途。

副主席先生，基於這些原因，我反對動議。我們總須開展工作，而且由於本局具有民主本質，無論我們從那裏開始，相信結果也會一樣。因此，我們應該積極果斷地善用我們擁有的機會，而不是在毫無充分理由的情況下，以優柔寡斷、消極負面的態度，將努力的成果毀諸一旦。

鄧兆棠議員致辭：

副主席先生，在今天來說，我相信差不多所有香港的居民，都知道我們現正

面對一個非常嚴峻的政治爭拗問題。問題的起因，是總督提出一個政制方案，主要建議是加速香港的民主進程。這幾個月來，這建議引起中英政府及本港內部的嚴重爭論。中方反應是認為這個方案違反基本法、違反中英聯合聲明、以及破壞了中英雙方在基本法公布前交換外交文件中所達至的共識。

政改問題已引起了一些連鎖反應，影響到香港的經濟及民生，對香港人是非常不利的。目前的情況相當嚴重，我相信很多立法局的同事都會同意，我們是有責任將這個政治爭拗的問題，特別是有關政改建議所帶來的後果和影響，盡量向市民解釋，並鼓勵他們發表意見，使有關當局能夠有所遵循。所以，我認為黃宜弘議員所提出的動議，是有其意義的。他提供一個相當適當的機會，使市民對政改的問題更加注視和發表意見。無可否認，當務之急是盡量讓民意得到發揮。

民主政制的發展，是香港絕大多數人的理想目標，但這個理想是需要循序漸進去發展，不能一蹴而就。自從一九八四年中英聯合聲明簽署以來，香港人對民主發展速度已爭論了很多次，故此這次的爭論可說是舊調重提。但今次的爭拗，有重要不同的地方。第一，在時間方面，香港現已進入了準備順利交接的下半段時間；第二，在內容方面，今次總督所提出的政改建議，是與九七年政制銜接和順利過渡有直接的關係。因此，今次政改的建議，不單止對香港政治發展有影響，同時，對整個香港的前途，無論經濟、民生以至對全港市民，特別是下一代的前途，都有關鍵性的影響。面臨這個局面，我覺得香港人應該有富彈性和創作性的態度，去尋求最有效的解決辦法，而不是墨守成規，一成不變。

與其他香港人一樣，我自己亦非常嚮往民主的理想，而且希望在配合香港社會和經濟方面，盡量爭取民主。但我相信，民主理想是一個長期爭取的目標，而且需要其他客觀條件的配合，譬如說要有全面性的公民教育、要有積極參與民主活動的市民，甚至要有成熟的政黨制度。因此民主的發展，不僅是增加一些民主議席，便可達到目標，更加不是一項可在短期內完成的任務。

除了上述長期爭取民主的理想外，香港人還有其他要爭取的目標，而且在時間方面是非常迫切的，現今最重要的便是平穩過渡。我於數月前參加新界西立法局補選，我的競選政綱便是「平穩過渡」。因此，我深深明白到大多數市民，在面對快將來臨的九七問題時，最需要的和最重要的便是平穩過渡。要達到這個目標，我們必須要有政制銜接，同時要加強中英合作，因為平穩過渡不單只包括

立法局的「直通車」過渡，而且還包括六十多個政府部門的過渡、經濟及其他國際性聯繫所要採取的行動。各方面都需要中英的密切合作，然後才能順利安排一切。

目前的政改爭拗，透過傳媒已有很詳細的反映。幾個月來，爭拗的高潮將會在下個月，當總督將政制方案提交立法局首讀時掀起。那時，可能會引起一連串的影響，譬如中英關係可能因此而進一步惡化、當局把政改方案提交立法局，將被中方認為不再遵守聯合聲明、不要基本法銜接，拋棄中英對政制平穩過渡的承諾等。這一切將會影響到香港投資者的信心、嚴重影響興建機場的計劃、影響各行各業，以至整個社會的經濟和民生。因此，香港人須要詳細考慮這個政改的問題，倘若在現今階段，根據總督政改方案而加速民主發展，香港要付出的，可能是很大甚至超乎比例的代價。

目前的情況，是盡量鼓勵市民發表意見，發揮民意，希望從而找到更有效的解決辦法去協調各方面的意見；希望找到一個真正解決政治爭拗的途徑，因而避免一面倒，或者各走極端的情況。本人希望今天的辯論有助於達到這個目的。

憲制事務司致辭（譯文）：

總督去年十月七日在本局公布有關一九九四和九五年立法局、市政局、區域市政局及區議會選舉安排的建議。政府提出這些建議，一方面是順應社會人士明確表達的意願，要對處理本身的事務有更大發言權；另一方面是希望制訂符合中英聯合聲明及基本法，並因此能跨越一九九七的各項所需安排。政府認為這些建議是在上述兩者之間所能取得的最適度均衡。

過去數月，政府的建議引起廣泛討論。根據這段期間進行的一連串獨立民意調查所顯示，市民繼續支持憲制方案，對此我感到欣慰。本局亦先後在去年十月十七日及十一月十一日的動議辯論中表示大體上支持整個憲制方案，特別有關選舉委員會成員組合的建議。

雖然憲制方案大體上獲得支持，但有些批評者，包括今日發言的其中幾位議員，認為政府現應撤回建議。他們的論據是，這些建議在某些方面違反了中英聯合聲明、基本法，以及中英政府在一九九〇年初達至的諒解。我不想在此重申我

們已是眾所周知的立場，以免拖長辯論，但有一點要指出的是，這些支持上述指摘的論據沒有一點是經得檢驗的。

副主席先生，政府仍然堅決相信及衷心認為這些建議是符合香港長遠的整體利益及基本法的規定，並且有利於香港持續的繁榮和穩定，因此，我們認為沒有任何理由不應把建議提交本局考慮。事實上，我們相信市民期望我們詳細審議這些建議，並盡早作出決定。

有鑑於此，在取得行政局的意見後，我們計劃在本年二月期間向本局提交條例草案，使各項建議能付諸實行。為方便議員進行審議，我們會在提交這些條例草案的同時或之前發表迄今所收到的意見書。議員屆時可連同過去三個多月市民提出的其他不同建議，一併詳細審議政府的建議。正如其他條例草案一樣，議員亦可以對這些條例草案作出修訂，因此，一九九四和九五年選舉的最後安排最終將會由本局決定。我深信各位議員會充分顧及市民的意願，而最終達至一套能獲市民信賴和支持的方案。

基於上述原因，三名當然官守議員將投票反對黃宜弘議員的動議。

1993 年 2 月 24 日
質詢：延遲憲報刊登有關一九九四及九五年選舉安排的條例草案

司徒華議員問：

有關一九九四至九五年選舉的條例草案，政府曾表示會於本年二月底前於憲報公布，並提交本局審議。政府可否告知本局，這個目標有沒有改變？假如有所改變，其原因為何？

憲制事務司答（譯文）：

主席先生，英國及中國政府最近數周繼續進行外交接觸。我們繼續表明隨時準備於任何時候在沒有先決條件下舉行會談，力求對一九九四至九五年的選舉安排達至諒解。

我們希望雙方不久可以正式展開會議。為了協助這項工作進行，總督聽取行政局的意見，除了選區分界及選舉事務委員會條例草案外，一直押後在憲報公布一九九四至九五年選舉安排的條例草案。我們認為目前的不明朗情況不可以持續太過長久，倘若不能即將就會談達至決定，我們將須在憲報刊登條例草案。

司徒華議員問：

主席先生，假如在政制問題上的談判達成協議，政府用甚麼方法去保證它能獲得本局的通過？

憲制事務司答（譯文）：

主席先生，司徒華議員提及的終審庭事件與現時的情況已有不同。自去年十月七日總督宣布他的憲制建議後，本局曾舉行多次動議辯論，議員亦已很透徹及充分地表達自己的意見，這些對我們都很有幫助。此外，社會人士亦就這方面進行過多次辯論，其中一些是由傳媒舉辦的。我們亦接獲個別立法局議員，以及市民的意見書。這些意見書已輯成摘要，而事實上，目前我們正考慮是否有需要增訂附錄。還須一提的是，本港多份報章進行過多次民意調查，結果一致顯示，即使社會上某些人士對有關建議提出嚴厲批評，這些建議獲社會人士支持的比數仍為二對一。主席先生，在任何外交談判中，我們定會以上述各方面所表達的意見為指引，同時亦會提醒自己，立法局具有制訂選舉法例的憲法權力。這點我們在任何談判中都會緊記。

楊孝華議員問（譯文）：

主席先生，最遲須於二月內在憲報刊登條例草案這個期限是由政府訂定的，這樣做相信是考慮到有需要及時為一九九四及九五年的選舉作好準備。請問政府，如果須要延遲提交有關法例，那麼可否把一九九四年及一九九五年的選舉分開處理，先通過某些部分，將審議有關立法局選舉部分的最後期限延至在區議會及兩個市政局之後，以便與中方的談判能取得成果？

憲制事務司答（譯文）：

主席先生，有關法例的某些部分的確比其他部分較為緊急，例如選區分界及選舉事務委員會條例草案遠較其他條例草案更為緊急，因為這個委員會預先需要一段時間進行有關工作。不過，若嘗試將有關建議的其餘部分分開，以顯示那些部分較為緊急，那些沒有那麼緊急，這樣做不會為人歡迎或接受，因為各部分之間都是互有關連的。主席先生，我想我們應該心裏有數，最終提交本局審議的有關法例將會非常複雜，而議員亦會希望有盡量多時間來考慮，以求能在本年度會

期內通過成為法例。

倪少傑議員問：

主席先生，憲制事務司稱中英有接觸，希望不久會展開會議，故需要押後在憲報刊登該條例草案；但他又提到不能拖延太久，並且訂出規限時間表。我的問題是，香港政府與英國政府一再表示，可以在任何時間、任何地點恢復與中方會談。政府是否認為為政改草案擬訂過速的立法期限，會顯示出英方缺乏恢復會談的誠意？

憲制事務司答（譯文）：

主席先生，根據我們處理條例草案的經驗；尤其是一些複雜的草案，本局是需要時間進行審議的。因此，我認為我們心目中的時間表是十分合理的。至於誠意的問題，我認為香港政府一向都是有誠意的，現在亦是一樣。我們延遲了兩星期在憲報刊登政改條例草案，已充分顯示我們的誠意。還有一點我要補充，就是在憲報刊登條例草案，甚至將草案提交立法局，都並不表示討論已經完結，這僅意味另一漫長階段的開始。

1993 年 3 月 5 日
總督聲明及答問會：憲制發展事宜的進展

總督聲明（譯文）：

主席先生，容我直截了當地說，能首次這樣稱呼你，是何等的欣喜。主席先生，今午我要發表一項聲明，以實踐我對各位議員的承諾，向他們匯報憲制發展事宜的進展。各位議員大抵已聽過中方高級官員過去數天所發表的多項聲明。我認為我有責任解釋一下現時的情況。

各位議員諒已知悉，中英雙方近數星期在北京進行了外交接觸。我們的目的一直是要探索可否找出一個穩固而又具建設性的基礎，以便雙方就一九九四／九五年的選舉安排進行正式會談。政府上周宣布包含這些安排的條例草案不會於二月二十六日刊登憲報時，曾承諾解釋延遲的原因。今午我正是要向各位議員解釋我們現時的情況。

自我去年十月發表施政報告以來，我們已明確表示願意於任何時間，在沒有先決條件的情況下，就這些選舉安排進行會談，以期與中方達至諒解。本局現正審議選區分界及選舉事務委員會條例草案，行政局在二月二日亦已通過草擬法例，包含我在十月七日所提出的其餘憲制建議。因此，有關草擬法例的內容全無秘密可言，而我們亦於二月六日將一份副本交予中方，並且同時正式重申我們願意於任何時間在無先決條件的情況下展開會談。此外，我們亦已向中方解釋有關條例已準備就緒，可在憲報刊登。

其後，我們接獲中方對會談原則的積極反應。為了確保會談在最好的情況下展開，我在聽取行政局的意見後，決定延遲原定二月十二日刊登憲報的計劃，同時並向中方表明，鑑於有實際需要開始進行立法程序，不能無限期延遲刊登憲報。我們建議一個盡早展開會談的日期，並告知中方我們談判代表團的成員名單。

　　由於中方尚未作出回應，在聽取行政局的意見後，我在二月十九日決定第二度延遲刊登憲報，及後又於二月二十六日決定第三度延遲。我們希望給與中方充分機會作出回應。以我的判斷，各位議員與社會人士均希望我們作出額外的努力，確保得以與中國政府進行有成效的會談。

　　本星期初，我們確收到回覆。儘管我們在進一步的外交接觸內繼續要求盡早展開會談，但至今仍未能宣布開始會談日期。我們已清楚表明準備就緒，可在中英聯合聲明、與基本法銜接的原則及中英兩國所達至的有關諒解和協議等基礎上展開會談。我們認為我們的建議完全符合上述各項，正如我於去年十月二十四日向立法局致辭時所說一樣。

　　我認為告訴各位議員我們現在的情況是正確的做法。在我們方面來說，我們已準備就緒，可立即展開會談。隨着雙方本星期在北京進一步的接觸，現時只有幾點問題仍有分歧，而這些問題是可以和應該盡快解決的。

　　目前我們認為最好的做法是在今天第四度延遲刊登憲報。我樂於接受各位議員提問。

葉錫安議員問（譯文）：

　　總督先生，你可否向本局保證，如果展開會談，這些會談不會在完全秘密的情況下進行，而本局亦會獲告知會談內容及獲得諮詢？

總督答（譯文）：

　　我相信外相較早前已講得很清楚，他曾這樣說 —— 這番話是他在倫敦與這位議員及其一些同事會晤後所說的 —— 我現在覆述如下：「倫敦和北京解決這些問題（他是指憲制這個重要問題）而不考慮香港人的意見，這些日子明顯已成過去。香港已經轉變過來。香港市民已清楚表示很希望在自己的事務上，有較大的發言權。」我覺得合理的做法是作出這樣的分辨：我並不認為我們可以秘密地舉行會談，但相信本局會明白，在會談進行期間，會談的詳情須保持機密。不過，假如真的舉行會談，最後又能達成協議的話，我們須要在會談結束後，說明有關

協議的基礎，我希望在這種情況下，立法局會同意，為了香港將來的利益，我們這樣做是明智之舉。

李鵬飛議員問（譯文）：

總督先生，我同意你對葉錫安議員所提問題的答覆。不過，總督先生，你可否告知本局，就中英政府最終達成的協議是否可以接納一事，政府會怎樣諮詢香港市民及本局？

總督答（譯文）：

我在十月初向本局提交的建議所引起的廣泛關注，令我留下深刻的印象，不單本局議員，甚至整個社會，都對這些建議作出回應。各位議員都知道，在我們提交的一系列方案內所載的建議，很多都是由立法局以外的人士提出的。因此，我可以說，實在有很多人對我們如何發展政制，極感關注。但談到如立法這類事情，而立法是擬訂九四／九五年選舉安排的基礎，便應由本局反映社會人士的意見。我認為這位議員及其一些同事，與及坐在我前面的那位議員，在今個星期解釋香港的憲制事實時已將這點講得很清楚。我們必須緊記，憲制事實並非只是法律書本上枯燥無味的論據，而是普羅大眾的心聲和意見。因此，最終我們顯然會在立法局辯論有關九四／九五年選舉的建議，我希望這些建議是與中方會談成功的結果（假如會談舉行的話）。我們不能夠將這個辯論抽離這個社會，因為整個社會對辯論的結果是極為關注的。

李華明議員問：

總督先生，現時已是第四次延遲在憲報刊登政改法案，但時間上是有一定的限制。我想總督先生回答，究竟你心目中期望，最遲是甚麼日子在立法局通過這一連串政改方案；以及你期望與中方的會談，內容是否會包括你去年十月七日公布政改方案中的七項改革？

總督答（譯文）：

這位議員說得很對，我們已連續四個星期五延遲刊登憲報，這顯示我們很審慎處理。沒有人可以指摘我們匆匆行事。我們已盡力採取和解的態度，提供每一個機會讓會談可以進行。然而，我想別人不會認為我們一直採取的積極、有建設性和諒解的做法，是表示背棄任何原則。我認為一個人的原則如果能夠以合理及積極的精神提出，效果會更佳，這正是我們在過去數星期的做法，也是我於去年十月在立法局發表施政報告時設法闡述的。舉例來說，各位議員可參看施政報告第 128 段。雖然我們已一連四個星期五延遲刊登憲報，但我們當然不能無限期地延遲刊登憲報。我們延遲得越久，則可一如我所願地進行會談的時間就越少，因為會談後——我相信本局所有議員都希望會有會談，而會談的結果是公平、公開及為港人、倫敦和北京接納的——我們便須制訂法例。若從事情發展的末尾倒過來看，就知道這並非無限期的事；我們要面對日子的限制，香港的時鐘與北京和倫敦的時鐘是同步運行的。

楊森議員問：

總督閣下，中方曾多次公開表示，中英重開談判的先決條件，就是中英一旦就九四／九五年選舉達成協議，英方必須確保獲得立法局通過。英方及閣下是否同意這項重開談判的條件？閣下又如何能令立法局在整個中英談判過程中，扮演一個積極的諮詢角色，從而能夠影響中英談判的結果，以免立法局變成一個橡皮圖章？

總督答（譯文）：

倫敦的外交及聯邦事務部昨日發表一項聲明，談到一些事項，並清楚明確地就某些新聞報導作出回應，說明在決定香港的管治方式方面，總督或立法局絕不會被擯諸門外。此外，又極為明確地指出，政府及行政局一直以來，並會繼續全面參與香港政制發展的政策制訂工作。外交及聯邦事務部使用坐在我左邊那位議

員本星期較早時在北京作出的類似措辭，提到立法局的立法職能。倘如我們所願有會談的話，我們無疑必定以積極而富建設性的精神參與，並希望這些會談可得出令人滿意的結果。我不能想像到會有這樣的情況出現，那就是我們認為是一個令人滿意的結果會不獲立法局及港人接納。令人滿意的結果如不為香港接納，對我來說亦不會為任何人所接納，因為本港現在的宗主國及將來的宗主國相信必須關注到，管治機關要得到香港公眾的支持。因此，我希望如有會談的話，能取得積極的成果，同時，我深盼那些積極的成果會得到立法局認可，然而我要重申一點，我不能想像在商談完畢後提出的建議，是一些我本人不相信，而英國政府亦不相信，會獲得接納的建議。

麥理覺議員問（譯文）：

總督先生，我認為你並無回答我的問題的最後一小部分，就是本局有可能修訂中英兩國政府所協議的安排這個部分。我當然明白我們這個憲制立場，但中國政府應該從一開始就清楚知道，當這些安排提交本局通過成為法例時，本局是可以作出修訂的。

總督答（譯文）：

任何提交本局的法例，本局都可以作出修訂，無論外間人士怎樣說，本局都可以這樣做。我相信如果中英雙方達至一個普遍獲得接納的協議，這個協議不單為中英兩國，也為本港市民所接受，那麼本局便會再思、三思或多番思量，才決定是否對協議作出修訂，因為此舉會導致英方須返回談判桌，詢問中方是否同意作出修訂。我相信我只是說出一個顯然會發生的情況。我覺得，如果某些事情是可以接納，並且是中英雙方協議的結果，本局很可能會通過。不過，這位議員已清楚說明在《皇室訓令》和《英皇制誥》內所載的有關規定。

司徒華議員問：

總督可否告知本局，關於中英若要重開談判，中方曾再三強調，英方必須撤回或放棄彭定康方案，同時必須確保協議得到立法局的通過；另一方面，英方亦多次強調談判是無先決條件的。那麼，剛才所提及的是否屬於先決條件？閣下有否放棄自己的方案呢？假如有一日談判重開，到底是中方改變了其立場，還是英方改變了其立場，又或是雙方均改變了立場而達成一個新的秘密共識？

總督答（譯文）：

這位議員亦應知道我素來說話都很謹慎。我不會嘗試越俎代庖，替中方回答問題。這應由中方官員解釋他們自己的立場，並在適當時候說明立場，而我想中方會像過去數天一樣，非常明確地表示出來。但我現在絕不含糊、不加矯飾、不作注腳地重申以往及今午說過的話：我們樂意在任何階段在沒有先決條件的情況下進行商討。如果我們參與會談，便一定會在沒有先決條件的情況下參與。由香港總督在去年十月提出的各項建議，已在立法局經過多番討論，並於二月初在行政局通過，現在仍然擺在我們眼前。經過該程序後，難道還可以否認嗎？如果進行談判，對方須解釋他們的立場。但我希望我已向這位議員及本局清楚說明我的立場、港府的立場、及英國政府的立場。

馮檢基議員問：

按照剛才總督所發表的談話，談判是根據三項基礎而進行：第一是中英聯合聲明；第二是基本法；第三是中英以前達成的協議。中英聯合聲明和基本法這兩項基礎是非常肯定的，因為已很清楚地寫明。但我認為第三項基礎是一個變數，港人都知道中英所達成的協議，就是該七份已公布的文件。我的問題是，總督所提及的「中英達成的協議」，是否包括該七份文件？如果不包括，或者數目不止七份，還有多少份？如果包括，那麼，由於該七份文件內所提到的選舉委員會的協議，有別於總督閣下的選舉委員會建議，這是否等於閣下已經放棄了你所提出

的建議呢？

總督答（譯文）：

其實我今午已多次解釋過，我並沒有放棄自己的建議。我剛才所用的字眼並非隨便想出來的，我所用的字眼是經過小心推敲，細意組織，然後才說出來的。我認為如果進行會談，則可能討論到中英雙方所達成的有關諒解及協議，這點是可以想像的。我希望有關討論不會持續太久，因為我極之期望談判能有迅速的進展。不過，可能有人會討論那句話裏的所有字眼，包括「有關諒解及協議」。其實這位議員可能都知道，對於這些字眼的確實意思，現時說法不一。中英之間的其中一項諒解，就是我們須要討論一九九五年的選舉安排。四個月前當我向本局致辭時，我曾呼籲進行有關討論，另外大約三個半月前當我訪問北京時，我亦說我會很樂意進行有關討論，所以如果有關討論現在就開始進行，我會感到很高興。但是，我須要重複我剛才說過的一點 —— 可惜我今午未能宣布會談開始 —— 就是我希望中英雙方能迅速解決所剩下的幾點問題，因為我認為我們不能無限期地延遲在憲報刊登有關條例草案，以及為一九九四／九五年的選舉作出理智的安排。

1993 年 4 月 21 日
議案辯論：就一九九四及九五年選舉安排進行全民投票

司徒華議員提出下列動議：

「本局促請政府就九四／九五年的選舉安排進行全民投票，以便使本局在審議有關條例草案時有所根據，從而確保本局在此方面所作的決定能符合公開、公平及港人接受的原則。」

司徒華議員致辭：

主席先生，這是一個歷史性的關鍵的時刻，這是一個歷史性的關鍵的會議，這是一個歷史性的關鍵的動議。明天，中英重開會談，我這個關於「全民投票」的動議，抽籤被安排了在今天提出。這雖然是一個巧合，但卻巧合得非常有意義和切合時機。

總督彭定康先生，曾提出香港政制改革的三個原則：就是公開、公平、港人接納。中國港澳辦主任魯平先生，對這三個原則，也曾表示認同。就九四至九五年三級議會的選舉，進行全民投票，以全民投票的結果作為民意的根據，在本局審議和通過有關的條例草案，還有甚麼其他方法，是比這樣更符合「公開、公平、港人接納」這三個原則的呢？沒有，再沒有任何其他的方法。其實，反對「全民投票」，就是反對根據這三個原則，去解決香港的政制改革問題。

有人指控，倡議「全民投票」，就是搞「獨立、半獨立」。發表這種危言聳聽、妖言惑眾的謬論的人，請他張大眼睛，讀一讀一九八九年二月草委會通過的《中華人民共和國香港特別行政區基本法（草案）》。

該草案附件二《香港特別行政區立法會的產生辦法》第三條說：「在第四屆

立法會任內擬定具體辦法，通過香港特別行政區全體選民投票，以決定立法會的議員是否全部由普選產生」。第四條說：「如上述投票決定立法會議員全部由普選產生，從第五屆起實施；如投票決定不變，每隔十年可按第三項的規定再舉行一次全體選民投票」。

雖然，《草案》上述的條文，在最後通過基本法定稿時，被刪掉了，但刪掉的原因並沒有被指控這是搞「獨立、半獨立」。在有關上述「全體選民投票」的討論過程中，從提出，到通過，到最後被刪掉，都沒有人說過這是搞「獨立、半獨立」。在通過有「全體選民投票」的《草案》時，全部國內草委都投贊成票，其中包括有姬鵬飛、李後、魯平、周南等人，反而我和李柱銘議員是投反對票。假如說倡議「全民投票」，就是搞「獨立、半獨立」，那麼始作俑者，並不是我或港同盟。

有人說，進行「全民投票」，會進一步分化目前對政改意見紛紜的港人。假如意見一致，就沒有進行「全民投票」的必要，「全民投票」就是要解決對重大事件意見紛紜的方法。從十八世紀末到一九七八年九月一日，全世界共舉行過 540 次全民投票，其中瑞士舉行了 297 次，是最多，其次澳洲 39 次，法國 20 次，丹麥 13 次。最近，也有不少國家就《馬城條約》舉行了全民投票。這些舉行過全民投票的國家，至今還是完完整整的，人民沒有被分化，國家更沒有被分裂。

有人認為，自從總督彭定康先生提出了政改方案以來，在所有的無數次的民意調查中，已顯示出，民意的大多數是贊成甚麼、反對甚麼。那麼，就不必再進行全民投票。首先，全民投票的權威性、可信性、被接納程度等，遠遠高於民意調查，多少次結果一致的民意調查，也不能取代全民投票。其次，在有關全民投票的民意調查中，各次都是以贊成全民投票來解決當前政改爭論的人佔多數。持這種觀點的人，如果是真的這樣尊重民意調查，他們也應該尊重支持全民投票的民意調查。

有人指出，「全民投票」目前在香港並沒有憲制上的約束力，所以不贊成。其實，過去和現在，本局的大多數動議，都是沒有憲制上的約束力的，只是作為民意的反映。議員在本局發言辯論，投票表決，從來並沒有因為這些動議沒有憲制上的約束力而表示反對的。最明顯的例子，就是通過「撤銷公屋富戶政策」的動議，這個動議雖然通過了，但房屋委員會和房屋署仍然置若罔聞。這就是一個

憲制上沒有約束力的動議，為甚麼對這個動議投了贊成票，卻又以同樣理由不支持「全民投票」的動議呢？這是不是雙重標準，「葉公好龍」呢？「全民投票」雖然沒有憲制上的約束力，但卻有強大無比的道德力量，使每一個人（尤其是民選的議員）不能忽視，要按照全民投票的結果去遵從民意而決定自己的立場。只有害怕或無視這種道德力量的人，才會因為「全民投票」在目前不具有憲制上的約束力而加以反對。

有人覺得，政制問題太複雜，不宜作全民投票。自從去年十月七日，總督彭定康先生在施政報告提出了政改方案以來，全港市民就此進行了六個月的熱烈討論，並非毫無認識。在一直以來眾多的關於政改的民意調查中，很少人覺得問題太複雜、不瞭解而不作反應。其實，政改爭論集中在兩個焦點上面，第一是大選舉團的組成，第二是九個功能組別的界定和劃分。核心問題只有一個，就是香港是否需要一個更多市民參與的制度。

根據報道，自由黨的李鵬飛議員，將會在我提出動議的發言後，提出程序動議，把我的動議押後。押後到甚麼時候呢？還不知道。至於押後的理由，大抵可以猜想得到，無非是明天就舉行中英會談。

我在開始發言時，說「這是一個歷史性的關鍵的時刻，這是一個歷史性的關鍵的會議，這是一個歷史性的關鍵的動議」。為甚麼說「歷史性的」、「關鍵的」呢？正正因為明天重開中英會談。中英會談重開，港人不願意做被出賣的豬仔，就更應該進行全民投票，向會談的雙方，表達出港人的意願，要求他們遵從和接納港人的意願而達成協議。

自由黨提出押後動議，假如是認為全民投票會妨礙會議的話，那麼，即是等於他們認為，香港人表達意見和香港人的意見，是妨礙會談的；這也即是等於認為中英會談時，都不必聽取港人意見，協議徹底拋棄「港人接納」的原則；這也即是等於，出手幫手把港人綁起放進豬籠裏，當作豬仔出賣。

自由黨要求押後的，不單只是「全民投票」，而且是關於「全民投票」的動議辯論。連動議的辯論，也害怕某些人不喜歡聽見，可謂服侍周到，心細如塵。這些還不是豬仔心態嗎？

我雖然不同意你的意見，但也要為爭取你發表意見的權利而奮鬥。這是起碼的民主精神，自由黨今天要扼殺這個動議的辯論，就是連這一點起碼的民主精神

也沒有。各位議員，不管你們是否贊成我的動議，但希望你們有上述那一點起碼的民主精神。

李鵬飛議員致辭：

主席先生，本人根據會議常規第 30（1）條建議押後辯論司徒華議員的動議。

司徒華議員剛才提到我的押後建議，認為像「賣香港人豬仔」。但我相信他不明白，因為在中英展開談判前夕，辯論進行全民投票的動議是絕對不合時宜的。在目前這關鍵時刻，推出這個鮮有立場的全民投票，只會加深中英雙方的矛盾。自由黨瞭解到，談判是經過中英雙方努力才得以開始，可以說是得來並不容易，而且市民對今次的會談寄望很大。因此，目前我們應該積極地自我克制，不需要擺高姿態，否則只會火上加油，令原本已很複雜的談判更加複雜。經過了半年多中英政制爭拗的困擾，香港人現時最大的心願就是中英雙方能以談判的方式來解決問題。任何人如果明白港人現時的心態，目前都應保持耐性。我們自由黨的原則，不會做、亦不會支持任何對談判不利的事情。自由黨明白到談判要成功絕不容易，但我們仍抱著信心。過去我們訪問了倫敦及北京，促請中英雙方為了港人在互相尊重、互相合作基礎上，開始談判來解決政制的爭拗。因為我們自由黨與廣大的市民都一樣，都明白到中英不合作，香港就不會平穩過渡，而最大的受害者就是香港人。基於這個確認，我們知道要忠於港人，為香港設想的話，就必須堅定地爭取中英雙方開始談判。在過去多月來，我們被人惡意攻擊、扣帽子，但我們仍堅持要與中方對話，在香港的利益及香港市民意願的大前提下，恢復中英的合作，確保香港能夠平穩過渡，我們不怕受譏笑及指摘，亦不會因而氣餒。因此，為確保中英雙方能順利談判，從而重新展開合作，自由黨是反對港同盟在這時候動議全民投票。至於我們為何希望押後而不是完全取消動議，將由周梁淑怡議員作出解釋。

周梁淑怡議員致辭：

主席先生，我希望李鵬飛議員押後辯論的動議能夠獲得各位同事的支持。自

由黨支持全民投票這個機制。事實上，去年十月初總督彭定康先生在施政報告提出政改方案後，率先倡議全民投票的就是本人。後來港同盟亦要求全民投票，並且曾經嘗試安排在十一月四日提出動議。但是，我要強調的是，他們所要求的全民投票，題目與我的完全不同。當時本人倡議的全民投票有一個大前提，就是如果中、英雙方無法就政改方案達成協議，無法達到銜接和平穩的目標，我們便應舉行全民投票，讓市民決定是否願意在明知不銜接的情況下，繼續推行這個沒有前途的方案。

要知道，中、英自八二年，為香港九七前途問題開始談判，至彭定康方案公布以來，始終都是強調中英雙方以制度銜接為本，務求達到平穩過渡。這是兩國政府對香港人的承諾，也是彭定康先生時刻不停掛在咀邊的東西。萬一這個在基本法頒布落實的目標，現在因種種發展而達不到，英國和港英政府就要誠實地告訴香港人，並向港人諮詢，是否要推行一個沒有前途的政改方案，換言之，到最後決定性階段，由全體市民決定一些不能單靠代議政制或一些九七年後不再留在香港政府服務的官員所能代為決定的重大問題。由於這是一個關乎香港前途的決定，後果要由香港人承擔。假如舉行全民投票，目的是去瞭解民意，我們實在毋須徵用全民投票這個勞師動眾的工具。因為我們已有很多其他渠道去蒐集民意，更何況到今天，經過半年多的中英爭拗，民意是怎樣已十分明確。

港府亦已發出文件，就政改方案諮詢市民。在現階段，大多數市民首先要求中英雙方坐下來，以談判方式解決問題。既然民意是這樣，為甚麼港同盟還要節外生枝？司徒華議員在這個關鍵時刻提出這個動議，會妨礙談判的進行。既然港同盟過去曾經以中英仍然在商討為理由，自行押後當日打算提出的類似動議，為甚麼今天不能以同樣理由押後這個動議？要知道，這樣做才是真真正正尊重大多數香港人的意願。

剛才李鵬飛議員已清楚說明押後全民投票辯論的原因。自由黨希望中、英雙方能夠透過談判圓滿地找到一個為香港人接受的協議。假如談判失敗，我們可以舊事重提，要求進行我們所倡議的全民投票的辯論。

過去港同盟先後力促總督將政改方案刊登及提交立法局，令中英雙方妥協的機會越來越小，因而不利談判。這樣做無論以那一個角度來看，都不能說是顧及港人的意願，現在到了關鍵時刻，沒有人希望見到渴望已久的談判受到破壞，本

人希望港同盟能夠顧全大局，支持押後這個動議的辯論。

倪少傑議員致辭：

主席先生，關於司徒華議員動議就九四至九五年選舉安排進行全民投票，本人強烈反對。中英明日重開的會談，不單是各界的期望，而且對香港的未來也極其重要。我們應盡辦法為這次會談營造良好的氣氛，而不應讓這個全民投票的辯論帶來任何破壞性影響。本人相信，全港市民也不願意讓港同盟，把我們賴以生存的蓬勃經濟，再一次帶到崩潰的邊緣上。所以，理應撤回辯論全民投票的動議。

中英談判的重開可謂歷盡艱辛，各界均希望明日重開的中英會談會帶來苦盡甘來的成果。這個重要的轉機，實不應被具爭議性的全民投票所破壞。中方一再重申在兩個主權國代表的會談過程中，不容許有「三腳凳」的情況出現，英國外交部次官顧立德也承認這一點。據四月十五日的報道，顧立德次官曾向中國駐英大使馬毓真表示，這次談判只是兩個主權國之間的事。在這中英積極醞釀消除雙方歧見的敏感時刻，在港進行全民投票只會構成一個新的壞影響，阻礙中英無條件的商討，談判的大門可能因這些不同聲音、自以為是的一種聲音所困擾，因此而再次關上，本港的社會和經濟也必然再受沉重的打擊。若這情況真的出現，港同盟能否承擔這個責任呢？

有人也常常強調，港人不應短視，只重視目前的經濟利益，而忽略了未來政制發展的重要性。但以工商業為主導的香港，穩定的經濟是港人賴以生存的基礎。我們不容許本港經濟再節外生枝地舉行全民投票而再受打擊。事實上，過去數月，香港經濟表現已經反覆不定，以香港恒生指數表現來判斷，市場對中英爭拗異常敏感：單是因為彭督入院而上升，因選舉草案刊登憲報而下挫，幅度達二百點有多，使股值損失了五十億元，創今年最大跌幅，更是自政改爭論發生以來的第四大跌幅。然而，當中英政府宣布恢復談判，股市立刻回升多達 371 點。觀微知著，彭督政改方案是否得人心，仁者見仁，智者見智，自有分解。這些事例證明，香港經濟發展與政治不能脫鈎，而為了保障香港經濟能穩步發展，任何不合時宜、未經深入研究的政治動作，只會增添社會不穩，為經濟發展埋下計時

炸彈。全民投票的動議也不例外。

總括而言，我們應把中英明日的會談放在首位。不應讓今日全民投票的辯論，對談判平添新障礙，這才是目前維持本港經濟穩定和讓政制發展重回軌道的上策。

李柱銘議員致辭：

主席先生，自港同盟提出全民投票要求以來，不少人提出疑惑及抨擊，當中有無意的誤解，亦有刻意的扭曲。今天本人很高興終於在九時半能夠有一個理性討論的機會，去清楚表達我們對全民投票的立場，本人會首先說明港同盟對全民投票的理解，包括其理念、效用及地位，然後會就中國政府及香港政府對全民投票的立場作出回應。

在理念上，港同盟向來重視民主、自由和普及公平的公民政治權利。我們堅信全民投票是公民的一項基本政治權利。有人認為香港過去在重要的前途問題上，也沒有進行過全民投票，為何九五選舉安排卻有此必要呢？我們必須明白，中英聯合聲明簽署時，本局全部議員仍由委任方式產生，到九〇年基本法頒布時，立法局亦未有直選議員。故此在一個仍未民主化的立法局內，沒有全民投票的動議是完全可以理解的。今天，立法局已引入直接選舉，香港市民的民主意識也不斷提高，我們要求全民投票正是順應香港民主化的大趨勢。故此過去沒有全民投票並不代表這是合理的，也不代表我們現在或今後沒有這需要。第二，在效用上，全民投票是為香港市民提供全面參與未來政制安排的渠道，為中、英雙方最後的決定或協議，給與最大程度的認受性。第三，在地位上，有人質疑香港並非主權國，無權進行全民投票，無疑現時香港的憲制文件，《英皇制誥》、《皇室訓令》並沒有給與全民投票在憲制及法律上的地位，但這並不表示我們現在不能進行全民投票。港同盟所建議的全民投票，作用不在憲制上的約束力，而是在於道德上的約束，為立法局及中、英雙方提供一個清楚的民意指引，任何違背全民投票結果的協議及決定，都要承受違反民意的道德譴責，而港同盟是願意受這全民投票結果的約束。

中、英兩國政府雖然在政制安排有很大分歧，但遺憾地，在壓制港人參與方

面卻猶如兄弟一般，同聲同氣。總督彭定康先生認為全民投票會令社會分化，新華社張浚生先生認為提出全民投票十分可笑，港澳辦魯平先生更認為搞全民投票等如搞獨立。他們說這些話，要是出於誤解，就反映了他們淺薄的政治識見；但若是出於刻意扭曲的話，則暴露了他們對民主的真面目，在聲稱維護港人利益的背後，其實對民意毫不尊重。

主席先生，首先我們看看全民投票究竟怎樣令社會分化。在任何多元化民主國家，社會成員對重大問題存有不同觀點是最正常不過的。正正因為社會存在不同意見，我們才需要進行全民投票，去作出一個最終決定。假如社會在重大問題上出現分歧時，迴避進行全民投票，社會的分歧一定不會消失，只會在市民心中沉澱下去，成為下一輪衝突的根源。試看法國《馬城條約》全民投票結果，投贊成票的只有 51%，法國社會是否因此陷入嚴重分裂的境地呢？認為社會出現分化的根源是在於全民投票，是倒果為因的錯誤提法。全民投票不單不會引起分化，而且有助疏導民意，提高市民參與政治的積極性。

至於全民投票是否可笑，本人認為說這話的人心中其實是害怕全民投票，害怕面對全民投票的結果。港同盟過去已清楚地表示全民投票並不涉及主權問題，與國防外交無關。九五年的選舉安排是本港內部事務，而且不具憲法地位，與甚麼搞獨立完全拉不上任何關係。美國加州就州內事務進行全民投票，是否表示加州會脫離美國聯邦獨立呢？這種扣帽子的方法實際上是暴露了他們心中的恐懼。

啟聯成員自總督公布政制方案後，一直認為中、英未能就九五選舉安排達成協議時，才應該進行全民投票。這其實是一種逃避責任的心態。本人認為無論政制安排達成協議與否，都應該進行全民投票。近期加拿大就憲制改革方案所進行的全民投票，便是最好的例子。當十個省政府以一年談判時間，加上三大政黨、工會及工商團體支持，在滿足各方要求後，商議出一個共識方案，結果在全民投票中卻被選民拒絕。這充分反映出即使在一個民主國家中，政府的決策亦未必符合民意，政治人物與公民在認知上仍會存在差距。所以日後中英雙方能否達成協議，全民投票勢在必行。全民投票並不是一種解決中英矛盾的權宜之計，而是給與港人參與政制安排的權利，去影響中英雙方的決定。

經濟日報一項調查顯示，59% 的被訪者認為應進行全民投票解決政制問題，反對的只佔 20%，明顯可見，市民是渴望擁有參與政制安排的權利。現時港同盟

正全力向中、英雙方爭取在政制安排上：港人有知情、諮詢及參與的權利，這爭取是在堅持原則的情況下以積極態度與雙方溝通，使她們能接納港同盟的建議，瞭解到公民投票的重要性。

相反那些因中國反對而千方百計阻撓本局討論，逃避責任的同事，事事因恐怕得罪中國而放棄原則，委曲求全，究竟如何能挺起胸膛去承擔時代的責任。

譚耀宗議員致辭：

主席先生，「全民投票」這個概念或者機制，從理論上而言，是一個政府要求其國民就重大的事情發表意見並作出抉擇。對這個概念我並不反對。

不過，我想指出香港現時的憲制裏以及九〇年通過的基本法，都沒有全民投票這個機制。而在這個後過渡期裏，一切重大的問題，凡是影響到香港的過渡的，都必須要按照中英聯合聲明的規定，經由中英雙方通過談判磋商解決。在這些過程中，香港人可以提出各種意見和建議供中英雙方考慮。在未來四年多的時間裏，由於政權的交換，肯定會有很多事情要研究及找出解決的辦法。但如果動輒就弄個「全民投票」來處理問題，就是不顧現實，不理後果的行為了。這樣做只會為香港帶來更大的政治衝擊。

不過，既然今天有議員要提出有關「全民投票」的動議，我也想就動議的內容提出一些質疑。司徒華議員認為要為九四和九五年的選舉安排進行「全民投票」，以使本局在審議有關條例草案時能有所根據。這樣說來，彷彿使人覺得本局的議員並不是生活在香港，不瞭解民意，不能觸摸到市民的脈膊，在審議法例時無所適從。那麼本局的議員是否很缺乏民意的代表性呢？另外，動議提到要進行「全民投票」，才能夠確保本局在作出有關政制安排的決定時，能夠符合公開、公平及為港人接受的原則。我要指出的是，在過去本局曾就無數事情作出過決定，而並沒有進行過「全民投票」，這是否意味著所有的這些決定都是不公開、不公平及不為香港人接受的呢？

再說，「公開、公平及為港人接受」這些原則是總督在推銷其政改方案時的常用語。當然，這個原則看來是很難反對的，因而被提出原動議的議員加以引用，奉為信條。然而，日前有一位資深的媒界朋友向我指出總督這個原則，似乎是隱

含著一種否定了自從八五年以來立法局的選舉，否定了基本法內容的意思。我希望這不是總督的原意，以否定過去一切，包括否定在座各位自八五年以來透過不同方式而產生出來的議員同事，來突出其政改方案的偉大。

此外，我也想在技術層面上探討「全民投票」的可行性。一般而言，全民投票是要求投票的市民就一個問題的是或非，贊成或反對來作決定。但是，若要用全民投票的方式去決定九四和九五年的選舉安排，問題便會變得相當複雜了，因為自從總督發表政改建議以來，社會各界對九四和九五年的選舉發表了不同的意見，試問有關選舉安排這樣複雜的問題又怎可以用「全民投票」的方式去決定呢？而其結果又是否公平呢？

何況，自從政改方案出台以後，中英發生爭論，導致關係惡化，香港的民意便曾出現過很大的波動。事實上，從去年十月至今的多個民意調查可見，港人的意見往往會因應著政治形勢的變化而轉變。在目前的政治形勢下，用「全民投票」的方式要求市民在一個特定的時間裏就政制安排作出抉擇，那是否公平呢？是不是輕率地讓市民去作一次賭博呢？在這個問題上進行「全民投票」，看來似是對民意的尊重，實質卻是對市民不負責任的做法。

梁智鴻議員致辭（譯文）：

主席先生，香港人現時的健康欠佳。

香港人長期面前前景不明朗，內心充滿憂慮及感到沮喪。目前的政治爭拗更是致病的根源。過去數月來，香港人經歷多次情緒波動。面對有關未來選舉安排的「傳聲筒」外交政策、政治誹謗及恐嚇，他們企圖找尋一個喘息的機會。

他們聽到一些傳聞，指爭拗存在著形式式的陰謀，他們亦看到一些醜惡的咀臉，但許多人卻假裝若無其事。

儘管如此，他們的情緒愈來愈緊張。

我相信他們許多人都知道，他們希望兩國政府能就未來選舉採取甚麼安排，以及他們希望看見怎麼樣的持續繁榮及穩定局面。畢竟，他們在抒發意見方面，曾經受到挫折。有些人已經放棄，有些人感到灰心，而更多人則噤若寒蟬。

主席先生，我們就算不能把此病醫好，也必須把病情控制，以免不滿的情緒

最終演變為暴力的宣洩行為。

全民投票可能是鬆弛他們的緊張情緒的正確藥物。如果中英兩國重視他們的意見，則絕對有助他們康復。

我希望我們不會被指摘玩「三腳凳」的遊戲，一如倪議員剛才所說的。我們應該視全民投票為兩國政府渴望知道港人意願而表現的誠意。「港人治港」及「高度自治」的概念已被宣傳得太多太濫，現在正好讓我們用全民投票來做體現這些概念的試金石。

主席先生，全民投票亦可顯示兩國政府關心市民，而不是背棄市民，及有時甚至只顧政府的利益而「強姦」民意。

長久以來，兩國政府把全民投票視作禁忌或危險地帶，不肯觸及。對兩國政府來說，這樣做的好處，固然是它們可以繼續操縱民意，並且加以利用以謀取自己的利益，弊處是它們對一般市民的想法無從掌握。

主席先生，這方面存在著危險。

這條導火線可能會導致不可避免的爆炸，情形一如以往所經歷的。倘若真的發生這樣的事件，兩國政府的威信會嚴重受到打擊，在這個歷史性關鍵時刻，這樣的打擊對兩國政府來說，都是無法承受的，亦會令許多人聯想到「港人治港」以及「高度自治」這些動聽的概念，只是蒙蔽他們的糖衣毒藥。

主席先生，今晚在座的同事中，有政治學者及法律專家，包括憲制法的專家。故此，若我在此深入剖析全民投票的定義，並無多大意義，特別是有關全民投票應否在法律或道義上有約束力的問題。

司徒華議員只是希望能夠舉行在道義上有約束力的全民投票。我相信我們都承認，香港不是一個主權國家，故此不可能進行有法律約束力的全民投票。

有些人會反駁說，本港過去已不時舉辦一些獨立的民意調查，試圖找出香港人對未來政制的取向。不過，這些調查都不能與全民投票相比，因為雖然全民投票可能沒有法律約束力，但每名市民都可參與投票。

另一些人或者會辯稱，舉行全民投票絕非易事。可是這並不代表不可能做到。事實上，我曾在所屬選區舉行規模細小的全民投票。

去年十月，我曾向我組別的全體成員發出共 7,500 多張問卷，就七項選舉建議其中六項，徵詢他們的意見。

到十二月底，我一共收回 1,100 多份問卷。總括而言，支持建議的比例頗高。除了那項保留新界區議會及區域市政局鄉事代表的當然議席的建議外，70% 至 90% 的被訪者均贊成全部建議。

此外，我也曾就選舉委員會的建議，進行較細規模的調查。

不過，自從總督提出有關選舉安排的建議後，香港就一直面對前所未有的政治動盪，以致許多人，且不問他們的做法是對或錯，都對這些選舉建議重新考慮。因此，我已答應選民，在有關實行選舉計劃建議的條例草案呈交立法局審議後，會舉行另一次民意調查。

我相信香港政府有能力舉行全民投票。事實上，現時過分激烈的政治爭拗，使本港更有迫切需要去舉行全民投票。

主席先生，總督的選舉建議一直是過去幾個月來爭執的焦點。不過，無論起因是甚麼，這事現已被擱置一旁。上周宣布舉行中英會談，人們已把焦點轉向「直通車」的問題。這是否意味著英國政府已在香港的民主問題上認輸？這是否表示英國政府開倒車，透過以「直通車」銜接的概念尋求較安全的避難所？香港人是否會再次被出賣？

主席先生，北京政府不是容易滿足的。除了「直通車」（即制度本身）之外，他們現在還告訴我們另一件事——「車上的乘客」亦須合乎資格。對於兩國政府展開會談的重要基礎或底線，我們真是摸不著頭腦。

那層籠罩著明天會談的「朦朧」而又神秘的面紗，只會令香港人感到不安。我們獲悉會談將會絕對保密，故此我們不會知道兩國政府閉門會談的情況。

如果我們不獲悉談判的進展，我們又怎能表達我們的意見及意願？

因此，我促請中英兩國，以及特別是香港政府，它們必須讓香港人知道會談的進展。

主席先生，由於我們十分懷疑兩個主權國會否公開會談的進展，政府更應在「已同意的安排」提交立法局後，舉行全民投票。

我認為全民投票的好處，在於每名選民都有機會參與決定。同樣地，每名選民亦有機會透過投票履行公民義務。有權利必有義務。全民投票可能是政府履行承諾的最實際辦法。

黃匡源議員致辭（譯文）：

主席先生，我對此事的立場是建基於去年十月以來我從所屬功能組別收集到的意見。我認為那些反對就一九九四／九五年選舉政改進行全民投票的人士提出的論點，在此刻特別顯得合乎情理及實事求是。這些論點大致可分為四類。

政治原因

最令人感到憂慮的一點，便是就香港政改進行全民投票，將會對明日展開的中英談判構成障礙。

主席先生，我認為建議進行的全民投票的目標基本上是錯誤的。現在兩個主權國正設法解決問題，因此無論英國政府、港府或本局均肯定不可能想在這個時刻改變基本法的精神及內容。

社會原因

從會計界提出的意見當中，大多認為香港人對政治漠不關心，而且對香港的政治情況一知半解。市民就本港政制及基本法進行的辯論亦不足夠，因為對一般市民來說，這些確是既複雜又不熟悉的課題。社會科學研究人員曾提出警告，指出民意不應支配公共政策，特別是對問題還未充分探討時為然。眾所周知，香港的民意素來變化很大，並且很容易受到為求達到各種目標的政治宣傳影響。

在這個階段進行全民投票亦會製造社會分裂，將社會分成勢均力敵的兩派，這樣一定會對香港的安定有不利影響。去年九月《馬城條約》簽署前歐洲股市出現動蕩，便是全民投票帶來反效果的有力證據。

經濟原因

此外，我們還須解決一些技術性問題，即設計一份既簡單有效而又不偏不倚的問卷、投票率、宣傳開支及行政費用。一九七五年英國曾就「加入歐洲自由貿易共同市場」這項問題進行全民投票，最後動用了納稅人相等於 1.32 億港元的金錢，這足以顯示進行全民投票耗費龐大。

技術原因

我認為最大的障礙是我們很難釐定接納全民投票結果的標準。我們怎能確知會得到絕大多數人的支持？如果結果是 51 對 49，或甚至 50 對 50，我們又怎麼辦？如果投票率低於 50% 又怎麼辦？我們能否聲稱已獲得保持緘默的大多數選民的授權？

主席先生，我相信全民投票並不是為一九九四／九五年選舉安排徵求民意的最有效渠道。自從去年十月以來，各政黨、社會壓力團體及大眾傳媒紛紛進行民意調查，但至今仍很難確定實際上有多少人支持總督提出的建議。一直以來，香港大學的社會科學研究中心均密切注視市民對政改方案的意見。該中心指出有 35% 的市民支持政改方案，有 15% 反對，而保持中立的則有 50%。然而，該中心接著作出補充：「有 50% 的答卷人說他們不明白有關建議，這種對有關建議並不瞭解的情況，不禁令人懷疑市民在決定支持或反對整個方案時，究竟瞭解多少。」

更重要的一點，就政府為有關一九九四／九五年選舉編製的兩本集錄中所載的 93 項建議經分析後，顯示其中有 30 項建議「贊成」、38 項「反對」、25 項「無關宏旨」（即那些有關重劃選區分界及設立新功能組別議席的建議）。這些建議來自社會各階層，而且並沒有受民意調查的問題影響，因此應能真實反映香港人對這問題的意見。

作出決定

這些調查結果應能提供具體基礎，有助本局就一九九四／九五年選舉安排作出決定。鑑於市民顯然對此事意見分歧，本局必須對此作出決定，這實在是責無旁貸的。美國學者 Sherry Bebitch Jeffe 對一九八四年在美國一項投票中只有 230 票一事有這樣的批評：「人們對不能發揮效用的議會、不能領導人民的州長及問題不獲解決已感到厭倦。」我們身在本局，就是因為市民大眾不願花時間參與所有公眾事務。

主席先生，香港人對要求更多民主的強烈願望與他們清楚顯示對社會安定的渴求實在是相輔相承的。基於上述原因，請容我向一些要求加快民主步伐的人士直言，我相信並無足夠理由以這個方法達到目的。作為一個對香港的安定及繁榮堅信不疑的人，加上會計界在這原則上與我看法一致，我不能支持動議。

張文光議員致辭：

　　主席先生，本來我已準備好我討論全民投票的講稿，但在今天的辯論中，出現一些新的觀點、我想先對這些觀點作出回應。第一個觀點是來自倪少傑議員的演辭。他認為在中英談判或很多好的因素（如總督入院）影響下，股票便會上升。這使我有一個很強烈的感覺：股票彷彿是我們生存的唯一指標。我認為股票在反映香港的經濟方面十分重要，但卻非唯一，更不是所有香港市民唯一生活的指標。正如香港有很多人並無持有股票，他們也要生活。他們的生活是依靠甚麼保障？他們的生活不是依靠彭定康長期入院令股票上升去保障，他們的生活是依靠一個民主制度，一個反映他們意願的民主制度。設立一良好的生活機制，去照顧及保障他們的生活，我認為這些人是我們社會首要關注的重要對象之一。我自己在大學是修讀經濟的。我想股票是否上升，是與國際的因素和本土的經濟實力有關的。正如倪少傑議員是一位實業家，正因為香港有無數這類實業家，在他們努力下，才能為香港的經濟奠下穩固的基礎，然後使股票可以在這基礎下上升。短期內靠一個人入院、靠一個人說一句好的說話，使股市上升，這是「政治市」；政治市的特色是有時虛火上升、有時是過敏下降，不過，無論如何不是我們生存的唯一指標或絕對的指標。

　　第二，有人（也是倪少傑議員）說，正因為香港處於一個敏感的時刻，我們不應該得到敏感的民意。然而，敏感的時刻換另一角度而言，便是一個關鍵的時刻。在關鍵的時刻不聽取民意，那又要在何種時刻才聽取民意？今日我們提出全民投票的動議辯論，但有沒有人說今日便要在香港進行全民投票？答案是沒有。如果這個動議辯論得到通過，將會在適當的時候再作辯論。有謂今天提出動議辯論便會影響中英談判，破壞千辛萬苦得來的成果，這種說法是時間誤差，而不是事實的反映。我想問一個問題，正如我剛才問的，如果我們今天真是同意全民投票，又或者中英一旦達成協議，在時間上來說，全民投票這個問題已經不再敏感，那麼，倪少傑議員、自由黨的朋友，你們去投票嗎？你們是否參加全民投票？如果那也不去，那還有何時是他們認為不敏感的？

　　第三，譚耀宗議員說動輒便全民投票是不顧後果的做法。對不起，我們從來也沒「動」過，不獨是沒有動過手，連動口也被罵。何時有「動」過全民投票呢？

念頭就曾動過。可惜譚耀宗議員接著便說，過去立法局作過很多決定，也沒有說要全民投票來作實的，沒有尋求全民投票的支持。這句話恰好便證明我們過去很多立法局的決議是未動議過以全民投票決定。何曾有甚麼全民投票呢？怎能說現在首次提出用這種方式去全民投票便是「動輒」？

第四，也是譚耀宗議員說的，他認為太複雜，政制方案如此複雜，怎樣投票呢？普羅市民是不瞭解的。其實，事情本來是不複雜的。我們局內最率直的劉慧卿議員提出一個最不複雜的政制方案，便是六十席直選。如果拿這個方案給市民投票，是一點也不複雜的，是否進行全民投票呢？如果進行的時候，便拿這個方案出來，我擔保只要明白事理的，都可以就這個六十席直選方案投「是」或「非」。然而，為甚麼六十席直選這個政制方案明明是好的，卻不能提出呢？只不過是有人將「立法機關由選舉產生」這幾個字盡量弄得複雜。在「選舉」這個詞中，在直選以外增加一些功能團體選舉、大選舉團的選舉。「世上本無險，庸人自設關。」將事情由簡單變成複雜，然後用複雜的理由阻止我們作全民投票的決定，這是本末倒置。

黃匡源議員說如果現在我們進行全民投票，便會對中英談判做成障礙。但他有否想過，如果沒有全民投票，他又會否對市民參與自己未來的決定做成障礙？障礙不是單方面的，如果我們眼中只有中英政府，卻沒有香港市民，他的障礙便是天大於一切。但請看一看，我們旁邊五百萬的民眾，他們有否機會、有否一個小小的途徑，或起碼有一個途徑，去表達意願和聲音？有否給他們一個微薄的行動去說出他們是人，還有最小的權利？沒有。因為我們眼中只有政府。政府怎樣產生？沒有人民，又何來政府？沒有人民的授權，這個政府只是獨裁的政府。

今天司徒華議員提出的全民投票動議，只不過是在市民已被廣泛地剝奪很多權利的情況下，開啟一個微小的起點。可是這個起點已經被視為大逆不道，這樣我們還談甚麼民主？談甚麼高度自治？主席先生，我原來預備的講稿內有太多陳腐之言，有很多人已說了，所以我今天直率地就一些論點向各位同事作出回應。

詹培忠議員致辭：

主席先生，今日司徒華議員提出的動議包括兩事項，一是香港的政改問題，

另一是全民投票的問題。

首先，我就政改問題提出我的意見。一九九二年七月九日總督抵港履新時曾向香港市民承諾，要令香港順利過渡九七年。但自十月七日他提出其政改方案後，這六個月已在香港引起很大的震盪。這種情形根本與他在去年七月九日所作的承諾不符，同時，亦將香港市民分化，因為大家有不同的意見，對於剛才張文光議員所講的，就絕對不能贊同。我們尊貴的議員有權表達他們的意見。張文光議員不應妄加評論。他只能表達他自己的意見。總督提出其政改方案目的何在？英國政府在政改或其他方面一直以來有否為香港人設想？相信在座各位議員及在收音機旁邊的聽眾都知道，答案是絕對沒有。香港人所擁有的權利已被英國政府「踢走」。自一九四八年以來，經過四、五次的立法後，香港人自動擁有的英國國籍由「有」變成「無」。試問英國有否為香港人設想過？答案很明顯——沒有。第二，英國人是否夠膽為了經濟或其他利益跟中國政府對抗到底，特別是為爭取多幾個直選議席？答案是否定的。

無可否認，在中英聯合聲明中，中國政府承諾「港人治港」及「高度自治」，但大家不要忘記，這個基礎是建立在基本法上。換句話說，全港市民若要高度自治，高度自主，一定要遵守基本法的規定，若果超越基本法，只能等待九七年基本法實施後，經中國人大常委正式通過才能提出修訂。在去年十月十四日、十月十一日及其後黃宜弘議員動議的這三次辯論中，大部分議員，尤以第一、二次的辯論為甚，都是支持總督彭定康先生的政改方案。局內三位官守議員亦都反對銜接論。但是明天在北京舉行的會談已強調銜接論是絕對要遵守的。我們在這裏辯論這些事情可說是「嘥精神，捱眼瞓」，也令人覺得我們在這裏嬉戲。

我們要明白，英國政府為何經常要提出這些事情，分散立法局及全港市民的注意力。就是我剛才所說，本港市民基本上擁有一些權利，英國政府最怕全港的市民醒覺，向它討回我們應得的權利，故此經常製造其他事端，令到傳媒也好，全世界也好，將注意力放在其他事情上，從而忘記我們應得的權利及應得的權益。我可以大膽說一句，總督彭定康先生不久就會「返回」英國，快則大概在本年年底，遲則在明年年底。他不會在香港終老。英國政府下一屆的選舉最遲在九七年初舉行，若他在本港的任期持續至他自己所說的九七年六月三十日，我可以說一句，他會錯失下次的英國大選。他的目的不是在香港做，他會為上次在

「Bath」競選落敗雪恥。他今後的政治前途全靠他返回英國的表現。他不會在香港
為我們「捱世界」，「捱到」一九九七年六月三十日，或甚至更早。故此，我們為
甚麼要為這個不可行的政改方案「嘥精神」？

返回全民投票的問題，全民投票是自由社會所擁有的一種權利。對此我絕對
承認，亦絕對支持。但目前司徒華議員提出全民投票，是絕對不可行的。我再次
強調我從來沒有說我的意見是絕對正確的，但我不會誤導全港市民。要市民做一
些不可行的事，尤如將他們推向牆邊，這是很可憐及不應該的。司徒華議員自以
為是一名智慧很高的從政者，但他自己做不來的事，卻要全港市民來支持他，這
根本就是妙想天開。我在此忠告港同盟的議員，你們應該建立你們的信心，不要
跟著彭定康那不切實際的方案走，而是拿出你們的勇氣，服務全港市民。你們應
就其他問題爭取全民投票，例如剛才已通過的，反對執行死刑問題，甚至富戶政
策等。就政改方案舉行全民投票根本上是不可行的。我很希望港同盟議員盡快返
回正軌，為本港的將來奮鬥。

馮檢基議員致辭：

……我覺得全民投票是一種全民集體決定的政治行為。全民投票要做得好，
做得理想，有兩個先決條件：第一，就是有關政權需要認同全民投票是人民最高
和最後的決定，投票所得的結果，有關政權必須執行，否則全民投票對政權毫無
約束力，人民對此方式就會失去信心。第二，全民投票的內容必須為人民所瞭
解。要做到這點，投票之前的醞釀工作非常重要。人民在投票之前要瞭解投票的
內容，就正反意見充分進行討論，而且認識到不同的投票結果會對社會帶來一些
甚麼不同的效果。以最近一次香港大學進行的模擬全民投票為例，總投票人數只
得 20,000 人，比預期的 80,000 人少了許多。我認為導致這個投票人數偏低的其
中兩個原因就是：（1）投票的結果無約束力、支持或反對那一方，對政府毫無約
制，毫無影響。（2）投票之前，普遍市民對投票的內容沒有認識，所以社會的醞
釀及討論的不足是會影響投票的結果，舉例說每次的議會選舉，政府和參選人士
都進行大規模的宣傳，選舉的醞釀足夠，才鼓勵市民去關注及瞭解候選人，瞭解
他們的政綱，再進行投票。但如果這個選舉的結果並非最後決定，例如得票最多

的候選人並非必然當選，只作為政府選擇的參考或根據，我想這種選舉，有興趣投票的市民一定是很少的。投票的結果亦未必能真正在政府日後的施政中反映出來。

談到司徒華議員今日動議辯論的措辭，有三點我認為是值得商榷的。首先，動議指出，促請政府進行的全民投票，其目的是使到本局在審議有關九四／九五年選舉安排的條例草案上有所根據。「有所根據」是可圈可點的。據我理解，「有所根據」是無約制性的，當局未必一定要根據投票的結果行事，只是尊重某些議員的道德價值。正如剛才所說，這樣的投票結果並無約制性，如果立法局亦可以不依從的話，將會令全民投票這個形式起了一個很壞的先例，將來再舉行全民投票時，市民會失去信心。

其次就是九四／九五年的選舉安排，現在是由中英兩個國家、兩個政府去談判解決。很明顯，兩個國家將來如果可以達成協議的話，中英兩個政府在法理上應該尊重和遵守的。作為英國政府轄下地方政府的香港，除非英國政府明文規定今次的協議將交由香港立法局或行政機關或香港全民投票決定，否則我看不到任何實際上及法理上的根據去進行全民投票。除非我們不同意這協議的時候，我們可以有最後的決策權力。

今次司徒華議員的動議，並沒有向英國爭取我們作為一個地方政府可作出一些有約制力的決定權，並將這項權力交給我們香港人。所以我看不到全民投票的結果可以約制香港政府，更約制不到立法局，因為大家都知道，立法局內有各門各派的議員。這個可以有最高決定權的全民投票，便會降格為一個民意調查，如果是這樣，用全民投票方式去做一個民意調查，我覺得有兩個問題：第一，民意對民主的訴求已經很清楚，不需要再調查，而是要爭取。第二、勞師動眾地去得出一個結果，但政府又可以不跟隨，好比將一件成人衣服給嬰孩穿著一樣，是不適合的。辯論的措辭提到就九四／九五年的選舉安排進行全民投票，但選舉的安排包括立法局、市政局、區議會三級議會的範圍。立法局的選擇之中又包括分區直選、功能團體組別選舉和選舉委員會等複雜的選舉安排方式，當然其中亦包括彭督的方案、各界的多個不同方案，而全民投票的一個大特點就是將這麼多的複雜的社會意見歸納為一個簡單的意志決擇。

動議的措辭又沒有指明究竟全民投票的內容是甚麼，究竟是投彭督方案、投

中英日後的協議方案、抑或投民協的方案，或者其他政團提出的方案？而全民投票究竟是在協議之前抑或協議之後進行呢？這些都未有言明。基於措辭之中對全民投票這個行動對政府和立法局都沒有約制力，以及投票之內容不夠清晰，我覺得是難以支持這個動議。

不過，民協和我對全民投票作為市民一個最後和最高的機制，是一向支持和爭取的。以往在基本法的草擬過程之中，我們力爭將全民投票這個法制寫在憲法裏，這一點在九七年之後，我們依然會繼續爭取，將此變成基本法的條文。屆時在「一國兩制」的高度自治原則下，香港特區除了在國防外交事務外，其他的內政事務均有自主權，而全民投票則屬內政事務。

我現在回應司徒華議員所說，為何立法局無憲制約束力我們也一樣投票。我的態度就是，立法局最後的結果如對政府有影響的話，我們要在立法局爭取將這種影響變成事實。如果立法局的動議結果對政府無影響的話，我更加要清清楚楚地在立法局這地方講清楚我們的理念、講清楚我們的要求。因此我們如果得到一個只是民意調查式的全民投票，我不能投贊成票。我只能投棄權票。我在此向大家保證，民協在八七年爭取全民投票，今日爭取，九七年之後亦會繼續爭取。

劉慧卿議員致辭：

主席先生，我發言支持司徒華議員的動議，但首先我多謝張文光議員代我提出一個問題，就是若舉行全民投票，內容應是怎樣，答案是六十席全面直選。見到港同盟有一些思想先進的人士，我感到非常欣慰。我希望這些思想可在港同盟廣泛流傳。

主席先生，我循一九九一年九月立法局選舉進入本局。我在本局發表的第一份演辭就是提出全民投票的要求。當時我說香港人無權決定自己的將來是十分可悲的。我提到一九八四年當中英政府就本港的前途頒布中英聯合聲明時，香港就應立即舉行全民投票，好讓香港人決定自己的未來。一九九〇年，中國政府頒布基本法，香港亦應舉行全民投票。現在就九四／九五年的選舉而要求全民投票，一點兒也不過分，但這麼小的要求也有人反對，實在令我感到非常詫異。我亦相信他們完全不知道香港人心裏所想的是甚麼。主席先生，在這幾個月內，我出席

很多公開論壇，很多時都提到香港的政制改革，市民的反應未必一定非常熱烈，但當被問及應否用全民投票的方式去決定推行政改的方案及推行民主的步伐，在場人士大部分都舉手說好，贊成用全民投票的方式去決定。我希望政府勇敢地承認，香港廣大市民很希望有機會透過全民投票去決定未來的政制。若用立法局和全民投票比較，那一個機制所作的決定更為市民接受？我希望政府有勇氣承認，市民認為用全民投票方式來決定，結果更為他們所接受。我自己多次考慮在新界東（一個差不多有七十萬人的選區）舉行全民投票，但我自己絕對沒有資源推行這項工作。因此我希望政府仔細考慮可否在香港推行全民投票，使我們可對自己的將來擁有小小的自決權。

主席先生，今年一月當啟聯成員前往英國訪問時，外相韓達德向他們表示中英秘密談判的日子是一去不復返。明天談判便開始，我希望梁展文先生稍後回應時，會告訴我們英國政府在這次中英談判中如何實現它的承諾及香港人怎樣參與？主席先生，彭定康先生不斷叫人支持他的方案，現在卻有一個危機出現，就是可能變成他一個人做獨腳戲。為甚麼說獨腳戲呢？因為我相信本局的議員和六百萬的市民都覺得他們無從參與這個制訂過程。他們只得站在旁邊，一是拍手掌，一是責罵。這是否總督提出令香港有一個民主政制的應有做法呢！否則就是他自己在做戲，做明星，我們各人完全沒有辦法參與。我相信總督完全未能落實自己當初的承諾。我希望梁展文先生稍後回應時會告訴本局和香港廣大市民，在這個困難時刻，怎樣才可以參與決定我們的前途？

我亦想回應倪少傑議員剛才所提到的恒生指數。很多傳媒時常引用恒生指數來反映港人的反應。每一次有消息時他們都引用恒生指數，以為這個指數就代表香港人對發展的反應。我覺得恒生指數只代表一班投機者，一班想用很短時間賺錢的人的反應，這絕不代表六百萬人對自己前途的反應，我希望本局的同事和傳媒不要再引用恒生指數。說它代表投機者的反應就可以，用這個指數來代表六百萬人的反應，我感到非常憤怒。

有同事提出香港人的意願是甚麼？我相信大家都同意三點：（1）希望有安定繁榮；（2）希望有民主發展；（3）希望有人站起來，代其向中國說話，而不用受中國欺壓。其實這三點可能有矛盾，也就是我們面對的困難。政制的問題很複雜、很重要，所以我們要讓香港市民掌握自己的未來，讓他們作出決定，而不是

由一個只得三分之一直選議席的立法局來決定。我希望政府要三思，雖然它曾多次說過不准、不會及不容許香港舉行全民投票，但在這個生死存亡之秋，我希望政府想一想，因為很多市民對一個只得三分之一直選議席的立法局沒有太大的信心。我自己承認，我希望政府將來會以六十席直選議席或退一步用一個如梁智鴻議員所說的轉了軚的方案作為投票方案，以供市民決定。

李永達議員致辭：

本人支持司徒華議員的動議，以全民投票去決定未來本港政治的發展，因為這是一個最直接及最清楚的方式，使市民共同決定自己生活地方未來政制的安排。在過去十年，無論在中英談判，新機場協議及即將進行的九四、九五年的政制談判，都是由中英兩國政府進行，完全排除港人的參與。由兩個不能夠代表香港市民的政府去談判，去決定香港人未來的政治生活模式是何等的諷刺。但作為香港人，我們要據理力爭，將本來已屬我們的權利奪回，掌握在自己的手中。進行全民投票便是最具體的做法。

主席先生，反對全民投票的人，除提出原則問題外，亦提出一些似是而非的技術和程序問題去反對全民投票，這些觀點包括：

（1）在過去半年已有很多民意調查，毋須再進行全民投票。

（2）在香港進行全民投票對政府並無憲制上的約束力，所以進行全民投票是毫無意義的。

其實上述兩個觀點明顯犯了重大的偏差。全民投票絕不等同民意調查，前者是一種政治參與，後者是一種研究民意趨勢的方式。民意調查無論怎樣嚴謹，都是有一定的偏差。況且，接受民意調查的人士瞭解到他們只在表達一種意見而不是作出一個政治的決定，所以與實際的投票是有分別的。

中英雙方時常在不尊重民意的情況下決定香港事務，市民的無力感亦已在民意調查中反映出來。在眾多有關九四／九五年民意調查中答無意見的就時常高佔四成，雖然全民投票在本港對政治無憲制上的約束力，這點譚耀宗議員及馮檢基議員都提到，但一個公開、公平和市民參與的全民投票結果，必然對兩個政府產生強大的政治道德壓力，迫使兩個政府去跟從市民的意願。以英國制度為例，全

民投票一樣對國會沒有約制力，但一九七五年英國曾就應否留在歐洲共同體舉行全民投票，而國會亦得跟從全民投票的結果作出決定。

至於提出的第三個技術觀點，就是香港一般投票率低，全民投票的結果不能夠反映全體市民的意見。首先，全民投票是給與每個成年人一個權利去決定自己社會的未來，是一個最公平的方法，有些人不去行使這個權利，但我不能由此推論全民投票不可取。去年舉行的美國總統選舉，大概只有一半的選民投票，而克林頓只得三成選民的支持，我們可否荒謬地說，克林頓總統不能代表美國人民！英國國會上一次選舉只得七成的選民投票，而保守黨只得七成投票者的大約四成支持，實質低於三成的選民支持保守黨，我們是否因此就說保守黨不可以代表英國的人民政府？

最後，反對全民投票的意見是說全民投票太複雜和沒有充分時間準備。這點譚耀宗議員已提過，全民投票過程和選擇其實並不複雜，最低限度它比民建聯和譚耀宗先生所倡議的「比例代表制」簡單得多。假若全民投票在中英達成協議之前舉行，投票選擇的方案是可以有兩個：（1）就彭定康先生的方案投贊成或反對票或（2）就彭定康先生的方案或中方提出的方案和民主的方案作出投票。假如全民投票在中英達成初步協議後進行，投票的選擇亦有兩個：（1）就初步達成的協議投贊成或反對票或（2）就達成的初步協議和彭定康方案和民主的方案作出選擇。

港同盟對於選擇是持開放的態度，任何其他更有建設性的選擇都是可考慮的。鑑於彭定康先生所提的方案和基本法，在社會上已有長時間辯論，市民已有一定的認識，而其他方案如大力加以宣傳，市民亦會明白。關於時間問題，英國在一九七五年舉行全民投票只用了四個月的時間籌備，便正式舉行投票。香港地方少，有多年選舉的經驗，加上投票站及投票安排已經有一套完善的系統，相信用四個月或甚至更少時間便可完成籌備工作。

主席先生，今日所討論是一個大是大非的問題，任何技術和程序上的藉口，都是站不住腳的，這些理由與十九世紀英國貴族以知識理由去剝奪一般工人和婦女的投票權，或與南非的白人歧視黑人而剝奪黑人的政治權利，其實並無分別。部分人用一個糖衣藉口去達到由一小撮人去決定和控制大部分人的未來。各位同事，希望大家能夠拿出勇氣將這些違反人民意願的獨裁手段投入歷史的垃圾堆裏。

梁錦濠議員致辭：

主席先生，今日的辯題是中聽不中用的全民投票。法國文學家羅曼·羅蘭有句名言：「自由、自由，多少罪惡假爾之名而行。」其中的哲理可謂放諸四海而皆準。漂亮的政治口號往往悅耳動聽，在適當的意識形態包裝下，每每更能蠱惑人心，迷惑大眾，其社會實際效用比其文字表面含義更為重要，因此衡量政治人物的政治建議，他們實際上的所作所為所造成的社會政治效果，才是真正的客觀標準，美麗動人的言詞反而中聽不中用。

總督彭定康先生是個一流政客，他雖然失意於英國政壇，但以超級政客姿態君臨香港，以其長期政治作秀的經驗，要玩一兩齣政治把戲，可謂牛刀小試，游刃有餘。他履任時一改過去殖民地長官的傳統，以微服民裝姿態宣誓就職，固然一新耳目，在施政報告中大開期票之餘，拋出表面聽來「民主」有加的政改方案，更配合史無前例、親自赤膊上陣的公開答問宣傳活動，亦彷彿為本港政壇帶來一番新氣象。一時之間，似乎「民主」已是垂手可得，港人被逗得心花怒放之餘，也就忘記了總督本質上還是個殖民地官僚。他效忠的始終是英國女皇和英國政府，權力根源自英國，歸根結柢亦只能為英國利益服務。

然而，紙畢竟永遠不能包住火，而群眾儘管可以騙倒於一時，長期而言，眼睛還是雪亮的。半年以來，彭定康的政改方案究竟有利於香港的民主發展抑或只是英國利用作為與中國討價還價的政治工具？究竟是有利於社會安定繁榮抑或是製造社會動蕩不安？究竟是有利於平穩過渡、順利銜接，抑或只是激化矛盾、加速分裂？相信不用我多費唇舌，大家已經有目共睹，一清二楚。

所謂「符合公開、公平及為港人接受」的原則，說得多麼動聽，但實質是怎樣呢？政改方案完全是彭定康個人及其智囊團閉門造車，事前不獨社會大眾完全不受諮詢，恐怕連行政局成員也不知就裏，這種作風，連過去最封閉時期的殖民地總督也不如，而那些是民主，那些是獨裁，一目瞭然，又何「公開」之有？

功能團體選舉本是政治怪胎，顧慮到香港特殊的歷史因素，作為過渡時期的政治安排，也未嘗不可。但改變功能組別的選舉方式，以個人代替團體，貌似「民主」，實質更不公平，試問有百多二百萬人竟然可以有兩次投票權，簡直是怪胎中的怪胎，又何「公平」之有？

　　總督口口聲聲說自己的方案只是建議，而且是歡迎任何反建議，但面對尖銳的批評及與其相反的建議，卻視而不見，聽而不聞。在造成僵局後，對於中英重開談判，這邊廂說願意在無先決條件下與中國展開談判，那邊廂便自把自為將方案草草登憲，製造先決條件。倘若你以為總督立場堅定、態度強硬，在他返英述職期間再列出三項條件而全力支持總督，便大錯特錯，因為不旋踵，英國政府就宣布同意以「三符合」作為基礎與中國重開談判。這種飄忽不定、前言不對後語、亮著眼睛說瞎話的作風，又豈能為「港人接受」？

　　因此，現在司徒華議員提出以全民投票方式決定立法局對總督政制方案的立場，表面看來似乎按照民主原則至高無上，無懈可擊，但客觀上不過為總督彭定康的方案鳴鑼打鼓，為他個人製造政治籌碼，對中英談判只會帶來障礙，完全違反了香港廣大市民要求中英雙方盡快打開僵局的願望。事實上，如果要全民投票的話，恐怕首先需要投票決定的便是總督能否代表民意，以及他的去留問題。因為退一步說，如果全民投票否定彭定康方案，那是否意味著他應該引咎辭職呢？根據常識判斷，大家都知道那根本是不可能的事，因為倘若殖民地的人民可以通過全民投票去決定殖民地主子的去留，殖民地還會是殖民地嗎？

李華明議員致辭：

　　主席先生，有關全民投票的問題，匯點認為作為一種決策機制，和在香港的憲制內應否引進全民投票的方法，是可以加以研究探討的。在一些其他國家和地區，也有全民投票作為直接由市民決定的一個程序。不過，我們一向認為，不應把全民投票方式高度抽象化為一個唯一最民主的，或是在任何情況下都屬最佳、最恰當的決策方法。社會上很多問題，特別是關乎公共政策和公共利益取捨的問題，往往牽涉多方面、多層次和多角度的考慮，需要在綜合辯論的基礎而能夠達至較能獲得社會整體接受，對社會帶來較大得益的抉擇。簡單地答「贊成」或「反對」的全民投票，並不一定是最有效和最富積極意義的社會決策方法。事實上，建基於議會辯論的代議式民主制度，就是提供一個較全面深入的民主機制去處理社會重大事務，這是香港自八十年代社會上爭取民主政制的一項主要目標。

　　當然，就算有代議政制，亦可能有一些時候，在具體的情況下，適宜引入全

民投票的方式去解決社會上的重大爭議問題。但是，在引入全民投票機制之前，我們必須清楚而慎重地釐訂全民投票運用的準則和程序，保障不會受到濫用，或構成妨礙議會代議功能正常操作的手段。在香港社會裏，爭議的問題幾乎每天都有，較嚴重的例如：今日剛通過廢除死刑問題、船民問題、輸入勞工問題、新機場興建問題、公屋租金富戶問題，是否這些問題都應交由全民投票呢？又或是先交全民投票，然後立法局依照全民投票結果行事作出決定呢？那樣，對立法機關有怎樣的衝擊和影響呢？

基於以上的種種考慮，匯點反對在未有細緻周詳地研究全民投票的機制和運用準則之前貿然進行任何全民投票，因為這對香港政制的發展是好是壞，實難估計。

回到今天，由司徒華議員提出進行全民投票的動議。匯點希望提出兩點：（一）社會上，包括本局，直到今天並未有認真討論這全民投票的憲制性含義和實行上的種種利弊問題。（二）目前香港的憲制現實（除非修改《英皇制誥》及《皇室訓令》）包括未來香港特別行政區基本法，若果不是的話，根本不容許舉行有民決及複決意味的全民投票的。如要舉行全民投票，先對上述憲制文件作出修訂。

或者有人會說，他們不追求有民決作用的全民投票，而只是要求搞一個具參考作用的全民投票。對於這種觀點，匯點亦認為：第一，全民投票假如沒有民決意義，就不是一個真真正正的全民投票，對參加投票的市民來說會產生混淆，因為這樣的所謂「全民投票」極其量只是一個民意蒐集或調查。第二，全民投票若只具參考作用，那麼立法局議員便有自由依照或不依照投票的結果，這樣無約束的全民投票對解決問題根本起不了作用。

我們認為：反映民意的方式很多，社會各界發表的意見、市民簽名、各項民意調查的結果等。而綜合過去多月的民意反映，民意是傾向支持政制進一步民主化的。至於代表民意，我們的民選立法局議員是政制上的民意代表，若本局各同事皆能忠實地依民意行事，民意就會得到重視和照顧。假如我們逃避民意，則一個不具約束力的所謂「全民投票」也無濟於事。

由於司徒華議員的動議在立論上對全民投票的作用，界定含糊，匯點不能贊同。

楊森議員致辭：

主席先生，全民投票並不是一個難於掌握的概念，而討論是否應該進行全民投票亦不需要矯飾的理由。要考慮的其實是一個很簡單的問題：即是否要讓港人對政制方案有參與及決定的權利。如果將這次辯論視為擺政治姿態或搞獨立的前奏曲，都是狹隘及誤導市民的講法。港人希望在過渡期間參與決定本港政制是不庸置疑的事實，也是港人的基本權利，亦是完全符合聯合聲明和基本法賦予香港高度自治的承諾，因此港人藉著全民投票，決定政制方案，是十分合情合理、自然不過的事情。

我們必須明白今次投票的意義，如對全民投票這項動議投下反對票，除表達自己的政治取向外，更重要的，是否定幾百萬港人表達自己對政制發展意見和權利。這是對港人的一種剝奪、剝奪他們的政治權利。除了剝奪港人的政治權利之外，投反對票根本上亦表示放棄全民投票對解決政制問題所產生的積極作用。其實不論中英談判的結果如何，立法局最終也必須審議有關的政改條例草案。在這個重要問題上，盡責的立法局議員是應該讓市民的意願得到清楚的表達。這樣可達至兩個積極的作用：（一）為議員之間分歧的意見提供尋求共識的指示；（二）提供一個道德的力量，令政改結果得到港人接受。

根據現行的憲制安排，就算政府進行全民投票，結果都是沒有約束力。這點本局議員是充分明白的。司徒華議員的動議沒有約束力，並非他不想如此，而是現行憲制的安排所致。作為民主派，我們相信應在現有憲制的限制下，爭取港人參與政制決定的權利。若果香港政府原則上接受全民投票這項安排，那末我們可以再從技術上討論投票的內容。如果原則上大家都不同意這樣做。又如何作技術安排呢？故此，港同盟建議就九四／九五年政制方案作全民投票，讓港人的政治權利得以實現，亦為立法局將來的辯論及審議法案的時候，提供清楚的指引。在情在理，我們都應該贊成司徒華議員的動議。

主席先生，要獲知市民對政改問題的意願，我們認為全民投票是最佳的方法。全民投票是一項公開、全面、直接、公平及有效的政治決策權利。我們也不需要完全受彭定康政制方案牽引，也不需完全屈服於中英政府就政制達成的任何協議。全民投票可以大大減低民意被隨意捏造或曲解的可能性，所以特別適用於

決定一些既重要又可能有重大分歧的公眾問題。政制的爭論就是一例。至於房屋政策或富戶政策是未到這個層次的。就以其他國家來說，全民投票是有悠久歷史，亦證實為有效工具。意大利在前日便就一項政制改革進行全民投票。

最後，我衷心希望各議員能夠支持司徒華議員的動議。如果動議能夠通過，便可以促請政府依據立法局的決定，盡快將有關全民投票的條例草案提交立法局，並從速準備其他行政及宣傳工作，好讓港人能夠在立法局辯論政制改革之前，表達意願，為我們提供一個清楚及沒有被歪曲的依據。

鄧兆棠議員致辭：

主席先生，自從彭定康先生在去年十月七日拋出他的政改方案後，香港的政經形勢便呈現不安的現象。中方猛烈抨擊這個方案是「三違反」，而「另起爐灶」之聲亦不絕於耳；股市如過山車般急跌狂升。未來四年，香港前景實在令人十分擔心。彭定康先生已說得很清楚，如果中英雙方未能就政改方案取得諒解，就會將他的政改方案提交立法局，這不啻將責任推給立法局，而總督自己及行政局成員就置身事外，這種做法是不值得欣賞的。

今天，我們的同事提出就九四／九五年選舉安排進行全民投票，無疑可以減輕立法局議員的心理壓力，但這是否可行，卻是值得商榷的。根據現代的民主政治，直接選舉民意代表作為立法局議員及行政長官，是公認成立政府的機制；同時，相信可以透過代議政制的選舉形式，反映整體社會的利益。當政府不能從既有的途徑去諮詢及決定重要事情時，全民投票不失為一個解決方法。但是，對一個像政制這樣複雜的問題，市民難有充分認識及理解。此外，全民投票的另一個缺點就是並無任何一個投票方法是完全平等或一致性的。執政者如何設計有關的投票內容、投票方式，都會影響投票結果。例如，應否向有錢人士多徵收稅項，這就會出現多數人向少數人「專政」的現象。

我認為以全民投票方式解決政制方案的問題是不適當的。全民投票的「全民」是指一個主權國的公民，而不是一個地區、一個城市的市民。一個地區、一個城市的市民只能決定該地區或該城市的事務，如詹培忠議員所說的公屋富戶政策、取消死刑等問題，便可以透過全民投票決定。政改方案所涉及的爭拗是九七前

後香港所屬兩個主權國的事務，如訴諸全民投票，無形中鼓勵香港成為一個獨立體。這與事實不符，亦有違主權體現。現時很多人被空洞的民主口號誤導，以為香港可以港人自決，而不知道九七年後香港便會回歸中國的懷抱，而不是一個獨立體。劉慧卿議員鼓吹全民投票自決，就是對九七主權回歸中國不瞭解。

中英雙方雖然現時就重開談判達至諒解，但基本的觀點仍有很多分歧。如果現在舉行全民投票，無論結果如何，多少都會對會談構成壓力。如果投票結果與中英達成的協議有距離時，中英政府就會出現尷尬場面，而且會直接影響政府的管治威信，給未來的特區政府管治帶來困難。

李永達議員說，全民投票結果會對中英政府產生道德壓力。這是對的。不過，香港在九七年後所享有的自由民主可能比中國本土更好。如果同屬中國一部分，自由的程度卻不同，這又如何評價呢？原則上，全民投票只宜作為決定一個非複雜性的選舉項目，市民最好能以「是」或「否」作答來解決問題。然而，九四／九五年的政制安排包括多項建議，涉及複雜的選擇。投票人可能同意其中一、兩項，而反對其他的一、兩項。如果是就整體問題作出「是」與「非」的判斷，結果是難免有偏差的。

張文光議員謂最好以六十個議席均由直選產生作為挑戰。這是不適當的，也不明瞭九七年後香港主權誰屬。

有關的政改方案使香港社會兩極分化；如進行全民投票一定會使社會分化進一步加劇，對香港穩定的局面難免有影響。各位只要看看在維園舉行的「城市論壇」，台上嘉賓舌劍唇槍，台下觀眾已怒氣沖沖、磨拳擦掌，群毆之勢可能一觸即發。以往同舟共濟，共渡時艱的精神已蕩然無存。這是香港的悲哀。

香港現時沒有全民投票的機制，如果倉卒執行，是要解決很多技術性問題，例如：誰有資格投票？誰負責監察投票結果？是否需要強迫性投票等？

政府將政改方案提交立法局決定是想立法局成為代罪羔羊。作為立法局議員，我們當然要負起這個責任。如果立法局又將這責任推給全港市民，正好達到英國政府將民意作為談判籌碼的目的。沒有約束力的全民投票亦沒有甚麼意義，正如馮檢基議員所講，此舉可能會產生負面影響，讓人以為全民投票是很兒戲的。如果今日香港可以運用全民投票決定九四／九五年選舉的安排，亦意味著他日也可以同樣方式去決定九七年的選舉安排。這樣說來，基本法所載的第一、二

屆特區政府，其組成是否也可以用同樣方法改動呢？換言之，基本法未實行前，已形同廢紙。請問這是否可行呢？未來的前途與信心又從何談起呢？

主席先生，中英能夠融洽相處對本港的安定繁榮是非常重要的，也是香港成功的基石，我們深盼香港能平穩過渡九七，使東方之珠在九七年後繼續發揮光芒，更光更亮。

黃宏發議員致辭：

主席先生，我發言支持司徒華議員就政制發展進行全民投票的動議。其實，在今年三月九日香港大學舉辦的一個論壇上，我已說出我的看法。當時司徒華議員也在場。較早前我說過對全民投票持保留的態度，但在該次論壇上，我說我的看法已有所改變。這個改變完全由於時間的問題，時機的問題，而不是背後的原理問題。有關原理問題，稍後我會深入討論。我當時已提到，在目前的情況下，必定要有一個全民投票，才能權威性知道香港市民的傾向，因此有必要進行一次權威性的全民投票。當時尚未有談判或未有人進行談判，若我建議進行全民投票，第一，在時間上未免太早，第二，差不多等於說已沒有談判的可能。香港人基本上希望中英雙方可以和平地、和諧地，及在符合香港人意願與利益的前提下達成協議。當時仍處於為談判而談判以及談判如何展開談判的階段。明天中英雙方便進行談判，在這情況下，更加需要顧及一個最基本的原則，而我在十一月十一日提出我的修訂動議時，已提及一個基本的要點，就是符合香港人的意願和利益。故此，我們更加需要進行全民投票。

為何全民投票是那麼重要呢？因為大家若仔細想想，便瞭解到原來中英談判基本上對香港是有約束力的。我們知道，即使談判結果我們是不喜歡，在立法過程中，我們將它修訂到與協議不符，總督根本無權簽署。再者，英方亦可單方面透過樞密院令 "Order in Council" 為香港立法，中方可透過在基本法加插附件四為香港立法，制訂全部的選舉安排。因此，有必要在未有協議，未有結論前，先參考港人的意見，權威性地知道港人的意見如何。即使今次談判成功，有協議，有結論，但在未施行前，亦應進行一次全民投票，以參考港人的意見。

有關全民投票的一些枝節，技術性等問題，我不再贅述。在今次辯論中，有

人提出一些原則性問題，例如社會分裂，作為反對的論據，而支持全民投票的人則認為這才算是民主，因為人民應「當家作主」。在這個問題上，我認為我們應聽取一些持平的意見，一些學者的意見。這些學者不是我本人。我記得一九八九年初當我任憲制發展小組召集人時，基本法諮詢委員會曾出版了一本小冊子，提及全民投票這個問題。據我所知，司徒華議員所提到的數字是來自該小冊子。這小冊子原來取材自由兩位作者合編的一本書。書名是《投票 —— 實踐和理論的比較研究》（*Referendum: A comparative study of practice and theory*），作者是大衛·畢特勒及奧斯汀·蘭利。書中有些內容在諮委會的小冊子內未有提及，但我認為其中有四段說話是很有意思的，就是這本書的最後四段。若未能細讀這四段，只讀最後兩段亦已足夠。從這兩段來看，可見全民投票有兩個強而有力的論據支持這原則性的問題。第一，我稱之為「效用性」，現將書中內容引述如下：「經驗證明全民投票往往是解決或擱置代議機關難以處理的激烈問題的有用方法，透過舉行全民投票新政權、疆界以及憲法內的條文，往往可以得到一個除此途徑之外無法得到的合法性及市民的認受性（Legitimation）」。我認為這點十分重要，當社會對某些問題有很大的爭議及局內可能有兩派人為某些問題有爭議，或中英雙方就香港的事情發生很大的爭執，中英雙方應有雅量，在同意施行某協議前先諮詢我們的意見。我們局內的同事也應有雅量，在立法過程中及最後拍板前諮詢市民的意見。這就是所謂參考性、諮詢性的全民投票的意義。第二點是「必然性」，畢特勒與蘭利這樣說：「顯而易見，全民投票會繼續被國家及地方採用，舉行的次數及重要性亦會與日俱增，這點是毫無疑問的。」這我認為基本上即使政府不舉行全民投票，現時民間的民意抽樣調查亦會漸漸演變成全面的民意普查，即等於全民投票。香港大學現時舉辦的模擬全民投票，查實是民意普查。政府不辦，自有民間辦，我們怎能禁止？基於這些理由，我認為我們將今次的辯論無限上綱，說全民投票必定令社會分裂，或是沒有全民投票社會便不民主，這兩個論據皆不成立。而在民主政策和代議政制下，有部分問題須由民眾決定，這是令社會更能進一步向前邁進的方法。

憲制事務司致辭：

主席先生，每當社會面對一個富爭議性的重大問題，無論這個問題涉及政治、經濟或社會其他方面，很自然便有人倡議舉行全民投票。這種做法明顯地有它的吸引性。這因為它使到社會的一般人士，可就某一項決定直接表達他們的意願。故此，有人提出應就總督在去年十月所提出的憲制改革方案進行全民投票，這實在不足為奇。但政府卻不以為全民投票是一個恰當的做法，我將在此論述一下其中的原因。

首先，全民投票應該有一個明確的法律基礎，方可以使到進行的過程妥善，而其結果亦令人信服。在這方面，我們需要制訂新的法例，清楚訂明有關的問題、投票人資格、投票及點票程序等等。這裏涉及相當繁複的法例，制訂需時。另一個權宜的辦法，就是訂下一些行政規則，進行投票。可是，由於沒有立法基礎，這些規則必然受到批評和挑戰，而在執行上亦會產生困難。

其次，一個有真正意義的全民投票，必須盡量容許市民的參與，從表面上看，最直截了當的方法是利用現時分區直選的一般選民登記名冊。然而，在現時大約 369 萬合資格選民當中，只有 190 萬已登記為選民。一般社會人士會很自然期望，其餘的 180 萬合資格選民亦應該有機會登記，從而參與全民投票。這樣一來，我們需要進行一個特別和全面的登記工作，這不單會消耗可觀的資源，而且為時甚久。

有些人認為，我們不應為了技術上的考慮而卻步。但是，如果我們要及時通過有關的選舉法例，便一定要考慮時間的問題。其實，我們的立法時間表已經非常急迫，如果再有任何的延誤，我們便沒有足夠的時間去訂立有關一九九四及九五年選舉的實際安排。

另一方面，就算假定我們可以克服所有技術上的問題，我們得還要記著，全民投票其實是一個相當粗疏的探測民意的方法，只有在兩者選擇其一的情況下才能發揮它的效用。通常來說，這需要投票人對一個簡單的問題答覆「是」或「否」。根據其他地方的經驗，有關的問題越複雜，在詮釋結果時便越顯得混亂和困難。這也是說，全民投票不可以在一件較為複雜的事情上，對民眾意見的種類和質素提供任何的表述。投票人亦不可以用「如果……」或者「但是……」來

解釋他們的選擇。正正由於全民投票是一個探測民意的粗疏手法，它往往在政治上使到整個社會非常分化。

顯而易見，一九九四及九五年的選舉安排是一個非常複雜的課題。假若我們對這個如此重要的問題，用一個簡單或者過分簡化的「是」或「否」方法來處理，這肯定是不妥當的。事實上，如果這個處理方法行得通，社會各方面亦不會對這個問題長期有所議論。

實際上，我們需要為一九九四及九五年的選舉作出安排，而且我們必須在這方面盡早有所決定。由此觀之，我們單單只問市民他們對總督的政改方案接受與否，這做法是不足夠的。反之，市民需要有機會從不同的方案中作出選擇。在這方面，過去數月來我們見到社會上出現了各種不同的方案，而其中亦包括一些較富爭論性的提議。在這個情況下，我們要訂出一條簡單的題目來進行全民投票，實在大有困難。凡此種種，都使人非常懷疑，究竟在香港現時的情況下，全民投票是否可行。

在此，我想提出我的第四個論點：這樣的全民投票應否有約束力？如果投票的結果對政府沒有約束力，我們便要問，為甚麼要進行全民投票？假若這做法是為了清楚瞭解民意，則現已經存在一些更精細及行之有效的方法來做到這點。其實，在總督宣布他的政改方案前後，政府已廣泛諮詢社會各方面的人士，而自從去年十月，亦有各間獨立的民意調查公司，對總督政改方案的各項建議，進行民意調查。立法局方面亦就這個問題進行了三次的動議辯論和一次休會辯論。當然，我還沒有提到在這段時間內政府收到大量來自個人和團體的書面意見，這些意見已經詳細羅列在較早時出版的民意匯集文件及其補篇內。因此，政府對社會人士在這方面的意見，已有相當瞭解。

劉慧卿議員提到一個有關市民參與的論點。我想在這裏指出，英方在和中方尋求有關一九九四及九五年選舉安排的協議過程中，必會把這些公眾意見視為經緯，務必使這些安排為港人接受。

反過來說，如果全民投票的結果具有約束力，這便引起一個更基本的問題，亦即是在香港的政治制度中，行政機關和立法機關所擔當的角色。在我們現有的體制下，政府依據行政局的意見，制訂各項政策，然後加以實行。如果有關政策需要立法或撥款方可進行，政府便會提交法例草案和撥款要求，由立法局考慮通

過與否。而立法局亦有權力使到政府向其負責，就不同的公共政策向政府提出問題和索取資料。這是一個久經考驗的制度，多年以來行之有效。

　　主席先生，今天我們要處理的問題，是有關一九九四及九五年的選舉。政府的責任是要提出法例，使到有關的選舉安排能夠開放、公平和被香港人接受。作為社會的代表，立法局的權責是去審議這些草擬法例。在過程中，立法局的各位議員很明顯需要考慮市民通過各種渠道所表達的意見和意願。最終來說，立法局需要決定是否通過、修改或否決有關的立法建議。無論全民投票本身在政治上有多少吸引力，立法局須要履行它在憲制上的責任。這個事實，是不會和不應因這種做法而有所改變。

1993 年 5 月 12 日
質詢：中英談判的公開性

馮智活議員問：

主席先生，我們知道，中英談判的詳細內容，可能不方便全部公開，但未來的政制，直接影響六百萬市民，並且影響深遠。市民是有權知道中英會議究竟討論過甚麼項目，雙方提出過甚麼意見或要求。請問港府可否再次向中方極力要求，取得其同意在每輪談判之後向市民公布多些資料？

憲制事務司答（譯文）：

主席先生，正如我剛才所說，會談內容必須保密。雖然我們確不宜透露會談細節，而且每輪會談事先並無訂下議程，但會談的範圍與基礎其實已在四月十三日的聲明內敘明。我認為會談若在半保密半公開情況下進行，是很難取得成果的。因此，雖然我亦很明白馮議員問題的重點，但我想我們實難按他所說的去做。

劉慧卿議員問：

主席先生，最近傳媒進行很多民意調查，據聞大約有七、八成的被訪者很擔心會有秘密協議，市民會被政府出賣。政府認為傳媒這些調查是否正確，若然，則市民為何會有這種想法？

憲制事務司答（譯文）：

主席先生，首先，關於會否有秘密協議的問題，我認為顯然不會亦不可能有秘密協議，因為任何協議均須向本局解釋和交代。屆時，本局須行使憲法權力，通過、修訂或否決有關條例草案。這是我對後半部問題的答覆。

至於第一部分的問題，即調查結果顯示有人擔心會有秘密協議這點，我只可以說，無論我說甚麼，都無法叫那些疑心重的人放下心中疑慮，但他們不久便會知道有沒有秘密協議。所以我的答覆是「日後自有分曉」。

夏佳理議員問（譯文）：

主席先生，有人對我們說，立法局不能不遵守英國政府所簽訂的國際協議。如果確是這樣，則憲制事務司又怎能令本局接納他剛才給劉慧卿議員的答覆呢？

憲制事務司答（譯文）：

主席先生，關於國際協議的問題，總督較早時在本局回答一項類似問題時，已給予答覆。至於英國政府簽訂的國際協議，我可以想到的是中英聯合聲明。我相信無論是香港政府、英國政府或本局，均不會接納一個超出或違反聯合聲明的協議。另一個國際協議是公民權利和政治權利國際公約。同樣，我認為一個違反上述公約的協議，亦不會被接納。

1993 年 5 月 19 日
質詢：有關一九九四及九五年選舉安排條例草案的立法進程

楊森議員問：

政府可否告知本局，是否仍會履行承諾，確保於本立法年度完成有關一九九四／九五年選舉安排條例草案的立法程序；若否，將會如何處理即將來臨的一九九四年地區議會選舉？

憲制事務司答（譯文）：

主席先生，我們的目標是盡量給時間本局議員討論一九九四／九五年的選舉安排；當然，討論何時始會完成則須由立法局決定。關於提交其餘法例的時間問題，是要衡量多個因素，包括必須為現時與中國的談判提供良好的條件以確保其成功。不過，我們的時間有限，在舉行選舉前，所需法例必須早已制定。

夏佳理議員問（譯文）：

主席先生，有關憲制事務司對楊森議員所提補充問題的答覆，他可否告知本局，倘若目前的中英談判確需更多時間，那麼將一九九四年區議會選舉與一九九五年兩個市政局選舉及立法局選舉的有關安排分開處理，是否仍是可予考慮的選擇？

憲制事務司答（譯文）：

主席先生，目前的談判是有關一九九四及九五年的選舉安排。我們已舉行了兩輪會談，而第三輪則在兩日後展開。因此，我不宜在此推測未來數周會發生或不會發生甚麼事，而且此舉對事情亦無幫助。

張文光議員問：

主席先生，從憲制事務司的答覆，我們很容易感覺到當局仍在觀望第三輪會談或更後的會談結果。政府可否告知本局，在整個選舉的立法程序安排上，究竟有沒有一個全盤規劃的時間表；抑或只是「見步行步」，等待中英談判的結果？

憲制事務司答（譯文）：

主席先生，我們的態度遠較張議員所說的積極。我在主要答覆已清楚表明，在決定何時提交有關法例時，我們需要衡量多個因素。我們在進行有關工作時，顯然亦需要評估談判的進度。所以我只能說到這裏，否則便不明智。

麥理覺議員問（譯文）：

主席先生，鑑於有需要確保各個選舉均在適當時候舉行，英方有否向中方表達意見，提出有可能需要訂定達成協議的期限？

憲制事務司答（譯文）：

主席先生，雖然我不能隨意透露會談內容，但我十分肯定中方是知道一九九四及九五年選舉的確實日期。

1993 年 7 月 14 日
議案辯論：檢討行政當局與立法機關的溝通及工作關係

鄭海泉議員提出下列動議：

「本局促請政府著手與立法局共同就目前行政當局與立法機關彼此的溝通及工作關係進行檢討，以期在行政當局與立法機關之間建立更具效率及成效的工作關係。」

鄭海泉議員致辭（譯文）：

這是本港首次有一個有直選議員參與的立法機關。這對政府及香港的管治有何影響？我們從中學到些甚麼？我們亦曾有兩個背景不同及作風迥異的總督。我們亦於一九九一年試行聯盟政府。行政局與立法局現已完全分家。在架構上那一制度較佳？這兩年的經驗應令我們對如何加強及改善行政及立法兩局的工作關係，使香港得益一事，有一些瞭解。在我就今後的路向作出建議之前，或許我應解釋我對現行政治架構所引起的問題或潛在問題的看法。

這些問題其實是眾所周知的，因為本局議員曾毫不猶疑地公開討論此等問題。第一個問題是政府並無任何保證，其政策會獲得本局支持。雖然有人說我們有一個行政主導的政府，但以政府在本局的影響力而言，我們可能有一個在香港歷史上最弱的政府。政府在本局只有三票，而這三票在一九九五年亦會取消。若本局決定不與政府合作，或完全不同意政府的政策，則會導致本港出現僵局、停滯不前的真正危機。終審庭一事便是一個好例子。

第二個問題是本局的權力及職責不平衡。雖然有些人聲稱本局只是一個諮詢機構，但事實上本局有很大權力，可透過這些權力批准撥款及通過法例。然而，

在另一方面，由於我們不能主動制訂政策及沒有實際管治香港的責任，我們毋須作出難以取捨的抉擇及訂定先後次序。作出抉擇並不是一件簡單的事。於作出抉擇時，我們須考慮本港各界人士的需要及期望，及權衡這些需要及期望與我們須面對的資源限制及互相矛盾的界別利益的輕重。這不平衡對本局的表現會有影響。對某些人而言，它使立法局可以不理會政府須考慮的限制，使立法局可採取大眾人士的立場及譴責政府做得不足夠。議員對此等限制的性質及嚴重性有不同意見及不同的接納程度是可以理解的。不過，議員對實際限制的不同看法，令政府在爭取立法局支持方面所面對的困難加重。

第三個問題是行政局與立法局之間缺乏溝通。兩局分家，令這兩個機構完全失去正式溝通渠道。我們只可倚賴非正式的接觸。行政局的決定總是未經與立法局討論便作出，並以既成事實的形式提交本局，令本局處於進退兩難的局面。若我們通過該項決定，則會被視為橡皮圖章。但如果我們作出一些口頭抗議，然後才通過，則我們仍會被視為橡皮圖章，不過卻是一個能夠發出聲音的橡皮圖章。但如果我們否決行政局的決定，則會被指為不合作、破壞和阻礙香港的發展。最後，我們唯有作出一些技術上的修改，以改善有關的條例草案，或作一些門面的修訂，把條例草案包裝，然後聲稱已戰勝政府。這全是不健康的現象，會削弱立法機構與政府的權力。若我們在行政局作出及公布最後決定之前，能與該局有一些初步討論，則陷入僵局及對峙的機會應會減少。誠然，有些分歧主要是由於政治及經濟見解不同這個基本性質所致，而不是缺乏溝通所致。不過，較佳的溝通可令兩局在我們未被困在這情況前，討論我們所關注的問題。

凡此種種問題，有時難免會令人沮喪，並曾導致兩局透過報章互相指責，但總的來說，我們仍能做到令法例獲得通過及撥款獲得批准。我們要稱讚政府，儘管政府並無保證，其政策會獲得支持，儘管政府要回答一連串諷刺而又有時幼稚的問題，儘管社會不容許公務員以同樣諷刺的方式回應問題，但他們從來沒有鬆懈，不願意主動引進新政策，帶動香港邁步向前。大致上，我們所做的不算太差。

我所講的問題只是其中的一些例子，而我肯定本局議員在隨後的討論中，會找出更多問題。不過，我們在此的目的並不是要找尋問題，而是透過深思熟慮的討論，向政府提出建議。希望本局議員提出有意義及切實可行的建議，供政府

考慮。

　　改善兩局的現有工作關係及溝通的方法很多，我謹建議兩項──

　　首先，恢復舉行於行政立法兩局議員辦事處解散時取消的行政／立法兩局會議。我們應每月舉行一次閉門會議，使兩局能共聚一起，討論重要的政策事宜。會議議程應由兩局聯合訂出，而會議則可由行政局的首席議員擔任主席。會議應以閉門形式進行，使行政及立法兩局的議員可暢所欲言。這會令議員有機會交換意見，而行政局亦可更準確探測本局對各事項的意見。

　　第二，應請行政局議員加入我們的小組。他們可揀選有興趣的範疇，以平等地位，參與討論。

　　我希望聆聽各位議員對上述建議的意見。

　　不過，我們一致認為，立法局與政府近期的意見分歧並不能完全歸咎於行政立法兩局的溝通不足。雖然有效的溝通制度有助減少誤會的機會及增加求同存異的可能性，但不一定會導致對每件事均達成共識。由於經濟、政治及社會見解有所不同，意見分歧的現象仍會存在。即使議員同時擔任行政、立法兩局議員的角色，亦不能解決這問題。我知道有些議員會在辯論中就身份重疊一事發表意見。為了節省時間，我不打算評論這點。

　　主席先生，沒有一個政治架構能解決所有問題。任何制度均需雙方有善意才行。民主並非只是投票。民主應是一個使我們可藉此理性地討論重要事項、容納不同意見及達成妥協或共識的制度。

　　我們的政治架構相當特別。然而，大致上本局一向與政府衷誠合作。每當政府向我們訂出審議某項條例草案的最後限期，我們都設法在指定的期限之內完成這項工作。很多時，當我們信納政府的解釋後，就不會成立條例草案委員會而讓有關條例草案通過。由此可見，本局很有善意及非常願意令這制度可行。

李鵬飛議員致辭：

　　主席先生，自從彭定康總督去年決定將行政立法兩局分家後，這兩個機構所出現的溝通問題，正好在今日鄭海泉議員的動議──「行政立法兩局的關係」中充分反映出來。

在現時的情況下，行政機構所釐訂的政策，未必能夠得到立法機構的支持。相反地，立法機構有關政策辯論的結果，好像今天的辯論，亦未必得到行政機關的考慮和執行。可以預見在一九九五年選舉之後，這種情況將會愈趨嚴重。

自由黨認為，目前行政立法兩局分家的安排，令到兩局缺乏適當溝通，是不利於以行政為主導的政府架構，而協助釐訂政策的行政局議員，理應負上政治責任。我們認為總督應以促進行政、立法兩局的溝通和合作為大前提，重新檢討行政局的角色及行政與立法的關係。與此同時，尋求適當的途徑，使釐訂政策的人承擔政治責任，並且向市民負責。

主席先生，還有不足四年時間，香港就成為中國的特別行政區。現在彭督將行政立法兩局分家，令到兩局之間的溝通出現問題，又未能夠及時採取任何有效措施，加以改善。我們須要考慮的是，當特別行政區行政長官產生後，如何能夠成立一個以行政主導而又能夠有效管治香港的政府？自由黨認為應有政治人物來擔當釐訂政策的角色，並且對其所釐訂的政策承擔政治責任。公務員是行政的專才，其責任是執行所釐訂的政策，並向決策者提供意見，這就是我們認為值得探討和發展的香港模式部長制。

由於中國對部長制有所保留或者反對，有些社會人士因此認為我們的建議不可行，但又沒有提出其他切實可行的建議，令將來的特區政府可以維持有效管治。「行政主導」不能只是一個掛在口邊的口號，而是要實行和落實的。自由黨所提出的建議是符合基本法第四章「政治體制」的規定，所以我們認為應該深入探討和發展。

自由黨對政治體系的中心構思，在行政方面，決策者應當肩負政治責任。公務員架構是穩定政府和整個社會的一根支柱，不宜使其政治化。立法機關擁有審批法案和財政預算的權力，並且對行政機構產生制衡作用，以確保政策得到公眾的支持和符合市民的利益。

再者，立法局的成員亦可以透過質詢政府去反映市民的意見和實際情況，以期達到監察政府施政的成效。這一種行政與立法機關的關係，才能令政府更有透明度。

司徒華議員致辭：

主席先生，中英聯合聲明規定：「行政機關必須遵守法律，對立法機關負責」。這是規定處理兩者關係的正確的最高原則。假如真正遵守和貫徹中英聯合聲明的話，在這後過渡期，兩局的關係，也應該逐步朝向這個正確的最高原則發展。

中英聯合聲明又規定：「立法機關由選舉產生」；「行政長官在當地通過選舉或協商產生，由中央人民政府委任」。由這樣的規定，我們可以見到，立法機關的產生是較民主的，能夠代表民意的，難於控制的；代表著行政機關的行政長官，其產生可能是不民主的，不能代表民意的，易於控制的。於是，口口聲聲「港人治港」、「高度自治」，但內心念念不忘「權力控制」、「高度集中」的人，在制訂基本法的時候，千方百計去限制、削弱、甚至拋棄立法機關對行政機關的制衡，遠遠偏離了「行政機關必須對立法機關負責」的正確的最高原則。這實在是一個大倒退。

基本法的偏離和倒退，主要表現在下面幾方面：

首先，把政府必須遵守法律，對立法會負責的範圍，只規限在下面的範疇內：執行通過並已生效的法律；定期向立法會作施政報告；答覆立法會議員的質詢；徵稅和公共開支必須經立法會批准。

其次，行政長官由一個選舉委員會產生，這並不是一個民主的方法。在立法會議員方面，則盡力壓制由直選產生的數目，削弱了整個立法機關的民意代表性。

再其次，在立法會中，還規定了一個特別的表決程序：立法會議員個人提案、法案和對政府法案的修訂案，均須分別經功能團體產生的議員和分區直接選舉、選舉委員會產生的議員兩部分出席全體會議議員各過半數通過。這就是曾經臭名昭著的所謂「一會兩局制」。

如果要一針見血說出要害來，就是：行政長官要由中央人民政府任命，這是可以控制的，於是盡力擴張他的權力；立法會是通過選舉產生的，較難控制，於是一方面壓制直選，削弱其民意代表性，另一方面又限制其對行政機關的制衡。這就是一些人所謂「行政主導」的潛台詞。

九七年後實施的基本法，既已作了這樣反民主的規定，我們對今天的、在九七年前的行政局，還能夠要求一些甚麼呢？

解決問題的最根本方法，是建立一個民主的政治制度。在沒有民主政治制度，或在還未爭取得一個民主政治制度之前，我們除了繼續努力之外，目前就只能祈求一個好人的、發善心的、重視民意的、不想官迫民反的政府。

檢討也好，溝通也好，要有一個共同的基礎，否則只會「檢」而不「討」（只有表面的觀察，沒有深入的研究），「溝」而不「通」（只有表面的接觸，沒有深入的互相瞭解）。那一個共同的基礎，就是民意。假如行政立法兩局都重視民意，以民意為依歸，即使沒有甚麼檢討溝通，也會不謀而合，雖然「身無彩鳳雙飛翼」，也會「心有靈犀一點通」的。

九一年直選後，本局除了加入了直選議員外，民選議員的數目，同時超過了半數。這是起了質的變化。有人無視這個質的變化，無視本局已具有的民意代表性，尤其是無視直選議員所反映的民意，仍然看著過去百多年的老皇曆去做事，於是兩局之間才產生了愈來愈多的分歧，出現了不協調的現象，引致了今天的動議辯論。

我再說一次：解決今天的動議所提出的問題，最根本的方法是爭取一個民主的政治制度。在這個目的達到之前，我們要求總督會同行政局，尊重、重視、接納本局所反映的民意，尤其是民選議員、直選議員所反映的民意，兩局在民意的基礎上進行溝通。

黃宏發議員致辭：

主席先生，我發言支持鄭海泉議員的「行政立法關係」動議。我歷年來都指出，在政制發展過程中，正確界定行政立法關係是至為重要的，而其重要性有甚於直選議席多寡及增加速度的步伐等問題。因此歷年來，我不厭其煩，要求大家重視這問題。

現時出現的所謂溝通問題，正是源於行政立法關係，未能得到正確處理。我認為這不是協調的問題，而是立法局引進選舉後的必然結果。最大的問題不是行政立法欠缺溝通（兩者向來有溝通，現在同樣有溝通），現有的問題是由於立法

局不是由某一派系組成，也非由某一派系連同其他人士組成，在立法局之中沒有穩定的大多數。這一切我已經在本星期一（七月十二日）某報章的自由論壇上闡述了，在此不再覆述。

我想引述和稍為論述兩局憲制發展小組在一九八八年研究基本法（草案）意見徵求稿報告書的一些意見，並告訴各位可敬的議員及全港市民，我們早在一九八八年已見到這問題，也提出了某些具體的建議。報告書關於政治體制的第五章中，載有數段說話是論及行政機關與立法機關的關係。容許我將其稍作引述，然後論述。

各議員均贊同保留現時的行政機關與立法機關關係的制度，但同時又注意到，倘行政長官是通過選舉或協商產生（這點反而不是太重要），而立法機關是由選舉產生，則會引發一些與現時制度迥然不同的情況。

透過選舉產生的議員當然是需要向選民交代，他們若要發揮本身的影響力，可能須要串連，須要組成派系等，情況自然會大為不同⋯⋯

⋯⋯

主席先生，容許我引述第 5.4 段。議員知道行政機關與立法機關主要有兩種模式，一是「議會式行政機關」模式，其特色是行政機關須向立法機關負責，行政機關不論整體或其個別成員，均須符合獲得立法機關的多數支持或不予反對此一準則。在立法局中，能夠有過半數的支持或不反對才能有一個行政與立法之間關係穩定的局面。在 5.4 段所述的第二類模式，是美國式模式，我不打算作深入剖析。第 5.4 段又指出：在「議會式行政機關」模式制度下，行政機關的組成有各種不同的辦法。英國制度規定所有稱為部長的主要官員，均須為上議院或下議院的議員。但法國制度禁止任何人兼任政府官員與立法議員，議員倘獲委任為主要官員（即部長），即須辭退其議會議員席位。其他政制（例如日本，可以加上德國），其規定則是介乎兩者之間。英國採用的是一個所謂「必須制」（Requirement System），法國採用的是一個「不得兼任制」（Incompatibility System），日本、德國和以前香港所採用的可稱為「可兼任制」（Compatibility System）。因此現時的問題不是行政立法兩局分家的問題，而是基本上得不到過半數支持的問題。

主席先生，容許我引述 5.5 段。議員同意未來的憲制改變，主要應以現行的政治制度為依據。議員傾向於支持一種密切的行政立法關係，辦法是例如從立法

機關的成員中挑選行政長官及／或主要政府官員。然而，議員並不一定不可以接受「議會式行政機關」模式下的其他體制（不一定是西敏寺式的部長制，也可以行「不得兼任制」或「可兼任制」）。容許我繼續引述下去：議員認為「對立法機關負責」一詞，實質上是指行政機關內的主要官員，不應毋須（即是「應」）承受市民及立法機關政治意願所產生的力量的衝擊，而應在有立法機關多數支持下繼續任職（即是說沒有多數支持的話，請退席）。一言以蔽之，行政機關成員須以政治任命，但模式大可不同，但必定要能夠有穩定的多數支持。

主席先生，由於我們未能建立一個正確的行政立法關係的體制，立法局已經成為一個清談館，只要說話，便有分。說對了當然有分，說錯了也有分。政府願意聽當然一定有分；不聽更加有分。政府變成了一個「獨裁局」。由於本局各位可敬的同事有相當強的責任感，以大局為重，罵過便算。根據剛才對人權委員會的討論來看，難保下屆立法局不會不通過一個不信任動議。

主席先生，現在正是檢討的時候，也是改革的時候。……

夏佳理議員致辭（譯文）：

主席先生，為方便今次的辯論，我認為瞭解一下政府當局如何形容行政局及立法局兩者的角色可能有所幫助。我會引述三個來源：首先是政府新聞處一九九三年四月出版的香港便覽《政府的結構》；第二及第三個資料來源是官方的年報《香港1992》及《香港1993》。根據香港便覽所載：

> 目前，只有三位當然官守議員兼任立法局議員。非官方議員不得同時兼任兩局議員的制度有助於他們各司其職，盡量發揮議員的功能：行政局負責向總督提供中肯的意見，而立法局則負責制衡行政局。

「立法局則負責制衡行政局」。多麼古怪的說法！似乎行政局確信本局會經常對行政局的中肯意見持不同的看法。從歷史的角度來看，情況可能更亂。我現從1992年的年鑑引述其對行政局的描述如下：

議員均有豐富經驗，代表了社會各階層人士的利益，因此能夠在政府推行政策之前，詳細加以審閱。這樣，既可找出潛在問題並加以克服，又可以在提交制訂政策的法例予立法機關通過前，作出修改，以反映市民的意願和關注事項。

自從行政立法兩局分家後，行政局的角色似乎已經改變，因為在《香港 1993》的年鑑內，我剛才所引述的一段已由下述字句替代：

議員以個人身份提出意見，而總督會同行政局所作的決定，則由行政局集體負責。個別非官方議員本身不必因所討論的議事或政務負責，這是政府方面的責任。

我假定這種轉變是由於彭定康總督將兩局分家所致。我們很容易會認為政府當局此舉等於承認所決定的政策不再符合市民的意願或關注，或是最低限度政府當局已不再有信心可達到同樣的目標。

主席先生，行政局與本局之間缺乏良好及有成效的工作關係，不僅本局須密切關注，政府當局及行政局也須密切關注。總督顯然相信將行政局非政治化是正確的做法。總督當時承認，這種關係並非不能回復舊觀。但是將行政局非政治化的同時，卻又將公務員政治化。目前的安排有兩大缺點：行政局是以決策的工作為主，又如何可以將其非政治化！據悉每位行政局的議員本身不必因所討論的議事或政務負責，因為這是政府方面的責任。對我來說，這顯然是一種象牙塔式的想法，完全罔顧實際的情況及政治。更糟的是，在不理我們公務員是否願意的情況下，把公務員推上政治舞台。令人驚奇的是我們的公務員在經過 150 年不涉政治的歲月後，竟發現自己有可能喪失「公僕」珍貴及備受尊重的特點。此舉為我們帶來甚麼？我認為是兩受其害的局面：一個不須負上政治責任的行政局和公務員政治化。

主席先生，現在要扭轉這種不幸的情況為時未晚。有鑑於此，自由黨乃提出一套香港式的部長制度。李鵬飛議員已談過這點，我也不打算重複他的話，但我要強調一點，香港正在發展我們自己的一套民主體制，本局當然希望在政策的制

度方面具影響力。行政及立法兩局的關係如有任何地方妨礙了這個進程，將不會獲本局繼續支持。

梁智鴻議員致辭（譯文）：

主席先生，讓我引述邱吉爾曾經說過的話：「人們有時候會給真相絆倒，但大部分人都會站起來，若無其事地急步走開」。

今天擺在我們眼前的真相，是行政局與立法局之間的溝通中斷。遺憾的是，政府卻直指立法局，譴責帶來這種障礙。

主席先生，六月三十日，布政司在本局回答有關同一題目的問題時說：「我想在此一提，本局議員當時大力主張廢除行政立法兩局議員辦事處，其中以某一政黨的主張最為強烈。政府當局就是因應這樣的要求才成立一個獨立的立法局，而這亦是使兩局溝通較為困難的原因之一……」

主席先生，假如不把事件澄清，以正視聽，便會對本局不公平。本局大部分議員就確定這兩個組織在分工方面，是支持行政與立法兩局分家的，但沒有人要求將兩局議員分開，更肯定不是要求斷絕兩局的關係。

主席先生，有需要將行政立法兩局的職務分清，是合乎情理的，因為行政局所扮演的角色是直接向總督提供釐訂政策的意見，與此同時，立法局則負責審核及監察有關政策的功效。許多前行政立法兩局議員常務小組都由行政局議員擔任主席，這種做法既可笑、又失敗。成立這些小組的目的，是審核和監察政府政策，但獲挑選的主席又怎能妥善地監察他們自己所制訂的政策？因此，恕我直言，假如按照鄭海泉議員在數分鐘前所提出的建議，恢復已廢除的行政立法兩局議員常務小組制度，那可說是自尋末路。

行政局首席議員鄧蓮如勳爵，在星期日接受電視訪問時，如常地表現出色，她表示支持行政及立法兩局分家。報導引述她的話說：「行政局及立法局是兩個不同的機構，正因這兩個機構不同，才能達到互相制衡的作用」。如果這兩個權力架構之間缺乏持續對話，交往及諒解，那麼，一個怎樣「制」，一個又怎樣「衡」？缺少了上述任何一環，當立法局在最後一刻接到建議，須要在否決或蓋上橡皮圖章之間作出抉擇時，便會產生對峙的局面。

曾經有人說過，行政局議員受總督委任為他的私人顧問，故此毋須向立法局負責。我同意這個說法，但整個行政架構，包括行政長官（即總督）、行政局、各決策科及部門均須向立法局機關負責。這就是本港今天整個政府架構大致的運作情況，假如聯合聲明的精神能夠發揮任何意義的話，這亦是一九九七年後整個政府架構的模式。正如有關方面已特別強調，儘管未來的政府是以行政為主導，行政機關仍須向立法機關負責。

很多人指出，政府透過建議成立政府及立法局事務委員會，已盡力為行政及立法兩局之間建立有意義的關係。不過，主席先生，除非立法局是以政黨形式投票，否則，我懷疑建議的委員會是否可行。

主席先生，匯點希望見到行政及立法兩局能夠建立持久的關係，因為這樣會確保政府與市民之間可持續地對話、諒解及諮詢。

這亦可避免因立法局否決通過條例草案或制止政府的撥款建議，而在最後一分鐘引起衝突。讓我強調，沒有一個立法機構想令到政府癱瘓的。

故此，行政局秘秘密密的處事作風，就是問題所在，因為這樣極容易引起猜疑及誤解，甚至更惡劣的情況。

讓我轉談我自己和匯點認為可行的建議：

主席先生，行政局應納入一些立法局民選議員，並建立某種形式的「部長」制度，讓民選議員可擔任正式或非正式的部長職位。

讓我提醒政府，這個建議其實是源自政府，並載於《一九八四年代議政制綠皮書——代議政制在香港的進一步發展》內。

主席先生，這樣意味著，就算不是全部，最少也會有部分向市民負責，同時又可讓公務員以非政治的形式執行重要的政府職務。

匯點長期以來建議，重要的政府職位應由政治委任。決策科首長應對自己所制訂的決策負責。政府高層官員可選擇是否接受政治任命，使其下屬毋須遭受公眾壓力及面對公眾。

主席先生，這項建議亦確保政府在物色公務員以外的人選時，會有更廣泛的選擇。這種做法並非新穎。前任財政司彭勵治及工務司詹伯樂的委任，就是兩個極佳的例證。

我們的另一項建議，是成立一個清楚界定的立法局常務委員會制度，其屬下

委員會的成立必須與決策科並駕齊驅。這些委員會由制訂政策的初期以至草擬條例草案的階段，都會與決策科同步工作。這才可確保雙方持續對話，互相諒解及諮詢。

不過，主席先生，制度上的改革只能解決部分問題。更重要的是兩局彼此間的合作、互相信任及尊重。這些都是訂立實質及健全的常規指引，使兩局得以遵守及跟從，而我的同事李華明議員將會代表匯點就這方面詳加論述。

主席先生，我的建議只能符合一個健全民主制度所要求的最低標準。這套溫和的改革建議倘有任何闕漏，都會令人對政府留下一個不可磨滅的印象，就是港府是一隻苟延殘喘的跛腳鴨，由現時起計不出 48 個月內就會被掐死，然後斬件上碟。

麥理覺議員致辭（譯文）：

主席先生，在民主國家，政府由按照選民意願選出來的政黨組成。當選的政黨會主管制訂政策的機構，通常我們稱之為內閣；內閣會按著所屬政黨通過的政策來履行政府職責。政府最高層官員不單聽取執政政黨及其內閣有關政策上的指示，而且他們憑著本身的廣博知識，亦提出不少意見。此外，他們還有重要的任務 —— 更可說是絕對必要的任務 —— 便是確保不斷為市民提供各式各樣政府領導或施加影響的服務，並且當然還有推行那千變萬化的外交政策。

民主國家的政府是在既定的管理法則及程序下運作的，並在必需或適當時加以變化，但大體上仍會維持民主政府的一切要素。每隔四至五年，選民便會以不記名投票方式決定執政政黨是否稱職，還是應由承諾這樣做的另一個政黨取代。舉例來說，雖然英國政府的內閣掌握大權，但內閣成員必須有良好的工作表現，否則首相便會不予重用或甚至撤換。在政府的五年任期內，內閣總有變動，而且亦沒有任何內閣大臣可以敷衍塞責。

在香港，我們的情況迥然不同。我們的政府不是選舉產生的，總督不是選舉出來的，行政局不是選舉出來的，而很多立法局議員也不是選舉出來的。這不是民主政府，並且在可預見的未來，情況仍會如此。根據基本法的規定，在二〇〇七年，香港僅有一半立法局議員是由直接選舉產生，屆時無疑將會進行某些形式

的投票，以決定立法局議員會否全部由香港人選舉出來。因此，就算到了那個時候，擔任政府核心內閣的行政局也不會由選舉產生的議員組成。因此，行政局及立法局在地位及組成方面仍會一樣不同。基於這個因素，試問兩局又怎能依靠制度上達至的互相理解及互相尊重，去建立正式的工作關係呢？

在香港殖民地時代及直至頗為近期的年代，行政立法兩局都是由委任議員組成，他們有些是由立法局晉身行政局，有些僅擔任其中一個局的議員，有些則身兼兩局議員，而他們都相處融洽，共同為公益服務。然而，無論他們是否真的如此，但普遍被視作集體橡皮圖章。這種制度不可能繼續下去，但同時我們又不能期望這種制度得到正常的替代，即由香港人選出來的內閣及國會取代其位置。就香港而言，民主僅是這個理想的一個淡淡陰影。我們不用為仍未能實現的事情嘀咕，而是要善用掌握在手的東西，使其能針對時需，行之有效。這包括立法局及行政局之間的關係。現時，兩局之間並沒有存在任何正式的關係，亦沒有任何非正式的關係。除了從傳媒得知有關情況之外，我們立法局議員不知道行政局討論了甚麼。我們既不知道任何行政局會議的議程，亦不知道任何沒有公布出來的決定。我們並無定期與行政局議員開會，通常亦不會向行政局提出亟須關注的事。行政立法兩局就像兩個處於不同軌道的星球，雖互有關聯，但相隔遙遠。

我這個樂於獨來獨往的人對這種情況並無感到不滿。我不贊成政府有關設立政府及立法局事務委員會的建議，因為我不希望由任何人代表我的意見，而且他們很可能歪曲了我的意見。同時，我覺得我亦不應該代表任何其他立法局議員的意見，因為很可能我也會歪曲了他們的意見。同樣地，我以往一向不贊成因行政局議員很可能比我知道更多關於政府政策的消息，而由他們領導兩局議員常務小組。我覺得這樣令他們較立法局議員處於優勢，是不公平的。如果他們是民選代表，我的看法則可能不同。因此，我不支持再設立行政局／立法局委員會或常務小組。我也不支持在行政局實施部長制，因為這些所謂部長擁有的權力及影響力，將會比我認為合理的大得多。只要我能夠成為其中一個部長，我當然會表示贊同。此外，有關設立行政局／立法局聯絡委員會的建議，基於上述理由，我亦不敢苟同，而我已向大家講述有關原因。那麼，我們還可以做甚麼呢？由於鄭海泉議員希望兩局有更佳的聯繫，而我亦敬重他為一個表現出色，但有點古怪的銀行家（眾笑）── 他的才幹毋庸置疑，本身亦具有成為部長的潛質 ── 我會支

持有關建議，即行政局及立法局所有議員每月一起舉行閉門會議，在自然的情況
下，大家暢所欲言，事後亦不會有投訴、誤解、歪曲事實或洩露消息的事情。

杜葉錫恩議員致辭（譯文）：

主席先生，在一九八五年之前，香港政府一向是在一套不經選舉的殖民地
式制度下運作。總督委任行政及立法兩局的議員，有些議員更獲委為兩局議員。
對政府來說，事事推行順利，因為沒有反對的意見，但市民卻沒有代表他們的
聲音。

一九八五年至一九九一年間，這套制度加入了間接選舉的議員，但行政及立
法兩局議員的身份仍有重疊的情況。對政府來說，事情仍相當順利，因為反對的
意見仍不多。市民的代表聲音仍是微不足道。

一九九二年推行的新制度是集殖民地主義及西方概念於一體，但兩者卻又
格格不入。說它像西方的制度，因為立法局有直選的議員。說它不像西方制度，
因為除了行政局的殖民地式委任議員外，我們並沒有執政的政黨，而這些行政局
的委任議員又沒有立法機構在背後支持。因此，政府的運作像殖民地式的獨裁制
度，而立法機關則構成潛在的主要反對力量。整套制度造成一種不協調的情況。

由於毋須對執政的行政局有政黨式的效忠，我們立法局議員覺得如需要時，
有自由將政府所提交的任何法案否決。當然我們反對得政府愈多，便愈能吸引傳
媒的注意，以至選民的注意，特別是討論到那些關乎納稅人錢包的問題。

我相信行政局會認為這種潛在的反對力量很洩氣。立法局也感到洩氣，因為
在政策的問題上，我們只是空談罷了。我們可以盡情提出動議，但結果政府可能
完全置之不理。

總督去年十月建議成立的政府及立法局事務委員會，可能旨在填補這個隔
閡，但這是不切實際的想法，因為該委員會給人的印象是本局只有少數議員可與
總督接觸；而我們所需要的是與行政局的一種聯繫。

今日的動議促請政府及立法局共同檢討有關情況。我歡迎這項動議，相信今
次的辯論會有許多建議，而我亦希望提出兩項建議。

其中一種方法是與行政局每月私下舉行一至兩次會議，正如鄭海泉議員建議

那樣——類似從前的兩局議員辦事處的內務會議，那時行政局議員往往會在會議上解釋討論中的問題，藉此取得一些意見，而又不會透露機密。這類會議容易安排，但雙方必須設法聆聽及討論，而不要只求爭論，會議才會成功。

另一項建議便是遵照基本法第五十五條的規定，而這建議有助我們為一九九七年作出準備。第五十五條規定行政局的成員由行政機關的主要官員、社會人士及立法會議員組成。立法局可以從本身的議員當中提名數位代表，盡量代表各派別及各方面的意見，當然也可以輪流出任。這些議員代表會由總督委任加入行政局。他們當然要遵守保密及集體負責的規定，但他們應有權就一些他們與行政局意見相左的事項，在立法局投棄權票。

現時的情況令行政局及立法局兩者都有挫敗感，政府當局無疑也是一樣。立法局議員感到他們在政策方面的意見不獲重視，而政府也發現部分條例草案很難獲得通過。從外表推斷，現時的行政局是一人的獨裁制度，但沒有人真正知道實情。在政策的問題上，這制度可能導致在一九九七年前後變成完全獨裁。在條例草案及財政方面，立法局則可能變成獨裁者。

詹培忠議員致辭：

主席先生，今天我們這個動議也可以反映出總督在一九九二年十月七日發表的施政預告內有關政制的安排，是有點草率或瑕疵〔疵〕。不過，無論如何，我們現在所要討論的是行政立法兩局關係的問題。

我們知道，行政局從本質及事實而言，只是總督的私人顧問。總督現在權力那麼大，那麼權威，連英國整個內閣也給與多方面的方便及支持，在香港的權力自然大。目前，非官方的行政局議員有九位。香港市民，我們的立法局議員，如實際上對每名行政局議員逐個分析，那麼，誰對現任總督有說服力、有阻嚇力或可提供作用呢？大家對此「心照」，心知肚明。

就立法局而言，有很多人認為始終是另外一枚橡皮圖章。不過，無論如何，我們有些議員認為中英兩國政府有任何關於香港的事情都要知會立法局議員。我對這論調並不完全同意。中英政府對涉及兩國外交或者其他的有關事務，有權作出決定，甚至在必要時，可以在英國下議院或其他法定機構予以立法，然後要香

港照單全收，予以執行，這是不容異議的。有關香港的其他問題是需要立法局立法處理的；立法局也負責修訂法例、對條例草案進行研究。這些問題自然一定要提交香港的立法局。因此，我們對每件事均須清楚瞭解，然後分辨是非。換言之，可以大膽說一句，目前的立法局並非一枚橡皮圖章——圖章蓋下去後，橡皮膠因有彈性而會反彈上來。（不明白這個意思？）故此，我們立法局議員很希望行政局方面以後遇有需要立法局立例的，應事先與立法局議員聯絡、溝通。就算看不起立法局議員也好，事實也必須這樣做。

剛才有些議員舉出很多例子，別的例子我不說，我只想談談西隧的問題。有人說不予以通過就不行。事實上，現時立法局議員所代表的利益與前不同：第一，有政黨的存在，黨員必定是服從政黨的。換句話說，政黨的利益大於市民。若政黨為市民服務，則市民利益大於政黨。第二，有關私人利益。坦白說，有部分議員為了九五選舉爭取選票，於是對很多事情都要做得積極一點或者有效應一點。無論如何，在未能改變目前安排的情況下，我認為行政局除向總督負責，處理一些毋須經立法局立例或修訂法例的有關行政事務之外，仍須與立法局議員多作溝通。對於要立法的事，應事先給立法局議員瞭解。這樣便不會造成大家對立或使工作受到阻礙。

我們作為立法局議員，是有各自表達意見的自由。但是，我對於司徒華議員剛才對基本法說得一無是處，表示很擔憂。我是替他擔憂。現在總督及港英方面正就基本法第 104 條為我們議員向中國方面爭取「直通車」的安排，期能不會受到其他法例挑戰而獲得確認。可是，基本法現在仍未實施已經對它批評得一文不值。我記得以往辯論有關問題時，司徒華議員多半投棄權票或反對票。不過，無論如何，須知少數要服從多數。他作為一個政治參與者，應該是絕對瞭解這個道理的。我並不是批評他。我只是藉此機會，提醒全港市民，不要受他的意見誤導，這是要知道的。當然，若市民受到誤導，這對香港日後是絕對不利的。

因此，我的意見是，在目前香港的政制環境下，我們毋須擔憂。只要各方面更瞭解自己所要面對的和自己本身的權力。立法局議員、行政局議員，甚至政府的官員都要瞭解自己要面對的問題。我認為，不論是九七年前還是九七年後，最重要的是依賴公務人員作為社會運作的支柱。因此，我對鄭議員的動議不表示意見。

馮檢基議員致辭：

代理主席女士，這次動議辯論相信是因為近期一連串事件所引發的，例如 BNO 護照問題、富戶政策、西區海底隧道等。議員所擔心的是行政立法兩局關係不佳，會影響政府行事效率。這種憂慮雖然不是無的放矢，但若今次辯論只以加強效率出發，而不探究兩局之間背後存在著甚麼問題，那麼就算加強協調，加強溝通，亦未必能夠改善效率。除非行政局運用強迫方法，使立法局跟隨行政局的決定，令立法局基於不知何種原因通過所有法例，否則，我看不出僅靠溝通可以改善、解決兩局背後的根本問題。

我認為兩局背後的問題和矛盾，其實涉及多方面的因素，而我覺得出現矛盾，正正表示因為現時立法局正步向民主開放模式，雖然過程比較緩慢，但仍然朝著一個變的方向走。然而，行政局名義上是一個諮詢組織，實際上卻是一個制訂政策的機構，這種情況多年來基本上沒有改變。主持行政局會議的總督亦不是由直接選舉產生，亦沒有任何政黨背景，因此他委任人選時，我們估計他會考慮這些人對殖民地政府的順從程度和價值觀認同程度，程度越高便越有機會入行政局。在這種變與不變之間，矛盾自然便會出現。行政局議員對選舉產生的立法局議員的看法，更加不理解。選舉制度有其客觀作用，就是令民選議員須從市民角度出發，對某些事件作出回應，以民意來制約政府做出一些不符合民意的事情，而當中並不涉及對與錯的問題。有些行政局議員比較少接近或表面地接近草根階層，但對市民的想法，只有片面瞭解。西隧事件和富戶政策正正是這些矛盾和片面理解的結果。

在短期內要解決這些問題，我和民協都覺得並不是一件容易的事情。因為改變的速度所產生的矛盾是結構性的，存在的差異是不可以從根本解決。總督在施政報告中曾經提出成立一個政府及立法局事務委員會。我覺得這並不可以解決問題，因為這個會議只有總督、財政司和一小撮立法局議員參與；此外，還充滿著小圈子的味道，很容易犧牲了其他小黨派議員和獨立議員的意見。我和民協一直反對行政立法兩局議員的會議只由一小撮人參加。我認為一個全體、正式和定期的兩局會議是必需的。此種方式亦有助行政機關與行政局議員掌握和瞭解立法局各派人士的不同意見，在制訂政策考慮不同意見時，找出一個多方面都可接受

的平衡點。除了這個正式會議外，我覺得行政局議員可以考慮列席各個立法局政策常設小組會議，瞭解立法局議員對某些政策的態度，亦可非定期約見立法局議員。這樣至少不會因為誤會而增加爭吵，更可以因為瞭解而在不同之中互相尊重。

至於解決這個問題的長遠方法，前提必須是行政和立法機關負責人，即未來特別行政長官和立法會議員，都是由全民直選產生。行政長官可以根據自己意願委任行政機關人員，而成員的政治背景是不重要。在同期全民競選機制之下，相信選出來的行政長官和立法機關人選，兩者意識形態是不會「南轅北轍」的。行政長官亦因為有民選背景，委任出來的行政機關人選亦不會乖離市民意願太遠，因此在推行政策時便相對地沒有太多意見相左的情況出現。

一些成熟的自由經濟社會選舉產生的政府和議會，通常最大的兩、三個政黨，其實基本上沒有太大的分歧。放眼世界，例子很多。美國是這樣，甚至英國亦是這樣。

不過，最後我想說明一點，行政和立法機關立場不同有甚麼問題呢？在一個正常的行政和立法分立的政治實體中，行政和立法機關很容易出現意見不同的情況，除非行政和立法機關的人士都是同出一轍、同出一黨，這樣行政和立法機關才會沒有問題。我亦想告知大家，其實很多議會的行政機關和立法機關彼此意見有分歧的情況，是很常見的。美國的布殊政府年代，議會都是民主黨佔大多數，但議會和行政機關，或者立法機關和行政機關即使有磨擦、有矛盾，其實也一樣可以處理和解決問題。今時今日，美國克林頓政府執政，國會以民主黨佔大多數，也許有人會覺得他的議案會順利獲得通過。可是，你看他上一次須靠他的副總統多一票才能夠通過某一個議案。我們再看看近一些的日本。日本也有事例，可以告訴我們行政和立法的關係。自民黨執政這三十多年來，無論行政和立法都是一黨獨大，一向都是由自民黨控制，三十多年如一日。不過，三十多年後的今日，亦有分裂的一日。所以一黨獨大，並不等於沒有矛盾。政治有矛盾、分分合合是很自然的。然而，日本給我們看到的例子，是產生金權政治和貪污政治。所以在資本主義社會內，一黨獨大的結果可能就是金權政治和貪污。事實上，沒有一個制度可保證行政和立法機關永永遠遠不分裂、不分歧，彼此看法一致，除非行政和立法機關首長是同一個人。

所以我認為要解決這問題，必須從根本著手。當行政和立法機構成員（即行政長官或立法局的成員）並不是全部由民主直接選舉產生時，我相信這個問題是不會解決的。

葉錫安議員致辭（譯文）：

代理主席女士，去年十月辯論總督施政報告的時候，我曾對行政局和立法局分家的事表示有所保留。在當時所傾向的情況下，我認為分家只是總督認為「在兩害而擇其較小者」所採用政治上的權宜之計。我所關注的是行政局對立法局負責的問題，以及兩者之間的溝通效率。倘有較完善的制度，則行政局與立法局近期就多項問題所出現的齟齬或可避免。我認為現在是檢討兩局間在憲制上的「夥伴關係」的適當時候。

我之所以說「夥伴關係」（此詞借用自衞奕信勳爵的最後一份施政報告），是因為並無理由可以解釋兩局之間的關係，除此之外尚可為何。雖然行政局和立法局在本港的憲制架構內各自扮演不同角色，但它們有著為香港謀福祉的相同目標。

鑑於香港正向高度自治演進，其決策機構的成員組織和責任承擔自是極端重要。由於將來的立法會和行政長官是由選舉產生，行政機關就變成唯一的委任機構。因此，確保其對香港市民的責任承擔須與其所擁有的極大權力和執行的重大職務互相稱合，是至為重要的。

近期的齟齬被歸咎於行政、立法兩局之間缺乏溝通。因此，一個有效率的溝通渠道是重要的。儘管這樣的渠道未必能排除意見出現分歧，但卻可以促進雙方更易理解不同的意見，有助互相包容相對的立場。同意容許有意見分歧，總比意見不合地互生齟齬為佳。但我認為問題不止在於溝通，而是有更深層的涵義。

問題的核心其實是民選機構與委任機構之間有難以避免的意見分歧。立法局議員之所以愈來愈有主見，是因為他們須向各自選區的選民表示負責；但另一方面，行政局卻只須向總督負責。這兩個機構的性質和成員組織既是如此不同，不時出現意見分歧，就毫不足為奇了。

我相信解決這個問題的方法就是委任立法局議員進入行政局。假如我們信納

立法局是廣泛代表社會，那就絕無理由解釋為何一些立法局議員不應兼任行政局議員，以反映社會人士的觀點，並且確保行政局的決定獲得立法局支持。

對於議員兼任兩局有人曾表示憂慮立法局不能監察行政局以及分權不能維持等問題，但我認為這些憂慮言不成理。

另一項反對議員兼任兩局的論據，是認為這只不過將爭論由立法局提升至行政局。雖然這種說法在某程度上或許真確，但我們卻不能忽略本港的政治現實。我們的立法局，由多個黨派組成，代表了完全不同但多樣化的觀點，若謂總有法子蒙蔽行政局廣泛代表市民的觀點，未免流於幼稚。假如嚴禁行政局出現黨派政治，並且規定只有無黨派的「獨立人士」方能出任行政局議員，也屬不切實際之舉。鑑於本港日趨政治化，身居公務人士與政黨及政團有聯繫也是必然的。假如剝奪這些人士晉身行政局的機會，對於培育本港未來的領袖，毫無裨助。

其他反對議員兼任兩局的論據涉及保密和集體負責的規定。我贊成保密的規定。若要管治的事務得以有效率地進行，行政局所有議員必須遵守這項規定，假如不能在毋懼遭透露的情況下討論敏感的問題，任何政府也不能運作。然而，我並不認為集體負責的規定是神聖不可侵犯。假如一位行政局議員不贊同行政局所作的某項決定，他應有絕對自由公開表明其立場，不能單單由於他曾參與行政局作出一項他反對的決定，因而被孤立及阻止履行立法局議員的公職。

議員兼任兩局的人數，毋須按比例去反映立法局的成員組織，有中肯的立法局議員兼任比率就已足夠。至於委任人才進入行政局的選拔，則依然是總督唯一的特權。

基於上述各原因，我希望政府會檢討行政局的成員組織，並考慮委任本局議員進入行政局。事實上，在去年秋天行政局改組之前，我們一直就沿用這制度。該制度確保在本立法機關所享有的有限度民主，不致被最高層的決策所破壞。

李永達議員致辭：

代理主席女士，相信各位同事都明白，我們不能期望一個人都有相同的意見，而政治本身亦不是甚麼「烏托邦」，所以行政和立法部門對公共政策有不同意見是必然的。我們要重視的，不是去找代罪羔羊。我們須要認真處理這個問

題，並採取一些措施去改善這個情況。

首先，我們清楚知道，行政部門要向立法局負責，這不單是一個基本民主憲制原則，而且對過渡期的香港特別重要。

香港從政治封閉的殖民地體制，發展為將來高度自治的特別行政區，當中必然經歷民主化的過程。我們當然希望行政長官能夠由普選產生，以實現民主治港，但現時的政制發展安排，仍然與此相距甚遠，市民仍難以向行政部門發揮直接的影響力。在這情況下，行政部門向一個較有廣泛民意代表性的立法局負責，就更加重要。

自從立法局引入直選後，更能掌握和反映市民的意見，令市民的意願得以有效地表達。因此，行政部門，無論是行政局議員或政府官員，都應充分利用這個渠道，更加積極地去諮詢民意和考慮他們的意見，但現實令人極之失望。港同盟的研究中心曾將本年立法局辯論的議決作出統計，以瞭解政府的執行情況。結果發現在三十個獲得通過的議決之中，政府只執行了其中的十分之一。政府的態度無動於衷的，就有五分之一。政府更加對 13% 的議決公開表示反對，這些例子包括：公屋住戶資助政策、退休保障制度、投訴警察機構獨立及提高中英談判的透明度等。

如果說以上的情況是因為辯論題目太多，以致政府未有時間應付，行政部門的表現，可說情有可原，但如果是因為行政部門故步自封，不認真聽取和考慮本局意見的話，情況就極之嚴重。

立法局當然不希望見到議決不獲政府執行，不過若是透過互相尊重，詳細研究和理性的辯論，證明政府不執行決議是合理的，本局和市民會比較心悅誠服。最低限度我們可以更加瞭解問題所在和政府有甚麼困難。若政府只是認為辯論不外乎辯論，議決並無法律效力，也沒有道德約制，而不加以重視的話，那香港市民的意願，就是被硬生生地壓下來。這與政府經常強調要建立一個開放、負責任的政府，顯得言行不一致。

我們相信只有透過公開、理性和互相尊重的討論過程，民主的素質才能得以植根，香港市民才可以共同建立民主制度，推行民主。所以最重要的一點，不在於政府或行政局是否採納或全部採納立法局每一個意見和辯論的結果，而是當行政局或政府不同意立法局多數意見的時候，政府和行政局有否勇於公開解釋他們

政策的取向及不斷透過公開的辯論贏取大多數市民的支持？政府和行政局議員是否有此勇氣，有盡一切力量，努力去公開申辯和維護自己的政策？我見不到。我所見到的，只是一些出現於電視機畫面的情影，或者某男士的影子，被記者追追逐逐，然後欲言又止，禮貌地回應記者的問題。莫非這就是政府首長和行政局權重人士向公眾負責和交代的方式嗎？莫非我們權重的政府首長和行政局議員真是這麼落後於整個社會政治發展的形勢嗎？

其實早在一九八七年時，港大政治科學系已有學者指出，在香港進行民主化過程中，必須培養行政部門和公務員的負責任態度，建立一個新的價值系統，這樣才可以令政府決策能夠配合政制民主化，發展成為一個真正民主開放和負責的政府。再想深一層，時代已經有所轉變，市民對政府的要求和期望已經較前大為提高，各級議員亦培養出要反映民意及影響公共政策的責任感。政府首長及權重的行政局議員豈能抗拒這個民主化過程的洗禮呢？

李家祥議員致辭：

代理主席女士，行政立法兩局分家，曾被譽為香港政治史上的里程碑。但不到一年，不喜歡對抗政治的港人，已對這種強調制衡的政制安排顯得煩厭。

本人相信，兩局分家與否，套用港府慣用的說法，港人應該是「沒有強烈意見的」。反而一般人較為關心的是施政的效率。所以，可敬的鄭海泉議員從施政效率的角度去提出動議，是有積極的意義。在目前政制之下，透過溝通，是否可以提高行政當局施政的效率，以及改善行政當局與立法機關之間的工作關係呢？本人試從政府、行政局、立法局三個不同角度去分析。

假如行政當局是指行政局以及政府官員的話，其中政府官員和立法局朝夕相見，根本不存在溝通問題，要加強溝通的只是行政局與立法局的議員。不過，我們細心觀察之下，會發現目前的施政權力緊握在政府官員之手。行政局議員的權力實際上已差不多被完全架空，要立法局議員和行政局議員加強溝通，會有甚麼好結果？如果兩者經常溝通後，行政局仍次次要「交白卷」，達不到一些實質成果，那對行政局議員來說，倒不如不見也罷。事實上，行政局議員亦曾在公眾場合表示，樂於做些表面溝通功夫，這其實已反映出他們實在是滿足於現狀的態

度，而他們的有責而無權，更可能反映他們是兩局分家的「最大受害者」。

立法局議員的取態亦是清晰的，不同派系的議員，在具體的行政局組合上，意見或有差異，但目的都是希望能有代表加入行政局，分享施政經驗。立法局議員都明瞭，選舉政治著重落實政綱，但目前議員卻無正當途徑去履行選舉或公開的諾言。因此，當局在制訂政策時，若不能吸納他們的意見，那無論任何意識型〔形〕態的黨派，都只會剩下唯一的選擇，就是利用立法局的否決權，藉此施壓，迫政府就範。但經常這樣做，便會擺脫不了被市民認為只懂擔當對抗的反面角色。政府官員在這種安排下亦不好過。他們要擔當政治角色，去面對有權無責而又永遠不能滿足的立法局，顯得力不從心。在立法局只得三票的政府，在不少事項上都要與各派議員討價還價，甚至有時更被迫放下「買路錢」（政治本錢）後，才得過關。這種不合理的安排，或許令司級官員快要變成受保護的動物。

溝通只能消除不必要的誤會，絕不能解決政策上的嚴重分歧。要解決政策上的分歧，便需要、而且必須在政策制訂過程中，與立法局議員商討。

目前距離九七年不足四年，要實施「港人治港」，我們實在須要培育既有立法經驗又有施政經驗的人才。況且英國政府口口聲聲說，中國政府應該在九七年後還政於民，但反觀目前，施政權力仍緊緊掌握在他們手上，是否亦反映他們同樣擔心失控，不能維持所謂「行政主導」的有效管治呢？

本人認為，加強溝通至少可以紓緩表面的緊張氣氛，尤其可令市民不對爭爭吵吵的政治產生太大抗拒感。鄭海泉議員的建議是有用的，甚至很多是可以即時施行的。

（1）本人認為行政局議員要有清楚分工，贊成總督委任行政局議員擔當行政機關主席，令其有權有責，那麼他們與立法局議員商討時可以有實際價值。

（2）在重要政策制訂之前，雖然當局沒有設立正式的「政府及立法局事務委員會」，但總督或有關的政府官員及行政局議員，亦可邀請對該政策有明顯興趣的立法局議員會面，作出認真的商討。

（3）最遲在九五年前，立法局議席已經全面由選舉產生時，不少於半數的行政局議員應該為現任或前任立法局議員。

長遠而言，雖有過渡九七的困難，但港人也要開始考慮和研究推行部長制的適當時間，尤其是未來的行政首長必須由直選產生，如事前不推行部長制，屆時

港人就不能從一些有實際施政經驗的人選之中，選舉賢能。

唐英年議員致辭：

主席先生，香港隨著社會政治化急劇發展，九一年引入直選，政黨政治的產生，加上行政與立法局分家之後，很明顯，行政局與立法局的關係，越趨緊張，從中央公積金到 BNO 事件，反映出類似的矛盾分歧如果持續下去的話，將會對整體社會有非常不良的影響。無可否認，自從行政局與立法局分家之後，彼此缺乏溝通渠道，單靠一些非正式場合去進行意見交流，已證明不足以維繫雙方的工作關係。所以，任何具建設性的溝通模式，都是值得研究和考慮的。其實最重要是要具有「誠意」的溝通，才是最有用的，否則，即使天天溝通，而各方又各持己見，也無濟於事。

總督過去一年經常掛在咀邊的一句名言，相信大家都耳熟能詳，就是「要在香港推行一套開放、公平、為港人接受的政制方案」。我相信，如果政府和行政局不同步開放接受民意，立法局就算全面民主化，除了構成龐大的政治壓力之外，因為香港始終是行政主導，它可以發揮的制衡作用仍然是有限的。立法局固然可以否決或修訂一些被認為不合理的法例，但我們對於一些涉及政府財務的法例，或非法例式的政策，卻無能為力。例如老人退休保障問題，我們既不可以自行通過實施中央公積金，也不能修訂私人退休保障計劃為由政府承擔財務風險，因為這些都涉及政府額外開支。如果有人以為在這些事件上，政府或行政局與立法局溝通不足，而令立法局今日仍爭取不到中央公積金，我便覺得很奇怪了，政府其實對立法局的立場，再清楚不過。問題只是，政府似乎沒有隨著立法局，或應該是整個社會朝向民主發展，而重新調整自己的觀點與態度，接納民意。這是香港政治發展失去平衡的現象。

主席先生，總督本人三番四次地訴說立法局通過接納他提出的政制方案，所以有必要尊重和履行有關的建議。但立法局同樣通過設立中央公積金，以及很多其他具建設性的建議，政府如果不是堅拒執行，就是漠視它的存在，然後不了了之。這種選擇性的聽取民意，但凡不符合政府本身取向，就一概不受理，確無助行政機關與立法局關係正常化。

同時，目前香港的議會架構，基本上是出了問題，行政局理應有立法局代表在內，令立法局成員有權在政府制訂政策的早期，既有份參與討論和研究，亦負上支持政策的責任。但很可惜，亦是總督彭定康最失敗的地方，竟然將立法局議員擯出行政局。行政局由於只向總督負責，沒有立法局或政黨背景的成員參與，所以他們的著眼點，往往只在政府行政管理方面，忽視市民大眾的需要，從 BNO 事件的發生，可見一斑。

主席先生，基本法第五十五條明文規定，香港特別行政區行政會議的成員組成，將會由行政長官從行政機關的主要官員、立法局議員和社會人士中委任。在今日政黨林立的政治環境中，竟然沒有一位立法局議員參與政策的制訂，若說這是香港民主進程的倒退，恐怕也不為過。我們追求的民主社會，應該是一個開放和負責任的政府，以行政為主導，立法為制衡，才可確保政策得到市民大眾接受。政府若不從速檢討改善目前行政局與立法局之間的矛盾，情況將肯定會惡化下去。

楊森議員致辭：

主席先生，自九一年立法局引入直選成分，繼而總督彭定康上任後，實施了行政局與立法局分家的政策，將立法局議員排斥於行政局之外，行政與立法關係產生了很大變化。今個立法年度即將完結，所以現在檢討這個關係是最適當的時間。

自九一年推行直選和其後實行政與立法分家之後，我觀察到以下數點的情況：

首先，行政局與立法局缺乏溝通和協議的途徑。從多次事件，例如富戶政策、換取 BNO 護照事件，行政局與立法局的意見是完全相違背的，可見行政局完全捉摸不到立法局議員及市民的脈搏。

行政局的運作予市民的印象仍然是缺乏透明度和缺乏代表性的，而行政局的認受性亦有很大問題。

第二，由於行政與立法缺乏溝通和協議，令行政局的決定和政府的政策，在立法局受到支持的機會大大減低。西方議會，由於執政黨通常在國會佔有大多

數議席，而內閣成員又出席國會會議，行政方面的決定一般都得到國會的支持。以往，本局的委任議員，包括官守和非官守議員，往往聯成陣線支持政府政策。但現時環境改變，時移世易，行政方面的決定，未必一定受到立法局的支持。故此，行政方面的運作是受到一定影響的。在九五年，立法局的議席全部由選舉產生，港府對這個問題，相信會加倍關注。

布政司霍德在一九八七年政制檢討期間，曾公開指出本港公務員須要換上新的面孔，一改以往的家長主義，變成更加向市民交代，對市民的需求與意見，亦要提高敏感度。大家見到司級官員對議員的提問，大部分都作出積極的回應，只有小部分仍舊保持過往的官僚作風，仍未適應新的政治要求。無論如何，在行政與立法缺乏溝通和協調的情況下，司級官員面對的壓力是無可避免地大大提高了。

另一方面，由於議員對議會工作的投入，動議辯論和提問質詢都比以往大為踴躍。但港府一向奉行所謂「行政主導」，而司級官員又不用負上政治責任，所以對動議的議決，根本採取愛理不理的態度。在今年度超過四十多項辯論中，超過兩成通過的動議辯論，政府仍未有任何積極的回應，有一成多的議決更受到政府的公開反對。這種情況在成熟的議會制度根本是不會出現的。

主席先生，以上的發言似乎集中本局引入直選和行政與立法分家後的問題，但我想清楚指出，自從本局引入直選後，市民對政府的關注和期望，都大為提高。我相信，市民的公民意識和社會團結精神亦愈來愈高。港人對前途是抱有一定期望的，他們亦會積極爭取參與的機會，以發揮「港人治港」及高度自治的精神。

面對前景，我們如何去改善行政與立法的關係呢？我想代表港同盟作出下列的建議：

（一）首先，總督應重新考慮委任直選產生的議員進入行政局。這種安排可以大大提高行政局的認受性、代表性和透明度。這些直選產生的議員可以將民意帶進行政局，影響政府的施政，更加能照顧廣大市民的利益及促進社會的團結。此外，亦可以加強行政政策決定在立法局獲得支持的程度。

（二）設立常設委員會。這些委員會與政府政策部門對口，既負責審議法案，亦討論政策。這些常設的委員會可以提高立法局在審議法案和監察政府的功能和

效率。現時，政策委員會和法案小組分開運作，加上這些組織的成員的流動性很大，對上述工作的運作效率造成一定的影響。

（三）落實設立立法局事務委員會，加強政府、行政局與立法局的溝通。

（四）最後行政部門應加強向立法局及市民作出諮詢，慎重處理和尊重他們的意見。

陸恭蕙議員致辭（譯文）：

主席先生，行政局作為神聖智慧的庫藏，縱其觀點崇高，但畢竟也與時代頗為脫節。

數年前，當立法局還是個橡皮圖章的機構時，行政局的角色著實比現時重要，似乎其非官方議員是為香港說話的。

可是，行政局從未有獲市民普遍授權。反之，它卻利用了一種普遍存在市民心目中的神秘感。

這神秘感一直以來建基於秘密。假如無人獲准得知行政局提供甚麼意見，那麼，就無人能夠反對其意見。撇開這神秘感，我們就可以看到行政局的真面目：是一群就近、有點隨意挑選、但不合時宜的兼職顧問。

假如我們開始嘗試去創立新的架構或繩規，藉以將行政局與立法局的運作及其他各項規管目標連結起來，那麼我們是指派行政局去擔當一個既無權力、也無要求的廣泛角色。

總督可指派任何他屬意的人士作其謀士，也可委派任何其喜歡的人出任行政局議員。他是否願意委任立法局議員進入行政局，自有其選擇。

根據《英皇制誥》的規定，行政局是要向總督「提供意見」，亦僅此而已。基本法亦規定將來的行政議會須「輔助」行政長官。

行政局與立法局之間達至滿意工作關係的重要先決條件，可極為簡單地申明。立法局，以至全港市民，必須知悉行政局所進行審議的事項，立法局必須知道行政局作出甚麼建議，並且可以在獲得充分資料的情況下，反駁行政局所作但不獲立法局贊成的建議。

假如立法局具備那些自由，行政局與立法局之間的意見是否一致就無足為慮

了。屆時，則全由總督決定採納他所屬意的觀點。但我相信實際上，總督若要維護一少撮顧問的意見而凌駕於立法機關之上，是頗為困難的。

正如當前的動議亦認同溝通極其重要。

本局與行政局或任何其他人士的溝通是全無問題的，因為本局是個公開的機構。

任何人士如欲知道本局在說些甚麼、想些甚麼，只須走到公眾席坐下、開啟收聽器或者閱讀翌日的報章便可。

問題全出於另外一方。改變必需來自行政局。

行政局的保密，窒礙了公眾對各項決策、政策的選擇以至政策進程的討論。因此，行政局的保密削弱了立法局辯論、發揮影響力及有效干預政策的能力。

假如本局要在制訂政策和決策的過程中充分發揮其應扮演的角色，便須更直接和更公開地與政府合作。本局必須可以取得已訂政策的資料及獲悉各種論據。因此，只有打破行政局對這類資料的壟斷，本局才能達至這目標。

有關兩局及其他可能成立的新委員會兼任問題的辯論，實無關宏旨。立法局的利益是與普羅大眾的利益完全相同的。我們只不過要求行政局不再對那些它聲稱保障其利益的人隱藏其面貌。正因如此，將會議保密的建議誠為倒退的做法。

近十年來，行政局的地位持續下降，主要是因為立法局的地位不斷提升。這個重整平衡的過程，會隨著立法局引入更多直選議員和獲得更大程度的政治合法性而持續下去。

儘管憲制改革的步伐尚未明確，但其方向是清晰的。連基本法也預見立法局在二○○七年之後某些時日，將會完全由全民投票產生。對於我來說，我希望亦相信這目標可大大提早達至。

中英聯合聲明和基本法都贊成一九九七年後的立法會必須扮演一個超然的角色，被確認為是政府各行政部門應向其負責的機關。

單憑這點已足以爭取一個更開放的行政局。假如負責監督政府的機構——即本局——不能預先知悉參與秘密會議的高級決策者——即行政局——正在審議甚麼事項，以及假如本局亦不能在事後知悉行政局曾研究及摒棄過甚麼其他選擇，那麼，所謂「問責性」的概念就毫無意義。

我們亦必須注視行政局、立法局及高級階層公務員之間的關係。我們必須確

定有關公務員認識到本港政治的重心，正從行政局轉移至立法局，並作出相應的調節。

政府整個上層架構都籠罩著秘密和內省的迷霧，因此，行政局的特權往往被用作便利的藉口多於具體的理由。

假如我們能使行政局更開放，接受評論、質詢和批評，那麼我們就會向開放的政府走近一大步。

管治者與立法者之間需要更大的諒解和更深的互信，要將他們之間的洪〔鴻〕溝縮窄，實有賴雙方共同努力。

立法局在其運作中引入間選議員已有五年長，而引入直選議員則只有兩年，從運作中學習而汲取經驗是必然的，但也必須尊重民選議員代表市民的重要性。唯有香港市民才能判斷他們的代表的工作表現是否令人滿意，而香港政府則須接受市民的判斷。

作為邁向與行政局達至更良好工作關係的第一步，我建議預先公布行政局的議程。我更進一步建議行政局每次會議之後，公布一份會議記錄，臚列出各項獲得通過的決定。然後，我希望見到一位行政局官方議員，或許是布政司，能夠定期與立法局議員會面，專門解答有關行政局各項決定背景實況的提問。當然，他毋須透露個別行政局議員的意見或如何投票。

採取這些步驟的責任直接操於總督手上，因為行政局的成員組織和運作常規全由總督一人決定，況且行政局的職責只是向他提供意見，而目前或將來的憲制安排亦無規定行政局的運作要保密。

假如總督選擇繼續背向廣大市民，並在秘密會議內作其最重要的決定，他雖然有憲制賦予的權力可如此做，但他斷不能期望本局議員，特別是民選議員，對這種情況處之泰然。

胡紅玉議員致辭（譯文）：

主席先生，這個動議的核心，是行政機關及立法機關的憲制功能和整體政治制度的問題，要弄清楚這些，首先要知道平日經常提及的「行政主導政府」，「權力分立及制衡」，乃至「問責性」這些概念，在香港究竟有何實質含義。

首先，所謂「行政主導政府」，在香港具體來說是甚麼意思呢？

在今天，行政主導意味了法例和政策均由行政機關提出，立法局只能提出不影響公共財政的私人法案。行政主導亦代表了立法局透過動議辯論反映的意見和想法，不一定獲得行政當局接受。在行政主導下，總督亦可以隨時宣布解散立法局。

按照基本法的條文，行政主導意味著所有法例及政策須由行政機關提出。基本上幾乎所有議員獨立提出的法案都須經行政當局事先批准。同目前一樣，行政機關亦可以不理立法會在動議辯論中反映的看法。

行政長官可以將立法會通過的法案交回立法會重新審議。如果立法會兩度通過同一法案，但行政長官卻不欲簽署該法案，或者立法會拒絕通過行政當局提交的財政預算案或其他重要法案，行政長官可以解散立法會。

在這樣的行政主導底下，我們的權力分立及權力制衡又是甚麼樣子呢？

無論是目前的立法局或是九七年後的立法會，都可以拒絕通過法案甚至財政預算案，但這權力背後卻負有沉重的代價，不是可以隨便行使的。尤其是九七年後，立法會的形勢更是不利。因為如果立法會拒絕通過法案，懲罰可以是被解散。行政長官只須事先徵詢行政會議，便可以解散立法會。但無論行政會議的非官方成員的地位如何高，將來的行政長官或今天的總督都沒有責任一定要遵從他們的意見。

根據基本法，立法會議員一旦獲得政府委任公職成為公務人員，便要辭去立法會的議席。

那行政局的角色又是甚麼？

目前來說，行政局在政策制訂的過程中，向政府提供意見。將來，基本法還規定了，當行政長官有意解散立法會時，須徵詢行政會議的意見，行政局肩負著這樣重要的諮詢角色，但卻沒有跡象顯示，行政局或將來的行政會議將會有較高的透明度和代表性，我因此不能設想，這個機構如何可以得到公眾的信服。

行政長官是如何問責的呢？

在現行制度下，總督是向委任他的人負責。在某程度上，總督亦向立法局負責。按照基本法的規定，將來的行政長官會向中央人民政府和向特區負責，而特區政府則向立法會負責。基本法亦規定，在一些情況下行政長官必須辭職，但在

這些情況出現之前，已經有一屆的立法會被行政長官解散。

基本法亦訂下了立法會彈劾行政長官違法或瀆職的程序，涉及的步驟非常迂迴，最後還要提交中央人民政府定案。

因此，一天我們還沒有全面民選的政府，無論是總督或是將來的行政長官，也不可能是直接向香港市民大眾負責。

我們有沒有可能發展某種部長制呢？

立法局議員雖然不能兼任公務人員，但無論是現行制度或是基本法，都沒有排除立法局議員獲委為行政局議員，或掌管特定的政策範疇。目前在行政和立法機關之間，以及行政局和立法局之間存在的緊張狀態，其實正正表示了發展某種部長制或半部長制政府，應是今後發展的方向。

現在每一個月或有特別需要時，總督都會來立法局接受質詢。但議員通常對他的答案都不滿意。列席會議的司級官員認為自己是公務員身份，對於經常要像外國的部長來接受議員接二連三的質詢，總覺得不應是他們份內的事。立法局議員目前可說是在政治體制內最稍具民意代表性的一群，亦因此享有較高的政治認受性。他們對經常被行政當局置諸不理，或者被看作行政局的第二把手，總感到不大稱心。行政局的非官方議員呢？他們亦不高興經常被指為跟大眾脫節，缺乏代表性和問責性，或被指作躲起來的橡皮圖章。集體負責制有效地塞著他們的咀巴，亦不會受到歡迎。

如此的角色安排，只會不斷衍生僵局和分裂崩離。一方面，行政當局完全沒有把握，可以得到立法局內大多數的支持；立法局亦無力確保局中達成的決議，會獲得行政當局的尊重。行政局內的非官方議員過往一直為行政當局扮演說客的角色，這做法在今天已不復存在。

長話短說，我建議作為一個開端，政府應該考慮下列措施的可行性：

第一，建立起傳統，行政當局應與立法局討論後，方決定司級官員的委任。

第二，重新確立傳統，總督應在立法局議員中挑選委任行政局議員；或考慮由立法局或其內主要政黨提交推薦名單，由總督從中挑選委任。

第三，確立及清楚記錄行政當局分別對主權國家及對立法局的問責內容，以確保兩種問責之間不會出現衝突矛盾。

第四，考慮公開行政局會議全部或部分議程。

第五，考慮解除行政局的集體負責制，在一些備受公眾關注的事情上，如行政局非官方成員與行政長官出現主要意見不合時，可以向公眾表達他們的看法。

田北俊議員致辭：

我想先講立法局與行政局的關係。

九一年前的立法局，身兼行政局議員身份的立法局議員，慣常的做法是在行政局向總督作出建議之前，把立法局內的不同意見帶到行政局去討論。他們亦透過兩局內務會議，向立法局議員解釋行政局的取向。很明顯，兩局議員扮演著橋樑的角色，使一個閉門而內容保密的行政局，有一個對外開放的窗口。

現時的兩局關係，可謂已經完全中斷，建制之內兩者再沒有一個必然的連繫。其實行政局在現今情況之下，比以前任何時間都更政治化，更容易在缺乏政黨背景議員參與下，由總督主導了整個行政局。

主席先生，我想繼續講立法局與政府的關係。

這種關係在九一年前後亦起了很大變化，在行政缺乏有效渠道，向立法局講解他們所作決定的情況下，政策科官員更負起這個交代政策的責任。我們可以看到他們過去一年已作很大的努力來處理這方面工作，但客觀事例令我憂慮，擔心行政機關因忙於交代而減弱了工作效率，或者為減少差錯及免受議員責難而縮短規劃的眼光。

對於上述種種情況，很多人歸咎於行政當局與立法機關溝通不足所致，但我相信，現時的問題，根本就是一個憲制結構轉型的結果，行政立法兩者缺乏溝通渠道，只是問題的催化劑，把這個憲制轉變的不協調性加快顯露出來。

外國議會兩院出現不同意見是人之常情，但外國有憲制上的機制，使行政機關的政策獲得立法機關支持，英國實行的部長制正是這類機制的一個例子。

我想問，有悠久代議政制歷史的英國，在賦予香港政制民主化，增加立法局選舉成分的同時，怎會忽略這個憲制改變，而沒有作出相應的措施？

我必須強調，我是同意行政局與立法局溝通，不過，我更想指出，徹底解決問題的方法，還是在於行政機關，包括行政局，在憲制發展中要配合步伐演變，便不致落後於立法局的民主發展。

我們講求民主化，斷不應單單著眼於議會層面，隨著議會中政黨化的發展，在行政機關推行具有香港特色部長制的構思，似乎是促使行政與立法相配合發展的出路之一。

不過，在香港後過渡期不宜大變的前提下，我認為香港適宜在九七年後才推行具有香港特色的部長制，中英兩國在未來數年可就具體安排從詳計議。我相信，行政與立法體制的雙線同步發展，才能真正令兩者建立更具效率及成效的關係。

現時中英雙方正就香港的選舉安排進行會談，我希望中英兩國把握這個機會，一併考慮這個在代議政制白皮書和基本法中均沒有多大觸及的行政與立法關係角色，否則這個問題只會是一條永遠拖著的尾巴。

憲制事務司致辭（譯文）：

主席先生，我很感謝鄭海泉議員今天提出這個動議辯論。這是一個重要的課題，對香港政府的制度有很大影響。我可以預測，本局的當然議員會投票支持動議。

首先，我想說明政府的方針原則。總督去年十月向立法局提交施政報告時說，我們的目的是「確保我們有一個有魄力的、有效的、行政主導的政府，而這個政府又確實地向立法局負責」。為達到這個目標，本年度立法局會期內有以下改變：

第一，我們將行政局和立法局的非官方議員分開，使兩局可各自扮演其角色。當時我們預計，本局內各政黨和政團毋須受制於行政局議員的身份後，便可自由擬訂計劃及政綱。現在，人人都可以看到，這點已經實現。在去年，本局內不單有一大政黨成立，其他政團亦有相當的發展，這是有目共睹的。本局的辯論亦因而變得更為熱烈。同時，整體來說，本局亦能充分發揮作用，成為表達民意的有效場所。

第二，本局已自行選出主席，使總督能夠以政府首長的身份向本局負責。事實上，總督已透過在本局舉行的答問會做到這點，年內已有八次答問會，明天便會舉行第九次。總督曾以個別或小組形式，和本局議員舉行過很多次會議。此

外，高級官員如布政司、財政司和律政司亦曾多次向本局議員簡報，而決策科司級官員則與立法局各小組議員保持定期和密切的接觸。這些諮詢和簡報，並非如某位議員所稱，是粗略浮淺的。舉例來說，許多議員認為財政司在去年發表預算案以前所進行的諮詢，在頗大程度上影響了預算案的內容。

第三，本局在如何處理本身的事務方面也作出了決定。例如，在程序和委員會結構方面都已實行了一連串的改革。我相信你們也快將有一個獨立的秘書處，有適當和法定的地位，為你們提供支援服務。

上述各種發展都是在現有憲制文件（即《英皇制誥》和《皇室訓令》）及將來香港特別行政區的憲法（即基本法）所制訂的香港政府架構範圍之內的，而且都是健康的發展。（有議員提及現在或九七以後發展「部長制」或「類似部長制」的制度。不過，我要指出一點，現行憲制安排並無預期發展這個制度，而據我所知，基本法也沒有。有一點很重要，我們應在已證實運作良好的基礎上繼續發展，而不是將現行制度全部摒棄不用，改用一些未知是否適合本港的外國制度。）

整體來說，我認為行政當局與立法機關的關係正朝著一個能達至我們的目標的路向發展，但有一點是同樣明顯的，就是我們應採取一些步驟，在這台機器上添些油，使它運作得更加順滑。總督在施政報告中提出的其中一項建議，便是成立政府及立法局事務委員會，以便政府能與本局議員商討有關處理立法及財務計劃的事宜。這個委員會仍未設立——而我亦知道有不同意見——若各位議員希望實行這項建議，我們十分樂意合作。

由於行政局對若干政策事宜的意見與立法局不同，本局部分議員認為，本局和行政局在溝通上出現了問題。我認為他們誤解了行政、立法兩局所擔當的角色。總督會根據行政局的意見，就各項政策及提交本局審議的立法及財務建議作出決定，而立法局則會辯論這些政策決定，以及決定應否通過有關的立法及財務建議。最理想的，當然是每個人對每一件事都有相同的看法。但世事往往不是這樣理想。舉例來說，本局議員也未必經常意見相同。一個像香港這樣的多元社會，這種情況必然會發生，而在香港這樣一個開放的社會，上述情況更會是十分公開。

行政局和立法局議員之間有很多非正式的溝通渠道。今天，有部分議員提議，兩局的議員之間亦應有正式的溝通渠道。他們定還記得，從前的兩局會議制

度被取消，是由於當時有議員提議這樣做的。不過，如果這是各位現在的意願，我們當可研究可否在未來再作類似的安排。我可向各位議員保證，行政局在作出決定時，定會充分考慮他們的意見。不過，由於兩局現已分家，扮演的角色亦不同，如間中意見不一致，是不足為奇的。

　　話雖如此，我和行政局的同事完全明白必須與本局建立一個有效的工作關係。在今天的辯論當中，很多議員的建議十分發人深省。我向大家保證，我們定會認真研究這些建議，而我們亦期望與本局合作，攜手前進。

1993 年 10 月 6 日
總督施政報告

憲制發展

157. 一年前，我向本局公布了數項有關憲制發展的建議。這些建議可分為兩類。第一類建議的目的，是加強本港以行政為主導的政府的效率，以及使政府更能向立法局負責。我建議在目前把行政局和立法局的非官方議員分開，以確保兩局能適當地各自履行本身的職責。這項建議現已實行。我建議新組成的行政局應該沒有政黨的代表，這項建議亦已實行。我在去年建議立法局主席一職不再由總督擔任，改由議員互選產生。主席先生，你其後就任此職，而我現在是以行政機關首長身份向本局負責。去年內，我共出席了十次立法局總督答問會。

158. 此外，我亦建議政府應與本局議員合作，訂定本局行政管理支援設施方面的新安排。我們已在這方面做了不少工作，我很高興新的立法局議員辦事處快將成立。最後，我在這第一套建議中，亦提議成立一個政府及立法局事務委員會，以便政府方面可與本局議員商討有關處理政府立法及財務計劃的事宜。我仍然認為有需要設立某種形式的機制，以進行我所說的工作。我樂意考慮各位議員提出的任何建議。

159. 這些便是我去年所提出的第一套建議。一般來說，在落實這些建議方面，我們取得良好的進展。我相信行政機關和立法機關都因這些建議而得益。

160. 我去年所提出的第二套建議，是關乎一九九四年區議會選舉，以及一九九五年兩個市政局和立法局選舉的安排。這些建議的目的，是確保上述各項選舉是公開、公平和為本港市民所接受的，同時亦在基本法的範圍內，從而可跨越一九九七年，保持連續性。

161. 我提出了六項建議：

—— 第一，將投票年齡由 21 歲降低至 18 歲，與中國、英國以及其他地方一樣；

——第二，分區選舉採用單議席單選票的投票制度；

——第三，把現時所有功能組別的法團投票，以個人投票取代，並就九個新的功能組別作出安排，使全港工作人口中餘下的合資格選民，都有權在功能組別的選舉中投票；

——第四，發展區議會的角色，並取消區議會和兩個市政局的委任議席；

——第五，成立一個選區分界及選舉事務委員會；

——第六，我們在一九九五年所需的選舉委員會，成員應由透過選舉選出的人士出任。我當時提議最簡單的方法，是讓全部或大部分委員由直接選舉產生的區議員出任。

162. 在這六項建議當中，只有第五項，即成立選區分界及選舉事務委員會，已經全面推行。第四項建議的第一部分，即發展區議會的角色，已經付諸實行。但其餘的建議至今還未實行，仍是與中國政府磋商的事項。

163. 我去年解釋過為甚麼我們有必要與中國討論這些建議。本港市民無疑希望選舉公平和公開，亦希望得到跨越一九九七年的連續性。市民當然希望確知他們在一九九五年選出的立法局議員，會完成整整四年的任期。因此，去年我說有需要與北京方面認真討論我提出的各項建議，我亦清楚表明我提出的是建議，而非最後決定；從一開始，我們便準備進行認真的談判。

164. 結果，中英雙方花了多個月的時間，才能展開談判。到目前為止，雙方已進行了 12 輪會談。英方團員以幹練的英國駐華大使麥若彬爵士為首，並包括了香港政府的人員。此外，英國外相和中國外交部長亦就這些事情在過去三個月內進行了兩次討論。遺憾的是，我目前尚未能向各位報告雙方對我的建議事項已達成任何協議。

165. 談判人員已經同意，會談內容必須保密，而我亦不會違反這個協定。但本局議員有權知道英方會談所採取的方針，以及我提出的建議的最新情況，特別是鑑於新聞界透露了英方提交新建議的消息。我可以證實，英方確曾在本年七月和八月提交了修訂建議。這些修訂建議與我在去年向本局提交的建議的不同之處，在於功能組別和選舉委員會的安排，至於其他方面，則全部相同。倘若這些建議成為令人滿意的整體協議的一部分，我們當會向本局推薦；而整體協議當然亦必須包括可予接受的「直通車」安排。

166. 由於有保密承諾，我不打算具體地談修改的詳情。不過，大體來說，我們採取了兩個主要行動，試圖回應中方的關注。首先，我們就九個新功能組別擬訂了一項新建議，根據中方主張的意見，以團體為基礎，而合資格的選民總數，是我原來建議人數的大約三分之一。我們仍然堅持以個人為投票單位，以取代法團投票。第二，我們設法回應中方的主張，提出成立類似基本法所載一九九七年後由四個界別組成的選舉委員會。我們仍然力主選舉委員會所有成員本身應是通過選舉選出的人士。

167. 我重申，這些是重要的行動，而且絕非輕率的決定，亦非只是談判的手段。這些行動證明我們充滿誠意、願意折衷，而且有決心促使談判取得成功。但是，我們如要堅守原則，而我們亦必須這樣做，堅持本港的選舉安排應該是公平、公開和為市民接受的，我們實在沒有多大的迴旋餘地。這就是辯論的焦點。問題不在於民主發展的步伐；基本法已為此作出規定，因此將不會改變，除非是基本法有任何更改。問題在於確保民主發展是公平和公開的。假如我們容許一個會令選舉公正受到損害的制度產生，便會招致貪污舞弊的行為；我們便會危害本港賴以成功的法治制度，更有可能失去保障我們的生活方式的各種自由，而保障這些自由，正是聯合聲明和基本法的共同目標。

168. 我們會堅守原則。我們亦會就訂立「直通車」的客觀標準一事，繼續致力與中國政府達成協議，讓有意在一九九五年競選立法局議席，以及投票選舉的人士，能在選舉前確知遊戲的規則。

169. 我們堅決認為，我們應可與中國政府達成協議，而這項協議是完全符合聯合聲明、任何其他協議和基本法，以及我們的原則和中國所關注的事項。不過，我們現時只餘下數周而不是數月，便要結束會談，隨後，我們將要處理大量工作，以確保有條理的選舉能如期舉行。

——我們必須徵詢本局的意見；這些意見反映社會人士廣泛辯議的論點。

——我們必須指示法律草擬人員著手擬訂一套相當複雜的草擬法例。

——我們必須讓本局有足夠時間詳細審議這套草擬法例。

——我們必須最遲在一九九四年七月完成立法程序，使我們有足夠時間完成選舉安排所需的跟進工作。

170. 有人建議我們應把一九九四年的區議會選舉安排，與一九九五年的兩個

市政局和立法局的選舉安排分開處理。這是行不通的。有關這些選舉的建議是互相關連的，必須以整套方案的形式，在中英會談上提出討論，然後提交本局考慮。我們只有很少的時間完成第一步，就是如有可能的話，與中方達成協議。這個結論是清楚的。

結論

171. 有人問一位二十世紀的評論家、歷史學家，一七八九年法國大革命在他眼中有何重要意義，他答道：「為時尚早，未能論斷。」那樣，剛在去年才發生的事情，我們又怎能判定其意義呢？

......

187. 香港還沒有完全的民主。不過，中國政府已同意，民主是香港應走的道路。聯合聲明訂明「香港特別行政區立法機關由選舉產生」；該份聲明亦規定行政機關「必須對立法機關負責」。因此，我們會穩步朝著民主的方向邁進，這是毋庸置疑的。

188. 讓我告訴你們我認為這個民主目標對我們有甚麼意義。那就是政府不能自稱比市民更堅強、更精明，或更有決心。而到最後，還是由你們決定政府在保障和鞏固我們的制度方面的權限，尤其你們是這個社會的立法機關；而正如聯合聲明所述，這個立法機關要行政機關向它負責。

189. 民主的理想（這在聯合聲明中已清楚載明）是社會透過由選舉產生的立法機關，制訂管治社會的法律。你們是管治者，同時也是被管治的人。這就說明了為甚麼民主既是高度的權力，亦是沉重的責任。

190. 我說這番話，是因為我深信這是事實，也是因為我愈來愈愛香港這個地方，就正如各位把香港從一個荒蕪小島建設起來，對它懷著深厚的感情一樣。我和各位同樣期望香港在中國的管治下，充滿信心地邁進二十一世紀時，是一盞迸發萬丈光芒、標誌著輝煌成就的明燈，也樹立一個優良典範，顯示人民在自由的制度下，成功地闖過逆境，衝破萬難，攜手締造美好前景。這是我們所殷切盼望的，亦是我們可以實現的。我們所要做的，就是對那些令我們的社會欣欣向榮的價值觀保持信心。憑著本港過往賴以取得成功的勇氣，以及成功所帶來的信心，我們的一切期望都能夠實現。我對此深信不疑。我相信你們亦抱有相同的信念。

1993 年 10 月 7 日
總督答問會：施政報告

黃宏發議員問：

主席先生，總督先生昨日的施政報告，可以說上半部是平淡，但有些資料；而下半部則「惹火」，但可能會會火也說不定。我想請問總督先生，在談判過程中，有否考慮嘗試用第三條途徑去進行會談？我所指的「第三條途徑」是英方不太堅持閣下原本的方案，而中方亦不太堅持對基本法一些較為拘謹的解釋，採取一些類似我以前曾提過的方案（未必一定是我的方案），以進行談判。若否，則為何當時不嘗試呢？又會否在未來數周內（因為總督先生昨日曾提過只餘下數周而不是數月）提出，因為這是令談判繼續有進展的唯一途徑？

總督答（譯文）：

我想若要把這項問題分類，我會把其列為「惹火」而不是「平淡」的一類。我不太肯定這位議員所說的「第三條途徑」是指甚麼。我無法從他的說話中找出一個不同的方法，可以嘗試把我們從現在的境況帶到一個他和我，或者我們所有人都希望到達的境地。在談判的過程中，我想我們這方面已經展示了很大的靈活性及創意。昨天，雖然並未得到所有人的讚許，但我仍透露了英國及香港方面的同事在談判時作了怎樣的準備。顯然，現在應輪到中方的官員表示他們準備怎樣，而我亦肯定他們會於適當時有所表示。然而，我可以向這位議員保證，我們已嘗試過所有途徑，只是我們並不打算放棄我們的原則。

涂謹申議員問：

總督先生在施政報告開端表示，去年提出的政策改革建議是符合基本法和聯合聲明的條文，而且得到立法局贊同、社會上多數人的支持。可是你現時在施政報告內卻承認英方在談判上作出很重大的讓步，令功能組別及選舉委員會的組成方式，與你原本的建議大不相同。我想請問總督先生，你一直認為選舉安排是要「公平、公開及為港人接受」，卻為何作出這樣違反民意的行動？你這項修改是建立在甚麼民意基礎上？如果日後無法通過或不能達成協議，你會否將已得到市民及立法局大多數議員所認受的原有建議提交立法局通過？

總督答（譯文）：

我希望我已將情況說清楚 —— 特別是昨天我在施政報告內兩次用上「倘若」和「假如」的字眼 —— 英方於七月和八月在北京的會談中作出的讓步是有條件的，就是必須要達成一項可予接受的整體協議，包括就「直通車」訂定可予接受、彼此同意及客觀的標準。若有人對此仍有懷疑 —— 事實上，從過去 12 至 18 小時我獲悉的評論中，我知道一些人很可能以為我只是暗暗說「倘若」—— 我只希望再次明確指出，所提出的讓步是帶有條件的。這種做法是可以理解的，在這類談判中出現，也是市民意料之內。我們為甚麼在談判中對原來建議提出修改，儘管是帶有條件的修改？理由很簡單：就是可能的話，我們希望看到一九九四／九五年選舉的各項協定安排，能夠獲得最大機會 —— 而不只是有機會 —— 跨越九七，一直維持至一九九九年。我相信 —— 除非我對民意的判斷大錯特錯 —— 市民是希望有公平、公開和可予接受的安排，同時，如可能的話，他們亦希望那些安排獲英國和香港，以及中國接受。然而，這樣圓滿的局面是未必可能達到的。

我還想說說另外兩件事，順帶可以回答這位議員最後那項有趣的問題。首先，我們在北京會談中就選舉安排提出的建議，不會是我們認為是一些不公開及不公平的建議。而我能夠在那些原則下，為我們在談判桌上提出的那些附帶條件的建議堅決地辯護。

最後，這位議員問我，若我們在會談中未能與中方達成協議，我們會怎樣

做。我認為在目前我們正設法透過會談達成協議的時候，我便宣布若未能達成協議便會怎樣做，是錯誤的。我希望這位議員會認為這是明智及謹慎的做法，而並非政治家慣常的行為。可是，若果真不能達成協議，我當然會考慮市民對此事的反應，以及立法局以往的態度及在過往辯論時所表達的意見。同時，我知道我們原來提出的建議普遍獲得認同，特別是獲得立法局的認同，當然立法局只是大致上認同，而非具體地以立法形式予以通過。我亦知道不只一次民意調查，而是所有民意調查均顯示這些建議獲得市民大力支持。我亦知道昨天我發表施政報告後的首項民意調查顯示，我想，有 68% 的市民大體上贊成我們對政制發展所建議的方針，而反對的則佔 19%。68% 對 19%，或甚至一個較小的比例，在我來說已是一項頗大的啟示。但我們將須顧及有關事項。倘若最後我們真的不能達到我們所有人均希望達到的協議，我、香港政府，以及英國政府希望做的，是作出各項安排，而這些安排必須是香港市民，因此也就是立法局，最能接受的安排。我們別無他途。但是，我可以向這位議員保證，若這些事情提交立法局審議，我們屆時必會提供堅定及明確的指引。我重申一句，我們希望能夠達成協議，但隨著時限迫近，我們的希望不久也會逐漸飛逝。

李家祥議員問：

總督先生，你在昨天施政報告有關「北京會談」一段內這樣說：「我們在六個月後才得以展開討論，而當時本局已將要就此進行立法審議工作。也許在這件事情上，我們上了一課。」請問總督先生，「我們上了一課」的意思是甚麼？是否意味你認為如果立法局不進行二讀的審議工作，在北京的會談便很難會有進一步的具體進展？

總督答（譯文）：

那只不過是段過場白，無意對任何人造成傷害。有許多人，許多有智慧的中國關係評論員，有時亦表示，只有在最後時刻才會取得進展 —— 又或者他們通常都將這說法說得更強烈，說只有在午夜前的五分鐘才能取得進展。會談的情

況正好反映了這一觀點。至於這話是否正確，日後自有分曉。我希望中方官員能夠察覺到時間不斷地流逝，我亦希望他們察覺到，我們不能容許出現一種情況，就是因為時光掠過以致我們不能為一九九四／九五年的選舉作出妥善的安排。我須指出，基於我們要達成協議（如果能夠的話）的決心，我們的時間已變得極之緊迫。不過，在正常情況下，本局全人會希望我們早已將大部分的安排準備就緒，特別是有關區議會和兩個市政局的選舉安排。我是多麼希望這些安排現已備妥，以便人們知道自己的情況。因此，我們僅餘數星期的時間。我盼望當我將有關建議提交立法局時，我可以說：「我們與中國已就這些建議達成協議，我可以殷切地向立法局推薦這些建議。我希望立法局會接納這些建議，作為本港盡可能平穩過渡的安排。」假如屆時我不能說這番話，我便須說另一番話，請立法局追隨我的引領，但當然須視乎我能否令立法局信服我所建議的，是為本港的最佳利益著想。

李家祥議員問：

　　……在首讀時，會談確實曾有進展，但中方再次在不同場合說過，如進行立法二讀辯論，則中英會立刻停止會談。總督先生，你相信中方這個說法只是一種姿勢，還是極為認真，即如果進行二讀辯論的話，中英談判便會立刻停止？

總督答（譯文）：

　　老實說，我沒法告訴你。過去一年曾有多次恐嚇，也有多番說話，幸好當我們繼續做我們認為正確的事時，這些言論和恐嚇並未變成事實。我相信我們最有可能辯論這些事項的情況，是在達成協議之後或者在談判結束而無法達成協議之後。不過，立法局可能明智地決定繼續進行並辯論這些事項。本局是獨立的，我並無尋求──也許我尋求說服本局──但我無意對本局施加壓力。

1993 年 10 月 20 日
致謝議案辯論

杜葉錫恩議員提出下列動議：

「本局對總督的致辭，謹表謝意。」

杜葉錫恩議員致辭（譯文）：

一如去年十月的施政報告一樣，總督在作出一些振奮人心的承諾後，才說出他的真正目標。我猜這是所有政治家的手腕。我所指的當然是政治方面。

去年，有人指摘我動搖對民主的立場，我體會到這些較年青的同事的失望感。我希望利用這機會加以解釋。我在四十年前便獨自展開民主運動。這個運動差不多完全建基於總督最近提出的理由，就是要有公平的競爭，我們便需要法治和對抗貪污。當時香港貪污成風，可惜彭定康先生還未出任我們的總督！在那個年代（即使是現在），促使我不斷致力爭取的原因，是因為香港當時並沒有法治，只有那些富有的人才可享有法律。香港被貪污所支配，它的口號就是「財可通神」。如果民主可以將貪污杜絕，我們當然需要有民主，特別在六、七十年代。我竭盡所能，遊說英國政府的工黨，以及彭定康先生所屬的保守黨，令他們明白若香港要有公平，我們就須要逐步邁向民主。我強調我所要求的是逐步邁向民主，而非一步登天。但兩個政黨均拒絕了我的請求。彭定康先生所屬的政黨更建議到訪的國會議員，不要聽我說廢話，並說香港不需要民主。

現在，到了最後一刻，英國的保守黨，連同其他的英國政黨，突然作 180 度轉變，認為民主是一道可以防止貪污舞弊的屏障，這裏指的是防止中國貪污，而不是葛柏的那種貪污，也不是其他英國壞蛋所犯的貪污。

西方式的民主是否就是對付貪污政府的靈丹妙藥，實在令人懷疑。環顧世

界，我們可以見到貪污往往由不受控制的資本主義所造成。雖然民主可能有助於控制它，但這仍然是未知之數。在某些國家，政黨命名時也冠以「民主」一詞，因為這樣可以吸引更多選票，但一旦他們上場執政，也未必優勝過那個被它們擊敗的政府。我們只要看看蘇聯，便可從中汲取教訓。這類的例子，實在不勝枚舉。一年前，成千上萬的蘇聯人上街遊行，擁護他們的民主英雄，但現在發現他已變成了「一言堂」政府。這群成千上萬的積極支持者，到了最近，大為吃驚地看著他們的民主如何演變成黨派之間的權力鬥爭。

這是否就意味著我不再相信民主？不，絕對不是。我支持真正的民主，但我並不熱衷於黨權，因為當民主演變成權力鬥爭時，這場政治動亂便會危害沉默的大多數。香港在民主選舉方面剛剛開始取得進展。這項進展早應開始，但可惜直接選舉在兩年前才開始進行。本港已開始有政黨，但它們的資歷尚淺，我們未能估計太快推行政黨統治會有甚麼影響。我們應從其他國家經歷急劇轉變後所帶來的嚴重後果汲取教訓。

倘若中國政府切實履行聯合聲明及基本法所作的承諾，我同意給與他們這個機會，並維持目前的功能組別概念，只作出輕微修改。這個概念畢竟是由英國人構思出來的，為甚麼他們要在放棄主權時作出改變呢？我也可以接受基本法內選舉委員會的概念，因為那十席中的四席將會在兩年後由直接選舉產生，而其他六席也會在隨後的選舉中產生。這種民主進程，比起英國政府統治香港 150 年所給與我們的，可算是慷慨得多。我亦贊同區議會和兩個市政局提出的要求，就是逐步取消它們的委任議席，而並非如總督所建議的，一次過取消這些議席。

假如以上各點都獲得接納，我有信心其他細微的事項，如選區分界及選舉年齡等問題便會迎刃而解。更重要的是，我認為建立友誼關係，而不是製造對抗，才是達至「直通車」及一九九七年平穩過渡的途徑。

香港人須要暫時把中英雙方的政治爭拗和政治對罵拋開，以便我們能夠著手處理真正須要關注的事務，以及邁向民主應有的目標，即是我們應該專注於改善民生，以及加強經濟，因為後者就是民生的基礎。

李鵬飛議員致辭：

在過去一年，自從彭定康總督發表了他對政改方案的建議後，中英雙方的關係開始惡化，香港市民被爭論不休的政策改革困擾。雖然中英雙方在四月開始談判，但經過了 13 輪的會談後，始終都沒有任何協議可以向香港市民交代。香港人對中英雙方如何實踐中英聯合聲明所作出加強合作的承諾，確保平穩過渡有所疑問。現在雙方更加在揣測若果達不成協議，到底對經濟有否影響，或者對其他方面的合作，例如中英聯合聯絡小組的工作，有否影響。這種想法充分叫人懷疑中英雙方到底有否解決問題的決心。自從中英聯合聲明簽署後，中英雙方無數次對香港人作出保證，他們會合作確保平穩過渡。彭定康總督在一九九二年七月九日的就職典禮上，更加強調他要與中國建立友好和互信的關係，難道這些話只是講講而已，或者講完不算數？我相信大多數的香港市民是不能接受現在的狀況。中英雙方一定要對香港市民負責，並且緊密合作，解決問題。這亦是自由黨一貫的立場。

中英雙方互相猜疑而造成誤會，再加上雙方都忙於處理爭論，你一句，我一言，更加深了互相不能信任對方。我相信這種現象是香港人不可以接受的。

在這種情況下，自由黨的代表團在十月十日訪問北京。我們向中國副總理錢其琛及港澳辦主任魯平，提出了我們認為有建設性，而且可以解決問題的建議。我們認為中英雙方應該在選舉年齡、單議席單票制，以及區議會與兩個市政局有否委任議員的問題上，盡快達成協議。至於比較複雜的立法局選舉方案與「直通車」的問題，則有時間可以進行詳細的磋商。自由黨更加對錢其琛副總理強調，在「直通車」的問題上，應該有客觀的標準，令參選者在選舉前明確知道這些標準。我們很高興聽到中國政府會考慮和研究「直通車」的客觀標準。雖然我們難以確定這是否一個大進步，但是我們感到談判並非是一片灰暗。我們回港後與彭定康總督會面，詳細討論了自由黨北京之行。我們希望能夠打破悶局，令這次談判得以有進展，而最後能夠達成中英雙方與香港人都能接受的協議。

自由黨不希望中英雙方各走自己的路，因為後果是非常不明朗。還有三年多就是政權移交的時候，自由黨深信香港市民要求平穩過渡，而最近的多次調查亦顯示平穩過渡是香港市民的強烈要求。正因為如此，自由黨的成員會盡我們最

大的努力，遊說與催促中英兩方在後過渡期加強合作。這不但符合中英兩國的利益，亦是符合港人的利益。中英雙方對香港都有責任，若果不合作，我相信無論誰是誰非，香港人是很難接受的，而受害的亦是香港。

李柱銘議員致辭：

主席先生，我想問各位立法局同事一個問題，到了二〇四七年，中英聯合聲明完成它的歷史使命時，大家希望生活在一個怎樣的香港？如果香港現在不能夠依照聯合聲明來發展民主政制，我們的下一代是否還可以享受我們現在以為是理所當然的安定繁榮、自由和法治呢？

主席先生，立法局每一位同事都聲稱支持民主，但對民主改革的進度就有不同的意見，有些同事說要「循序漸進」，慢慢來。不過，對於維持自由、法治，以及保存資本主義的生活方式，我相信沒有人會提出不同意見。「循序漸進」派的立法局議員看不到，自由、法治及安定繁榮是要由民主制度來保障的。法治不單止是依靠獨立的法官來維持，法官的工作是解釋法律，依據法律進行審訊，而制訂法律的工作是由立法機關負責的。如果立法機關的組成方式不民主，立法的議員不須要向市民負責，他們制訂的法律就未必可以照顧市民的利益，保障市民的自由。有特區預委多次提及在九七年後會撤銷人權法。如果第一屆立法會過半數議員是聽從中央的命令，那九七年七月一日之後通過的第一條法例，很可能就是用來撤銷人權法的。

同樣道理，法治亦不可以單靠警隊的良心來維持。警方是依據法律來「拉人」及提出起訴的，如果立法會過半數議員不須要向選民負責，他們就很可能會頒布侵犯人權、自由的法律，例如賦予警方任意拘捕或蒐索的權力。警員無論如何有良知，也唯有奉命行事。

事實上，如果九七年後的特區政府不開放、不民主，司法獨立亦很難維持。如果特區的行政機關完全聽命於中央政府，而立法機關亦因為組成不夠民主，無法制衡行政部門，政府官員便可以任意地干預法庭的審訊，甚至可以直接或者間接地影響法律界，不要處理某些敏感案件。如果特區沒有一個民主的議會，捍衛言論自由及新聞自由，政府所犯的過失就永遠不會被揭露。要保障香港九七年後

的法治、自由及生活方式，政府官員、立法局議員、法官、律師、警員、記者以及其他市民，必須敢於向中央政府說「對不起，我要向市民負責，不可以依照你的意思去做」。而只有在民主、開放的制度之下，公職人員才不會害怕得罪當權者，因為他們不單止要向上司負責，他們還要面對六百萬的香港市民，以及眼睛雪亮的新聞界。

主席先生，我剛才所說的民主政制、法治精神、言論自由等，其實都是在一九八四年簽署的聯合聲明內有清楚保證的。我記得，當英國外相韓達德於九〇年一月訪港時，行政立法兩局議員都感覺到事不尋常，擔心英國會出賣香港，所以召開緊急會議，當時有一位資深議員這樣說過：「我已經掩著良心太久了，現時不吐个快，我在一九八四年對中英聯合聲明的理解與現時的發展完全是兩回事，究竟『港人治港』、『高度自治』往那兒去了？」

主席先生，中英聯合聲明保障「香港原有的資本主義制度和生活方式五十年不變」。但是，要維持現時的經濟繁榮及生活方式不變，香港的政治制度就必須順應主權移交而改變。八二至八四年的中英談判代表，很有遠見地構想了「一國兩制」的模式，九七年後在香港實行「港人治港」、「高度自治」，推行民主政制以保障九七年後的法治、自由及安定繁榮。立法局要由八四年全部委任的局面，過渡至九七年全面由選舉產生，香港的政制就必須改革，這是鐵一般的事實。

很可惜，中、英兩國在八四年簽署聯合聲明以後，不但從沒有落實履行承諾，還一次又一次地進行秘密協議，將聯合聲明一頁一頁地撕掉，「循序漸進」地出賣香港。去年總督彭定康先生上任後，港英政府終於順應民情，提出一個稍為進步、但仍然符合民主精神的政制改革方案。本局曾在三次不同的辯論中通過動議，支持總督的政改方案，而支持的市民亦一直佔多數。在這樣的情況下，中國不但不順水推舟，順應著港人對民主的渴求，鼓勵香港人開始實行「高度自治」、「港人治港」，反而一再惡言相對，甚至打經濟牌來恐嚇港人。更可悲的，是港英政府在一年間又恢復本來面目，再次企圖在秘密談判中出賣港人，就九五年新增的九個功能組別及選舉委員會的產生方式，作出重大讓步，還可以厚著臉皮將「重大讓步」說成是「主要行動」！而最令我傷心的，是連身為香港民意領袖的立法局同事，有部分也臣服於中方的威迫利誘之下，忘記了聯合聲明，忘記了他們的職責是為香港人爭取利益。

我很欣賞彭定康先生在今年的施政報告中所說的一段話，他說：「問題在於確保民主發展是公平和公開的。假如我們容許一個會令選舉公正受到損害的制度產生，便會招致貪污舞弊的行為；我們便會危害本港賴以成功的法治制度，更有可能失去保障我們生活方式的各種自由，而保障這些自由，正是聯合聲明和基本法的共同目標」。彭定康這番說話很漂亮，但他「識講唔識做」，不但不盡快將政改方案提交立法局審議，還自行將「民主」、「自由」、「法治」割價傾銷，乞求協議。

主席先生，協議當然重要。香港與中國唇齒相依，大家都希望中港關係良好，令主權可以順利移交。但維持良好關係要靠雙方的互相尊重，不可以用恐嚇的手段來企圖臣服另一方。我希望中、英兩國現時的爭拗，只是一時的意氣之爭，希望大家能冷靜下來，其實是可以有大團圓結局的。我很希望立法局同事能夠齊心，要求中、英兩國切實執行聯合聲明，尊重港人意願。因為捍衛聯合聲明是每一位立法局議員的責任。

很遺憾，有些立法局同事多次表示擔心談判不成功，所以事事遷就中方，北京一發怒就「腳軟」，連自己的政黨叫甚麼名字也忘記了。各位立法局同事如果真心支持「民主」、「自由」的話，就應該堅持一個「公平、公開」的選舉制度。我很擔心，部分立法局同事其實心裏很害怕「民主」，因為他們害怕會在「公平」、「公開」的選舉制度下被選民遺棄。他們於是向中、英兩國施壓，希望達至一個協議，表面上是選舉，實際只維持欽點式的委任制度。他們更加用盡各種方法恐嚇香港市民，說如果沒有協議，世界末日便會降臨香港，威迫市民不要支持民主，威迫市民跟隨他們背棄聯合聲明。

香港正處於歷史的十字路口，將來的歷史由我們現在一筆一畫地寫下。香港市民應該睜大眼睛，放遠目光看清楚。如果我們今日放棄原則，不去阻止中、英兩國撕毀聯合聲明，就等於親手斷送我們下一代的幸福。我想問各位立法局議員，是否擔當得起做歷史罪人？各位立法局同事在這重要關頭，如果還不挺直腰骨，捍衛聯合聲明，就是對不起自己，對不起六百萬香港人，對不起我們的子子孫孫！各位立法局同事如果沒有勇氣承擔這份歷史責任，我希望你們即時辭職，讓位給有骨氣的香港人！

主席先生，每一個香港人都希望香港安定繁榮、中國國泰民安，而建立民

主、開放的社會是唯一的出路。有誰可以說出香港人那些地方比不上世界其他人，而不配有民主、自由的呢？請大家看看世界地圖，甚至只看亞洲的鄰近國家：日本、南韓、印度、菲律賓、巴基斯坦、甚至外蒙古，它們都有「公平」、「公開」的民主選舉。在台灣，民主選舉已經成功進行多次，難道偏偏大陸與香港的中國人天生有缺陷、不配有民主？真心愛港愛國的香港人，怎可以說得出我們還未有資格享有民主呢？

司徒華議員致辭：

主席先生，「我們現時只餘下數周而不是數月，便要結束會談」，對施政報告當中這一句話，有人作出暴跳如雷的反應。對這些人，我們要問：天長地久有時盡，會談豈能無限期？難道會談「直通車」無協議，就是要把會談變成「直通車」，一直談到跨越九七嗎？我們還要問，他們記不記得，十年前的中英會談，其中的一方也定下了期限，說到了某個時候，倘仍無協議，便會單方宣布收回香港的辦法。當時，這些人不是暴跳如雷，而是掌聲如雷的。總之，我要快便快，我要拖便拖；只准我快，不准你快，只准我拖，不准你拖。

關於會談的快和拖，我想說一個最近在雜誌上讀到的真實故事。一九九三年第二期《中國農民》，刊登了一篇回憶文章 ──「李克農二三事」（轉載在一九九三年第七期《新華文摘》）。李克農是中國的外交部副部長，但毛澤東在接見外賓時介紹說：「李克農是中國的大特務，只不過是共產黨的特務。」他是韓戰板門店談判中朝這方面的幕後最高決策人。

在交換戰俘的一次談判會議上，由美方主持。李克農指示中朝的談判代表，只是注視對方不發一言，穩坐不動，狀如石像。這樣一坐，鴉雀無聲地便坐了132 分鐘，使對方莫名其妙，只好宣布休會。

在接著的一次談判會議，輪到中朝方面主持。雙方代表剛剛坐好，朝鮮首席代表宣布會議開始後，立即宣布休會，整輪談判只用了 25 秒。這一幕也是李克農導演下的好戲。

我不知道，已經進行了 13 輪，正在進行第 14 輪的、有關九四／九五年選舉的中英會談，是否出現過同樣有趣的鏡頭，或更有趣的鏡頭，希望若干年後，有

人在回憶錄中予以披露，讓我在有生之年能夠大開眼界。

從李克農板門店的小故事，可見在談判中的或快或拖，有時快有時拖，都有其背後的策略和政治目的。對「只餘下數周而不是數月，便要結束會談」暴跳如雷的反應，就是拖的策略的暴露。否則，即使只餘下數周，還是足可以達成協議，何必動氣呢？

拖的策略的政治目的在於：

一、爭取和利用拖延的時間，去進行進一步的孤立、分化、瓦解、收買的統戰工作。

二、拖延的時間，造成了更不明朗的景像和局面，使某些人估計英方會出賣港人，既然你會出賣我，倒不如我先出賣自己，把錢放在自己的袋裏，去投靠、去迎合孤立、分化、瓦解、收買的統戰工作。

三、企圖以長期的更不明朗景像和局面，去摧毀仍抱著爭取民主、落實真正的「一國兩制、高度自治」願望的港人的意志。

最近有人建議，把九四年和九五年的選舉分拆開來，說甚麼這是「先易後難」。其實，這個建議，是配合著拖的策略的政治目的而提出的。《紅樓夢》有一句話：「假作真時真作假，無為是處是無為」。其實，那裏有「易」和「難」之分，把《紅樓夢》這句話改一改，便足以證明：「易作難時難作易，拖亦談處談亦拖」。假如真有「易」、「難」之分，為甚麼投票年歲改為 18 歲，經過了 13 輪會談也達不成協議？為甚麼中英聯絡小組會談中，許多技術性或實務事宜，竟然也寸步難移呢？

有人還恐嚇，假如沒有協議，連區議員和兩個市政局的議員，也不能坐「直通車」。到底中英聯合聲明和基本法，有那一條條文寫上區議員和兩個市政局的議員，也要被驗票的呢？這的確有如無限上綱。我們要問：是不是地區的分區委員會、大廈的互助委員會和業主立案法團、學校的校董會、工會的理監事會、有限公司的董事局等等，也都要趕下車呢？

談到「直通車」，我要重提去年十一月十一日，我在關於政制動議辯論的發言中的一段話，被人罵了幾乎足足一年。這段話是這樣的：

有消息報導，有人施加壓力，遊說某些政治團體，不要支持彭定康方

案，否則，其成員不能坐「直通車」，無法過渡九七，成為特區的立法會議員。假如這個報導是真的話，那麼「直通車」便不是「直通車」，而是紅色豬籠車，乘坐在裏面的不是人，而是豬仔 —— 唯唯諾諾的紅色豬仔。堂堂正正的人，不坐這樣的紅色豬籠車，算甚麼一回事呢？紅色豬籠車式的銜接和平穩過渡，通向的不是一個人的世界，這樣的銜接和平穩過渡，不要也罷！

罵我的人，只引用「紅色豬籠車」五個字，從不引用全段說話，更沒有正面去回答那個報導是否真的。這好像把一個人腰斬了，把他的腦袋挖掉了，罵道：這是一個沒有腦的死屍，說的都是廢話。我重提這一段話，是希望有人繼續去罵，但罵的時候，要引用全段，並回答那個報導是否真的。

施政報告中還有這樣的一句話：「除非是想不時把鳥兒拉回來，否則為甚麼要用繩子把牠縛住」？這一句，在《許家屯回憶錄》中有一個旁證。他說到在設計基本法的政制時，要考慮到「安全係數」的問題。這個所謂「安全係數」，就是縛住鳥兒的繩子。其實，這個所謂「安全係數」，應該稱為「控制係數」。其實，施政報告這一個比喻，還不是很貼切的，因為那鳥兒是逃不了的。應該說：假如不是想鳥兒的翅膀退化癱瘓，變成完全不會飛的雞，為甚麼不把鳥籠做得大一點，讓牠有多一點的活動空間呢？

不管會談再持續多久，會談達不達成協議，關於九四／九五年選舉的草案，最終也要提交本局投票通過的。這是考驗我們每一個議員的靈魂和骨頭的嚴峻關頭，考驗我們每一個政黨的黨格的嚴峻關頭。在上年度本局會期中，進行過多次關於政制動議的辯論，每一位曾投票的議員的立場，都記錄在案，鐵證如山。全港市民，請擦亮眼睛，看看他們在通過九四／九五年選舉草案時，是否立場一貫，是否轉了鈦〔軚〕。不管最後通過的，是一個怎麼樣的草案，但市民還是有投票權的。請你們用你們的選票，在九四／九五年的選舉中，對那些候選人的靈魂、骨頭和黨格，作一個公正的歷史評價。即使我們得不到一個民主的政制，也要為香港社會保留一點正氣！

譚耀宗議員致辭：

主席先生，在一年前，總督發表他的第一份施政報告，提出了一系列與基本法精神相違背、不利於香港政制順利過渡的政改建議。總督的政改方案使中英合作關係出現危機，香港社會亦因為這政改方案引發爭論，民意出現了重大分歧，影響了社會的安定，香港的平穩過渡已經蒙上陰影。歷時多個月的中英談判，仍然未能夠為香港的政制問題達成協議。因此，各界人士都期望總督的第二份施政報告，能夠為解決香港的政改爭議帶來正面的訊息。可是這份施政報告還是令人感到失望的。

總督雖然在報告中一再強調香港和中國大陸的關係是如此密切，中港間的合作是如何的重要。然而，在過去一年裏他的治港方式卻是沿著中英合作的相反方向而行，但總督卻不願承認本身的責任，甚至更把責任全部推到中國方面去，說成是：「未能成功說服中方官員明白市民對政制發展的期望是絕不過分的。」對於如此不負責任的表現，我是深表遺憾的。

對於目前的中英會談，為了香港市民的利益，為了香港的順利過渡，我衷心希望中英雙方能夠達成協議，結束一年來的政制爭端。因此，當大家都在等候談判的進展，我不希望有任何人為的障礙影響了談判的進行。例如為談判設下只有數星期的限期，這樣做對談判並無好處，也不能解決問題。

此外，總督施政報告在第 183 段宣揚一種對中英聯合聲明和基本法具不信任、對香港的明天沒有信心的思想。他說：「如果我們今天不願意捍衛香港的生活方式，到明天還會有機會嗎」？這句話好像指有人會破壞聯合聲明和基本法，改變香港的生活方式，因此香港市民要起來抗爭，日後也沒有機會。這種毫無根據的陰謀理論只會破壞中港間的關係，在香港社會造成不安，對香港的過渡有百害而無一利。我希望總督不要再宣揚此等不利香港安定的思想。

目前中英雙方在經歷了十多輪談判後，仍未能達成協議。為了令會談有實質的進展，我認為英方可以先跟中方討論九四年區議會的選舉安排。分階段解決，將會有利於解決九五年選舉的安排。然而，總督卻在報告裏否定了把九四年區議會選舉的有關草案和九五年選舉的有關草案分別提交本局審議此一構思，這是欠缺說服力且不利中英談判的做法。

黃宏發議員致辭：

倘若總督彭定康先生的政改方案真的是一套民主方案，又倘若他和英方的談判策略是平和而非挑釁〔釁〕的，則增加注碼造勢，是無可非議的。但施政報告的下半部，雖然語調較諸去年已經平淡得多，但都是綿裏藏針，仍是直搗黃龍，我因此說：「下半部『惹火』，但可能會『著火』」。

主席先生，到了現在，跡象顯示中英瀕臨決裂，而香港市民之中持有強烈意見的「擁彭派」和「倒彭派」，亦壁壘分明，大罵出口。雖然未至大打出手，但已令我唏噓不已，難道香港人果真難逃分裂，香港社會難逃分裂嗎？

……

倘若我們稱彭定康先生去年提出的方案為方案一，中方堅持所謂不變的方案為方案二，則我所提的可稱之為方案三。我的方案三所以可稱為方案三是因為這方案另闢途徑，與方案一、二，截然不同。我的方案，並非新提出的，去年十月十四日本局辯論麥理覺議員的動議時，我經已提出過，至今年一月，我將細節列明，向政府正式提交。方案載於憲制事務科出版的「建議摘錄補篇」內。

大體上來說，我建議將改革的焦點放在功能組別上，全面改革功能組別。將30席功能組別議席，改組成為七個多席（非單席）的功能組別，提名權限於該組別內的團體，亦可放寬至政黨。候選資格限於該組別內具豐富經驗和知識的人士，但投票權利開放予全體選民，也就是說，議席分組別，但選民不分組別，就功能組別，每一選民有七票，加上分區直選，則每一選民均有八票。

我的建議較諸彭定康先生的方案一更為民主，因為這30席功能組別議席完全符合普及、平等和直接三項原則，連同20席直選，則共有50席由真正民主選舉產生的議席。

我的建議雖然是直選功能組別議席，但並不違背基本法功能團體的規定，因為只有功能團體才可提名，只有功能組別內具經驗知識者才可獲提名為候選人。

我今天可以說是振臂一呼，但我並不奢望各位可敬的議員，立刻響應支持，我亦不奢望中英雙方立刻響應支持。我只是呼籲，只是希望各位議員和中英雙方，特別是中英雙方、彭定康先生和魯平先生，仔細想一想，若要談判不決裂，是否另闢途徑，以第三類方案，重新談判呢？

我的方案三，其實具有很多進退的彈性，例如仿效愛爾蘭共和國的上議院，不進行直選，而改由各級民選議員，間接選舉產生這 30 個功能組別議席。又例如該 30 個功能組別議席的選舉方式可採用「名單制」或「單一可轉換票制」等的比例代表制，甚至 20 個分區直選議席，亦可同樣採用比例代表制。

事在人為，負責的中英政府應撇開面子，面對香港的民眾，面對神聖責任。

劉皇發議員致辭：

代理主席女士，現時距離香港主權回歸中國的日期，只剩下三年多的時間，在這後過渡期的關鍵階段，香港有眾多重要的工作需要中、英雙方一起籌謀處理，這種合作關係，是港人殷切企盼，同時相信也是中、英兩國在簽署聯合聲明時的共同願望。兩國在香港問題上倘若能夠衷誠合作，對香港主權的順利交接、平穩過渡，至為重要，這是最明顯不過的。

但現實是，中、英因本港九四及九五年的選舉安排問題而弄致關係緊張、互不信任，影響所及，很多有待雙方磋商涉及香港過渡事務的問題，不是進展緩慢便是停滯不前。中、英經過十多輪的會談仍未能就選舉安排達至協議，甚至沒有取得實質的進展，著實令人感到遺憾。總督在施政報告中指出，會談在數周後便要結束，若果真的如他所說那樣，我們很快便要面對一個有協議或沒有協議的局面，在目前中、英就選舉安排仍存在重大分歧的情況下，英方倘若定下如此緊迫的會談期限，我相信出現一個沒有協議的局面，是較為符合實情的猜想。

代理主席女士，為九四、九五年選舉安排達至協議是非常重要的。沒有協議的必然後果是甚麼呢？必然的後果是中英合作的基礎跨掉了，變得事事針鋒相對。九四、九五年產生的議會固然最多只能運作到九七年六月三十日，「直通車」這回事也就不存在，中英緊張的關係亦勢必禍延本港的經濟，而香港政府實際上也很難順利運作，出現這個嚴峻的情況對任何一方都沒有好處。

會談毫無疑問是艱巨的，但我們絕對不能輕言放棄，在現階段，我認為並無需要為會談定下期限，因為這樣對會談並無幫助，反會挑起新的矛盾，替會談營造不利的氣氛。就算當局必須最遲在九四年七月完成選舉安排的立法程序，我相信我們仍然可以容許撥出更多的時間，作為會談之用。只要最終能夠達至協議，

本港幹練優秀的法律草擬人員及本局同寅一定能夠在更緊湊的時間表上，發揮更大的效率，悉力以赴，去完成法例的草擬和審議的工作。

為了促使會談獲得成果，我認為先易後難的談判方式是值得嘗試的。最近英方同意先處理九四年的區議會選舉安排，但同時強調分開處理選舉須有前提：就是投票年齡降至 18 歲、採用「單議席單票制」以及取消區議會的委任議席，這樣的態度恐怕難以為中方所接納，因為這等於說九四年的區議會選舉安排必須按照總督的建議行事。若然如此，我希望英方在這方面能夠表現更大的靈活性，實實在在地與中方先行商討區議會的選舉安排，既然英方一再強調有關的安排只是建議，因此理應有迴旋的餘地。

若果沒有協議，無論把那一套方案提交立法局審議，我認為都是不切實際，只會把香港陷於一個極端困難的境地。很多人都對目前的情況感到困惑，中、英連那樣高難度的香港前途會談也可以達成協議，並簽署聯合聲明，使到香港的前景豁然開朗，何以九四、九五選舉安排這個相對遠為細小的問題，卻好像解決不了呢？這真是莫大的諷刺。新界鄉議局仍舊認為，解決之道在於九四、九五年的選舉安排要回到符合中英聯合聲明、基本法以及中英兩國達至的有關諒解和協議的基礎上，這樣才有充分的法理依據，才能保障九七年前後的議會相互銜接，以至社會整體的平穩過渡。

代理主席女士，總督在施政報告中指出：「對香港來說，弄好經濟是最重要的事」，我完全同意這個觀點。香港多年來在經濟方面取得的驕人成就，已使到我們廁身世界富裕社會的行列，市民的生活質素亦因而獲得長足的改善。經濟至上這個原則無論在九七年前後，都是為政者所應恪守的，經濟搞不好，甚麼崇高理想的鴻圖大計，固然難以實現，就連安定平和的局面也不可保，世界上並不缺乏這樣的例子。

1993 年 10 月 21 日
恢復致謝議案辯論

黃匡源議員致辭（譯文）：

政制改革

　　許多會計師和我都歡迎香港政府在近期的中英會談中作出讓步，因為倘若雙方都不作某些退讓，談判實難有圓滿的結果，而由市民明確表達的意見所引導的讓步，理應有助達至港人可以接受的協議。根據總督所言：「本港市民顯然希望選舉公平和公開，亦明顯希望得到跨越一九九七年的連續性。」這是否必然的矛盾心態？難道這不足以支持須在維持現狀與推行改革之間求取折衷辦法？

　　港人冀求維護自由、法治及現有的生活方式，這是沒有人會反駁的。但假如我們拒與中國合作，我們又如何確保現有的政治、社會和經濟制度於一九九七年後得以延續和保持繁榮？如果我們今天不起來捍衛香港的生活方式，是否真的明天就沒有機會？對我們許多人來說，要求港人為民主討價還價而付出過大的代價，絕對是愚蠢的做法。

　　細閱總督施政報告字裏行間的意思，我們可以察覺其中一些論據是以主觀價值判斷和偏見為基礎，因而令會談荊棘滿途。呼籲港人起來爭取「絕不過分的期望」、「甚麼是正確的」和「甚麼是合乎道德標準」的，聽來難以抗拒，但剛邁步進行現代化的中國，對這些西方民主概念會有怎樣的看法？我們堅持正統西方的民主標準，是否曲解中英兩個主權國已蓋印同意的基本法？唱高調的原則能否抵擋得住中英兩國所達成協議的實際情況？中國古語有云：「知己知彼，百戰百勝」，正好說明這是縮窄中英兩國在溝通上仍有的隔閡的方法。

　　打破現今僵局的方法，就是兩國必須摒棄互不信任和偏執的態度，而此舉對「達成能同時照顧雙方所關注問題的協定」是極其重要。假如雙方決心令談判成功，便應該續〔繼〕續工作直至達成協議，毋須訴諸任何單方面的行動。在考慮

到中、英、港三方面的長遠代價和利益，未來數周內，中、英兩國有必要更靈活地處理這問題。我認為這是兩國對香港市民應負的道義責任。

詹培忠議員致辭：

主席先生，現在要提及憲制問題。總督去年來港時，我曾經接受電台的訪問，提出了我個人的意見及忠告。他來港的身份是總督，並非一如以前是保守黨的主席。他的對手是中國國務院魯平，而不是總理或江澤民。其次，總督是來自英國的巴夫選區，其時當地的選民只得八萬人。他也曾落選過，他不是耶穌基督無所不在的。第三，中國在九七年後是香港的宗主國，有她特殊的要求和關係，我們應該密切加以留意。第四，過分的親民或其他的動作會造成煽民。在過去是否有如此的演變？他如果是一位英國政治家或政客，而我們作為香港的市民及議員，是沒有資格加以干預或過問的。但他作為一位總督，我們就希望他能好好地領導我們面向另一個過渡期。故此，我們是有資格、亦有義務給予提示。我堅信現時中英兩國正談及九四／九五年的選舉模式或方式，雖然英國政府經常要求英國作出客觀條件的指令，而中國政府則再次強調「直通車」及中英聯合聲明的重要性，在這情形下，最基本的客觀因素是離不開：

第一，就是只有 20%（即 12 位）的立法局議員，在九五年擁有外國護照或者居留權；

第二，是擁護特區政府；

第三，是擁護特區的基本法。

雖然，我們作為政治參與者，如希望由九五年直通九七，而任期達至九九，自必然就要瞭解基本法的存在。如果我們自以為政治條件充足，則無形中可能導致「政治自殺」或「政治自負」，這是與基本法、客觀條件或市民絕無關係的。事實上，總督作為一位很有經驗的政治家或政客，充分瞭解到與中方就九四／九五年會談的結果會是怎麼，因為基本法已寫得非常清楚，假如在基本法未有清楚訂明前，作出任何修訂，或提出其他的條件和要求，我相信問題是不大。但現時基本法已具備了模式，亦得到大家的同意，我深信總督本身亦瞭解他是何種身份！

總督在施政報告內,用二十節文字作為憲制結論,是很煽情的。我認為作為一個負責任的政府和總督,應抱著務實的態度,清楚地忠告市民:

第一,香港九七年後並非獨立,九七年前治權屬於英國,九七年後的主權屬於中國;

第二,民主的步伐是要遵照基本法的規定;

第三,若香港市民對「一國兩制」的實施,對基本法、對中國政府沒有信心,就應跟隨英國走,這是英國最基本的責任;

第四,如不想離開香港,或英國沒有帶他們走,那就要有信心,不要杞人憂天。

我個人堅信中國既然答應實施「一國兩制」,絕對不怕香港市民遵奉民主,只是怕香港人上當,採取敵視及反對中國的政策。當然,這些有關的事情,是受到政黨或其他國際上客觀因素的影響。故此,我相信九四／九五年的政制會談,在未來將會取得共同的模式。當然這個模式就是中國政府對功能團體的選舉法團,最多容許有一至兩個代表。由於九五年的選舉仍在港英政府領導下,故此就政協及人大代表而言,中國政府的有關方面應該棄權而不參與這個組成,至於其他方面相信已是無可讓步了。市民是否接受,總督就應清楚交代他所能爭取到的。他雖能令到美國政府感興趣,但必須緊記無論是在九七年之前或之後,他返回英國之後,其政治前途只在英國。

主席先生,談到中英港關係,事實上總督兩年來都作出相當承諾,但有否做到呢?情況正如一名學生,時常說他會做,但到頭來,卻可能做不到。這方面,我們要瞭解到英國目前的執政黨是保守黨,保守黨的背後是工商界,而工商界絕對不會犧牲中、英兩國過往的歷史和關係,因而得不到任何結果。在此情況下,香港的市民應醒覺過來,甚麼是明天?甚麼是一個政府的承諾?總督先生是應對各方面抱著負責態度,故此不能過分煽情及誤導市民。

馮檢基議員致辭:

政制部分

自從總督第二份施政報告發表後,中英罵戰又變成無日無之,中方日日播放

「三違反」的言論，英方又天天大義凜然地為增加民主成分辯護。多年以來，相信市民對這種情況已經為習以為常，甚至已變得麻木。在中英角力之下，港人不能參與，但卻可能要為談判破裂承擔中英各行各路的惡果。

本人和民協對九四／九五年選舉安排的立場是始終希望兩國政府達成協議，使九四／九五年產生的各級議會議員，經過簡單的宣誓程序後，可以自動成為九七年後的各級議會議員。「直通車」的政制安排，不單有利於本港的順利過渡，而且亦有助香港的民主化政治制度跨越九七，從已有的基礎上，繼續發展。我想指出，「直通車」是構成民主成分的一個重要因素，因為若果議員被選後，不明不白地被踢落車，含有這個措施的政制本身已經極度不民主。我們如果放棄爭取，就算九七年前我們有一個比現在進步的民主政制，九七年後也會蕩然無存，並且可能比現在更保守。

為使九四／九五年各級議會選舉能夠順利和公平地進行，特別是讓一些新參與的人士，能夠有足夠的時間思量是否參選和籌備，因此，中英就九四／九五年選舉安排的會談實在不能無休止下去。報告透露了會談時限只餘下數周，民協同意會談須要在十二月底前便要有結論，否則區議會選舉的工作（包括候選人籌備選舉、立法工作等）便難以開展，從而造成九四年的區議會選舉不公平。

就英方提議選舉委員會修訂方案方面，本人及民協認為由四個界別組成委員會，而這些界別成員也是透過選舉產生，是一個可以考慮的方向。但整體來說，在施政報告內，總督只很簡單地提及修訂方案的方向，如要作進一步評論，尚待總督詳細交代方案的內容。但民協希望英方在談判桌上，就功能團體選舉方面，堅持以個人投票取代法團投票，否則，民協會考慮控告功能團體選舉違反人權法。

林鉅津議員致辭：

我去年的感受，是惋惜彭督對香港實況及對中國領導人心態所知甚少。在過去一年內，政制改革碰了壁，14 輪中英會談進展甚微，彭督應該早早料到。在這次施政報告之內，他反覆數次把得不到成功的責任歸咎於中方，意味著中國領導人不講理、固執，後來加一句：「如果我們今日不願意捍衛香港的生活方式，到

明天還會有機會嗎?」在不自覺之間流露了他心底下對香港九七後能有所改進一事,無甚信心,而今時今日,他對中國仍然是採取對抗態度的。

記得彭督在下機上任的時候,聲明他是沒有秘密議程。現在來看,這樣聲明很接近「此地無銀三百兩」。自從本年三月十二日以來,他曾經多次在中英會談略有進展時刻,先後把他的方案刊登憲報、強調不放棄原則、堅持「直通車」、聲明「無協議比一個壞協議好」等等,都是刺激中方的行動和語言。我所覺最遺憾的,是他採取行動和發言的時間性,致令緩和的氣氛再度緊張,會議更難達成協議。我不想猜測他的秘密議程實際是甚麼,但如真有秘密議程的話,我是要要求彭督把它公開,看看是否也對中國公平,以及為港人接受?

我今次仍然覺得彭督不明白香港現實。英方急於大變,中方希望不變;英方只有三年多時間,中國至少到二〇〇七年才須再作重大考慮,時間愈近九七,愈對中國有利。彭督總寄望於中方不會拆除既成事實的政制,但他似乎忘記了對手曾經經歷過兩萬五千里長征之後,毫不猶疑地推翻了一國的政權。現在特區籌委預委會的兩手準備,已經擺在眼前,政制亦已呼之欲出,彭督仍然寄望於五年大變後五十年不變,我不知道這種心態是否超乎現實?

至於英方堅持英國形式的「直通車」是港人意願,我相信自古以來,沒有一個國家會在自己的政制之內,容許外國種幾粒銳意推翻自己政權的種子。這是主權以及政權存亡問題,英國怎能強求?

主席先生,今年施政報告整體來看,彭督最投入的部分是政制進展,但這是最沒有進展的部分。民生方面,彭督又一再顯示,他懂得用香港的經濟強勢去買得民心。今年的政策會使香港人受惠,值得支持。可惜只在頭痛醫頭,腳痛醫腳,長遠解決辦法則欠奉。彭督的眼光就明顯止於九七年六月,時光短促,難有所成。彭督若得不到中方合作,未知這類近視景象,會不會此後逐年加劇呢?

主席先生,今年我仍然惋惜彭督對香港現實的愚昧。

劉慧卿議員致辭:

代理主席女士,我對總督今年的施政報告最大的批評 —— 亦有同事說過 —— 就是非常短視,完全沒有長遠的計劃。我相信任何一個社會,如果政府

無法有長遠的安排，相信是一個很大的問題。但是，當然立刻就有人反駁，謂這是一個夕陽政府，是一個跛腳鴨政府，甚至好像最近中國政府所說的，香港政府可能很快就成為一個「無腳鴨」政府。對於一個這樣的政府，市民會有些甚麼期望呢？其實，施政報告中唯一超越九七的，就是總督提出成立專案小組，希望在未來十年內清理新界農地，並對任意把土地改為貨倉和拋棄垃圾用途的人採取行動。我自己亦聽說總督有時很不開心，當有人質詢他時：「你搞了那麼多東西，九七年後一定會離開，屆時你也不會在這裏，那麼，你便不要搞那麼多了」。他自己也說：「搞亦要走，不搞亦要走，這是一個現實的問題」。一個定必要走的政府又有甚麼權可以說在九七年後有些甚麼承擔和安排呢？

其實最重要的問題，就是我們在九七年後留在香港的人有沒有辦法組成自己的政府，並應在現時提出建議，制訂長遠計劃，希望九七年之後，這個政府仍然得到香港人的支持，得到香港人的推選，繼續執行這些在九七年之前提出的政策，我相信這才是最重要的，亦是現時中英談判問題的核心。

我們在日前與英國下議院外交事務委員會會晤。當時亦提出，中英談判現在最大的困局，就是香港人全被蒙在鼓裏，毫不知道發生甚麼事，亦毫無參與。還有三年多，香港就要交回中國這個共產政權，實在難以想像，直到目前，香港市民的民選代表仍然無法知道發生甚麼事，這個可恥的秘密談判仍然繼續進行。那麼，我以為港人民選的代表無權參與決定我們的未來，已經是一個非常清楚、鐵一般的事實。但是，有些人卻好像並不知道！最近我看到前英國首相戴卓爾夫人在她的回憶錄《唐寧街歲月》裏，提到八二至八四年的談判時，謂當每次英國政府想向中國政府作出讓步時，她首先一定會諮詢香港人的代表。我看到這個字整個人跳起來，有香港人的「代表」？是誰呢？原來她指的是行政局議員！我感到非常震驚，她竟會那麼無知。我覺得她講的話非常侮辱香港人，因為就算當時的行政局議員也好，現在的行政局議員也好，都絕對不敢自稱是香港人的代表，他們可以說是反映香港人的意願，但是絕對沒有資格說代表香港人。所以，我不明白一個前任的首相，亦是一手促成我們未來的人，為何那麼無知？我覺得她是侮辱香港人的智慧，我相信現在的總督絕對不會說出那麼愚蠢的話。

現在香港人面對的困境就是談判可能會破裂。但是，我相信本局的同事和許多香港市民亦已作出心理準備。因為兩個政府的立場是「大纜也扯不近」，談

判必然破裂。香港人亦等得太久了，我們不希望中英政府再浪費我們的時間。我希望總督盡快將一個方案交來本局。我自己代表九五直選陣線，當然希望見到香港在九五年或之前，可以全面推行直選；亦希望以後的總督是透過直選產生。所以，當這條法案交來本局的時候，我一定會提出修訂，希望一九九五年時，立法局的六十席全部透過直選產生。屆時我希望所有同事都支持，尤其是港同盟及其他自稱民主派的議員，希望他們一定要支持。

李家祥議員致辭：

主席先生，港人是珍惜現時的生活方式，在中英聯合聲明和基本法的雙重保護下，曾經一度以為可以「馬照跑，舞照跳」，安享繁榮安定五十年。可惜「六四」事變，中英交惡，形勢已經急轉直下，以往平靜和諧的生活方式已大大增添了濃厚的政治色彩，產生了根本的質變。

姑勿論這些新元素的輸入是否必要，但肯定的，是這些政治元素並非由下而上，從市民的實際生活需要中順應而生，而是由中英兩國政府，為香港提供素材，輸入觀念，再經人為而有系統的大力推銷及激化而產生的結果。這種突然由上而下，直接由兩個不同觀念的政權所「供應的催生政治」，好處未見，已經無情地分化了港人，引起對抗，令港人先見盡了政治的負面結果。現時港人要面對的現實，是從政者的互不信任，政治口號背後的虛偽包裝，政治派系的不協調，政治上的缺乏多元選擇。在客觀環境下，香港的政治發展空間有限，九七年前，受殖民地的憲法限制；九七年後，更要獨力面對國際上舉足輕重、政權穩定、經濟上和香港唇齒相依的中國，所以單憑本身的政治力量，兼且受制於經濟已不能走回脫離中國而單獨發展的道路上，港人容易感到薄弱及無奈。

對抗政治，並非港人懷念的生活方式之一，如果英國在政權移交前的最後一刻，才草草地將政治責任擲回港人身上，還一方面大力推銷一套觀念，並展開遊說，令市民以為單憑一套變相直選議席，就可以將一套先天不足、殘缺不全，又未經考驗的政制，有效地將中港兩地隔離，不需中方的認同，仍然可以保衛香港的法治精神，成為維持一切生活方式不變的萬應保護牆。本人相信，這論調很難令精明務實的港人對之表示信服。說得溫和些，會有人認為那種說法是侮辱了我

們的智慧；尖刻的，會認為那是嚴重的誤導，發放一些虛假安全感訊息；再嚴重些，會指控這是一種虛偽、自利的政治手段，目的只是為了平息英國內部以及國際上對英國將香港雙手奉回給一個不能切實履行人權的中國政權所產生的輿論。

英國最終若只能以一套增加變相直選議席的政制作為光榮撤退的下台階，這結果並不是光榮，眩目的政治狐步，也不能瞞得過港人對其繼續提出其他更具體的道義上要求，為我們遲來的民主作出部分補償。……

鄧兆棠議員致辭：

施政報告交代的政制談判部分，我認為彭定康先生是犯上連串的錯誤。第一，將談判無成果的責任，完全推諉於中方而不自行反省；第二，間接提出了會談的最後期限；第三，洩漏了會談內容，違反了保密的原則。這些錯誤，對會談成功毫無積極的幫助。

在過去的一年，彭定康政改方案如旋風一樣，席捲香江。在政府的努力推動之下，塑造出「不支持政改方案就是不支持民主政制」這「非黑即白」的一刀切理論。這些現象，曾經令香港社會陷入矛盾分化，幸而分化情況已經和緩，否則，後果堪虞。

中英政改會談，已進行了 14 輪，毫無寸進，達成協議的機會，並不樂觀。去年今日，中英關係相當不俗，為甚麼今天就政改問題出現嚴重分歧呢？我個人推測，有兩個可能原因。第一個可能原因是中英雙方在「一國兩制」上有不同的理解。中方所提的「一國兩制」的基礎，是香港於九七回歸後保持現有生活方式、自由經濟制度不變，及循序漸進式發展現行的民主制度。彭定康先生所提的政改方案步伐太急速，違反了聯合聲明的精神及基本法的規定。顯然雙方在這個問題上根本沒有共識，導致有「三違反」與「三符合」的爭拗。如果在這問題的基礎上沒有共識，當然無法一拍即合。

第二個可能原因，是英國不喜歡見到香港平穩回歸，或者是英國希望於九七前後在香港獲取某方面的利益，亦即所謂「陰謀論」。當然，香港市民絕不希望有「陰謀論」存在。中英的分歧，如果只是共識問題，尚有解決的希望；如果是「陰謀論」作怪，港人只能夠自求多福。

1993 年 10 月 21 日
恢復致謝議案辯論

田北俊議員致辭（譯文）：

主席先生，政治安定是創造香港經濟奇跡的唯一主要本錢，亦因而帶領我們大部分人在這裏享有現時的生活方式。不過，近年來，我們開始將香港的成就視作理所當然，而漠視了一些因素，例如社會安定和市民大眾，這些才是締造本港目前繁榮的要訣。我們甚至將政治安定與社會安定是息息相關的這條金科玉律也摒棄了。經過 150 年的英國統治後，我們已洞悉到要達到政治與社會安定，政局不能有劇變。將漸進式的政治發展視同政治安定，也許是有點草率，但我相信有很多人會與我有同感。

在一九八四年發表的《代議政制在香港的進一步發展白皮書》是這樣寫的：「本港市民普遍贊同綠皮書的目標，而且大致贊成以循序漸進的方式實施綠皮書的建議。至於不宜在倉卒間進行太多政制上的改革，以免影響香港的繁榮和安定的觀點，亦獲得大部分市民的支持。」在一九八八年的《代議政制今後的發展白皮書》內，政府這樣寫道：「另一點要認識的，就是香港的穩定繁榮極為依賴連貫一致的政策和審慎的發展方式。這表示有需要循序漸進地發展一向符合本港利益的獨特制度，而不應勉強把改革的步伐加速，以致本港的管治出現不穩定和不明朗的情況。」我們都應緊記這些指引是當時港英政府所訂定的。

今天我們所討論的憲制方案究竟是否違反政府先前所訂的原則，實在是一個富爭議性的問題。但我絕對有理由相信，建議中的政制並不能融入未來特區政府的模式，因而會是造成未來本港管治出現不穩定和不明朗情況的原因。

一九八八年的白皮書內強調：「……政府的制度（應該）在一九九七年香港成為中華人民共和國的特別行政區以後，仍會延續下去。」無論是政治或其他方面的制度，缺乏了延續性，肯定會對社會的經濟和社群帶來嚴重的打擊。我們目前與中國的關係，確實是響起一個「無延續性」的警號。身為負責任的立法局議員，我堅持一點，就是我們應該告訴市民，假如我們容許香港引入這樣的政制方案，並要冒沒有延續的危險，我們的社會究竟要付出甚麼代價。

主席先生，身為工業界組別的代表，我有責任評論有關新增的九個功能組別，以及功能組別選民的定義。一九八四年的白皮書提供了設立功能組別的基礎。白皮書內這樣寫：「鑑於本港財經界及專業人士對維繫香港前途的信心和繁

榮，關係重大，故綠皮書強調這些人士應有充分的代表權」。因此，白皮書建議按社會功能劃分各組別，但從未有隻字提及民主或選民的人數。而在一九八八年的白皮書，政府同意「功能組別應該是有分量和在社會上有重要性的組別」。據我瞭解，文內「有分量」一詞，是指質素方面，而不一定純粹是指人數。

除了功能組別的定義外，這兩份白皮書內還有兩點是我們應該注意的。首先，政府銳意加入更多有相關利益的功能團體。其次，政府表示在增加新的功能團體前，有意與有關的組織就所有其他選舉安排的細節進行諮詢與協商。這些遊戲規則是港英政府在一九八四及八八年訂定的，亦廣為市民所接納。目前的建議是將來自 21 個功能組別的 7 萬名選民，增加至來自 30 個功能組別的 270 萬名，這明顯違反所協定的規則，就是「與經濟和社會有關的選民組別，將會以全港性而為各界承認的主要組織、社團和機構為基礎。這些組織內有投票權的成員名單，將會用作這類選民組別的選民名冊；如這些組織的成員以法團為單位，則這些法團可提名代表為投票人」。這裏再次隻字不提民主，也從不強調選民的人數。因此，在一九八四年所取得同意的──代議政制發展的背後原則──卻全盤給總督去年十月公布的憲制改革所否定。由於總督的個人意願而推翻了一些已確立的規則和做法，這種不負責任和輕率行為，是不值得鼓勵的。

讓我們不要忘記引進功能組別的目的，是給與經濟界和專業人士在管治方面有一個合理的發言權，藉此維持社會的和諧及繁榮，而不是造成社會不和。舉例來說，將工業界功能組別的選民擴大至工廠裏的工人會誘發兩種問題。一方面會形成由非專業人士塑造策略，因而影響整個有關行業的利益。另一方面，也會引起僱主與僱員之間產生衝突。工廠工人應在直接選舉中有投票權，而不是在功能組別。我要說的是，這一類組別的選民，應該是選自那些對製造業的整體發展與運作限制有管理能力，以及有遠見的人。

此外，歷史本身一直證明了功能組別，無論對立法機關或整體社會來說，都是一股理想的新添力量。引進功能組別選舉就相等於一種制衡制度，令專業人士和那些被公認為在有關方面具有經驗和專長的人，可以在立法過程中，提供他們份內意見和抗衡以行政為主導的政府。國際商業信貸銀行的破產事件正好是一個活生生的例子，證明了功能組別選舉的價值，使到來自銀行、財經和會計等各界別的代表，可將現行法律和制度上的漏洞，加以堵塞，兼且提出修訂，尋求防止

再發生這種可能摧毀香港數以萬計市民生活的大災難。

如果單是為了加快民主步伐這個口號而廢除這種有效的社會機制，這個理據似乎站不住腳。彭定康總督提交的建議內的 9 個新增功能組別，事實上是相等於直接選舉。舊有的 21 個功能組別有 69,000 名選民，但新增的 9 個功能組別將會有 90 萬名選民，這個事實明顯證實了這一點。這種未能保證可以與未來特區政府共融的巨大政治轉變，是絕對不受工商界團體歡迎的。我們願意面對明日的挑戰，但最重要的還是，我們首先必須維持今日所得的成就。而我堅信維持逐步發展代議政制是，而且將會是，邁向這個目標的最佳方法。為此，我促請政府對新增的 9 個功能組別，採取一如以往的相同選舉安排，務求令立法局獲得最需要的專業人士。

1993年12月2日
總督聲明及答問會：有關一九九四及九五年的選舉安排

總督聲明（譯文）：

主席先生，我想就一九九四及一九九五年的選舉安排發表聲明。

過去七個月來，中英兩國一直不斷就一九九四年區議會選舉和一九九五年兩個市政局及立法局選舉的安排進行談判。雙方經過 17 輪談判後，仍未能就任何事項，即使是最迫切和最不具爭議性的問題，達成協議。

這些談判並不是有關香港民主化的步伐，雖然有些議員認為談判應該是討論這個問題。對於香港的民主制度應該繼續發展這項原則，中英兩國並沒有爭議，這項原則在聯合聲明中已闡明，就是由一九九七年七月一日起，特別行政區立法會「由選舉產生」。中國為香港特別行政區制訂的基本法，對民主發展的過程有更詳細的說明。

現時爭論的問題，是如何將這項原則付諸實行。我在一九九二年十月提出了數項建議，旨在達至這個目標。這些建議是獲得英國政府全面支持和在本港經過諮詢後才提出的。這些建議經過仔細研究後擬訂，完全符合聯合聲明、基本法，以及中英兩國所達成的有關協議和諒解。這個目標已完全達到了，而這一點已由英國下議院外交事務委員會的獨立律師最近提出的證據加以證實。不過，我們一直清楚表明，這些都是建議，是我們希望與中方商討的。我們的明確意願，是在盡可能與中國達成協議的情況下落實建議，以便有利政制的連續性。因此，我們竭力要求中英雙方就這些事項舉行談判，而當兩國政府終於在春季展開談判時，我們感到非常高興。

我們期望從這些談判中達到甚麼目的呢？答案很簡單，就是協定一套公平、公開和為港人接受的選舉安排。我們渴求的，是一套能夠為市民提供真正選擇的

選舉制度，而非容易被人操縱及出現貪污舞弊情況的選舉制度。

為甚麼這是那樣重要？是因為如果立法局選舉也並非公平進行，在其他方面 —— 法院、商界、個人等，還可希望維持公平處事原則嗎？如果對專責立法的機關的選舉安排作出妥協，就會削弱香港的法治基礎。這肯定並非中英兩國政府在聯合聲明中同意香港特別行政區立法機關應由「選舉產生」時心目中的想法。

我們一直以真誠的態度進行談判。正如我曾在本年十月告知本局，我們已採取了一些重要行動，試圖回應中方的關注，但條件是我們必須達成雙方都可以接納的整體協議，而毋須放棄我們的原則。

但從一開始我們已清楚指出，會談不可能無止境地繼續下去。聯合聲明規定，我們的責任之一，是要確保如期作好各項有關選舉的安排。

由於談判開始得較意想中遲，而且持續了一段這樣長的時間，令我們現在面對立法時間緊迫的壓力。正因為這樣，我們在最近幾輪會談中，已集中研究是否有機會達成一項中期協議。我們是希望能夠透過這個方法，先行處理一些爭議較少的事項。

雖然我們已盡了最大努力，但事實證明那個想法行不通。我們想盡早就三個簡單而又不具爭議的事項達成協議。這三個事項是：區議會、兩個市政局和立法局選舉的選民投票年齡；區議會、兩個市政局和立法局選舉的投票方法；及取消區議會和兩個市政局的委任議席。本局已非常清晰地表達對這三個事項的意見。但中方準備完全同意接受作為整體協議一部分的，只是以上三項的其中一項，即應把立法局、區議會和兩個市政局的投票年齡降至 18 歲。當然，在中國國內，投票年齡是 18 歲。

中方對於達成一項包括立法局事項的中期協議，顯然在原則上並沒有異議。事實上，他們曾建議，把新的投票年齡規定應用於立法局的選舉上。他們亦提議我們應向本局建議更改法例，以准許身為中國各級人大代表的本港居民出任立法局和地區組織成員，我們也準備贊成這項建議。

因此，特別難以明白的，是中方為何不同意三項選舉全部採用「單議席單制票」的選舉制度，而他們是知道我們的時間是十分緊迫的。兩個市政局及三分之二的區議會選舉均已採用這個投票制度，而中方亦已表明不反對餘下三分之一的區議會選舉，亦採用這個制度。相反，中方卻力言，立法局選舉制度的問題，應

留待與其他「立法局」問題一併討論；其實立法局選舉制度問題在談判中已相當
詳盡地討論，並且是在頗為早期的階段開始商討。

這項中期協議要具有實際價值，其範圍便必須包括選舉年齡和三級議會的選
舉方法。

從實際和政治觀點來看，都有很充分的理由。中期協議的價值，在於我們可
以從而為立法工作爭取多一點時間，以便就較困難的事項進行談判。為甚麼有關
立法局選舉方法的法例要盡早通過呢？主要是因為立法局的投票方法，將決定須
劃定多少個選區。而假如我們要分兩次去就投票制度立法，只會花費更多時間，
但目前為處理與選舉有關的其他事項，我們的立法時間已極為緊迫。

此外，箇中尚有強烈的政治理由。立法局選舉採用「單議席單票制」，在本
局內獲得廣泛的支持；兩大政黨均曾表示他們會贊同採用這個制度。假如我們在
制訂有關投票方法的法例時，不把立法局選舉採用「單議席單票制」的規定包括
在內，那麼，我們就是公然罔顧本局的意願。

鑑於我們正面對時間確實極為緊迫的問題，假如中方準備在將來同意立法局
選舉採用「單議席單票制」──儘管我們無法確定這點──他們為何不能在現時
便表示同意呢？假如中方不準備在現時表示同意這項安排，又如何保證他們會在
將來表示同意呢？

讓我再提出明顯不過的另一點。假如你們不同意立法局選舉採用這種投票方
式，任何其他的方式，例如比例投票制，將會更為複雜，並需要更長時間立法；
儘管我們假定立法局議員可被說服接納另一種投票制度，不過，根據議員就這事
清楚表示的意見，這種情況似乎是不可能發生的。

但很遺憾，這並非妨礙我們達至第一階段協議的唯一問題。我們亦曾與中方
的同事討論區議會及兩個市政局成員的問題，但無法取得中方贊成廢除這些組織
的委任議席。較早前有跡象顯示，中方準備達成可接受的協議，在容許我們這樣
做的同時，保留未來的特別行政區根據基本法第九十八條自行決定是否恢復委任
議席的權利，但可惜結果證實那些跡象是不真實的。

……

即使在一些並非十分複雜，也沒有在本局引起爭議的事項，甚至我猜想對中
方亦非屬於重要原則性的問題上，我們亦無法達成一項中期協議，這實在是遺憾

的事。

我近日已與行政局和英國外相審慎研究目前的情況。我們，包括英國外相、行政局和我本人都不想作出以下結論：我們現時已別無選擇，只得開始就一些較簡單的事項進行立法工作。這樣至少可以讓我們有更多時間與中方就一些較困難的事項進行談判。

因此，英國外相已通知中國政府，關於當前最迫切事項的草擬法例，將會提交本局審議。這套草擬法例載有下開事項：

—— 區議會、兩個市政局和立法局的投票方法和投票年齡；

—— 取消區議會和兩個市政局的委任議席（從而增加兩個市政局的民選議席）。

為表示我們希望與中方繼續合作，這套草擬法例將載有一些條文，容許目前身為中國各級人大代表的香港居民，出任本港各地區組織和立法局的成員。

我們會遵照慣常程序，在十二月十日在憲報刊登這項條例草案，並在十二月十五日把草擬法例提交立法局審議。這樣，立法局便有機會在聖誕休會前成立委員會審議草案；如果再等下去，就會把一切耽擱到一月中。

儘管到目前為止，我們只取得有限的進展，但我們極渴望談判會繼續進行，讓雙方可以解決彼此在重要事務上仍然存在的分歧。先為簡單事項進行立法工作，我們便可以有多點時間解決分歧。英國首相曾提議集中力量解決餘下的事項，我希望中國政府也這樣做。我們正謀求以慎重、有條不紊的方式處理這方面的工作，並且仍然熱切盼望繼續與中方以建設性和務實的態度進行談判。在上一輪談判結束時，英方談判人員建議在本月內進行第 18 輪談判。隨後，我們建議談判的日期，現正等候中方答覆。

我們現在分秒必爭，作最大的努力，那是毋庸置疑的。這些選舉問題都是非常複雜的，我們原本希望能於今年夏季通過立法程序，這已是公開的秘密。我們一直刻意避免公布最後限期，但人人都知道，中方也知道，實際上時間是十分緊迫的，而我們已向他們清楚表明，我們必須於今年十二月展開立法程序。

為立法局和地區組織選舉立法的時間都同樣緊迫。因此，我們已不斷向中方解釋，分開處理立法局和地區組織的選舉安排，對我們並無幫助。英國外相已於十月一日向中國副總理錢其琛清楚說明這點。我們是在不無保留、不無批評的情

況下，接受了應就容易和較具爭議的事項分開提交條例草案的意見，藉以爭取多一點時間處理後者。

我要強調，在關乎香港的過渡的所有事務上，我們自然希望能夠在取得中方同意的基礎上進行。這樣便能符合各方——中國、英國和香港的最佳利益。

然而，在某些情況下，當雙方之間仍存有分歧時，根本就不可能做到這點。我們唯有盡本身的職責，履行聯合聲明所訂明的責任，並且以我們認為是負責任、正確和符合香港人最佳利益的方法行事。

主權的移交往往是一項艱巨的工作，在移交過程中必然會出現意見不一的情況。但正是這個原因，中英兩國更應竭力維持雙方的友好和合作，即使在個別重要事情上，彼此仍有分歧。我們在某些事上意見分歧，並不等於對所有事情均是如此。

要主權順利移交，在未來的三年半，雙方都必須繼續把目光放遠，理智地處理事情。我期望各方面在未來的日子裏，都能這樣，因為我深信，中英雙方都竭力把聯合聲明所作的承諾，也是中英兩國鄭重地向香港市民作出的承諾，付諸實行。

張文光議員問：

總督閣下，政府最重要是「言而有信」，不可「失信於民」。在過去整整七個月的談判中，閣下及有關官員曾屢次強調政府方案的各項建議（例如全部民選區議員參加選舉委員會而選出十位立法局議員等）是有內在的聯繫，不可、亦不應分拆。這些說話言猶在耳，但現在你所做的，就是推翻先前的說話，將方案分拆提交立法局。請問閣下如何令市民相信你是不會再倒退及「轉軌」？如何令市民相信你所領導的是一個有公信力的政府？一個缺乏公信力的政府，如何領導香港過渡一九九七？總督閣下，我知道你對這些問題是有標準的答案，但我要求你在這裏公開向市民解釋。

總督答（譯文）：

我不大肯定我的答覆是否標準的答案，但我會嘗試作出一個標準的答覆。也許讓我先詳述一下有關情況，因為我發覺在過去幾天這事已演變成一項備受爭議的事項。我不會講述會談的所有詳情，因為我們仍希望會談可以繼續，但我會告訴張議員我認為有需要在這個階段記錄在案的情況。

在談判初期，我記得那時在五月，中方曾向我們提議把區議會及兩個市政局選舉與立法局選舉的立法工作分拆處理。我記得我們從五月二十八日起已清楚表明這並非我們屬意的做法。我們不屬意這樣做，因為我們已多次指出，我們面對的真正而且最大的壓力是來自立法局選舉的立法工作，這點也許各位議員都會明白，而到了明年七月更肯定會清楚瞭解。這項工作將會耗費最多時間，而且我恐怕將會是最艱巨的。不過，我們亦曾說過準備將較簡單的立法局及區議會選舉安排，與較富爭議性的安排分開處理。我曾多次公開這樣說過。例如我記得我曾在十月十三、十四，我想還有在十五日的聲明中說過，在與剛才提出問題的一位議員會面後不久亦曾說過。十月一日當英國外相韓達德與錢其琛會晤時亦曾清楚表明這點。當時韓達德說我們並不屬意把區議會和立法局的選舉安排分拆處理，因為這做法不會為我們爭取更多時間，這點我已不是第一次講的了。所以，我們一直以來都把嘗試分拆區議會和立法局的選舉安排，以及嘗試分拆較簡單和較複雜的事項，視作兩回事。我們認為若要爭取更多時間去討論較富爭議性的事項，最佳的辦法就是盡量先就那些較簡單的事項進行立法工作。我們愈是能夠先就較簡單事項進行立法工作，就愈能夠爭取較多的時間去討論那些較複雜的事項。這就是政府的立場，而不論社會人士怎樣懷疑有關的可能性，我認為這個立場是完全合理的；而且是旨在爭取時間以求在那些有關一九九五年立法局選舉的非常棘手的核心問題與中方達成協議。我認為我們採取這個立場是具有公信力的，若我們希望談判有成功的機會，就更會覺得這個立場具有公信力了。

無論我的答覆是否屬於標準答案，我亦希望補充一點。大家顯然都關注到我們未能在談判中取得更多進展，而那些有份參與整個談判過程的人更尤其關注，但撫心自問，責任的確不在我方。

楊孝華議員問（譯文）：

總督先生，你提及準備在下周刊登憲報的政改事項包括投票方法，取消委任議席及本港人大代表有資格參選等。我覺得以上其中一些事項，雙方雖然並未簽訂協議，但其實已有協議，或起碼並無爭議。這些事項包括容許人大代表有參選資格、取消委任議席、投票年齡及兩個市政局及區議會的投票方法。關於立法局的投票方法，我認為這事既沒有協議，亦沒有爭議，而雙方亦沒有嚴重矛盾的立場。在不影響英方有關立法局投票安排的談判立場的情形下，你有甚麼充分理由，促使你不與中方簽訂只涵蓋區議會及兩個市政局的中期協議，以便中英雙方能繼續進行談判？你剛才已提及有關的投票方法將導致進行兩次立法程序，這是你所列舉的唯一理由。然而，若本局議員不介意做雙倍工作，我認為進行兩次立法程序並非不簽訂中期協議的充分理由。

總督答（譯文）：

我要向這位議員清楚指出，正如我剛才發言時提及，若說除立法局的投票方法外，我們已就其餘的事項達成協議，是不正確的。我們仍未就區議會或兩個市政局的委任議席問題達成可接受的協議。較為正確的說法是，我們唯一已達成協議的事項——唯一完全達成協議的事項——就是投票年齡。雖然中方對區議會及兩個市政局採用單議席單票制的投票制度並無異議，但其實目前兩個市政局議席及三分二的區議會議席，即差不多全部議席，均已採用這個投票方法，因此，我認為不能將之視為重大的突破或重大的讓步。但始終還有兩個問題——兩項重要事情，我們仍未能達成協議，雖然我難以相信這兩個問題對中方來說是很大的原則性問題。我們把區議會、兩個市政局以及立法局的問題一併處理，這對中方來說，應該不會涉及原則問題，因為他們原本建議的安排，是會涵蓋立法局、兩個市政局及區議會的。因此在那方面不可能存在原則問題。

為何中方同意就投票年齡達成協議卻堅持反對投票方法？我想這問題最好請中方回答。讓我再提出另一項很明顯的事。若我們提交的條例草案只就地區組織的投票方法及為三級議會的投票年齡制訂法例，必會引致我們較早前討論的那

類修訂。事實上我已聽聞本局議員表示，若條例草案不包括立法局選舉的投票方法，他們會提出修訂，而我亦聽聞議員說，這事會獲得本局大部分議員支持，因為本局兩大政黨傑出的議員都表示會支持單議席單票制。因此，若我們只就某部分條例草案達成協議，而這協議只包括地區組織的投票方法，卻將立法局擯諸門外，這是不可行的。因為當立法局把這項協議延伸，中方勢必嚴厲譴責我們，而我們亦須返回談判桌上向他們解釋立法局所做的，比我們在談判時所協議的為多。我認為這是整個立法過程中重要的一環。實際上及道義上，我們均不能在談判桌上同意一些我們認為立法局不會接受的事，否則我們的做法便不光彩。然而我重申，情況並非如此，因為我們只是未能就投票方法達成協議。至於人大代表的參選資格問題，為表示誠意，我們已準備接納。這是我們在談判中作出的另一項讓步，而我將會信守這點。

黃偉賢議員問：

總督先生，現時你一方面決定將你認為較簡單的一些草案在 15 日提交立法局，但另一方面，你又很希望就一些比較複雜及富爭議性的選舉安排事項，繼續與中方討論。既然連這些簡單和沒有甚麼原則性的問題，中方也不同意，你如何能期待在一些複雜而富爭議性的問題上，可與中方達成協議？這會否是你「一廂情願」的幻想？總督先生，我想問，若中方堅決拒絕繼續就政改進行談判，你會否將有關立法局九五選舉安排的其餘部分，即包括功能組別選舉及選舉委員會等政改草案，盡快一併提交立法局？如果不會，你在等甚麼？是否等待奇跡出現？

總督答（譯文）：

我是一個身體力行的基督徒，當然相信奇跡。不過，除了在一些我曾參與的選舉結果中出現過奇跡外，在政治舞台上，奇跡並不是隨著人意經常賜下的。（眾笑）我的回憶錄到此為止。（眾笑）

兩條問題。這位議員第一條問題所提出的疑慮，無疑會反映出更多市民對「直通車」等問題將來能否達成全面協議產生疑慮：假如我們連地區性組織的委任

議員及立法局選舉的投票方法也不能達成協議 —— 中方應該像我那樣清楚本局以及市民在這方面的意見 —— 富爭議性的問題又怎會有機會達成協議？我認為儘管有這些疑慮，你們的政府以及那些代表港人利益的人士，縱使會遇到多少困難都有責任盡最大的努力求取協議。如能取得協議，這會是一項最大的獎項。一位中方官員不久前曾說過 —— 我認為他的話並非明智之論，或者平情而論，他其實是無心之失 —— 達不成協議也沒甚麼大不了。我認為如能達成港人所接受的協議，是一件不簡單的事。這對中國有好處、對香港有好處、對英國以及中英的關係也有好處。因此，我們會繼續努力，我們打算繼續進行談判，而我們的談判團絕對不會是拂袖離開談判桌的一方。絕對不會。談判是我們建議進行的；我們每隔十天或兩星期便前往北京參與會談，我們是懷著誠意前往會談的；我們曾提出讓會談繼續進行的一種方程式；我們會繼續努力下去，直至達成我希望是美滿而非難以接受的結局。這位議員說：「如不能達成協議又會怎樣？」我一向不願意回答假設性的問題，但這位議員的問題雖然是假設性問題，卻是完全合理的問題。假如不能達成協議的話，由於根據聯合聲明的規定，我們要負起主權國的責任，舉行一九九四及九五年的選舉，因此屆時我們必須向立法局提出自己的建議，由立法局決定甚麼是最符合港人利益。

我只想補充一點 —— 容我這樣說，因為這也許是香港生活中一項無可避免的特點 —— 討論到政治問題時，往往會出現不少陰謀論。這方面的理論很多，而我只想直接針對其中一項。如果政府提出一套本身及行政局均認為最能確保香港的選舉安排公平及公開的建議，而這套建議又能獲得最多港人的支持，政府當局絕不會將建議提交立法局後不顧而去，奔回布政署；總督也不會把建議提交立法局後 —— 無論這些建議是在達成協議之前或後提出 —— 便奔回總督府，由得立法局議員各抒已〔己〕見，然後自行作出決定。我們提出任何建議，都會據理力爭。我希望我們的遊說不致會令立法局感到不安，但我們當然會費盡唇舌，務求把我們認為最符合香港利益的安排準備就緒。我只想提出這點，因為曾有人認為政府會把安排提交立法局，然後便躲進地堡。這並非我們的意圖。我們會繼續朝著我們認為對香港有利的方向進行遊說、辯論及努力爭取。

林貝聿嘉議員問：

總督閣下，剛才你曾說達成協議是很重要的，而香港市民大多數都希望有中英協議。最近我們曾到過北京會見港澳辦官員，他們說如果督憲閣下將方案提交立法局，便會造成談判障礙，令談判破裂，這是大家不希望見到的，你現在想將部分方案交來立法局，是會造成談判破裂的。請問：一、如何解決這個矛盾？二、如果真的談判破裂，對香港的平穩過渡有否影響？

總督答（譯文）：

唔，首先請容我說，我歡迎這位議員完成北京歷奇之旅回來（眾笑），因為我知道從報章或電視耳聞目睹的事或許並非總是可信的。

我希望我們能夠避免說些談判破裂及各種恐嚇的言論。我不認為在過去一年來，本局任何議員可以找到香港政府當局或英國政府官員作出恐嚇言辭的例子。恐嚇的話並非來自香港政府。在這個現代世界，我們大家都有責任以理性及明智的態度來處理這些事項。我認為這是香港人所期望的，也是世界各國所期望的，因為他們均目睹中英雙方這兩個主權國努力不懈，為了本港市民的利益力求達成協議。因此，我們不會中止會談。我們希望會談能繼續下去。但是，我們在直至一九九七年這段期間，既然作為香港主權國，仍然有明確的責任，而且我們會全力以赴去執行這些責任。

楊森議員問：

督憲閣下，探戈舞是需要兩人一同配合而跳，如果只有一人是跳不成的。現在你將原有的方案分批提交，藉以向中方表達繼續會談的誠意，但假如對方並不接受，只要你一提交一半方案時，就不再舉行會談，那為何不將整份方案提交？

總督答（譯文）：

儘管我或應避談此事，以免令我聯想起更多關於跳舞的形容詞，但正如楊議員所說，探戈舞確實需要兩個人才跳得成。

在考慮採取這項行動時，我們已察覺到有許多人 ── 包括楊議員的政黨的許多成員及其政黨的眾多支持者（眾所周知，該黨在上次立法局選舉中獲廣大支持）── 認為我們將有關立法工作分開兩部分進行是錯誤的。為了達至更廣泛的目標，而儘管有關目標甚難達到，我認為冒著被人批評的危險而這樣做依然是正確的。正如我先前所說，假如中方拒絕談判，我們便須研究有關立法工作的其他部分，以決定提出甚麼方案是既公平而又公開，兼且獲得社會人士的廣泛支持。我亦毋須向本局隱瞞事實，就是屆時的判斷將會是困難及艱巨。此外，我們須向本局議員詳細講解一九九二年提出的建議、我們在談判期間所作的有條件讓步或本局議員所提出的其他任何建議。我們須設法尋求最廣泛的支持基礎，並希望立法局能予以合作。但我必須重申，我們並不是純粹將構思拋給立法局，然後不見縱〔踪〕影，而是與本局共同努力，找出最能符合港人最佳利益、落實「港人治港」原則及保障「一國兩制」得以實行的方案。

1994 年 2 月 23 日
恢復法案二讀辯論：1993 年選舉規定（雜項修訂）（第 2 號）條例草案

（編者注：1. 該法案於 1993 年 12 月 15 日二讀，此次辯論為恢復二讀辯論。
2. 本次辯論中，杜葉錫恩提出押後辯論動議，經辯論後遭投票否決，繼續辯論原
議題。）

黃宏發議員致辭：

主席先生，這條在今天進行立法程序的條例草案包括五項建議：

第一，三層架構議會的分區選舉均採用「單議席單票制」的投票方法；

第二，最低投票年齡由 21 歲降至 18 歲；

第三，撤銷限制中華人民共和國中央或地區立法機關成員的香港居民參選或
出任議員的現行規定；

第四，取消兩個市政局及區議會的委任議席、保留區議會代表在兩個市政局
的議席，以及保留鄉議局主席及副主席在區域市政局的當然議席及鄉事委員會主
席在新界區各區議會的當然議席；及

第五，增加兩個市政局的民選議席（市政局 32 席、區域市政局 27 席）。

條例草案審議委員會在審議這條例草案時，主要集中於研究技術上的事
項，並且明白到議員對草案所涵蓋的原則有不同見解，將會在今天藉此機會各抒
己見。

條例草案審議委員會曾建議政府當局檢討現行選舉規定的若干條款，其中一
項須予檢討的就是總督在立法局民選議員停任一事上所擔當的角色。總督現時在
這方面所具備的大部分職能及權力，顯然是因為總督以往出任立法局主席一職的
緣故。政府當局已答應稍後檢討現行法例及考慮作出適當修訂。

另一項問題是草案第 9、31 及 44 條有關外地政府「受薪」官員（或受薪代表）喪失擔任香港三級議員資格的規定。部分議員關注到非受薪官員如名譽領事、外國政府代表與各有關政府之間關係特殊，倘他們可以參選，有可能出現利益衝突的情況。政府當局答應研究此事。

鑑於議員的要求，政府當局亦同意考慮是否可以作出安排，以便法定的選民登記截止日期盡量接近選舉之日，以及檢討規定兩個市政局會議的法定人數須為該局全部議員人數的四分之一是否恰當。

議員亦要求政府當局澄清有關候選人接受提名的資格的條款。選舉規定條例第 18（2）條就居港年期作出規定，訂明有關人士必須「在提名之日通常已在香港居住滿十年」。政府當局表示，要確定有關人士是否符合居港年期的規定，須視乎個別人士的實際情況。根據現行的選舉法例，當局須在有關方面正式宣布議席出現空缺要進行補選、接獲候選人提名書及候選人同意書，以及為有關選舉委出選舉主任後，才可正式決定候選人的提名是否有效。

議員關注到應在選舉舉行前確定有關人士的候選資格。對於此點，政府當局回應謂，倘準候選人擬澄清自己是否符合居港年期規定，可向選舉事務處提交詳細資料，當局會嚴格地本著不會對法律解釋造成妨礙（without prejudice）的原則，向其轉達有關是否符合的意見。此外，準候選人亦可向法院申請一份居港狀況聲明書（Declaration）。議員對政府當局的意見並不完全滿意，並決定將此事轉交立法局憲制發展事務委員會作進一步討論，現正在進行中。

條例草案審議委員會亦建議對條例草案作出若干技術修訂。修訂主要分幾方面：條例草案年期名稱應改為「1994 年」，而不是「1993 年」；其他有新訂第 6A 條，述及有競爭時須要進行投票，投票以不記名方式進行；以及在「中央」與「地方」之前，英文本加上「whether」一字，使條文更加清楚等。

李鵬飛議員致辭：

主席先生，今日本局辯論《1993 年選舉規定（雜項修訂）（第 2 號）條例草案》，為我帶來不少回憶。我回想在一九八四年九月二十六日中英正式宣布：「中華人民共和國和大不列顛及北愛爾蘭聯合王國政府滿意地回顧了近年來兩國政府

和兩國人民之間的友好關係，一致認為通過協商妥善地解決歷史上遺留下來的香港問題，有助於維持香港的繁榮與穩定，並有助於兩國關係在新的基礎上進一步鞏固和發展」。以上是中英聯合聲明開端所用的字眼。中英當時確曾透過磋商解決了香港前途這個重大的問題。從那時候開始，香港進入了政權移交的過渡期，同時香港亦都展開了前所未有的政制改革。

一直以來，我們不斷聽到英國的官員強調政制銜接的重要性，戴卓爾夫人、賀維爵士及韓達德先生都三番四次向港人強調政制要銜接，並強調中英要攜手合作，以求平穩過渡。今日本局在中英 17 輪談判無結果的情況下，辯論第一部分政改方案。究竟這套方案及將會討論的第二部分方案，會否在九七年六月三十日溘然終止？目前可能言之過早，但從種種的跡象來看，中方確曾表示在一九九七年七月一日終止整套選舉制度，重新進行選舉。

自由黨深信香港市民一向期望中英雙方以談判磋商方式，解決選舉制度的爭議，從而達至平穩過渡。《南華早報》在前日公布一項獨立調查，顯示 69% 的受訪者認為中英仍會重開談判。我們與大部分市民一樣，深切期望中英能夠履行對港人的歷史責任，恢復合作商談。自由黨希望為香港締造一個公平、民主而富有延續性的選舉制度。我們今日動議修訂第一部分的政改方案，暫緩討論立法局的單議席單票制，是因為我們認為在現階段通過立法局的選舉安排，會導致中英談判徹底破裂。我們不願見到立法局的選舉方式成為中英談判破裂的原因或藉口。我們從媒界中得知中英雙方在多輪談判中已逐漸收窄了分歧，接近達成一個有關政制安排的協議。因此自由黨希望今日集中處理其餘兩級議會的選舉安排，暫緩討論有關立法局的部分，使中英雙方能夠有空間及有餘地去重開談判，達成一個港人能夠接受的協議，以便能夠有「直通車」、政制銜接及順利過渡。

自由黨認為香港人應該力促中英雙方重開談判。就算有人說，我們是一廂情願，我們也要盡一切努力及用一切方法竭力阻止他們逃避歷史的責任。「知其不可為而為之」是孟子的古訓，況且我們未經嘗試，怎知不可行？我們不想放棄一線希望，畢竟我們需要一個宏觀的視野及勇氣來創造歷史。

自由黨重視政制方案是否有延續性。我們贊成政制方案的其他部分：支持降低投票年齡；支持取消區議會及兩個市政局的委任議席；並且接受在兩級議會採用單議席單票制的選舉方式。雖然我們對立法局的選舉方式有不同意見，但我們

亦都可以接受立法局以前在這方面的決定，就是推行單議席單票制的選舉安排。只是我們認為今日不是最適當的時候，由本局決定立法局的選舉安排，而應讓這談判有一線生機。不論今日辯論的結果如何，我們仍然要在未來三年的過渡期內生活。因此，我們在這裏呼籲中英雙方，必須在各個層面衷誠合作。畢竟中港之間關係密切，唇齒相依，彼此息息相關。安定繁榮的香港，對全港的市民及中國大陸都同樣有利，同樣重要。我希望本局議員能夠支持我們提出的修訂。

譚耀宗議員致辭：

出現今日的局面，是本人同民建聯一直不希望見到的。民建聯的立場，自一九九二年十月至今是一貫的。我們多次約晤總督，呼籲英方及早改弦易轍，爭取與中方磋商解決政改爭拗。而在九二年底，民建聯更收集了市民對政改的意見，專程訪問北京，直接向中國政府反映，並澄清了港人對所謂「另起爐灶」的疑慮，呼籲中英雙方早日召開政制談判，恢復兩國的合作關係。

到了去年十一月，中英經過了 17 輪的政制談判，據報導，本來已經就部分的問題取得共識，但後來卻傳出，英方破壞了談判先易後難的原則，堅持要將九五年立法局選舉採用單議席單票制的問題，與區議會及兩個市政局的選舉一併討論，因為被中方拒絕，而有意單方面中止談判的消息。民建聯一行 20 人，包括本人在內，在十二月一日再次訪問北京，希望盡最後的努力，爭取中英達成協議。不過，遺憾的是，正當我們在北京期間，總督彭定康在十二月二日宣布將第一部分的政改草案向本局提交。

國務院港澳辦公室主任魯平隨後在會見民建聯代表時說，他覺得十分失望，心情十分沉重，其實，我們亦同樣失望，心情亦同樣沉重，因為我們一年多來的努力，完全付諸流水。

民建聯當時清楚明白，要中英重開談判，機會可以說是微乎其微，不過，我們仍然第一時間趕返香港。本人更積極與本局同事商議，希望及時阻止總督提交草案，從而爭取時間與中方重開談判，但可惜事與願違。

事到如今，我們不得不承認，中英在政改問題上，已經不可能再有合作的機會。

主席先生，面對這個局面，我們除了表示遺憾外，更應積極面對未來，我們不會低估眼前可能會出現的困難，但我們不應該懼怕這些困難，因為今日的承擔，將會是明日的香港。民建聯今後會繼續力促中英雙方在政制以外的其他領域進行合作，解決市民關注的問題。

本人在去年十二月中預委會大會上，曾經呼籲中方，要與港人一同維持香港的平穩過渡，克服會談破裂所造成的困難。我們深信，奮鬥的過程是苦的，但後果會是甜的，只要大家同心協力，香港的明天必然會更加美好。

主席先生，對於本局今日要表決的草案，本人將會投反對票。至於李家祥議員提出保留區議會及兩個市政局的委任議席，以及李鵬飛議員提出分拆九五年立法局選舉採用單議席單票制的部分，雖然與民建聯的基本立場吻合，但由於我們並不贊成在中英未達成協議前向本局提交草案，所以本人會投棄權票。

劉皇發議員致辭：

主席先生，多年前簽訂的中英聯合聲明，可以說是中英兩國就香港問題走向密切合作關係的里程碑，立法局當時對聯合聲明曾給與高度評價。多年後的今天，本局審議九四／九五年選舉草案，則標誌著中英的合作關係嚴重倒退，尤其不幸的是，出現這種情況距離香港主權轉移不過三年多的時間，而此一階段正是最需要中英雙方衷誠合作的時候。聯合聲明是由中英兩國共同制訂的，而基本法在草擬時，中方也曾聽取英方不少意見，這種務實的合作關係對中英港三方面都最為有利。但當局今次單方面推出政改方案，並在未與中方達至協議前，將有關的條例草案提交立法局，這個做法並不符合香港的利益。最大的問題是政制將沒有「直通車」，這表示有關的選舉安排及據此而產生的議會不能過渡到九七年以後。中方已一再表明在沒有協議的情況下，三級議會在九七年七月一日必定會被解散重組，這是最明白不過的事。倘若對此仍存有幻想，或硬要說有關的安排可以延續下去，那不過是自欺欺人而已。

試問一套不能跨越九七年的政制安排，怎能為本港帶來好處？難道我們處理政制問題也抱持「不在乎天長地久，只在乎曾經擁有」的態度？事實是，一套只得兩三年壽命的安排，不但不可能達到當局原來想要達到的目的，相反，只會破

壞中英的合作基礎，只會為最需要平穩的過渡期帶來混亂和不穩定因素。

新界鄉議局自始至終認為，一個能夠過渡到九七年以後的政制安排才真正符合本港的利益。鄉議局期望中英雙方能透過會談解決政制問題，不希望見到單方面的行動。先就此點擱下不談，我覺得在條例草案的眾多修訂中，李鵬飛議員提出將立法局「單議席單票」制與其他兩個議會分開處理；李家祥議員提議保留兩個市政局及各區議會的委任議席，與其民選議員的比例為 1 比 3；以及黃宏發議員的技術性修訂，都是可取的。李鵬飛和李家祥議員的修訂都照顧到本港的實際情況，並從大局著眼，這樣對營造有利於中英重開會談的氣氛，是有幫助的，我對此表示支持。

李柱銘議員提出取消鄉事組織及區域市政局和區議會的當然議席，我覺得有關的修訂建議不但無視現行有關安排的實際情況和需要，更加罔顧本港的整體利益，而提出的修訂理由是站不住腳的。

何以政府要在新界議會設置當然議席呢？一九八〇年香港地方行政綠皮書對此有中肯的評述，現在我引述如下：「至於鄉議局、各鄉事委員會和村代表的任務，政府不擬建議更改。他們不但在鄉村地區繼續擔任傳統和重要的任務，而且代表居住在新界較為發展地區的鄉民，就他們的切身問題，例如土地、鄉村房屋、鄉村傳統等等，與政府商議。由於新市鎮及新界各區鄉事委員會的主席將出任有關區議會的當然委員，此舉當可確保當局在求取進步時仍然會尊重傳統」。

我覺得到了今天，有關的評述仍具重大的現實意義，因為香港的主要發展仍然集中在新界，新界仍然有一萬五千公頃的私人土地有待開發，而新界鄉民的切身問題、傳統風俗、生活習慣都會繼續因新市鎮的發展而備受衝擊。例如收地、搬村等等問題。鄉事代表一直都肩負起官民橋樑，溝通協調的責任，令到政府的發展計劃能夠順利推展。我深信這項艱巨任務在將來仍需由鄉事代表擔當，其他人士難以取代。倘若不顧實情，取消這個行之有效的機制，對新界以至整體社會帶來的震盪，對本港發展所帶來的影響，是不能低估的。

主席先生，有不少批評新界議會制度的人士，說香港那麼先進發達，既無城鄉之別，根本不需要鄉事代表在議會裏。其實，他們對新界的獨特歷史和社會背景並不瞭解。真實的情況是，新界現時仍有近七百條鄉村，鄉郊地區的生活設施

與城鄉的差距甚遠，有些村落甚至仍未有自來水供應。

有人說，鄉村婦女沒有選舉權，因此鄉事組織在議會的當然議席應該取消。真實的情況是，鄉郊地區並無禁止婦女參選的規定，只是按傳統以戶主作為投票單位，並以戶主作為投票代表。新界鄉議局最近已通過在鄉村地區推行一人一票選舉的決議案，並成立工作小組，主動要求政府協助，以求早日達至該項目標。這個做法是符合鄉議局一貫奉行以循序漸進方法進行開放改革的工作方針。顯而易見，以該等所謂理由來攻擊鄉事組織是不能成立的。再者，當局原先設置當然議席並無以甚麼男女平等選舉問題作為衡量標準，現在卻以此為取消議席藉口，在法理上也是說不過去的。

須要指出的是，新界鄉事代表都是經過合法的選舉程序產生的，先由村民選出村代表，村代表選出鄉事委員會成員，再由彼等出任鄉議局議員，並選出鄉議局的正副主席。因此鄉事代表是具有充分代表性的。該等選舉制度已實行了數十年，事實上，新界是香港最先推行民主選舉的地區。現時新界鄉事委員會的主席出任新界區議會的當然議員，只佔新界九個區議會內二百多個議席中的 27 個席位，而區域市政局只有三位當然議席，由鄉議局的正副主席出任，分別代表該局在新界的三個選區。我覺得這個安排完全合乎實情，一點也不過分。

主席先生，保留新界議會的當然議席是有必要的。城市人口的大量北移已使那些世代生於斯，長於斯的新界鄉民變為小數，維持現行的機制將可確保鄉民能夠由他們選舉產生、並且真正瞭解新界情況的代表去反映他們的意見，維護權益。對於這個問題，我相信本局同寅是會以務實客觀的態度去衡量，不會受那些冒險激進兼且誤導的言論所影響。我在此希望原有的鄉事代表議席制度能夠繼續獲得本局的支持。

現時有些人士，出於明顯的政治動機，處處針對新界居民。今天說要廢除他們的傳統，明天說要取締他們的權益，大有文革闖將亂破四舊的氣焰。土生土長的新界人向來崇尚和睦共處，從來不排擠外來人士，但對於那些無理破壞我們合法傳統權益的行為，是不會坐視不理的，我們將會盡一切努力去保衛我們的權益。

政府出於務實的態度，在新界設置這個有利於施政的當然議席制度，是值得讚賞的。但對於整條草案而言，由於英方就政改問題未能與中方達成協議，有關

的安排因而不能夠過渡到九七年以後，草案的通過將會無助於香港的順利過渡，為此我不打算予以支持。

杜葉錫恩議員致辭（譯文）：

主席先生，我謹根據會議常規第 30（1）條的規定，動議押後《1993 年選舉規定（雜項修訂）（第 2 號）條例草案》的二讀辯論。（編者注：之後為該押後動議之辯論。）

主席先生，假若我不是確切認為這是我們最後一次機會促請中英雙方重新展開談判，我是不會貿貿然提出這項動議的。我深信每一個香港市民都希望這兩個主權國能夠達成協議，並在一九九七年順利移交主權。我們切勿忘記本港大多數的市民對政治理想沒有很大的興趣，但他們都希望一九九七年的主權移交，可以順利平穩。

讓我首先聲明，我所相信的民主，是能夠改善民生的民主。由於政治的鬥爭而引致社會動盪不安，民心怯懼，這樣的做法，我絕不苟同，更不會隨便誇言，或者提出不合理的要求。

今日的香港，經濟雖然蓬勃旺盛，但政治上卻面臨險峻時刻。香港是否能渡過政治的難關，與我們今天怎樣投票決定有莫大的關係。中英雙方已經停止了會談，如果我們今日投票通過這草案，無論我們怎樣加以修改，都會令到重新會談的機會幻滅。對中方來說，一九九七年後在香港實施基本法，是關乎尊嚴的事情。中方設立預委會，所謂另起爐灶，都是為了籌備這大事。但我們都知道，如果一個家庭裏出現了另起爐灶的情況，即意味著家人之間的關係出了問題，也破壞了原有和諧親切的氣氛。一家人同心協力，可能會泡〔炮〕製出一席廣受歡迎的佳餚，但兩個爐灶，兩款菜單，菜式未必大家都喜歡。事實上，我們都無權參與預備一九九七年的菜單。

今天擺在我們面前的，只有選擇就這項草案投票或者不投票。如果我們投票通過整個或部分的草案，我們將來就要承擔後果，同時亦因為我們而要全港的市民承擔同樣的後果。中英會談一日未能恢復，香港由現在至一九九七年的日子一定不會平穩，因為在一個破碎家庭裏，必然缺乏溝通和合作，而且更會產生惡感

與磨擦。在這樣的破碎家庭，最終受苦的是無辜的子女。在中英爭拗夾縫中的香港市民，就是無辜的子女，他們是沉默的一群，他們的內心別無所求，唯一的希望就是安穩地生活下去。

如果我們明知通過這草案，會導致更多的爭拗，會永久關上會談的大門，我們是否仍然要通過這草案？如果我們支持這草案，得到的是甚麼？我們會得到一份英國製造的草案，行使日期是一九九五年至一九九七年六月三十日。之後我們就要立即面對一個本局無從置喙的新制度。

當然，有些人會誇下承諾，謂只要英國政府的政制模式在一九九五年設立後，到了一九九七年，中國政府是不敢撤換的。我要向相信這番說話的人引述英國外相韓達德於一九九○年二月十六日在英國下議院所發表的談話。這番說話發表的時間距離他突然轉軚表示支持彭定康先生的政改草案，只有兩年半左右。韓達德先生說話的內容是：

> 要是有人認為我們現在所做的一切，中方到了一九九七年都會接受的話，這些人是與現實脫了節。

這番說話千真萬確是出自韓達德先生的口中！就讓我再複述一次：

> 要是有人認為我們現在所做的一切，中方到了一九九七年都會接受的話，這些人是與現實脫了節。

就讓韓達德先生的說話印證一下，他現在的所作所為，以及他所代表的政府，是否與現實脫了節。試問，香港有那一個人會有這樣天真的想法，以為中國會容許這套英國模式在一九九七年後繼續施行？中國政府已經一再明確表示，這是關乎國家尊嚴的問題。

今天我們面臨的抉擇，就是通過整個或部分草案，或者支持我所提出的動議，押後辯論草案，同時促請中英雙方早日恢復會談。我必須清楚表明，我的目的並非要求大家贊同我的政見，我只是要求大家押後辯論草案，以便中英雙方再以真誠的態度，回到會議桌上，繼續討論兩國外相自九○年初擱置至今的問題。

中英雙方必須摒棄過去 15 個月以來互不信任，互相指摘的態度，以坦誠的心再次共商。我相信香港作為一個大家庭，沒有人願意看見父母不和，因為任何的爭拗，始終禍及兒女。

主席先生，我會扼要說明為何我相信押後辯論草案可取得迅速而成功的結論。

我相信大家都記得韓達德先生在一九九〇年所建議的選舉委員會模式，與後來納入基本法內的極為接近。但是，到了一九九二年，由總督彭定康先生所建議的選舉委員會，既非韓達德先生所建議的一套，更與基本法的不相符。

大家亦會記得政府在一九八四年所發表的白皮書，就設立功能組別列舉了如下的理由，現引述白皮書如下：

> 鑑於本港財經界及專業人士對維繫香港前途的信心和繁榮，關係重大，故綠皮書強調這些人士應有充分的代表權。

如果設立功能組別的原因現在已經改變，根本再稱不上為功能組別了。一九九二年所建議的選舉方式把勞工界的選票增加一倍。

這兩項突然而來的建議令中國政府大為震驚。因此，中英雙方似乎有需要恢復商討自一九九〇年便擱置下來的問題，以期達成協議。但願雙方可以在沒有辱罵和激辯的情況下達成協議，因為這些一直以來破壞了所有的決策。

如果我得到的消息沒有錯，中英雙方在第 15 輪會談時曾同意區議會的選舉可以舉行，中英雙方一致同意有關投票年齡、投票方式、容許香港區的人大代表參選等事項，而附帶條件是中國政府有權在一九九七年恢復區議會在一九九四年選舉時所取消的委任議席。很明顯，這個協議其後遭到擱置，主要是由於總督單方面決定把協議擴展至一九九四年及一九九五年的三級議會選舉。據我所知，這也是會談破裂的原因。

在農曆年初一早上的電視新聞報導中，李鵬總理談及中英會談破裂時，似乎形容會談只是擱置而已，這是值得高興的一回事，因為這令我們有一線希望，並表示中方有恢復會談的意願。事實上，這是真確的，但英方是否願意再展開會談，我就不得而知了。

不只我一個人，其他人也有察覺得到，每一次有消息傳來中英雙方快要達成協議時，總督便會加入一些條款，或者作出一些嘲諷的評語，使到中方作出強烈的回應。雙方互相批評指摘的結果，令香港市民感到失望和憂慮。冷嘲熱諷的說話，在英國國會可能會行得通，但在國際外交事務上，是絕對不能容忍的，甚至會誤認為種族主義。英方應該以真誠的態度，令會談得以在和諧的氣氛下達成結論。中英雙方都應該明白，香港市民夾在爭拗的縫隙中，既無奈，也無助。總督更應加〔知〕道，在一九九七年後，他會安坐英國家中，緬懷他在香港的所謂民主奮鬥，但我們留在香港，面對爭鬥過後的殘局，心內的惶恐有誰知道。要面對一九九七的是我們。如果中國政府要向其他顧問諮詢意見，我們作為立法局的一分子，假使我們今天投票通過政改草案，便要為會談無法恢復而負一部分責任。

我跟著所提出的一點，夏佳理議員已經提過，那就是本局的三位當然議員。我並非針對這些議員，但我曾以個人名義致函總督本人，詢問他這三位議員可否就此事宜投棄權票，而他的答覆是「不可以」。如果由政府這強制性的三票來決定投票結果，我認為是絕不民主的。

讓我重申押後辯論草案的動議。我並非要求各位議員認同我的政見，我只呼籲大家尊重大多數市民的意願，就是促請中英雙方早日恢復會談。大部分區議會及兩個市政局的議員，大多數是民選議員，亦希望押後辯論本條例草案，以便可以恢復會談。會談必須以真誠、坦率的態度盡快進行，雙方要互相尊重，不應故意半途橫加枝節，製造障礙。中英雙方作為主權國，有責任向香港的市民交代，因為香港的市民把將來的命運都交托在他們的手中。

主席先生，我謹動議押後辯論有關《1993 年選舉規定（雜項修訂）（第 2 號）條例草案》，以便中英雙方可以盡早就一九九四年選舉安排達成協議，同時以不違反已定下的協議，不違反基本法為原則，誠懇商討餘下的選舉條例事宜。

李柱銘議員致辭：

主席先生，我剛剛對政府將政改草案拖延至今表示遺憾，想不到居然有立法局同事會動議擱置二讀，一拖再拖！我對這項動議感到非常非常失望。

大家要明白，立法局及立法局議員的最重要工作，顧名思義，就是為香港立

法。如果身為立法局議員也推卸責任，拒絕進行立法工作，那還有甚麼資格繼續坐在這個議會內呢？如果有同事不滿意政府提交的草案，可以提出修訂，也可以投反對票或棄權票，但是，擱置二讀草案則是逃避責任的表現。

事實上，我完全看不到擱置辯論可以為香港帶來甚麼好處。中國已多次重申，除非彭定康撤回他的政改方案，否則中國一定不會與英國重開談判。北京亦一直拒絕承認立法局的地位，立法局議員又怎可以天真地以為擱置二讀辯論，就可迫使中英兩國會恢復談判呢？我可以想像到的唯一可能性是，中方曾經秘密地答應部分議員（當然並不是港同盟的議員），如果立法局成功擱置辯論政改草案，中方便會重返談判桌。如果真有其事，提出或支持擱置的議員，就須清楚向立法局交代。

主席先生，即使中英談判真的可以重開，是否表示一定可以解決中英爭拗？是否一定可以達成符合港人利益的協議呢？我希望立法局同事不要自欺欺人。況且，根據聯合聲明，選舉與國防、外交無關，香港未來的政制發展根本就應該由港人自行決定，沒有理由讓兩個主權國為我們作主的。何況中英兩國在去年進行了 17 輪談判也談不出任何協議，難道重開談判會有奇跡出現？難道立法局同事為求達成協議，不惜鼓勵英國政府再次向中國政府叩頭，甚至犧牲港人的「高度自治」？

主席先生，有多位議員提到柯利達爵士的哲學。其實柯利達爵士與我基本上的分歧是很簡單。我認為聯合聲明是一份有約束力的國際協議，所以中英政府都有責任全力落實聯合聲明，實踐向港人所許下的所有承諾。但柯利達爵士卻認為聯合聲明只是英國向中國叩頭的一個開始，中國要甚麼便給甚麼，以求一次又一次的達成協議，一步又一步地削弱香港的高度自治。其實，如果我們跟著柯利達爵士的路前進，有協議又有何用呢？

今日中國政府不喜歡這舊協議，要予以更改，英國便與中國政府達成新協議；明天中國又要再改，又再達成另一協議，那麼這些協議又有何用呢？

各位同事如果不清楚選舉安排的立法程序是如何急迫，我可以和大家一起看看立法局的月曆。下星期三，三月二日是財政司公布下年度財政預算案的大日子，不能夠辯論草案。理論上，立法局可以在三月九日恢復辯論政改草案，但除非奇跡出現，中英兩國不可能在兩星期內重開談判，甚至達成協議。三月份其餘

的時間要辯論財政預算案，再下來便是復活節假期。如果立法局今日擱置二讀，而中英又無法在三月九日前恢復談判和達成協議，我們最快也要等到四月二十日，才可以恢復辯論。不是擱置一個月那麼簡單，而是辦不到的，所以我希望自由黨的同事，如果真是基於這個理由，以為可以只是擱置一個月，便支持這項動議的話，不如現在看清楚月曆，反對這個動議吧！主席先生，在四月底才通過在九月舉行的區議會選舉安排，實在太遲太遲了，連選民登記工作也會太緊迫，立法局同事如何對得起有意參選的市民，包括我們那些超過 18 歲而想登記為選民的年青人呢？如果立法局遲遲不通過第一部分的政改方案，第二部分更不知道會在甚麼時候才刊登憲報，審議草案的工作也就不能夠進行。

主席先生，香港未來的政制發展，應該由香港人以及香港的立法局來決定。不過中英兩個主權國一直很合作地漠視香港人的意見，亦拒絕讓立法局參與討論。為甚麼立法局同事還要再自貶身價，不但不齊心合力爭取盡快審議草案，令港人意見得到充分反映，反而當草案終於放在眼前的時候，仍然不敢碰一下？

無論各位立法局同事是否願意接受現實，我們的任期到明年七月底便會屆滿，必須進行選舉。市政局及區議會的情況也一樣，任期較我們還更早屆滿，選舉必須如期舉行。我們作為立法局議員因此必須盡快為選舉立法。

我希望各位立法局同事不要逃避責任，要履行我們最基本的職責，為香港立法。我曾經在去年十月的施政報告辯論中，呼籲各位同事要挺直腰骨，捍衛聯合聲明。香港正處於歷史的十字路口，將來的歷史由我們現在一筆一畫地寫下。如果立法局同事沒有勇氣承擔歷史責任，便應該仔細考慮是否還適宜坐在這個議事堂內！

主席先生，杜葉錫恩女士是本港的老牌民主鬥士，所有民主派朋友都對杜太萬分尊敬。作為晚輩，我們都感到難以開口批評這位老前輩。不過，如果我們連如此嚴重的錯誤也不站出來指正，便會對不起支持民主的所有香港市民。杜太，我現在以最誠懇的態度向你指出，對不起，你動議擱置草案的做法是大錯特錯的。

何承天議員致辭（譯文）：

我已經說過，支持一個不能在一九九七年後存在的選舉制度是沒有意義的。這一點亦令人感到極為不安。自從中英聯合聲明在一九八四年簽訂後，我們港人已一次又一次獲保證本港的社會和政治制度會延續下去，跨越一九九七，並最少伸延至二〇四七年。我們對未來的信心就正正建基在這種延續性上。在一九九七年七月一日後實施一套全新選舉制度的噩夢 —— 我們目前對這制度感到很陌生，一個我們可能感到不熟悉、甚至不能接納的制度 —— 是一個令人太沮喪而不願去思惟的噩夢。這一點令我全然感到不安，雖然我也懷疑香港是否會有很多人能夠認識到這些背後的含義。

我理解到杜葉錫恩議員動議押後這條例草案的二讀，旨在向中英兩國政府施壓，俾能重開有關選舉安排方面的會談，以求達至一個共識的制度 —— 一個可以延續至一九九七年後的制度。杜葉錫恩議員的原意是崇高的。李柱銘議員形容她的動議為推卸責任，實在對她太不公平了。李議員故意歪曲了她的原意，其實那才是真實地反映出在最近一次民意調查中香港市民壓倒性所支持的。在這最後關頭，杜葉錫恩議員可以被形容為是一個無藥可救的樂觀主義者。我曾反覆思量我應否支持杜葉錫恩議員的動議。我的結論是，如果有任何努力可以令兩國政府再次聯袂，就一項對我們的前途尤為重要的問題達成協議，那麼即使機會是如何渺茫，我們也須作出這種努力。

我可能像杜葉錫恩議員一樣，是個無藥可救的樂觀主義者，但為了要對得起我的功能組別；對得起香港的市民；而最重要的是對得起我的良知，我應支持任何能給與中英兩國政府一個清楚訊息的行動，就是香港市民希望兩國政府能履行他們在中英聯合聲明中所許下的承諾，合作地將主權順利移交，並同意基於基本法內所訂的民主進程，發展一個可以延續至一九九七年以後的政制。

我完全理解到已經沒有太多時間就一九九四和九五年的選舉安排作出最後決定。但我想更正李柱銘議員所說的，因為會議常規第7（2）及（3）條均准許主席在情況有需時更改或增加會議日期。由於時間緊迫，因此在支持杜葉錫恩議員動議的同時，我不贊成無了期的押後：我的條件是兩國政府須由今日起計的一個月內達成協議。假如這項條件失敗，就應恢復二讀本條例草案，而我對有關的方

案可能不會跨越九七年雖感到失望和沮喪，但屆時我也沒有任何選擇，只有表示支持。

麥理覺議員致辭（譯文）：

主席先生，我要再說一次，我絕對反對任何押後辯論這項法例的動議。我並非暗示杜葉錫恩議員提出這項建議，是故意迴避責任，但我的確認為效果是相同的。本局若這樣做，便是在逃避一些迄今來說已是為時很晚的事。

我想問問要求押後辯論的議員，憑那些跡象、那些信念、那些證據，令他們相信中國會按照他們的意願行事？究竟有甚麼跡象顯示，押後辯論會給與本局 —— 一個被中方視為充其量只是諮詢的委員會 —— 向中國，我們未來的主權國，要求進行討論有關這個法例方案和這些措施的機會？目前建議應這樣做的人，曾下過多少工夫？他們採取了多少行動，以確定經過 18 個月不斷爭拗我們提出的每一項建議後，中國會或不會同意這樣一項延遲的決定？有那些跡象顯示中國會同意在一個月內，提出中英雙方均可接受的建議？假如我們在本局內相信任何這些事，那是多麼的荒謬！

首先我會說，根據我們現時掌握的證據，我們無法相信，中國打算對我們可能達成的任何協議作出回應，以及將問題延遲一個月來處理。我們這樣做，只會令時間更緊迫、更難以掌握。同時，我們會為中國提供另一次機會 —— 她在過去 18 個月內已善加利用這機會，把這些事情進一步拖延，令我們陷入一個可怕的情況，無法有效地安排選舉和各項活動等。這一點許賢發議員亦已提到。

順帶一提，議員紛紛對杜葉錫恩議員長期以來對香港社會的貢獻表示欽佩，我亦完全同意這一點。在我記憶中，現時堅決地支持杜葉錫恩議員，並且對她表示極為欽佩的人士，過去並沒有表示過同樣的欣賞態度。事實上，我記得所及，長期以來杜葉錫恩議員在香港一直是孤軍作戰，而商界一直沒有給她很大的支持。我在政府這麼多年，對這點記得非常清楚。對杜葉錫恩議員來說，商界竟然這樣毫不猶疑地對她表示支持，這實在是個極富紀念價值的時刻。

我認為這些建議極其瑣碎，事實上非常微不足道，根本沒有在民主路上往前推進一步。而且，正如梁智鴻議員所說，對中國而言，這些建議可說是無關痛

癱的。無論如何，中國沒有理由反對這些建議的任何一項，但事實上，中國一直在做的，只是對這些次要的建議採取負面的態度，以便拖延對另外兩項建議的考慮，就是唯一對中國重要的兩項建議：即九個議席和十個議席的問題，以及九個議席和十個議席的選舉方法。從一開始，就是彭定康先生向本局提交建議之初，我們便知道中國會強烈反對這些建議，而事實亦證明如是。所以，在這段期間，我們所面對的，是一連串的討論和延遲，目的是對香港施加壓力及修改有關該九個議席和十個議席的建議。我認為任何人若相信事實並非如此，實在非常愚蠢。

詹議員曾說，他不明白為何英國人把香港視作一處殖民地領土，在沒有民主的情況下統治了 150 年，但卻在要把香港歸還中國以前，這樣火速地把民主引入香港。依我看，這是英國政府的一個特別為難之處 —— 無論我們是否取笑民主或英國人民所具有的民主形式 —— 英國政府實際上是一個由選舉產生的政府，由英國人民選出來，而不管怎樣，每隔四年或五年便可能被推翻。那是一個必須聽從人民聲音、一個有廣泛範圍人權的政府，而這些權利大多數存在於香港，也是香港人多年來已習慣擁有的。

我亦必須說我相信，也許是錯的，這些人權最少有部分在中國並不存在；而中國在民主改革及統治人民方式的紀錄而言，與香港政府管理本港市民的紀錄，在我來說，似乎是截然不同的。我的意思是，讓香港人管理香港，並且擁有高度自治的原因，正是由於中國承認，這裏的制度和中國的制度迥然不同 —— 而這樣做，是讓港人有最佳的成功機會，以及港人希望有能力盡量提早將金蛋交給中國。這一點是中國承認的。中國達成的協議亦是對這事實的承認。香港的制度是一套截然不同的制度，是建基於某些基本信念運作模式和權利，而事實上，若干信念和權利，並不存在於中國。

現在的問題是英國政府，一個透過民主選舉產生的政府，一個高舉《公民權利和政治權利國際公約》以及其他有關文件所賦予的一切人權的政府，正準備把香港交還其合法政府，但這個政府卻奉行一套極為殊異的政治制度，同時在這方面的紀錄，也是非常不同的。

主席先生，我的確相信，英國政府有責任盡可能設法確保他們所留下來的制度，足以讓香港獲得聯合聲明所賦予港人，以及基本法內經已確立的權利。擁有高度自治的權利，不單只包括經濟的運作和社會制度的發展，亦包括在賦予他們

的特權範圍內，盡可能讓他們管治自己的權利。我因此相信，在任何情況下，我們亦不應再拖延考慮這項較為次要的條例，而我希望各位議員會同意這次辯論，可說是重大事項的前奏而已。……

劉慧卿議員致辭：

杜葉錫恩議員叫我們向社會負責。身為民選議員，我絕對瞭解這點。我希望參加明年九月舉行的立法局選舉。我一定會向香港市民負責。香港市民現在想我們怎樣做？他們是不是希望見到立法局又再上演一場鬧劇？面對這麼重要的問題，為甚麼我們不敢作出決定呢？

我不知杜葉錫恩議員如何掌握香港市民的想法，但身為一個民選議員，我與市民的脈膊〔搏〕是一起跳動的。我瞭解到市民對政制談判已感到不勝其煩。17 個月都談不妥，只是討論了那麼少事項。剛才有好幾位議員亦指出，時間非常緊迫，區議會選舉在九月便要舉行，叫那些候選人如何去準備呢？我們希望政府作出怎樣的安排，使九月的選舉可以成功地舉行？以上這些問題，不知杜葉錫恩議員有否想過？

有些議員支持這個動議。他們說要給與一個月的限期，好讓中英政府恢復談判。我覺得此舉簡直是天方夜譚，難以令人信服。中國政府連立法局的地位也不承認，現在我們這班人站出來提出這樣的建議，你相信他們會聽我們講，連忙返回談判桌上？老實說，大家都知道，中國已不斷強調，談判重開的條件是要彭定康撤回他的政改方案，而不是要我們擱置這條雞毛蒜皮的草案。所以我覺得說這些說話的人，是誤導香港市民。若有人現在可以拿出證據，向立法局和全港市民證明，如果擱置了這項條例草案，中英政府就會馬上重開談判，我請他們馬上拿出來。如果沒有的話，便不要在此誤導香港人。除非我們已知道中國政府已經改變了主意，不需要撤回草案，也不需要撤回政改方案，都可以重開談判，否則就不應作這樣的建議！我自己的理解是事情不會這麼簡單。擱置條例草案，我們會得到甚麼？我相信會令立法局成為天下的笑柄，說這班人「成事不足，敗事有餘」，連這麼微少的事情也做不到，當問題迫在眉睫，還要做「軟腳蟹」。對此我絕對不能夠接受。

主席先生，最後我想講的是，有多位議員（包括杜葉錫恩議員）都說，現在通過這項條例草案，或是通過餘下部分，即第二部分的政改方案（我很希望盡快頒布），最終又有甚麼用？因為這個方案的壽命只有兩三年。這是一個很大的困境，是我們全香港人都要面對的困境，尤其是我們當中一些已被點了名，說九七年一定要趕下車，包括那些被人說趕下車的公務員，更加要面對的困境。問題是我們還有甚麼選擇呢？是不是我們採取一些行動，就可以令雙方達成一個大家都可以接受的方案？主席先生，我看不到。

過去多個月來，中國政府的強硬態度，我相信全世界的人，都看得一清二楚。中國政府所要做的，就是要在政治、經濟及其他方面全面控制香港，尤其是各級議會的選舉，中國政府更想全面加以控制。在這種情況下，我是無法接受的。

當然，如不能接受，我們就要面對如何過渡這個問題。這是一個難題，九七年可能會出現很大的動蕩。我們最近看到有些調查說很多高級公務員，約有70%，已領取了外國護照，有很多官員都準備移民。我相信很多市民，面對著這個不明朗的將來，都會感到非常恐懼。我亦不知道本局有多少位同事在九七年仍然會留在香港？這個問題我們大家都知道，但我想問問杜葉錫恩議員，我們還有甚麼選擇？是不是叫我們俯伏在地上，中國政府叫我們如何便如何？中國政府有否提出一些方案，令到我們支持民主自由的人覺得是可以接受，是符合中英聯合聲明的規定？如果沒有的話，杜葉錫恩議員口口聲聲說要擱置條例草案，究竟有甚麼好處？

我歡迎政府決定公布白皮書，將 17 輪談判內容全部公開。我要在此警告香港政府，從今以後，我不希望再見到有秘密談判。我希望以後所有談判，都是在香港人充分參與的情況下進行。

楊孝華議員致辭：

主席先生，剛才有些議員對杜葉錫恩議員提出擱置這條例草案的動議給與指摘，認為她是逃避責任。我認為她不單沒有逃避責任，更是負起了責任，她相當有勇氣。

　　剛才有議員說，她提出這個動議，只不過行使議員在議會上的權力。我覺得不單只是行使程序上的權力那麼簡單，而是認為杜葉錫恩議員體察民意，體察大多數香港人的心聲，才會這樣做。剛才劉慧卿議員問香港人想她怎樣？我也曾問過香港人想我們怎樣？我是代表旅遊界的，亦問過旅遊界人士想我怎樣？杜葉錫恩議員在市政局工作，又是這議會的成員，所以她是代表很多普通草根市民和選民的。我不敢說我可以代表他們，但起碼我有責任代表旅遊界人士的心聲，所以曾經在旅遊界內進行超過三次不同層面的民意測驗，究竟對政改方案，是應採取那種態度？我這次發覺旅遊界人士的願望，其實與香港大多數人，尤其是草根市民的願望都是一樣的，都希望中、英能夠有一個協議，能夠結束雙方的爭拗。

　　剛才葉錫安議員亦提到，他認為法律界很多選民，對於中、英爭拗已感到厭倦。而我進行的民意測驗，亦發覺旅遊界人士也對中、英爭拗感覺很厭倦。

　　我在十二月初，當總督提出準備將政改方案登憲報時，立刻在旅遊界功能組別內進行測驗，詢問選民究竟他們喜歡討論該草案、認為不應登憲報、不應提交立法局，或應予以擱置？在回收的問卷中，排在第一位的是「擱置」。當時甚至有人說「不應登憲報」，但後來在收回意見時，已經登了憲報。在一月初，當這草案登憲報時，我亦向旅遊界發出問卷。將第一階段的政改草案內容，逐點提問旅遊業人士的看法。例如投票年齡，人大政協代表可以參選，取消委任制，以及選舉方法等，每項按三級議員分拆開來，即其實共分拆為 11 項。收回來的結果，每一項表示贊成或接受的，都佔多數。但最後一項，即如果既然多數人表示贊成，我們是否就贊成這草案，或是否須將之擱置，或予以分拆？很奇怪，得出來的回應，表示對草案投贊成票的較反對的為多，甚至多出兩倍，但希望擱置的人士又比贊成的為多，這真是一個很奇怪的現象。這好比吃飯一樣，拿了菜單給人看，頭盤是這樣的，湯是這樣的，主菜是這樣的，翅是這樣的，海鮮是這樣的，飯，甚至最後甜品是這樣的。在詢問時，回答的人都說樣樣都喜歡。既然這樣，不如開餐吧？這時這些人卻反過來說：「暫時不要。」為何會有這種情況？我覺得這其實是反映香港人的心聲，只要有一線的希望，都想中英能恢復談判，達成一個協議。社會上很多人有不同的信念，不同的希望，立法局議員是這樣，普通市民亦是這樣。有些人信教，有些人有渴望自由理想，有些人渴望民主，有些人渴望香港能夠繁榮。對政改問題，我認為港人所渴望的，是只要有一線的機

會，大家都不應放棄。如果中英雙方想找尋一個下台階、一個窗口、一個最後機會，只要談判一旦未完全破裂，都不可放棄。故此，今日杜葉錫恩議員所提出的擱置動議，應予支持。

剛才很多議員講得很對，我們不知擱置是否有用，這真是沒有人知道，也從無人提起過。中英任何一方亦未表示過如果真的擱置，會否立即進行談判，並很快會有結果。我相信任何人都沒有這方面的訊息。但是如果擱置，很快便會知道情況如何，因為實際上也無可能無限制地擱置下去。

剛才李鵬飛議員說，可能是一個月。我認為若雙方有誠意，真的利用最後一個機會去談判的話，根本不需要一個月。草案交回立法局甚至可快達兩個星期，毋需要一個月。我記得彭定康總督曾說過，若要達成協議，根本一個上午，幾個小時，甚至喝杯茶的過程內，就可達到，可能根本真的不需要一個月，甚至兩星期。不過是否成功，相信很快便會可知道，此外，我亦不排除如很快恢復談判的話，可將以前 17 輪談判內已得到相當同意的項目，像總督所說，在一杯茶時間就可以通過，隨著我們可以繼續辯論其他部分，不會阻礙太多時間的。所以，我認為我們不應放棄最後機會，如果真是有一線希望的話，而我們作為立法局議員，卻沒有加以利用，把握機會，期望能夠達到市民所希望的，就會是很可惜。

剛才有些議員甚至指摘、暗示，認為支持擱置的，就是「親中」。當然沒有人敢指摘或將這帽子扣給杜葉錫恩議員。將一件這樣的事說成是「親中」或親中的相反「反中」；又或支持擱置，就是做奴隸，我不同意這種講法。我認為這是個機會，雖然是很微，但亦不應放棄這最後一線的希望。

最後，我想說的是，即使杜葉錫恩議員要求短暫的擱置不能獲得通過，但如果雙方都說自己願意傾談，而究竟誰願意傾談，誰無意傾談，誰想找下台階，誰不想找下台階？我相信都可以看得出。看得出之後，即使動議不能獲得通過，我們今天的發言也會給與中英雙方很強烈的訊息。雖然立法局無份直接參與談判，但是我們和全港大多數市民一樣，都很渴望雙方要實踐對我們的承諾，以能達到平穩過渡。但要做到這點，除了恢復談判和達成協議外，我看不出有其他的方法。

憲制事務司致辭（譯文）：

主席先生，政府堅決反對這項動議。

正如多位議員正確地指出，本局現時審議的條例草案載有若干受時間限制且十分緊迫的條文，急需盡早通過成為法例。

如果我們要及時及有秩序地在一九九四及九五年連續舉行三次選舉，便需立即展開各項籌備工作。但在展開這些工作前，必須先行制訂所需的法律架構。條例草案不管甚麼原因而要延遲通過，後果都會十分嚴重。讓我列舉兩個例子：

第一，若未能確定有關的選舉安排，便會對在恰好一個月後展開的法定選民登記運動造成重大困難和妨礙。

第二，選區分界及選舉事務委員會將無法按照法例規定，於本年四月底前向總督提交兩個市政局的選區劃界建議。結果是當局將無法為即將舉行的兩個市政局選舉及時編製妥善的選民登記冊。

簡單地說，押後辯論條例草案，會令我們無法為一九九四至九五年的選舉作出及時和有秩序的安排。這當然不是社會人士希望見到的。

杜葉錫恩議員和部分其他議員認為，押後辯論條例草案可讓我們再次有機會與中方恢復談判。我想強調，我們一向都主張在與中方達成協議的基礎上，為一九九四及九五年的選舉安排進行立法工作。我們以真誠的態度，與中方進行了 17 輪談判，共花了超過 160 小時去商討，但可惜仍未能達成協議。

雙方甚至在較簡單的問題上也無法達成協議，箇中原因亦非如杜葉錫恩議員所述一樣。事實上，有關第一階段問題的討論遇到重重困難，首先是因為中方無法同意有關方案應包括立法局選舉的「單議席單票制」投票方法。他們堅決認為，這個問題應押後與立法局其他較複雜的問題一併討論。

第二個主要難題是有關區議會及兩個市政局委任議席的問題。英方打算廢除其餘的委任議席，而中方則表明要保留這些議席。但中方的建議附帶若干條件，而這些條件是我們無法在不損害聯合聲明所承諾將來特別行政區享有高度自治權的情況下予以接納的。

因此，我們直至去年十二月才把現行的條例草案提交立法局。當時的情況清楚顯示，我們再不能推遲較緊迫問題的立法程序。政府在去年十二月宣布就條例

草案進行立法時，已明確指出英方打算在餘下的有限時間內，就一九九五年立法局選舉安排中尚待解決及較困難的問題，繼續與中方進行討論。

在過去兩個半月內，我們仍繼續爭取恢復會談，可惜未為中方接納。在此期間，餘下的有限時間已不斷流逝。現在，我們除著手進行立法外，已別無選擇。如果要有足夠時間籌備一九九四至九五年的選舉，最遲須於本年七月通過所有與選舉有關的法例，這點至為重要，因此，就其餘較複雜的問題而制訂的法例，必須盡快提交立法局。

因此，押後辯論現行條例草案，實際上不能為我們爭取到更多時間。正如劉慧卿議員指出，中方曾在多個場合上表示，除非我們先行撤回現時的條例草案，否則會談將不能繼續下去。這無疑是一項社會人士與本局都不能接受的要求。因此，押後辯論條例草案顯然只會給予社會人士不正確的期望，令所有關乎一九九四及九五年選舉的籌備工作受到妨礙。

香港人已清楚表明寧願沒有協議，也不願意接受一份不利的協議。我們大部分公務員都是六百萬人口的一分子，香港與他們是息息相關的，他們亦會留居香港。我們很希望與中方達成協議，但卻非不惜付出任何代價。

杜葉錫恩議員引述英國外交及聯邦事務大臣的話說：「……期望中方接受我們所作出的一切安排，是與現實脫了節。」但問題是，我們現在作出的安排是完全符合中英聯合聲明、基本法及雙方以前達成的有關協議和諒解的。

部分議員擔心選舉方面的事態發展會影響中英雙方在其他事情上的合作關係。政府完全明白在過渡期的最後數年，雙方必須緊密合作。一直以來，我們深信如果雙方在某問題上意見不一致，當然這是令人遺憾的，但即使如此亦沒有理由影響到雙方在其他方面的合作。我們仍須在很多實務問題上繼續合作，這顯然對中國和香港都有好處。而我們已作好一切準備，繼續促進我們一貫的合作關係。

基於上述理由，政府反對這項動議，而三位當然議員會就杜葉錫恩議員所提動議投反對票。

主席先生，杜葉錫恩議員曾建議在就有關一九九四至九五年選舉的立法程序表決時，三位當然議員應投棄權票。夏佳理議員亦曾提出類似建議。我想在這裏澄清政府對這項建議的立場。在一九九三年十二月二日總督於本局舉行的答問大

會上，曾有人向總督提出類似的建議。當時總督已明確指出，政府對立法局的立場始終都是如此。

若按議員的背景來區分他們受命進行的不同工作，將會是錯誤的做法。如果作出這個區分，便不得不接納一個說法，那就是委任議員而非經選舉進入立法局的議員所投的票，亦應在某程度上被貶低價值。

因此，政府打算讓當然議員行使本局全體議員所獲賦予的投票權。

（編者注：杜葉錫恩的押後動議經投票後未通過，繼續辯論原議題。）

詹培忠議員致辭：

正如我剛才所說，自九二年彭定康先生出任總督以來，他的政改方案已將本港接近六百萬的人口分化（由於有幾十萬人可能沒有戶口，本港人口可能達 650 萬）。

中國政府早已清楚表示，九七年後香港會實施「一國兩制」，並可保留資本主義制度。若我們接納中英聯合聲明、基本法和「一國兩制」的構思，大家就應該團結一致，各司其職，無論來自那個階層，老闆也好，工人階級也好，都應努力去創造更美好的明天。至於參政者，更應悉力以赴，為市民服務。

中英兩國就一九九四／九五年的選舉已舉行了 17 輪的會談，最後並無達成任何協議。若果情況真的如總督所說，英方是有誠意的，相信連機場問題亦都可以解決。但英方究竟有多少誠意？作為一個政治家，彭定康當然不願見到他的政改方案被推翻，否則，他就要提前返回英國。故此，他要千方百計，令到其政改方案得以通過。他是不會協助英國，使其與中方達成任何協議的。

有關九七年後的政制安排，必須依照基本法去執行。若違反了基本法的規定，中方是不會退讓的。這是不爭的事實。故此，我要藉這個機會勸告爭取九五年全面直選的議員們，或者有關的鬥士，應該瞭解這個事實。雖然有些人屆時會落車，但他們可能在下一個站有機會再上車。有意在九七年後參政的人，最好仔細想想。

今天討論的政改內容，有些可說是微不足道。港府建議將投票年齡降低至 18 歲（而中國的投票年齡也是 18 歲），並說這個建議沒有甚麼大不了。既然是這

樣，為甚麼以前不推行，要到現在才提出來呢？是不是希望多些接受殖民地思想教育的 18 歲學生去支持他們？再者，就算賦予他們這個權利，他們也未必有興趣去投票。據聞英國一直爭取將投票年齡降低至 16 歲，但英國與香港有很多不同，不能相提並論。

說到單議席單票制，九一年的立法局選舉何嘗不是採取這個制度？中方並非絕對反對立法局採取這個制度，只不過要求押後至下一輪回〔會〕談再討論，並堅持要將九四及九五年的選舉分開討論。中方這樣做，當然可能有其目的。不過，在談判過程中，雙方討價還價，一點也不令人感到驚奇。中方已同意在九四及九五年的區議會和兩個市政局選舉可以採用單議席單票制，可見中方已作出相當大的讓步。其實兩國進行談判，有得有失是正常的，總督為甚麼堅持要推出其政改方案？足見他對會談成功是存有戒心。他口口聲聲說香港人的利益才是最重要。但我相信，他作為一個政治家，一直以來都擔心他的政改方案受到挑戰。這個挑戰對他來說是很殘酷的，因為他不能忘記自己在英國一個只有七萬至八萬人的選區落敗的恥辱，加上保守黨的優勢日漸失去，他返回英國後，可能一無所有。

至於取消區議會及兩個市政局的委任議席，我們要瞭解，這些議會的議員在地區層面有其貢獻，可平衡各方面的利益，可補充選舉制度的不足。工商界人士因為要忙於做生意，故此無時間參與競選活動。如果要他們參加選舉，是很殘酷的挑戰。坦白講一句，如果所有議席全部由直選產生，社工或教育界當選的機會，成數會高很多，因為他們久經訓練，口才了得。此外，他們也有較多時間去接近選民。若港府一意孤行，一定要取消委任議席，就讓它取消罷！中方已表示九七年後，特區政府可運用它的權力，恢復委任議席。既然這樣，雙方根本是有機會達成協議的。我很懷疑總督先生的心態，他的目標究竟是甚麼呢？他有否真正為香港人設想？他曾經說過，香港在九七後要有更進一步的民主。但我要大膽講一句，九七年後，有關香港的一切，英國無義務，亦無權過問。他有責任令到香港人瞭解，香港絕對不能獨立。我已經講過四、五次，任何政黨只能在這個框框之下去創造更好的明天，但不能與中央搞對抗。對抗的結果會令市民一無所得。我希望從政者不要誤導市民，並以此為戒。李柱銘議員剛才所說，三級議會的選舉是不可分割的，這是絕對錯誤的。九一年何嘗不是有不同的選舉模式呢？

我們大可以先行通過九四年的區議會選舉，然後再研究九五年的立法局選舉。現在距離一九九五年還有很多時間，為何不可以將三個議會的選舉分割呢？

　　……

　　梁智鴻議員說，民主政制否定了中央政府的存在。這樣的心態，是很危險的。這會誤導市民，叫他們去跳「政治坑」（不是跳火坑）。這個說法如果是對的，無疑與中央政府搞對抗。那麼，我們只有一條路可走，就是搞革命。我們要瞭解，國父孫中山先生為此所付的代價是不少的。梁議員是否打算付出這麼大的代價？這問題最好留待他自己去解答。

　　楊森議員剛才說，要中港是一家是很難的。這些說法和推論，亦很危險。中港應該絕對是一家。中國特色是由共產主義領導，但它容許香港實施「一國兩制」的模式，使香港人可以繼續奉行資本主義。楊森議員剛才說，中港兩地不可能成為一家，對此我表示憂慮。身為一個導師，若他向其學生灌輸這種思想，會產生負面影響。當這些人畢業後投身社會，可能會令社會產生不和。楊議員為人師表，應謹慎其言行。我沒有這種影響力。也沒有作育英才的本事。但是，我很希望教導年青的一輩，要客觀地分析事物。

　　主席先生，中國政府在九七年後要另起爐灶，對某些香港人來說，可能是不對的。但我們要體諒中方，她收回自己的領土，有何不對？中國百多年前飽受各國的侵略，令到民族發展受到限制，現在能夠站起來，我們作為港澳同胞，或者海外華僑，為何不同心協力，作出貢獻，使中國更加富強，反而要搞對抗？這項條例草案可能會得到通過（從剛才所投票結果來看，通過的機會很大），但姑勿論如何，我希望市民充分瞭解，就算條例草案獲得通過，也不代表甚麼。我們安心在香港居留吧！……

馮檢基議員致辭：

　　主席先生，在九二年六月及七月期間，本局多次就政制及民主問題進行辯論，而在憲制事務委員會，我們也討論到單議席單票制及功能團體等問題。在這些辯論中，本人每次均有發言、有投票。事後，本人所屬的政團「民協」曾多次討論，「民協」是否因為有馮檢基議員在立法局發言，「舉一舉手」，我們就

可稱得上是民主派的政團？是否我們有投票，有發言，就履行了我們民主派的任務 —— 我們已有爭取民主？我們的結論是 —— 沒有。我們認為作為民主派團體，是要向當權者爭取。當然所謂「爭取」，可以是無限度的爭取；也可以是有限制的爭取。我們看到在九七年前後，由於宗主國的改變，政制民主化在九七年前應向香港政府爭取，而在九七年之後，則須向中方爭取。

所謂九七年前向港府爭取，就是我們認為現時在政制文件內所提及的制度，仍未發展至最理想的階段。我們認為可以根據這些文件建議較為民主的步伐。目前，關乎政制的文件共有三份：第一是中英聯合聲明；第二是人權法；第三是基本法。

民協在考慮提出某個方案時，基本上並不希望在九七年前，對基本法進行修改。為甚麼？因為基本法第一百五十九條訂明，基本法的修改權屬於全國人民代表大會。該條文內容如下：「基本法的修改提案權屬於全國人民代表大會常務委員會、國務院和香港特別行政區。香港特別行政區的修改議案，須經香港特別行政區的全國人民代表大會代表三分之二多數、香港特別行政區立法會全體議員三分之二多數和香港特別行政區行政長官同意後，交由香港特別行政區出席全國人民代表大會的代表團向全國人民代表大會提出」。民協為甚麼不願意見到特別行政區在成立前，由人大常委或國務院提出修改？因為我們認為這會嚴重打擊「港人治港」的精神和實踐。在這情況下，當時我們認為只有三個可能性的選擇，特別是在九三年爭取一個較民主的政治制度方面。

第一個選擇是我們毋須顧及憲法的規定為何，只是要爭取在九五年有一個理想的民主選舉制度。至於這個選舉制度能否過渡九七年，不屬我們的考慮範圍。但是，若希望自己及自己的政團能夠過渡九七，繼續留在香港，與香港人一起「共患難，共生死」，這種做法是不可行的。

第二個選擇是不理會現在的憲法文件，爭取九五年有一個理想的民主制度，即是爭取全面直選，然後向人大常委或國務院採取在九七年之前修改基本法，使這個民主制度可以因為基本法的修改而得以過渡。但我們十分擔心，一旦修改基本法第一百五十九條，便會開創先例，將基本法修改的提案權移交中國的人大常委或國務院。而這個先例將會令到中國中央政府介入香港人的事務，特別是介入香港的修憲事務。我們認為這個做法十分危險。

我記得在一九八八年，當時的民主促進聯委會、工商界及中間派，花費了相當多的時間和努力才達成一個協議，要求提案權只有特區政府才可提出。若然採用這個做法，我們認為除了破壞這個協議外，亦破壞了當時為爭取將這個協議輯錄於基本法，成為憲法的一部分所作的努力。我們認為這個條文，能夠充分反映出「港人治港」的精神。

第三個選擇是根據現有的三份憲法文件設計一個最民主的方案。在九七年之後，盡速爭取由特區政府提出修改基本法。在這種情況下，民協看來並沒有其他選擇，只能選擇第三個方案。

......

所以當時民協根據這三份文件提出一個政制方案，並在九一年前向香港政府提出修改現時的法例，而在九七年後，則向中方爭取一個更快的民主發展時間表，要求中方加快將來的民主步伐，使第二屆的行政長官選舉和第二屆的立法會選舉，全部皆由普選產生。

民協提出的方案，主要是希望在九七年前建立一個較民主的機制，使到在九七年後可以全速建立一個由普選產生的立法會，而行政長官亦由普選產生。這個方案在八月底獲得民協的會員大會通過，並在九二年九月初公布。民協方案的公布日期較彭督方案時間上早了一個月。在十月，我們北上遊說港澳辦公室主任魯平採納這個方案，回到香港後，我們亦向總督彭定康遊說，而在九三年五月，我們前往英國，遊說外相韓達德。

有關九五年的政制發展方案，我們有以下八點建議：

第一，選民的年齡由 21 歲改為 18 歲；

第二，取消三級議會的委任及當然議席；

第三，在全面直選方面，採取單議席單票制選舉立法局的直選議席；

第四，容許中國人大及有關立法機關的人士參選；

第五，改革功能團體的選舉，使選民的人數增至一百萬，並且取消團體選民制，改以界內的個人選民制；

第六，將四百萬的香港選民依基本法劃分為四類，分別選出共四百位選舉人，而再以一人一票的方式來選出十個立法局議席；

第七，按人權法所述，每人的政治權力〔利〕應該是均等的，所以選民應可

以按自己的意願，選擇其中一種立法局選舉方式來投票；

第八，改革地方行政，將兩個市政局及 19 個區議會合併成六個區域議局，以推行地方行政及中央政策的諮詢工作。

民協的政制方案在九二年八月已經發布。我們一直遊說中方及英方接納我們的意見。到今時今日，我們的立場、我們的看法並沒有改變。就政府提出的選舉法例，其內容若與民協提出的政制方案相同者，我們是會支持的；若有不同之處，我們會加以修訂。今日政府提交本局的選舉條例草案，除了保留區議會及區域市政局當然議席這條文外，其餘各點基本上與民協方案相同。所以，本人會支持有關的選舉條例草案。黃宏發議員及李柱銘議員所提的修訂議案，亦與民協的方案相同，所以我會予以支持。但是對於其他議員的修訂，我將會投反對票。

李家祥議員致辭：

本人今日的發言重點會在「保留委任議席」修訂動議，但根據本局的會議常規，我會在委員會審議階段才再作詳細立論。不過，我想藉此機會，立即回應劉慧卿議員較早前的發言。立法局與兩個地區議會有很大不同的地方，這點事實上黃秉槐議員已說得很清楚。這兩個議會是有實務的工作，不是立法局式的議會，亦有功能組別和選舉委員會的委員存在，並非全部是直選的。

關於本人的立場是否「親中」？劉慧卿議員很清楚親中的立場為何，就是甚麼事都不審議，甚麼事都反對。但是，本人的言行，今日大家可以見到。

委任議席應否保留，在九二年六月楊森議員提出動議辯論時，區議會及兩個市政局已有很清楚的表態，而本人在當時亦很清楚地表達意見。我相信在這件事情上，是中方跟隨我們的意見，並非我們跟隨中方的意見。

同時，在民意調查方面，本人會在立論的時候清楚地向劉慧卿議員交代。我可以證實，根據一些獨立調查，民意並非不在我這一方，而是民意根本沒有很清楚或沒有壓倒性的指示。但是，我會將現時的發言，簡短地集中在條例草案的其他部分。

身為青年事務委員會主席，本人極度歡迎將投票年齡降低到 18 歲，自從本人入局以後，已為此改革作出多次的爭取，希望今日可以得償所願，就是今日的政

改草案如不能通過，本人必定會以私人草案形式，立刻將這部分草案再次提交本局。如果政改草案得以通過的話，當務之急就是要求政府立刻全力與「非政府機構」推動適齡的青年人登記為選民，去爭取已失去的時間，使青年人可以履行其權利，不要讓詹培忠議員低貶他們。

在條例草案有關單議席單票制方面，在一九九二年七月十六日本局一個相同議題的動議辯論上，本人當時認為民主政制可以容許很多不同的投票方式，以配合當時當地的實際政治環境，所以，「在接納單議席單票制之餘，仍然抱著開放、務實的態度去考慮在不斷轉變的實際環境下，接受其他可能產生的選擇」作結論而投下棄權票。

今時今日，選舉已「迫在眉睫」，現時環境已沒有空間，可讓市民冷靜去瞭解新的制度，從而作出客觀的比較。本人認為單議席單票制最容易為市民理解，而又廣受從政人士（包括本人在內）接納。我認為實在可以在一九九五年立法局選舉中一試。選舉的方法，各家各法，基本上不是甚麼根本性的制度改革，一九九一年曾嘗試雙議席雙票制，但覺得未如理想，大家都同意應稍作更改，也沒有甚麼大不了。本人認為在一九九五年立法局選舉後，先試行單議席單票制，再檢討事後的實際效果，公平的就「留」，不理想的就「去」，一於實事求是。

在「保留委任議席」的修訂上，本人是有一點的失望，因為不少議員都未聽我的立論就已經聲明反對，這樣去推動民主，手法已經先「不民主」。李鵬飛議員的發言，曾經為我帶來過數十秒的驚喜，因為我聽到他好像說，在過渡期間，自由黨會支持政制改革的銜接，但很快又說不會支持我的修訂。我想解釋清楚，中方已聲明會在一九九七年後重新委任市政局、區議會的議員，所以似乎只有支持本人的修訂動議，才可使政制在過渡九七時有機會銜接。無論如何，本人希望自由黨的同事（其中有不少是明智之士），再給我一次機會，在委員會審議階段聽了我的立論後，再作投票決定。

楊森議員致辭：

⋯⋯在港同盟來說，我們支持恢復二讀。有人認為總督彭定康提出的政改方案，令中英關係非常惡劣，對香港人不知究竟是禍是福。持這些觀點的人認為，

為了小部分的民主發展而導致中國政府勃然大怒，對香港肯定帶來一些災害。所以他們認為關心香港人福祉的議員，基本上是不應該支持這個政改方案。

主席先生，今天我想就以上的問題作出回應。首先，港同盟一直認為總督彭定康的方案頗為保守，與港同盟支持立法局至少有一半議席應由直選產生的立場有一段距離。不過這個方案在功能團體及選舉團方面，無疑開放了很多，所以港同盟勉強可以將這政制方案作為底線，加以支持。但很可惜，這個被港同盟認為很溫和的方案，有些人竟然認為是很激進及違反基本法。主席先生，中國政府強烈反對政改方案已是不爭的事實。但我們是否因為中國政府強烈反對，就要盲目附和呢？首先讓我們冷靜地分析一下，究竟中國政府對政改方案的指摘是否合理？到目前為止，中國政府仍然堅持政改方案是三違反，而最重要的是在憲制方面，違反了基本法。中國政府認為政改方案違反基本法，究竟是指甚麼？直到現在，我都不明所以。事實上，基本法對功能團體及第一屆選舉委員會的產生辦法，是沒有明文的界定。故此我們很難接受政改方案是違反基本法這個指摘。

主席先生，既然中國政府堅持政改方案是三違反，但中國政府又就這政制方案與英方進行了 17 輪的會談，究竟這又表示甚麼呢？我對這問題仍然是摸不著頭腦。中國政府可能認為為了中英關係、為了香港人的幸福，所以勉為其難地與英方進行政制談判。如果英方完全回到基本法的軌道上，則中方會接受談判的結果，而恢復中英友好的關係。

主席先生，若果上述的推測是正確的話，我就更加摸不著頭腦，既然是談判，自然是有諒有讓，又豈能冀望對手完全放棄自己的立場，接受自己的一套？任何明理的人都會明白，這個根本不是真正的談判，而是借勢完全將對方壓倒在地上。就算完全返回基本法的軌道上，這又表示甚麼呢？我已指出基本法對功能團體及第一屆選舉委員會，根本是沒有明確的界定，所以要英方返回基本法的軌道上，即是說要英方完全撤回政改建議。很明顯，這是違反香港人的意願。我相信縱使是溫和的民主發展，香港人仍然是會支持的。因為香港人大部分都明白到要落實「一國兩制」、高度自治，溫和的政改總比保守的政制為好。所以，我一向反對英方為了與中國政府達成協議而大量修改、甚至撤回政改方案。事實上，若果總督撤回政改方案，使雙方代表得以在人民大會堂公開簽署所謂的「協議」，即使股市大升，亦等於黑色的日子降臨香港，而日後這種指鹿為馬的情況就會成

為處理中港事務的主要調子。

主席先生，港人一方面爭取民主，落實「港人治港」、高度自治；另一方面又希望九七年前能夠安靜生活。這種心情，我們深深體會。但世事很難完美。港人只要明白中國政府的政治文化，就應該深深體會到在香港爭取民主，既是重要，亦是一件不容易的事。但代價總是要付出的。

主席先生，現時本港的政治爭論雖然很多，但經濟及社會發展仍然驕人。本港的經濟，預期有 5% 的增長，而日本的經濟增長只不過是 2%。雖然中英政制爭論不休，但本港本年度的盈餘可能又再創高峰。故此我期望香港政府能夠將其餘部分的政改方案盡快提交立法局進行審議，好讓立法局能早日決定政改的內容。我相信中國政府為了重申其立場，仍會公開猛烈抨擊立法局及港府。但只要中國政府能夠在其他事務上以務實的態度來處理，對香港的震蕩相信是有限的。我希望香港人能夠靜心堅持民主的立場，以據理力爭的態度，為香港爭取一個合理的政治制度。

憲制事務司致辭（譯文）：

主席先生，《1993 年選舉規定（雜項修訂）（第 2 號）條例草案》的目的，是為一九九四及九五年的三級議會選舉訂出其中較緊迫的安排。

較早時就杜葉錫恩議員提出押後辯論本條例草案的動議辯論中，我已經解釋過這項條例草案的迫切性。現在，我只想再一次指出，如果我們要為未來的一連串選舉作出及時而有秩序的安排，則條例草案便須盡快予以通過，而不可有任何延誤。在議員所提動議的投票結果清楚顯示，本局大部分議員亦同意有實際需要加快通過本條例草案，對此我感到欣慰。

此外，我亦想在這裏澄清一個重要論點，就是這個憲制方案並非如部分議員所說，是總督彭定康本人的方案。這是香港政府提出的方案。有關的建議是經過諮詢市民大眾及在行政局同意下，由英國政府與香港政府進行廣泛而審慎的磋商後制訂的。一直以來，這些建議都得到社會大多數階層的支持。現行條例草案的各項建議，均已由本局在先前進行的辯論中通過，這點實毋庸贅述。

本局已有多位議員就將會在委員會審議階段提出的各項修訂發言。因此，我

想趁此機會表明當局對這些修訂的立場。

黃宏發議員將會提出一套修訂，以助澄清條例草案內的若干項條文。這些修訂已由有關的條例草案審議委員會作詳盡討論及通過。政府當局會支持這些修訂。

不過，當局反對將分別由李鵬飛、李家祥及李柱銘三位議員提出的修訂。我會逐一解釋其中理由。

首先是立法局地方選區選舉所採用的「單議席單票制」投票方法。這項擬議投票制度既簡單及為人熟悉，又符合公平、公開原則，故能為所有候選人提供一個公正的競技場。本港兩個市政局和大部分區議會的選舉早已採用這個投票方法。如果建議獲得採納，本港所有三級議會的地方選區選舉所採用的投票方法便可趨於一致。正如獨立進行的民意調查結果顯示，這建議一直以來都得到社會人士的廣泛支持。事實上，本局議員於一九九二年七月就立法局選舉事宜專責委員會提交的報告書進行辯論時，曾大力支持這項建議。其後於一九九二年十一月進行的辯論中，本局亦投票支持政府提出的憲制方案，包括立法局選舉的投票方法。

李鵬飛議員及部分其他議員認為從條例草案分拆立法局投票方法，可能令中英雙方有另一次機會恢復談判。較早時就杜葉錫恩議員提出押後審議條例草案的動議辯論時，我已詳細闡述當局為何認為無論是將條例草案全部或部分押後辯論，實際上均不會為談判爭取到太多時間。我不打算再重複這些論據。我只想說，儘管英方很希望在與中方達成協議的基礎下進行立法工作，但基於時間上的限制，我們仍須在沒有這個協議的情況下繼續進行有關的立法工作。

主席先生，基於上述理由，三位當然議員會就李鵬飛議員提出從條例草案分拆立法局投票方法的修訂動議投反對票。

其次是兩個市政局及區議會的委任議席問題。條例草案提出有關取消兩個市政局及區議會委任議席的建議，目的是讓香港人有更機會參與兩個市政局和18個區議會的工作；兩個市政局為市民提供多項重要服務和設施，而區議會則就影響區內居民日常生活的地區問題，向政府提供意見。上述修訂完全符合本局一九九二年七月通過的動議，即促請政府當局加強這些組織的代表性和問責性。

取消兩個市政局及區議會的委任議席，並非如部分議員所說般是急劇的轉變。它其實代表了這些組織多年來在成員組合方面所經歷的循序漸進式轉變。市政局和

區議會分別於三十年代和八十年代初設立，而區域市政局則設立於一九八六年。到一九九四和九五年在這些組織推行全面直選，不論以任何標準來衡量，都不能說是過分草率的發展。因此，亦不應對這些組織的運作造成任何干擾。事實上，這是一個符合邏輯的步驟，因為本局亦會在一九九五年推行全面直選。

有人關注到委任議席取消後，委任議員的專長便很難即時予以取代。多年來，委任議員作出了重大貢獻，這是公認的事實，沒有人能過分強調這點，但與此同時，我們亦須同樣認識到，本港的代議政制有需要不斷演變，以滿足市民的期望。無論如何，現時法例已有規定，兩個市政局及區議會均可在有需要時增選專家加入其轄下的委員會。

政府當局的立場是清晰的。我們堅決相信，取消兩個市政局和區議會的委任議席是既合時宜而又恰當的做法。因此，三位當然議員將會就李家祥議員提出保留這些委任議席的修訂動議投反對票。

最後是區域市政局及九個新界區議會的當然議席問題。這些當然議席是照顧到新界原居民的特殊權益而設立的。多年來，本身也是選舉產生的當然議員，對保持其代表組織與新界原居民之間的聯繫，貢獻良多。他們特別在服務及設施規劃方面提供意見，有助改善鄉郊地區居民的一般福利。在未來的幾年間，我們相信當然議員會繼續在這方面擔當一個有用的角色。

有人曾說鄉村選舉是歧視性的。鄉事委員會或鄉議局的組織章程，完全不容許在選舉鄉事委員會主席及鄉議局主席和副主席方面存在性別或出身方面的歧視。

至於村代表的選舉（鄉村選舉制度中最低層次的選舉），目前每個家庭的戶主在這些選舉中可投一票。95% 以上的村民現已容許女戶主在選舉中投票。另外約有半數村民容許非原居民的戶主投票。因此，整體而言，情況並不像本局部分議員所描述的那麼具限制性。

基於上述理由，三位當然議員將會就李柱銘議員提出取消區域市政局及區議會當然議席的修訂動議投反對票。

主席先生，政府當局熱切期望，倘黃宏發議員提出的各項修訂獲得通過，本局會通過當前的條例草案，以便我們可立即就一九九四、九五年的選舉作好準備。

1994 年 2 月 24 日
總督發言及答問會：憲制事務最新發展

總督發言（譯文）：

現在轉談與香港較有切身關係的發展。昨晚，我很高興見到本局通過有關一九九四及九五年選舉較少爭議部分的條例草案。這是立法局就一九九四及九五年選舉所通過的第二項條例草案。我們於一九九二年十月首次提交建議後，已清楚指出，我們渴望與中方討論這些建議。可惜，在我們必須就選區分界及選舉事務委員會立法之前，會談並沒有展開。該委員會現已成立，而且運作良好。會談曾在一九九三年四月展開，很遺憾雙方未能達成任何協議。由於時間已非常緊迫，我們不得不趕快處理另一階段的立法工作，即本局剛已通過的條例草案。有關投票年齡和三級議會選舉的投票方式，以及取消區議會及兩個市政局委任議席的問題，均已獲得通過。這表示部分所需法例已經就緒，而我們正準備進入下一階段。

這項條例草案（即較少爭議的部分）已需時大約兩個半月才獲本局通過，顯示我們在時間方面是如何緊迫。我們現在只剩下四個月時間來處理餘下部分的政改條例草案。我們必須在本局七月休會前完成這項工作，這是我們堅定不移的目標。

我們一直希望能夠與中方恢復會談。自去年十一月以來，我們已不斷要求中方就未解決的事項繼續會談。我們曾無數次透過外交途徑提出這樣的要求，其中包括由英國首相致函中國總理。誠如大家所知，中國提出的條件是，我們要撤回第一部分的條例草案，才願意恢復會談。不過，這項條件我們無法辦到。如果我們要及時完成立法程序，使我們可妥善及如期舉行選舉，那麼時間已相當緊迫。

因此，我們現時必須處理第三項條例草案，不可拖延。我們打算在明日（二月二十五日）把餘下部分的政改條例草案（即有關選舉委員會及功能組別安排的

部分）刊登憲報，並會在三月九日把該條例草案提交本局。這個決定是與行政局及有關官員充分磋商後而達成的。

我們明天公布的條例草案，是把我在一九九二年十月提出關於功能組別及選舉委員會的建議，以法案形式刊登。條例草案建議選舉委員會的成員應包括各區區議員。條例草案亦會建議基本法所提及的九個新增功能組別，應由所有在職人士組成，並建議廢除現時功能組別中的法團投票制度。

各位議員當會記得，我曾多次答應，如果我們須要在未得中方同意下處理剩餘部分的條例草案，市民將有權要求我們解釋為何須要這樣做，及為何我們相信這樣做是為了香港的最佳利益。因此，英國政府今天將會公布一份白皮書，闡述導致目前情況的背景；英方與中方談判時所採取的態度；以及我們打算就港府在一九九二年所提建議所作的修訂，以包括「直通車」作為整體協議的一部分。這是一個詳盡及真實的陳述。這份白皮書將會在今天下午五時公布。這項公布對於國會、本局及社會人士的辯論甚為重要。

讓我略為講述一下，為甚麼我們選擇向本局推薦政府在一九九二年提出的原來建議。我們當時及現在仍然相信，這些建議都是最佳的建議。這些建議曾三度在本局詳細辯論，並普遍獲得通過。這些建議獲得社會大多數人士廣泛及一貫的支持。我們仍然認為這些建議是達至公開及公平選舉的目標的最佳辦法。

在談判過程中，我們準備就一九九二年的建議提出修訂，以便與中國達成整體協議，包括在「直通車」的問題上。雖然現已證實不可能達至這樣的協議，但我們仍然支持這些修訂建議，作為達至公開及公平選舉的方式，儘管我們認為這個方式不及原來的建議吸引。顯然立法局現在須就這些事情作出判斷。本港的憲制情況向來如此。就我們來說，我們會就現時提出的條例草案據理力爭。條例草案所載的建議，在制訂時已務求符合聯合聲明、基本法及雙方所達成的有關協議及諒解。我們堅信，這些建議及我們均受到絕大部分獨立法律意見的支持。

我想向本局及社會人士說，我們未能就這些十分困難的選舉事務與中方達成協議，感到非常遺憾。我多麼希望我們能夠做到這點。不過，我同樣深信，為了達成協議而放棄既定的原則是錯誤的，因為這樣做不符合香港的最佳利益。白皮書清楚列出過去及現在關鍵的事務。我認為我的首要責任，是忠誠地執行聯合聲明的條款，而「一國兩制」的概念正是以聯合聲明為基礎。聯合聲明承諾了一個

由「選舉產生」的立法機關，而行政機關必須向立法機關負責。我認為這個意思是指有真正的選舉，即香港人能夠有真正的選擇。正如我多次解釋，我們享有的各項自由及制度，實有賴一個公開及公平地選出、有公信力的立法局來維繫。

因此，在這項關乎選舉的重要事情上，我們與中方所持的意見不同。但這並不代表我們在每一件事上都與中方有爭拗。讓我們嘗試就這項爭拗劃下界線，並就其他有關香港人利益的事項與中方合作。我們現時距離過渡只餘下不足三年半的時間，要做的事情還有很多。對於我們（即英國及香港）來說，我們仍然願意及能夠就其他關乎香港利益的事項與中國合作，儘管就這一點，誠然是相當重要的一點，遺憾地卻未能與中方達成協議。

黃宏發議員問：

主席先生，雖然昨天我投票反對杜葉錫恩議員動議押後政制改革第一部分方案的條例草案，但並不表示我不同意她的用心。我深信中英雙方應該開心見誠地談判，以達至成果。因此，我希望總督先生今日能回覆幾個問題。第一、（可能剛才你在發言中已答了）就是說英港兩方仍是準備會談判的，我不想說出我主張的方案，但我認為按照現時各自堅持己見的方式去談判，是不會有結果的。因為即使港府願意將條例草案的內容，由原本是屬九二年的方案讓步到採納九三年的談判結果，對方仍然全不接納。總督先生是否可考慮透過第二個途徑（不一定採用你原本的方案，亦不一定是對方原本堅持對基本法瞭解的方案）來開始商談？我亦希望總督先生今日能回覆，若談判果然成功，香港政府與總督先生是否願意收回該條準備引進的條例草案，而代之引進一條包括中英雙方協議在內的新條例草案？這在技術上或許是容許的。若有部分地方與原本的條例草案不同時，可將之修訂。再者，在昨日通過的條例草案（現已成為條例）內，若有地方是中英雙方所同意的而假如本局又同意的話，亦準備會將其引進條例草案內，並將部分地方加以修訂，說得清楚一些，若果立法會（即現在是立法局、將來是立法會）最終是可以有大多數議席經過普選程序產生，部分屬功能，部分屬分區，符合普及和平等原則的話，可否考慮全面採用比例代表性的方法來產生議席？

總督答（譯文）：

黃議員提出了幾點問題，其中一些稍為複雜，但我會嘗試回答得盡量清楚。首先關於談判的意願，我希望能以實事求是的方式及平和的語調提醒本局，是我們在一九九二年十月提議進行談判的，我們在其後的六、七個月一直作出這樣的表示，但坦白說，我們從中方官員所得到的回應並不能說十分積極。當談判終於能在一九九三年四月開始時，我們都感到很高興，唯一可惜的是要這麼久才展開談判。由於時間緊迫，我們不得不把三項本局議員須要審議的政改條例草案中的第二項提交本局，但即使在提交了這項條例草案後，我們仍然希望繼續談判，但可惜，中方官員堅持要我們先撤回第二項條例草案，亦即本局昨天通過的那部分法例，然後才肯返回談判桌。

我們的大門從未關閉，我們亦希望就一系列的問題進行具建設性和創意的談判。我們希望中英聯合聯絡小組能有更多具建設性和創意的談判。我們希望機場委員會早日召開會議，以解決一個我想整個社會都認為已拖得太久的問題。就我們來說，我們仍深切期望可以取得合作。

然而，我須要指出中英雙方已進行了 17 輪的談判。我想當各位議員，包括剛才發問的黃議員在內，在看到白皮書內有關該 17 輪談判的敘述時，對雙方花了這麼多時間談判卻只取得這樣少的協議都會感到意外。令人憤〔遺〕憾的是，我們唯一取得協議的，第一就是降低投票年齡，這點不應構成甚麼問題，因為中英兩國都是把投票年齡訂在 18 歲。第二就是區議會及兩個市政局的選舉採用單議席單票制的投票方式。但由於區議會及兩個市政局的大部分議員都已經是循這個方式選舉出來，所以這亦不能算是一項重大的突破。如果我們要再在這 17 輪談判內尋找其他的談判基礎，我相信再也不能找到甚麼了。如果這些問題能有一個簡易的解決方法，我很想知道這個辦法是甚麼，而我想中方官員亦很想知道。不過，我想黃議員將會從白皮書中看到我們已準備付出多大的代價，而我想他亦會看到我們的努力並未得到回報。

本局在昨天投票時表現十分果斷。如果你希望採用比例代表制，或希望以三種不同的選舉程序來取得平衡，那麼我想最少在好幾個情況下，以及在地區組別的投票方式的問題上，比例代表制的論據是稍為遜色一點。如果所有立法局議員

都是由直接選舉產生，有些議員希望能夠這樣，而我肯定有些議員會在日後的辯論中要求做到這樣，那麼我想比例代表制的論據就會大為增強。然而，由於我們嘗試透過功能組別及選舉委員會來取得平衡，故我想比例代表制的論據已大為削弱，而我留意到本局亦持相同的看法。即使黃議員能夠憑其口才說服一些同事支持比例代表制，他還需要有本事推翻本局已經作出的一些投票的結果。我希望我已經詳細地回答了黃議員的問題。

楊孝華議員問（譯文）：

總督先生，正如你所描述，當局是在與中國沒有協議的情況下，將一九九二年提出的第二部分政改方案刊登憲報和提交本局。然而，在另一方面，英國政府則表示願意繼續進行談判。雖然重開談判的機會甚微，但事情是否已發展至一個階段，政府仍可在立法過程中對明天刊登憲報的條例草案作出修訂，使其符合在立法程序完成前可能達至的某種形式的協議 —— 這協議不一定經談判達成，或者可經外交函件或交換意見達成？

總督答（譯文）：

我重申我剛才所說的話，我們的談判之門從沒有關閉，而且也永不會關閉。假如在未來數月，我們認為有機會與中國達成協議，而這協議又能獲港人接受並且能達至我認為社會人士所希望的目標的話，我們必定會向本局提出有關建議，即使是要對已提交本局審議的條例草案作出修訂。我希望這能充分反映我們的誠意。但正如我剛才所說，時間已非常緊迫。我們這樣做，並非因為我們蓄意如此，而是時間已一天一天地溜走。本局全體議員也明白，各項選舉極之複雜，其中涉及頗為複雜的安排。但是，我重申我們的立場是從不拒絕談判。

陸恭蕙議員問（譯文）：

⋯⋯總督先生，我歡迎中英政府公開 17 輪會談的詳情。此舉最低限度會給

港人一個機會，可以反對假他們的名義作出種種妥協。我想提出的問題是：傳統上，英國政府的立場一直認為這些是外交問題，應該保密。但現時兩國政府均會將資料公開，這難道不正是給我們一個訊號，意味中英雙方就選舉改革進行的談判終止？此外，我亦想提出第二條問題：倘若通過這條法例 —— 我當然希望這條法例會在七月前通過 —— 我們便再沒有機會與中方討論這些問題，這話說得對嗎？

總督答（譯文）：

如果我們認為繼續談判的前景樂觀，我們便不會採取這一步，正如這位議員所說，我們已採取這一步，這是絕對正確的；中方官員亦已經以某種形式採取了這一步。但是，由於我在從政方面有些經驗，因此我永不會說不會有機會。在未來的日子，中英雙方或許在有限的時間內就選舉問題恢復某種對話。我深信這是全港市民所企望的。同時，根據我的判斷，市民都希望這項爭議結束，不要再糾纏下去，這樣雙方便可以繼續處理其他事情。我相信這是相當明智的觀點，我自己亦確實同意這個觀點。

有關法例一俟獲得本局通過，有關安排一旦展開，若任何人想破壞該項工作的進程，情況顯然將極難想像。或許若對我們所說的選舉毫無經驗，便很易產生誤解，或根本不理解須進行的工作是何等複雜。但是，在香港舉行選舉，特別正如我們即將進行的那種選舉，程序複雜，實在並非簡單的工作，而且為了確保公平，選舉還涉及很多立法及行政工作。

譚耀宗議員問：

主席先生，總督先生在會上很多次提到談判大門不會關上或永遠不會關上，但現在看來，談判的門雖沒有關上，談判桌卻是推翻了，連談判椅子也搬光了，在這情況下，再重申沒有關上大門，會否令人覺得是假仁假義？

總督答（譯文）：

　　我希望不會，但我敢說香港有一兩家機構會不時提出這樣的指摘。套用這位議員所說的比喻，我想一定有很多人猜測，究竟誰推翻了桌子、誰搬走了傢具。社會上顯然一定會對這個問題眾說紛紜。但是，我希望透過公布事實能幫助市民就這件事作出明智的決定。我本人相信從事實探求真理，因此我們便將事實公布出來。

1994 年 3 月 9 日

法案二讀：1994 年立法局（選舉規定）（修訂）條例草案

憲制事務司動議二讀：

「一項修訂立法局（選舉規定）條例的草案。」

憲制事務司致辭（譯文）：

主席先生，我謹動議二讀《1994 年立法局（選舉規定）（修訂）條例草案》。

本條例草案載列政府當局為一九九五年立法局功能組別及選舉委員會選舉而訂出的擬議安排。這些建議的目的，是訂出公開公平、符合聯合聲明和基本法規定，並為港人所接受的選舉安排。

二月二十四日，本局通過了關於一九九四年、九五年選舉中較迫切事項的第一階段條例草案。現在是我們考慮就一九九五年立法局選舉中所餘下及較為複雜事項進行立法工作的時候。這些法例須於本局在夏季休會前制定，以便我們為上述選舉及早進行各項實際準備工作。

舉例來說，只有在主體法例獲得通過後，選區分界及選舉事務委員會才能著手制訂所有關乎現有及新設功能組別的選民登記工作的附屬法例。這項工作需時約四個月。委員會接著便須進行一項龐大的工作，除了將選民重新分配予二十個新設的地方選區外，亦要協助所有合資格人士登記為所屬功能組別的選民。就一九九五年立法局選舉而言，由於選民登記冊將於一九九五年七月一日停止接受登記，因此工作時間表會十分緊迫。相信各位議員都明白，我們必須盡快完成這些工作。

我們就現有功能組別提出的其中一項建議，是以個人投票取代法團投票；這

些個人選民是須在某個功能組別內的有關公司或機構擁有管理權的人士。一些現有功能組別的選民範圍亦會擴大，例如，校董會被納入教學界功能組別，而香港社會福利專業人員註冊局的成員則會納入社會服務界功能組別。

條例草案規定，一九九五年將有九個新設的功能組別議席。我們建議新的功能組別應以本港各行各業為基礎。連同現有的功能組別，選民範圍將包括全港超過 270 萬工作人口中所有符合資格的選民。換言之，我們的建議使所有合資格的在職人士都可在功能組別選舉中投一票。這樣把選民範圍擴大後，顯然會增強整個功能組別制度的公信力。

條例草案的第二項主要建議，是設立一個選舉委員會，在一九九五年選出十位立法局議員。條例草案規定，選舉委員會將由選舉產生的區議員組成，而所有登記在選民總名冊上的人士均有資格競逐上述十個議席，而非只有選舉委員會的成員才可參選。由於所有區議員都是由選舉產生，我們相信這項安排會確保選舉委員會能真正代表本港市民。

1994 年 6 月 29 日
恢復法案二讀辯論：1994 年立法局（選舉規定）（修訂）條例草案

黃宏發議員致辭（譯文）：

條例草案審議委員會的報告

作為條例草案審議委員會的主席，在發表我個人對此項條例草案的意見之前，我首先匯報條例草案審議委員會的審議結果。

從一開始，委員會成員便同意條例草案審議委員會應只集中研究本條例草案在技術方面的問題，及要求當局就擬議條文的內容作出澄清。

對於有關功能組別方面的建議，條例草案審議委員會要求政府當局澄清各功能組別所包括的團體。

部分成員提議應將衞生界功能組別易名為衞生服務界功能組別，以便更準確反映該組別內有關團體的職能。政府當局業已接納該項建議，而且將會在委員會審議階段提出有關的修訂。有些成員反對該項建議，他們當然亦會在委員會審議階段發言反對此項修訂。

此外，條例草案審議委員會亦曾討論擬在部分現有功能組別實施以個人投票，以取代法團投票的建議。本條例草案雖然並無限定可登記成為選民的公司董事（或機構的執行委員會成員）數目，但為了收緊此等人士的選民登記資格，卻引進了一些措施，包括規定有關公司（或機構）必須從事有關業務的經營至少有一年、有關公司董事（或執行委員會成員）必須已在董事局或執行委員會服務至少一年，及至少曾出席董事局或執行委員會所舉行的半數會議等。成員獲悉，當局為勞工界功能組別另外制定不同的選民資格，是因為職工會的個別執事人員毋須受「一年規則」限制，而每個職工會限定不得有超過四名執事人員登記為選民。根據政府當局解釋，作出上述安排，是為了照顧職工會的特殊情況。該等職

工會通常每年改選執事人員一次，而其主要執事人員一般只有主席、副主席、秘書及司庫各一名。部分成員對此等擬議安排持保留意見。相信他們會在今日的辯論就這個問題發表意見。

委員會成員曾向政府當局提出多項建議，以改善功能組別選舉的選民登記制度。此等建議包括規定選民的姓名及其所屬公司（或機構）的名稱須列於選民登記冊，使選民登記冊內所載每間公司名下均列明其選民的姓名；在候選人獲得提名之前完成功能組別的選民登記工作；以及在選民登記冊載列個別選民的住址及辦公地址等。政府當局表示選民登記工作將會在候選人提名結束之前完成，並答允研究議員所提的建議。

關於選舉委員會的建議，條例草案審議委員會請政府當局闡明選舉委員會在選舉十位立法局議員時採用的「可轉移單票制」的運作情況。根據政府當局所說，可轉移單票制會根據選民所投票數在分配議席方面達至最高比例。議員詢問為何要規定選民在選票上列明不少於十項選擇。政府當局解釋謂，此舉有助選票轉移，而選票的轉移正是可轉移單票制的基本特色；此外，選舉委員會成員有責任亦能夠列明所有選擇，從而使該制度能有效運作。

委員會成員曾商討選舉委員會採用可轉移單票制時盡量減少選舉舞弊機會的方法。有人擔心，若果選民須在選票上填寫指定數目的選擇，則選票可能易於辨認。成員遂要求政府當局考慮改用機器或電腦處理上述選舉的投票。

政府當局應條例草案審議委員會的要求，向成員簡介其在一九九三年就新功能組別的劃分及選舉委員會等事宜提出的修訂建議。該等資料頗具參考價值，有助成員審議本條例草案。有部分成員在委員會審議階段提出的一些修訂建議，亦是以這些資料為基礎。

個人意見及建議

主席先生，我現在講述我的意見及建議。我已發出通知，就《1994年立法局（選舉規定）（修訂）條例草案》提出修訂。我懇請各位積極考慮我在一九九四年六月二十九日委員會審議階段提出的各項修訂建議。

我提出的修訂方案，會為立法局選舉帶來全面而徹底的改革。這個方案既合乎邏輯又有條理，既民主又能符合《公民權利和政治權利國際公約》第二十五條

和《香港人權法案條例》第二十一條的規定。換句話說，選舉至低限度必須是普及平等。再者，有關修訂亦沒有違反基本法的明確規定，即是說立法局共有 30 個功能組別議席、20 個地區組別議席和 10 個選舉委員會議席。

經本人再三研究，我確信，並且認為，我的方案遠勝下列任何一個方案。這些方案包括：成為本條例草案大綱的總督九二方案、總督於一九九三年會談時向中方提出的九三方案、劉慧卿議員就選舉規定條例提出修訂的條例草案（要求本局 60 席全部由直選產生，並以單議席單票制為基礎）；以及根據總督的九二方案（例如港同盟和匯點的方案）或總督的九三方案（例如自由黨和一些獨立議員，以及香港民主民生協進會所提出的方案）加以修訂而提出的多個不完整方案。

主席先生，明顯地，劉慧卿議員的方案是不會獲得中方接納的，因為它顯然是違反了基本法。目前的情況非常清晰明確，就是任何根據總督的九二或九三方案而提出的修訂方案，都不會獲得中方接納。我們必須找出一個新方案，而答案就是 —— 我的方案。這並非是我的方案的唯一優點，我亦不會自誇方案會獲得中方接納。這個方案的優點在於本身的內容，請讓我加以解釋。

功能組別的改革

主席先生，首先我建議將所有 30 個功能組別議席改革。這些席位由全民投票、平等及直接的選舉產生，但同時仍保持功能組別的優點。具體來說，我建議將 30 個功能組別議席劃分成 5 個選舉組別，每組有 6 個議席，即商業、文化及教育、工業、勞工、公共社會服務等。所有根據選舉規定條例在選民總名冊登記的登記選民，將被視為上述 5 個功能組別的登記選民，因此每位選民可擁有 5 票，並可在 5 個功能組別中投票。但此種選舉仍是功能組別選舉，因為候選人必須對有關功能組別的行業具有豐富的知識和經驗，而只有該功能組別內的認可機構和認可政黨才有權提名候選人。這些修訂將會由總督會同行政局根據條例第 28 條制定規例。

我大膽地承認，我對功能組別所作的改革，是違背了現時把選民分別列入不同功能組別選民名冊中，以選舉所屬組別的代表的安排。然而，有關改革並沒有違背基本法，因為基本法並無清楚界定功能組別的定義。

這項改革是推行民主所必須的。根據現行安排，我們不可能達至普及平等

的選舉。即使我們可以把選民總名冊上所有選民納入任何一個功能組別選民名冊內，使選舉權得以普及，但不同功能組別的選民名冊的選民數目仍是不相等的，這樣便違背了人人都擁有平等票數的原則。現行的安排，只有在實施少數群體代表制概念的地區中見到，但在大多數的情況下，都是按群體而非按職業功能劃分，而且無論如何，這類議席也不會超過整個立法機關的一半議席。

再者，現行安排傾向於鼓勵功能組別代表將其目光狹隘地集中於所屬組別的利益，結果我們不是見到 30 個界別分明的功能組別代表，就是 30 個依階級劃分的功能組別代表，這種情況是非常危險的。在今次爭議中──這次選舉改革爭議中──一場本來是為爭取選民普遍支持，以贏取立法局議席的選舉，竟然淪為一場爭取界別利益，更糟的是爭取階級利益的議席的爭奪戰。

總督的九二和九三方案，以及以這些方案為基礎提出的其他方案，並未能解決上述問題。這些方案保留及／或製造出一些性質截然不同的新功能組別，令情況更為複雜。兩個市政局現有的議席顯然與其他功能組別議席迥然不同（它們原本屬於選舉團議席）。總督九二方案增設九個以「僱員」為投票單位的功能組別議席，明顯地與其他功能組別議席不同，相等於一個沒有功能組別色彩的直接選舉。按「僱主為本」、「僱員為本」、「自僱人士為本」、「專業／職業為本」、「無職業為本」或其他類別劃分的功能組別議席，進一步削弱了我們在過渡期間需要各界廣泛參與，確保立法局由一群具豐富知識及經驗的人組成的機會，而且更令立法局淪為一個滿足既得利益者謀取私利的組織。現在正是我們從這個泥足深陷的局面自拔的時候。

選舉委員會組別

主席先生，第二是有關選舉委員會組別的成員組織問題。我認為總督提出只把投票權交給區議會民選議員的九二方案至少在一九九七年之前是可以及應該支持的。

我必須承認，自從一九九二年以來，我一直強調，除地區組別的 20 個議席外，如果功能組別的 30 個議席根據上述方式，即我所講的方式改革，我們便不應該過分擔心究竟其餘 10 個選舉委員會議席是否符合普及平等選舉的原則。不過，我一直支持「單一大選舉團」形式的選舉委員會這個概念。換言之，我是支

持單一的選舉委員會，而不是數個獨立的選舉委員會。這個委員會應由原先由普及、平等及直接選舉產生的議員組成，而這正是總督的建議。

有人反駁這項建議偏離基本法。我同意這論點，但這建議只在某一程度上偏離了基本法，即是打算只由一個選舉委員會選出十名立法局議員和行政首長，這個委員會是建基於由四個單元組成的概念。不過，這建議並沒有偏離基本法中有關選舉委員會的成員組織的規定（該委員會在一九九七年選出十個選舉委員會議席），因為基本法中根本沒有為此作出規定，而全國人民代表大會亦沒有作出這方面的決定。

三類選舉組別均採用比例代表制

主席先生，我的第三項建議在三類選舉組別，即選舉委員會、功能組別和地區組別，都採用比例代表制作為投票和點票制度。本條例草案依照總督的九二方案，建議採用「可轉移單票制」作為投票和點票方式。這亦是一種比例代表制，雖然只適用於選舉委員會 10 個議席的選舉。這至低限度顯示政府接受比例代表制，認為它是一種值得推崇的制度。事實上，比例代表制在歐洲國家廣泛採用。如果全部或至少大部分立法局議席都是採用這個制度，它會是同樣或更加民主的投票和點票制度。香港以往否決了這種制度，或許是因為我們沒有採用這制度的經驗，故此未能真正瞭解這種制度。此外，本港主張採用比例代表制的人，只想在 20 個地區議席的選舉採用這個制度，而非 30 個功能組別議席的選舉。

在總督的九二和九三方案以及以這些方案為基礎的其他方案當中，30 個功能組別議席都是屬於單議席組別性質（勞工界是唯一的例外），這表示候選人只可以用單議席單票制，或者按序轉移制或按選擇次序投票的方式選出。這些都不是比例代表制。但如果採用我的改革建議，將功能組別分為 5 個各有 6 個議席的多議席組別，便可以實施比例代表制。

隨著 30 個功能組別採用比例代表制，20 個地區組別議席的議員順理成章，亦應以同樣方式選出，所以我建議規定設立 5 個各有 4 個議席的地區組別，而不是 20 個單議席組別。

我就投票和點票所建議的比例代表制，是一個「名單投票制」。名單上的候選人會以提名的先後按次序排列，與各名單之間的候選人競逐。這些名單可以及

通常會是政黨本身的名單，但「獨立候選人」可聯合起來組成名單，或以單一候選人「名單」方式參選。選民可選擇投票名單，但只可以就一張名單投票。

名單投票制對於獨立候選人來說，確實構成問題，但我們先關注的應是選民而非候選人。對於選民來說，名單投票制比可轉移單票制簡單得多。名單投票制只是要求選民選擇一張名單來投票，而可轉移單票制則要求選民根據議席數目將候選人排成次序。這不單對選民造成沉重負擔，而且可能因下列兩種情況而產生怪誕結果：即所謂「胡亂投票」（譬如有六個議席時，一個懶於思考的選民可能乾脆只揀選首六個名字，並依照這個次序排列）及「廢票」（若這制度規定選民須按照議席的數目將候選人排成次序）。

我建議的這個名單投票制，一般稱韓特法（d'Hondt rule）。這種制度根據最大平均法點票和分配議席。換言之，它的設計是要使到所有有關政黨各獲選議員的票數盡可能拉近。這樣可以確保不同的政黨和不同的名單，以至不同政見的人士均可獲公平分配議席。

有關地區組別的進一步說明

我的第三項建議是在所有三類選舉組別引入一個有比例代表制的名單投票制，由此亦引伸出我的第四項建議，即設立五個各有四個議席的多議席地區組別。在我的修訂建議之中，劃分選區界限的權力在於選區分界及選舉事務委員會。但主席先生，我必須強調，這項建議取決於立法局是否接納我就功能組別所提出的改革，以及名單投票和點票制，即是說我只會在我就功能組別議席和投票方法所建議的修訂獲得通過後，才會動議作出有關的修訂。

簡單而經濟的方案

主席先生，我的第五項建議是一項技術性的建議，目的是將所有與立法局（選舉規定）條例有關的事宜合併。主席先生，上述方案似乎很複雜，這完全是由於需要制定一些修訂建議，以納入本條例草案內，而草案本身又旨在修訂現行的立法局（選舉規定）條例。事實上，如果我的方案獲得採納，我們的選舉制度不但民主、符合基本法所述的規定，而且較為簡單和花費較低。

結語

　　主席先生，我希望我已經向你和各位議員闡明，我的方案既完整而又民主，較其他方案優勝，值得各位支持。我的方案在你們手上，而香港的前途亦在你們手上。

布政司致辭（譯文）：

　　主席先生，今天，立法局正面臨重要時刻，要作出本局有史以來最重要的決定，這決定是為立法局首次全部經由選舉產生而鋪路。因此，本局議員及社會人士理應有充分的機會就九五年立法局選舉的安排進行全面辯論，並提出建議。政府於一九九二年十月首次發表政制建議後，社會人士於過去 18 個月來一直進行深入的討論，事實上，今天的辯論顯示這個長時間的討論已達高潮。我們現時必須為一九九五年的立法局選舉的確實安排，作出決定。我們今天的決定非常重要，對後代的影響至為深遠。

　　中英聯合聲明的主要目標其實很清晰，就是要令本港在一九九七年前及以後，繼續維持安定繁榮。能否達至這個目標，關鍵在於能否維持法治，這因為本港這些年來能取得驕人成就，法治是最主要的因素。因此，要本港在一九九七年後繼續繁榮穩定，便必須使香港人，以至國際人士，深信香港的法治在一九九七年後會維持下去。要維持法治，最好的方法是採用一個明顯地公開而公平，而且得到社會人士信任的選舉制度。

　　多年來，本局為社會竭誠服務。然而，香港賴以成功的，就是能夠力求進步和改善。現在社會人士愈來愈希望在政府的運作中有更大的影響力，因此我們的選舉制度必須因應演進。這就是香港的發展方式。我們必須努力為明年歷史性的選舉繪製藍圖，以達至公開、公平、具公信力的目標。

　　通過公平公開的選舉安排去建立代議政制，不僅是抽象和崇高的政治理想，更會帶來實際的利益，對保障香港生活方式的根本特質十分重要，而香港現時的生活方式，是我們最為珍重的。這些根本特質包括公正和誠實的政府、公平的商業競爭、人權受到尊重、打擊貪污的決心，以及我們的法律得以公正持平地執行。換言之，這都是維繫香港社會穩定繁榮的重要因素。世界各地推行民主的國

家的經驗,提供了大量證據,足可證明代議政制與經濟繁榮是相輔相承的。

我們這個條例草案的目標,是建立一個公開和公平的選舉制度;而我深信,衡量別的建議時亦應以能否達到此目標為標準。但社會人士在渴望選舉安排公正的同時,亦渴望選舉安排能在一九九七年後得以延續。正因如此,我們在擬訂建議方案時,已小心謹慎,確保這方案能符合聯合聲明、基本法及以往與中國達成的協議。也正因如此,我們並沒有建議將地區選舉產生的議席增至超過 20 席,縱然此舉是擴大本局代表性的最直接方法。

正是為了同樣的理由,我們去年本著誠意,與中方舉行了 17 輪會談,希望能夠在雙方達成協議的基礎上,為一九九五年的選舉安排推行立法。雙方未能達成協議,實在非常可惜。然而,時間不斷過去,我們必須繼續前進。而政府當局的責任,便是要制訂本身認為最符合社會人士明顯意願的法例。我們較早時提議把區議會及兩個市政局變為經過全面選舉產生的組織,以及在地區選舉中實施單議席單票制;我們的路向,早已得到立法局明確提示。

未能與中方達成協議而作出選舉安排會出現的後果,令人憂慮,這是可以理解的。對於這些憂慮,我有三點意見。

第一,倘若能夠以中英協議為基礎進行立法,當然最好不過,但這並不等於我們因而應該不惜任何代價去取得協議。非公開公平的選舉安排會損害法治的根基,而我們這個充滿生機、善於表達意見和具有卓越成就的社會,正是建基於法治之上。

第二,至於中國在一九九七年七月一日是否會解散本港各級代議政制議會,這個問題只有中國才能答覆。若中國真的要解散各級議會,當然可以辦得到;但這怎能符合社會人士一再表明希望立法局有「直通車」的明確意願?根據聯合聲明,中英雙方均有責任確保香港平穩過渡。解散經謹慎程序建立及適當的選舉程序產生且受到社會人士支持的代議政制機構,很難說是有利平穩過渡。此外,我還要補充一下,任何要求我們主動把九五年當選的立法局議員的任期縮短至一九九七年六月三十日的建議,對平穩過渡也沒有幫助。

第三,政府當局仍然相信,達至「直通車」目標的最佳方法,是確保選舉安排明顯地公開和公平,從而產生一個具公信力、備受社會人士尊敬的立法局。主席先生,本條例草案的主旨,正是如此。

當前的條例草案應否予以通過、修訂或反對，最終須由本局決定。本人相信，各位議員作決定的時候，不會辜負這個歷史時刻的使命，亦不會違反香港人的意願。這是社會人士對本局的期望。

李鵬飛議員致辭：

主席先生，自從一九九二年十月七日總督彭定康先生將他的政改方案提交本局之後，香港人的心情就隨著中英關係的變化而經歷了無數次的起落。時至今日，難怪很多人對此事顯得無奈及感到厭倦。最近一次的民意調查顯示，只有 15% 的香港人關心這次政改，而香港人對世界盃的關注，遠遠大於政改，真是令人啼笑皆非。

自由黨始終如一，早在彭督發表方案後的一個月，已經在本局清楚表明本身的立場，就是我們認為九二方案既不能貫徹英國自八五年聯合聲明簽署後所推行的政制政策，亦沒有遵守中英九〇年交換的七封外交文件。這樣做不利香港平穩過渡。我們亦曾經多次發表言論，說明中英、中港之間的全面合作對平穩過渡極為重要。由於中英爭拗，以致影響到香港其他發展。事實證明，自一九九二年十月以來，機場的興建、九號貨櫃碼頭的興建、軍事用地及中英聯絡小組的工作，無可否認均受到影響。對於過去二十多個月的中英爭拗，自由黨曾經嘗試積極扭轉劣勢，務求促使中英透過談判及磋商去解決香港的過渡問題。可惜，我們多番的努力，到最後卻功虧一簣。

記得去年一月，我們訪英，向首相馬卓安要求重開談判。去年三月我們訪京，向李鵬總理提出同樣要求及解釋立法局的角色。後來幾經艱苦，中英雙方終於重開談判。到九月，我們再成功地說服雙方以先易後難方式去解決一些死結。我們還以為中英會逐步尋找共識，誰料到立法局的投票方式竟然會成為談判破裂的導火線，實在是我們始料不及的。

彭定康總督來港時強調，香港人要民主，亦要平穩過渡。在九三年多次的本局答問大會中，他一再強調，任何方案既要民主，亦要有延續性，並且必須得到中方及港人的接受。假如他真的以香港的利益為大前提，無論如何都不應將其九二方案提交立法局，因為他明知香港人的意願是要平穩過渡。他怎能拿港人的

前途作為賭注呢？上星期憲制事務司在本局所講的說話不是明顯地露出了整套做法的虛偽性嗎？全世界都知道九二方案不會有延續性，他居然在本局對著我們議員說會有。他不是當本局議員是幼稚園學生，就是當我們是白痴，簡直侮辱了我們的智慧。

自由黨及多位本局獨立議員一齊工作，鞏固了英方以前口口聲聲要港人接受的銜接論。縱使中方多次強調，九七年會重組議會，但我們認為制度不宜大變，總比從頭開始好，而引起的動盪則要愈少愈好，而且今次的九四方案是融合了本局所有不贊成九七年徹底大變的同事的意見，更加參考了中英談判中曾經交換的建議，其中亦有不少共識的基本要點，例如新增五個功能團體及選舉委員會以四個界別選舉產生及組成。選舉委員會是英方於談判中提出來的方案。除此之外，我們亦考慮到本局內外人士所提的意見，包括九二年本局的專責委員會曾經收到及討論過的意見，更注意到多個調查的結果，特別是有很多香港人贊成採納妥協方案為依據。這些都是九四方案的基石。

基本法的一個現實，可以作一個局限，亦可以說是一個保障。從積極的角度來看，它是九七年起步的標準。任何人叫你不要理會基本法，是錯誤引導，是不顧後果的言論，我們一定要小心。有人說基本法現在就可以由人大常委作出修改。若現在可以進行修訂，那麼甚麼都可以修訂。多位本局的同事當年曾是基本法起草案〔委〕員會及諮詢委員會的成員，他們經過五年的努力，完成了九七年後香港的憲法。香港是一個法治社會，如果我們要求法律在未實行之前就要修改，這是否就是對香港負責呢？

還有三年，香港的政權就會移交中國。這三年很快便會過去。記得 11 年前，我組織當時的才俊團赴京向中國的領導階層陳述港人對九七問題的憂慮。可惜其中兩位成員現在經已去世，沒有機會見到九七。我時常想，香港的經濟繁榮、社會的安定、法治的制度、自由的生活，九七年後能否延續下去呢？當初我們赴京時就是為著這些問題向中國領導階層反映。我們提出的解決方式是對話而非對抗。我深信大多數的香港人要對話，現在香港人仍未徹底理解甚麼是宗主國，但我深信這問題一定會在短期內解決。

本局有很多同事，五年以來，從未踏足中國，沒有親眼看到中國的發展。中國現在的發展不單是多了一些現代化的建築物；我也注意到中國漸漸地開放，人

民有較多言論自由，對政府的要求也高了，並逐步邁向一個法治社會。雖然中國共產黨自建國以來犯了不少錯誤，但有那個政府不犯錯誤的？中國人民亦付出代價。見到現時中國的發展，我認為她的路向是正確的，當然，有很多問題仍有待解決，一個有 12 億人口的國家，不可能一朝一夕就能改變過來。世界著名的經濟學家預言到二〇一二年時，中國將成為世界最大的經濟國家。我一向認為中國的將來就是香港的將來，中港關係的密切不但在於政治方面，而且在經濟上更為顯著。沒有中國的開放政策就沒有今日的香港。所以我對彭定康總督這個弄到中英、中港關係破裂，又沒有前途的政改方案，既不贊同，亦不欣賞。一九九七年六月三十日彭督將會離開香港，他不須要承擔我們六百萬人民所要承擔的後果。我希望各位同事三思。

最後，我呼籲各位同事支持我們與獨立議員互相磋商及協調的九四方案，履行我們對香港的責任，確保香港既有民主發展，又有平穩過渡的三年。

李柱銘議員致辭：

今日立法局無論通過任何議案，不論如何按照中國政府意願，就算支持自由黨的投降方案，魯平先生都說：「九七年七月一日無論如何一定要打散」。那樣我們又有甚麼要投降呢？其實我們的選擇是否這樣困難？如果我們大家不是以私心的角度，而是從總體市民利益的角度來看，明知可能影響自己的錢包，亦在所不計的話，則今日的投票便很容易了。

根據報章的報導，有很多議員稱自己為「獨立議員」，但看他們暫時的傾向，又不覺得是怎樣的「獨立」。其實在香港是否容易做一名獨立議員？當一些大財團施加壓力、當強大的中國政府施加壓力時，是否容易應付呢？有很多理由都是可令人向中國政府屈服的。誰人不想安定繁榮、平穩過渡？「平穩過渡」好像是自由當〔黨〕的專利，任何人不聽它的那一套，就是對安定繁榮不利。好像香港市民選了所屬意的議員進入立法局而不選他們，便會發生大事了，香港社會就會發生動亂。他們有甚麼證據可以這樣說？當然，所派出的單張可以隨便怎樣寫，但是不須負責嗎？其實為何對自己這樣沒有信心？

據報章報導，自由黨的議員到了北京，要求北京政府施以援手，令親中的議

員協助他們，否則，自由黨的修改方案便不能通過，若不能通過，香港社會便不能穩定，民主派便會一黨獨大了。

　　我覺得很好笑，為何一個較為開放公平的選舉制度，就會令自由黨慘敗呢？連民建聯的朋友也沒有這樣說。當然，民建聯的朋友信心是較大的，為何自由黨的議員會這樣看？為何看得自己這麼低？為何會因為一個公開、公平制度便落敗呢？我對田北俊議員在北京所說的話（根據報章報導）有點失望，我覺得他對自己和其他自由黨的議員太沒信心了。但如繼續這樣做，便更令香港市民不支持他們。其實一個公開、公平的制度，不理是選了誰人，我亦信服。港同盟現在支持和希望得到一個較為民主的政改方案，港同盟知道我們不是為自己，我們不是逢選必勝。選誰是普羅大眾的決定，為何我們連香港市民也不信任？如果連香港市民也不信任，又怎能令他們選你呢？簡單的道理是，你信群眾，起碼要群眾相信你；你對群眾沒信心，群眾又怎能對你有信心？

　　主席先生，我在想，究竟有沒有其他方案比自由黨現時的方案更差呢？看來似乎沒有。我認為即使衞奕信是總督，相信他也不會要求那三位官守議員投贊成票，因為實在是太差了。在報導上，連中國的官員也沒有提出過比這個更差的方案。唯一可能的是那二十席直選，都要做一些「手腳」，但這一點，自由黨是沒有做，起碼在此，他們都沒有作出一些小動作。但香港人現在需要是甚麼呢？香港人需要的是有一個能真真正正地制衡政府的立法局，而立法局內的議員是不怕強權的。老實說，要香港市民，尤其是工商界的朋友或專業人士站出來，對著擴音器說人權、說法治、說民主，是很難的。為甚麼？因為大家都想著賺錢，大家也想做中國生意。但在立法局內的功能組別所選出來的同事們，請你們想清楚，你的選民，其實是想怎樣呢？選民是否想你們在立法局凡事都聽北京的意旨去「撳掣」、投票？你們的選民是否希望你們聽北京的話？現在便已經恐怕遲了請北京來控制香港？你的選民是否想這樣呢？你的選民是否反對民主？

　　有幾位功能組別的議員，曾用問卷方式詢問他們的選民如何抉擇，有很多本來是非常保守的議員，收回問卷後，非常奇怪他們的選民都是喜歡民主的。這其實是一點也不出奇，香港人不論是做生意的、專業人士、普通市民，誰會希望生活在極權的共產主義制度下？如果歡喜的話，為何留在香港而不返回大陸？李鵬飛先生說大陸那麼好，為何大家不返回大陸？其實大家也很明白，香港市民的意

願，是想香港真真正正能夠有「高度自治」，所有內政不受北京政府的控制。

所以，我想對由功能組別所選出來的議員講一句說話，其實你們的選民為甚麼選你們？就是希望你們能夠講出心中說話（而口卻不敢講的）。如果你們所做到的，只是像他們所做的一樣，即看著錢包來投票，那便不應該代表他們。他們要你們做的，是他們所不能做到的。

對那些委任的議員，我亦有一句說話。現時立法局內，絕大多數的委任議員都不是彭定康總督所委任，他們是不須向市民交代的，是否只對自己的良心交代就已足夠呢？我不知他們的良心對自己的行為有多嚴格，但除了對自己良心要有交代外，他們亦有責任對香港整體市民的良心作出交代。至於彭定康總督委任的議員則有三位，他們接受任命的時候，大家都知道彭定康總督的方案是怎樣的，如果他們不認同，便不應接受任命。如果接受委任，最少也應該有勇氣去支持。

主席先生，稍後大家投票時，請大家記住，我們不要為自己的利益而投票；我們應該為市民的整體利益，為「港人治港」、「高度自治」這個目標而投票。

杜葉錫恩議員致辭（譯文）：

主席先生，總督在一九九二年十月發表的重要講話中，犯了兩個基本的錯誤。

1. 他違反了中英兩國外長在九〇年初透過書面討論所達成的協議，就是共同解決九七年前的各項細節問題。

2. 他表示自己只不過是提出一些建議，但其實他知道他在公布一些決定，而他是不會作出任何改變的。這一點已經獲得證實，因為儘管各界遞交了幾千份意見書，亦舉行了無數次的討論，但他對其所謂建議卻沒有作出絲毫的改變。這些建議已納入我們今天辯論的條例草案之內。

當中國制訂基本法時，她首先諮詢香港人。諮詢工作持續了五年。最終頒布的基本法自然未能滿足每一個人的期望，但從來沒有一套法例可以做到這點，因為各人都有不同的期望。然而，基本法是一個可接受的開始，而且承諾在中國恢復主權十年後，逐步邁向全面民主。相反地，英國在管治香港的 150 年內，從來沒有就香港的憲制諮詢港人，直到一九九七年主權移交的問題迫在眉睫，其態度

才有所改變。因此，基本法與任何已存在的制度相比，都是一項重大改善。只要英國肯合作，我相信香港是可以順利過渡的。既然中國在這 150 年來都能容忍與英國所簽訂的不平等條約，甚至在文化大革命期間亦予以包容，我們沒有理由相信中國會違背在聯合聲明或基本法所許下的承諾。我們也沒有理由相信中國現在會違背諾言。

就在中英之間的脆弱協議仍須作最後修改之際，一九九二年十月，我們對一九九七年所存的盼望，竟被一位成事不足，敗事有餘的總督殘酷地粉碎了。他自以為懂得怎樣與中國交手，以西方政客多個世紀以來對待亞洲人及其他曾經是他們殖民地的國家的同樣手法對待中國。

撇開這種蠻牛似的手法不談，總督向本局提交本條例草案是犯了另一個重大錯誤，因為政府當局根本沒有打算像其他條例草案一樣，讓本局討論和修改本條例草案。總督的所謂建議，其實是一些向憲制事務科發出的命令，而憲制事務司出席本局的會議只是為了向我們解釋和遊說，但卻從沒有聆聽或接納任何其他的建議。今天有這樣多的修訂，正好反映出政府人員在聆聽本局的意見時，沒有一位打算修訂條例草案，然後才提交本局表決。對於總督本人，本條例草案從一開始已是既定的事實，儘管今天我們可以作最後決定。然而，總督甚至企圖迴避這項在《英皇制誥》及《皇室訓令》中所訂的規定，向議員展開遊說，按他的意願投票。從來沒有一個政府會像總督這樣做。

現在轉談有關的修訂，我會嘗試，但不能承諾，將我想要講的一切濃縮在這篇演辭內。

我會投票反對當前的條例草案，因為它違背了以前所訂一切有關功能組別的意義的概念，而且令基本法為未來選舉而制定的選舉委員會無法成立，更因為這條例草案造成了公然的「選區劃分不公」（gerrymandering）。根據我常用的辭典 Chambers' Dictionary 的解釋，「gerrymandering」一詞，就選區劃分而言，是指：「捏造事實、論據等，以求達到不正當的目的。」

關於港同盟提出的修訂，我發覺其實是採納了我原先的建議，就是婦女、學生及老人均應有本身組別的議席。但他們的概念與我的不同，我建議由婦女團體、學生會及老人與弱能人士的組織選舉代表擔任這些議席，我的原意並非是讓這些人士以個人身份獲得兩票投票權。我並不認為功能組別可以透過雙重普選得

以運作。因此，我認為要刪除這些建議，以消除這種「選區劃分不公」的現象。

我不會對黃宏發議員的修訂作任何評論，我只想說我認為他的修訂內容精深廣博，難於理解或執行。我只是在今早才收到其修訂本，而我深信大家日後可考慮其修訂的優點，在這一刻我認為我們並不大清楚他想要甚麼。

我希望馮檢基議員能夠加入尋求達成協調方案的小組。雖然這個方案也未必能夠過渡九七，因為我相信中國有意在一九九七年七月從新開始。但至低限度，今天由楊孝華議員提出的建議可以避免在未來三年出現不必要的動盪，而且令香港順利過渡九七。我請馮檢基議員支持這些修訂，因為有部分與他所提的方案相近，只不過現在由自由黨提出，但我可以證實，這些修訂是由不同組別，包括很多像我一樣的獨立人士，經過詳細討論和互相讓步後得出來的。令我感到遺憾的是，其餘的黨派並沒有加入小組，支持這個協調方案。我相信這一個模式能夠令本港保持穩定，直到九七年，而我希望它能夠延續至九七年後。

詹培忠議員的修訂關乎一九九五年立法局任期於一九九七年七月初屆滿的問題。除非本局另有決議，否則他一矢中的地講出了一些明顯的事實。中國已明確表示，彭定康方案已摧毀了「直通車」的概念，因此我似乎不用再為一個已經無可避免的結局浪費唇舌。可是，我看不到反對它的理由，因為九七年後的事，根本不在我們的控制範圍之內。然而，我也必須表明，英國在一九九二年的 180 度改變，粉碎了我們對「直通車」的希望，對此我感到非常失望。這列火車現已脫軌。詹議員的修訂讓我們有少許機會，可以重新返回路軌，因此我會予以支持。

至於我本人的修訂，我要求採用一人一票的制度，因為這是唯一公平的選舉制度。一九八五年，我有三票投票權，分別來自區議會選舉、教育界及市政局。我認為自己享有太多特權。但有些人甚至比我享有更多的投票權。

一九九一年，我的票數降至兩票，一票來自市政局，另一票則來自地區組別。但我仍感到這是一個不公平的制度。

這項為一九九五年選舉而草擬的條例草案令整個制度變得更壞，因為它給予所有在職人士兩票，而非在職人士則被削減至半人一票。正如我剛才已解釋，給予在職人士兩票是另一種「選區劃分不公」。給予每人兩票扭曲了三級制，即二十席直選產生、十席由選舉委員會產生，以及三十席由功能組別投票選舉出來。假如各位議員希望有一個全面直選的制度 —— 正如部分議員說他們確實想

這樣——那麼他們應贊同劉慧卿議員的方案，而不應企圖篡改基本法，以不正當的手法達到同樣的目的。如果我確信香港能經得起一個全面直選制度所帶來的突變，既不擾亂經濟，亦不影響民生，我當會支持劉慧卿議員的條例草案。但最近我們看到，西方強加於歐洲國家的突變如何令他們局勢不穩，人民生靈塗炭。李柱銘議員談到，人不能單靠麵包生活，但我必須補充，人也不可以沒有麵包而生存。我反而認為，像本港的經濟體系，穩定發展才是正確的路向，因為我們唯一的資源只有資本和勞動力，而資本與勞動力是互相依賴才產生作用，缺一不可。我們應該同心協力，發展本港的經濟和政治制度。我想大家一直合作得相當成功。我相信本局需要有相等數目的資本家和勞工界代表，以維持平衡。也許那些目前正面對困境的資本主義國家可以向我們借鏡，因為她們的民主制度已淪為政黨鬥爭，而工人永遠都是這些鬥爭的犧牲者，被一些不能實現的政治承諾所欺騙。

主席先生，我不打算就其他修訂發言，我只想談談我會支持何敏嘉議員就脊醫提出的修訂。脊醫寧願選擇放棄投票權，也不願被編入健康護理組別內，因為這確實是不適當的。脊醫的資格和工作，與醫學界有較密切的關係，我相信市民有權選擇那一種醫療方法，不論是西方、中國或其他另類醫療方法，只要是由受過訓練的醫療人員提供，以及遵從一套認可的執業守則便可。

主席先生，我曾兩次要求政府當局准許本局三位官方議員在這問題投棄權票，因為這個問題完全與九七年後仍然留在香港的市民有切身關係。（我希望這三位官方議員當中最少會有一人屆時仍然在港。）但我的要求被否決了。其他議員現在又再次提出同樣的要求，但同樣被否決了。

我反對這三位官員投票，但並非要指摘他們。沒有人知道他們的想法，因為他們根本不能夠透露。因此，我很同情他們。但對於總督，則自當別論。他向公眾錯誤地交代整件事，指三位官員的情況與委任議員的相同，而李柱銘議員亦贊成這種說法。總督清楚知道這並非是真確的，因為縱使他對其他委任議員施加壓力，希望他們支持他，但他們仍可以按良知投票。李議員表示，他們應該投票支持總督，他這種言論，令我十分驚訝。這似乎十分不民主。但三位官員無權作出選擇，不論是甚麼問題，都須按指示投票。

市民應當留意這點，以便他們知道，即使是今天的投票，政府亦在嘲弄民主。

馮檢基議員致辭：

主席先生，今天立法局會通過其中一個政改方案，決定九五年立法局的選舉安排，但其實也相當諷刺，就是我們不能夠保證下一任的立法局同事，究竟任期會到何時。

無論今日通過那一個政改方案和那一條修訂，港人都希望社會和政治能平穩過渡，但恐怕不能令香港人如願以償。造成香港九七年政制不銜接、政治不明朗的，責任全在中英雙方。對於中英雙方罔顧港人對政制平穩過渡的訴求，未能就九五的選舉安排達成協議，是違反中英聯合聲明中兩國對香港人的承諾。中英兩國曾在中英聯合聲明中謂她們會合作，為香港人建立一個平穩過渡、「港人治港」、高度自治的社會。但是九七仍未到，就出現了問題。

由於中方一再強調九七年須要重組三級議會，這意味著根本是無「直通車」的政制方案。無論政制是否符合基本法，都不能過渡九七。換言之，九七年的基本法不會延伸至適用於九五年的選舉。所以，無論今日通過甚麼政制方案，其實也無所謂違反或不違反基本法這個問題。至於究竟誰的政制方案適合在九五年實行，這是一個政治的判斷，是每個人、每個議員或每個政黨自己對香港的社會條件、市民的要求、自己政黨的訴求，這些都可能是最重要的考慮因素。這種情況其實給予我們民協在九五政制安排問題上很多彈性。民協在上星期日的會員大會上作了一項決定：除民協自己的方案外，可以考慮一些較民協方案更平等、普及和選舉方法能有更多市民參與的方案，作為我今日的投票指標。

因此，我和民協在今日立法局決定九五年選舉安排和修訂時，會以民協方案作為基礎，並就其他方案，如港同盟、匯點、黃宏發議員和總督彭定康等方案投贊成票。

民協所倡議的政制方案早於一九九二年七月醞釀，並於九月公布，當時仍未有彭督方案。我們希望在落實「港人治港」時能推進民主步伐。這也是我們的目標。我們希望能夠貫徹當時手上的三份文件（這三份文件都有政制部分），即中英聯合聲明、基本法和人權法。我們希望能落實中英聯合聲明的精神，基本法的規定，以及人權法中人人平等的政治權利，發展一個符合香港長遠民主政治體制。民協曾經就這個方案，向總督府、新華社，以至長途跋涉地到北京與英國政

府遊說。

民協相信，一個建基於平等、公開、朝向全民參與，而且完全按著上述三份憲制文件規定方向來發展的政治制度，應可達至一個跨越九七、貫徹落實「港人治港」、高度自治的理想。

民協提出的建議，無論是直接參與選出的立法局議員，或是透過選舉人間接推選的立法局議員，都容許全港四百萬合資格的選民，以一人一票進行。

民協建議在九五年的立法局選舉中，每個選民都擁有同等次數的投票權。根據政府提出的方案，全港有三分二的選民（約 270 萬）擁有兩次投票權；而其餘一百多萬合資格的選民，卻只能擁有一次投票權，在分區直選中投票，造成不平等的現象。民協建議的一人一票原則，是可以解決這種不平等的現象。

同時，民協建議透過參考功能組別的界定方式，劃分四個選舉委員會的組別，再透過全民普選方式，選出四百名選舉人組成選舉委員會；再由選舉委員會推選十位立法局議員。這個選舉人的選舉方法較政府提出由區議員組成的選舉委員會所產生的立法局議員，更有代表性和更能拉近與選民的關係。

現時中英就政制安排的談判破裂，致令民協倡議的政改方案最終目標 ── 希望可以發展一個普及和平等的選舉制度，能夠於九七年後繼續發展 ── 未能如願；但方案本身亦能夠擴闊現時選民參與基礎和改善現時功能團體不公平的地方。我仍然希望能遊說各位局內同事，考慮支持我們民協的方案。

今日我們通過的政改方案差不多可以肯定只得兩年壽命，但我們仍然可以利用這個機會，推行一個符合市民意願、有利香港發展一個全面普及選舉制度的方案。我們相信香港的社會基礎和條件，可以體現和實踐一些政治學者說過的理念。這個理念便是，在現在很多穩定的民主社會國家中，通常是具備一些基本條件和因素，使民主發展可以穩定進行。有些學者研究了全世界 120 個國家，發現其中有三個很重要的因素，令社會可以發展全面的民主，包括：

（1）資訊發達。差不多每個人都有條件、有機會擁有電視、收音機、報紙。資訊發達使全民可接收訊息。接收訊息的基礎便是民主的基礎。

（2）市民教育水平高，不識字率低。當不識字率低時，便有足夠工具去瞭解、分析、判斷和決定訊息。

（3）社會的經濟基礎良好。絕大部分的家庭擁有基本的生活工具，例如冰

箱、電視機、收音機，甚至汽車。

我相信香港也具備這些條件，並且有足夠的條件，在現時發展一個全民普及的選舉制度。我們可以利用這兩年的時間來探索一套適合香港民主發展的政治制度，特別是可以驗證普及而平等的選舉，是否在過渡期九七前真的可平穩抑或如一些人所說，會使香港混亂？其實我們可以在九七年時作一個判斷，如果證明是可行的，九七年後便應盡速要求特區政府修改基本法。如果在這兩年內看到情況不如理想，九七年後便依足基本法來做。我相信香港市民也會接受。

由於我們可以在過渡期最後的兩年內體驗一套合乎港人意願的民主政制，因此我們不應支持那些「原地踏步」或「小圈子」式的政改方法。

對於自由黨提出的九四方案，特別保留了公司票（或會修改成一會一票或一會六票），我覺得是違反人權法的選舉方式，我們是不會支持的。今日是一個歷史時刻，這個歷史時刻亦令香港人很為難。我們看到中英聯合聲明的承諾落空；我們看到政制沒有了銜接，但我們也看到香港的經濟基礎、社會條件。過去三四十年來，港人在經濟上的發展、港人的能耐，是有目共睹的。相信無論今日通過甚麼方案，我都覺得港人不會為了因為這個方案的通過（無論喜歡與否），而在社會上出現大混亂。在以往二三十年發展中，也證明香港人反對暴亂、暴力，香港人要求穩定。在這二三十年的發展中，我們看到港人反對鬥爭，特別是反對黨與黨之間的鬥爭，港人要求保持一個和諧及多元化的社會。有這些基礎、信念、文化、價值觀，我看不到今日的決定對香港人會造成任何衝擊。所以，我會以民協的政改方案作為基礎。除了基本法（因為有「違不違反」的爭論）外，我手上只有兩份憲法文件，即中英聯合聲明和人權法。凡符合這兩份文件和民協政改方案的，我都會投贊成票；不符合這個要求的，我會投反對票。

當然，到最後一輪投票，無論通過那一個方案，我們都要接受；如果我們不通過，便回到九一年的委任制度，這是我們更不願意接受的。屆時我的投票方法是，如果有關方案所容許的投票人數比民協政改方案為多，我會投贊成票，否則便投棄權票。

倪少傑議員致辭：

主席先生，剛才我聽到張文光議員慷慨激昂地陳辭，我十分佩服他的勇氣。因為他的勇氣是要把我們香港一百五十年來都未有的民主，在三年內將其完成，實在是勇氣可嘉，我在此預祝他成功。

主席先生，相信絕大多數香港市民都會與我一樣，希望香港能有一個穩定的社會環境，使經濟得以繼續蓬勃發展，大家共享安定繁榮。在後過渡期，這點尤其重要。作為來自工業界的議員，我更深深地明白工商界人士所期望的是香港的良好投資環境，可以繼續保持下去，擁有一個可以預見的將來，使他們能夠安心繼續投資經營企業。至於市民方面，則希望就業機會增加、安居樂業，那才是香港人的最大心願。

去年中英兩國就香港一九九四及九五年選舉安排進行談判，人人期望雙方可達成協議，使政制能銜接，政權能夠順利交接，過渡九七。可惜，事與願違。在中英談判沒有協議下，彭定康總督單方面提出他的政改方案。在政制上，首先喪失了「直通車」的安排，使九七過渡失去了銜接的基礎。今日我們所審議的政改條例草案，已不能達至港人所期望的順利銜接和平穩過渡。現時所作出的任何修訂，從現在起只能維持三年壽命。各位同事，中方曾經多次公開表示，彭督政改方案乃是三不符合的方案，也不符合香港人的利益。由彭督單方面提出組成的管治架構，只能維持到一九九七年六月三十日，之後就必須解散重組。但彭督一再聲言，不相信中國政府會於九七年後解散三級議會，這個只是一廂情願的幻想，自我陶醉之餘，更誤導香港市民。

毫無疑問，彭定康政改方案無論如何修補，到一九九七年七月一日，將會隨著英國在香港統治的結束而結束，這是鐵一般的政治現實。儘管我反對這份政改方案，但作為立法局議員，審議草案是我的職責之一，我不會放棄這個責任。由於港英政府只有三年的政治壽命，本人呼籲本局同事在政改問題上作出努力，盡量減低香港在後過渡期因彭定康政改方案的執行而可能帶來的衝擊。我也期望香港市民在未來三級議會選舉中，積極參與或投票，選出自己心目中能夠代表港人利益的議員，這是公民本身應盡的權利和義務，在任何惡劣的情況下也不應放棄。事實上，港人應該積極參與，以表示他們熱愛香港，努力為港人謀幸福。參

與投票並非等於表示贊同彭定康總督的政改方案。

我們生於斯，長於斯，我們應為我們的前途說話，為保護我們的前途而努力，這是我們應有的責任。我們有保護自己的權利，我們絕不能放棄。

對於自由黨提出九四方案，包括九個新增功能組別的組成方式和選舉委員會按照基本法模式的規定產生及田北俊議員建議功能組別選舉沿用一貫的投票制度，我深表支持。因為我認為現時功能組別的組成方式和選舉足以照顧和反映界別內選民的需要，而且這個制度一直運作良好，有助維護社會穩定，以利工商業發展，我實在看不到有甚麼理由要貿然作出改變。任何激進、劇變的修改或立法，都只會為香港帶來負面的影響，要市民付出沉重的代價。

至於詹培忠議員提出的修訂，是理所當然的事實，本人也會投贊成票。剛才李柱銘議員批評李鵬飛議員，謂他放棄了聯合聲明賦予我們的東西。我不知道他所指的是甚麼？我猜他是指人權、法治和民主這三大事。聯合聲明是幾經艱苦由中英兩國經過多次磋商才制訂的協議。當時香港人，甚至全世界都對中英聯合聲明推崇備至。中英聯合聲明中的三大基本原則，我相信大家也記得。第一個大原則，就是我們香港人仍然保持我們的自由生活方式；第二大原則，我們要實行自由資本主義經濟，包括經營自由、資金來往自由；第三大原則，我們的法律制度維持不變，沿用英國普通法。這三大原則，為我們在香港的生活提供了保障。我們在這個環境下能得到發展，成為今日世界上羨慕的一個經濟大都會，全賴這三大原則。中英聯合聲明及基本法已顧及這些原則。正如杜葉錫恩議員所說，基本法的制訂經過多次磋商，徵詢香港人的意見才達成，而這三大原則也包括在內。因此李鵬飛議員又怎會如李柱銘議員所說，放棄人權、法治和民主的原則？這樣的批評，實在是荒謬極了！李鵬飛議員絕對沒有放棄。我們香港人也沒有放棄，自由黨沒有放棄聯合聲明的大原則，也沒有放棄聯合聲明所賦予我們的東西。這些東西已在基本法列明。我們遵守聯合聲明，遵守基本法，並不等於我們放棄我們的利益，我們的權利。

我們確實放棄了一些東西。我們放棄的是甚麼？就是放棄了被人將來利用作為政治籌碼。我相信香港市民不會放棄為自己的前途而努力。這點他們絕不會放棄。

麥理覺議員致辭（譯文）：

主席先生，在這個歷史性的日子，我感到自己身負重任。我們現在所辯論的，將會影響香港六百萬人的命運及將來，亦可能會影響中英和中港關係。經過兩年的焦慮盼望、激烈辯論、反省和檢討，我們終於到了一個要作出決定的時刻。本局現正肩負起決定香港政制的責任，從來未有一個立法機關要承擔這樣的重任。因此，在作出決定之前，議員展開多番爭論和努力進行遊說，一點也不令人感到驚奇。

首先，我希望清楚表明香港總商會的立場，然後我會解釋香港民主促進會的立場，最後我會講述我個人對現正審議的這些極為重要的建議所採取的立場及有關原因。然而，我要首先指出，在一九九二年十月十四日及十一月十一日兩次冗長的辯論中，本局大部分議員普遍支持總督彭定康的政改方案，特別是有關選舉委員會的組成的方案。我今天帶備的立法局議事錄，列載了贊成彭定康方案的議員的名字，我不會點名指出那位議員改變主意，但是，若將其與今天辯論的議事錄互相比較，結果會相當有趣。

政府提出的兩項主要建議為選舉委員會的組成和新增的九個功能組別。我會首先講述後者的建議。

香港總商會已發表其意見。該會認為，就性質而言，新增九個功能組別應與現有 21 個功能組別合併，並在有需要時保留法團投票。

香港民主促進會認為選民範圍狹窄的功能組別與總督彭定康所建議的較廣闊功能組別各有其優點。因此會員的意見有些分歧。

我曾支持採用自由黨及所謂「早餐派」議員的建議，或至少其中一些建議，來設立九個新功能組別。但在最近數個星期，中國已明確表示會在一九九七年解散三級議會（我完全相信中國會這樣做），在這些情況下，我毋須再受到較早前我以為中英雙方已就功能組別的定義所達成的協議所約束。功能組別可說是一些怪物，它們有不同的形狀和體積，在若干程度上被人操縱及不合理地控制；我始終認為，功能組別愈大、選民愈多，出現選區劃分不公及組別內有關機構舞弊的情況就愈少。

我傾向於信任個人而非法團，我是以人而非利益為出發點。我是憑良心做

事的，我不願被人操縱，或成為一小撮人的傀儡，不論他們是何等有權勢或影響力。

我在此階段必須說明，我亦不同意李柱銘議員批評商界人士，包括商界女性，對民主及民主改革的意見。他下次發言時，請他改變其立場。假如所有商界人士都反對民主和民主改革，我便不會在一九八八年當選，更不會在一九九一年連任。我相信我是由總商會的會員所推選的，而非由常務委員會推選的，常務委員會的選舉可能受到委任代表投票的強烈影響，我覺得這個制度並不民主 —— 在上一屆選舉，這類選票佔總票數的 85%。

雖然直至今天為止，總商會的資深會員一直向我施加壓力，但我會憑我的判斷決定如何投票，而明年總商會的會員可自行決定是否同意我的意見。

我認為我的職責是代表香港市民的廣大利益發言，我所做的一切都是憑良心的。因此我會投票贊成彭定康總督增設九個新功能組別的方案，我亦會投票贊成將現時 21 個功能組別民主化及反對法團投票。

主席先生，正如我在十月十四日所說，本局大多數議員贊成選舉委員會的組成，此事已經本局深入討論，而議員亦發表了很多意見。我們在立法局議事錄找不到一個類似自由黨及其支持者今天所提出的建議。現時已有大批區議員，他們全部都是由香港市民民主地選出。廣義來說，可說是代表全體市民。但自由黨竟要求我們考慮選擇一個繁複的數字方案。若我們接納這個方案，一些規模細小的公司，會為我們帶來糾纏不休的惡夢，舉例來說，一間只經營一部的士但有很多司機的細小公司，還有與運輸業有關的各種聯會，好像友聯的士同業聯會有限公司及偉發的士車主聯會有限公司等，都要全部歸入運輸業。為甚麼會這樣？只要我們翻開黃頁分類，大概可以找到六十間這類公司。此外，名稱中有「ship」、「marine」或「boat」等字眼的機構，不勝枚舉，還有數以十計可勉強歸入運輸業組別的特別公司。另一方面，一批與漁農業扯上關係的組織，例如香港新界養鴨鵝同業互助會，就被列入漁農界別。用這樣的方式劃分功能組別，真是令人摸不著頭腦。

為何自由黨這樣害怕民主選舉？自由黨怎麼可以不信任香港人有能力選出一些質素好，並能夠代表普羅大眾利益的區議員？他們為何要建議一個以為會獲得中方接納的選舉委員會模式？明顯地中方不會接納。既然是這樣，本局的自由黨

議員及其支持者，為何還要用一個在一九九七年可能會加諸香港，明知有問題的選舉委員會來討好中國？他們究竟以誰的利益為依歸？

我認為我們必須信任區議會和區議員，我深信由他們組成的選舉委員會，將會不負眾望。我們必須拒絕接受這個強加於我們身上的不民主怪物。

何承天議員致辭（譯文）：

主席先生，有多位在今天發言的議員都表示，今天是一個歷史時刻。但過去 18 個月發生的事件，已導致中國政府清楚表明，無論今天的決定是甚麼，立法機關都會在一九九七年七月一日解散，並會按照一套符合基本法的新規則重新進行選舉。各位議員現在辯論的政制，只會持續至一九九七年六月三十日子夜十二時，即是說，只有 21 個月的壽命。今天的辯論對香港歷史的意義是否只在於它會影響英國最後幾年的管治？辯論的結果會否帶來順利過渡，抑或為香港的民主發展帶來不明朗因素和障礙？

自從彭定康先生在一九九二年十月公布他的政改方案後，我最關心的是究竟香港人和國際間對圍繞這方案的實際問題瞭解有多深？彭定康先生被譽為捍衛香港民主的戰士，但還有一大堆問題尚待解決。他是否真的希望，他那些違反基本法、違背兩國政府在外交函件中所達成的協議的方案，會獲得中國政府的接納？若答案是否定的話，他又為何不擔心他的方案會產生反效果，令我們的政制不單只無法延續，還可能導致民主發展遭受一次嚴重挫敗？現在另一個更令人困惑的問題是，為甚麼總督會在這個時候，明知擬議的制度的壽命不足兩年，仍堅持要本局通過他提出的原來建議？

彭定康先生一直向不同聽眾發出不同的訊息。例如，在一九九三年三月的一期《財富》雜誌中，他在接受訪問時曾經這樣形容他的方案：

「其實所爭論的並不在於民主。聯合聲明和基本法中已保證逐步邁向民主……我們談的是究竟一九九五年的立法機關是否可信，並非特別關於它是否民主，雖然它亦會有一個民主的基礎。」

這是他所說的，但在一九九四年六月二十六日本地一份主要英文報章的一篇文章，他建議「透過擴大功能組別的選民範圍，並引進民主的清新空氣，以改善

現有功能組別的缺點」。

這類含糊不清的訊息，並沒有幫助港人和國際間瞭解彭定康先生方案的內容。香港大學社會科學研究中心最近進行的一次調查顯示，只有 7.6% 的被訪者明白究竟總督在他的「九二方案」中想達到甚麼目的。

主席先生，國際間和本港市民可能並不完全明白我們究竟在辯論些甚麼，但在座各位議員，包括官方及非官方的，卻應該掌握更清楚的訊息。我們對於那些推選或委任我們的人負有神聖的責任，就是抱著公平和真誠的態度進行這次辯論。香港是不會獨立的。香港將會成為中國的一個特別行政區，但是港人將享有高度自治，而我們的將來是按照基本法的規定管治的。

在我們繼續討論下去之前，我們應分辨清楚，那些人是接納基本法，那些是不接納的。對於那些不接納基本法而要求作出修訂的人來說，所爭論的問題應該屬另一個層面。例如，劉慧卿議員的非官方議員條例草案要求本局六十位議員全部由直選產生，這明顯是違反了基本法。另一方面，有些議員希望民主發展的步伐較基本法所規定的更快，所以便支持總督彭定康的方案。作為市民，他們是絕對有權就基本法表達本身的看法。但在今天的條例草案辯論中，他們不應假裝相信彭定康方案是符合基本法的。另一方面，對於那些支持基本法的人，辯論的焦點便是究竟彭定康方案是否符合基本法，若否，又會對民主發展造成甚麼問題？

並非有太多人，特別是那些香港以外的人，明白到基本法早已就民主發展的進程作出規定，不容許民主發展停滯不前。一九九○年頒布的基本法已訂定了直至一九九七年的民主進程，而全面民主將會在第三屆立法會選舉中體現，即二○○三年。基本法第六十八條亦訂明：「最終達至立法會的全部議員由普選產生的目標。」因此，一些像李柱銘議員這樣的主要政治人物，昨天在電台上表示，不支持彭定康方案便是「漠視香港的民主」，這種說法是極端誤導和不確實的。

至於彭定康方案是否符合基本法，彭定康先生在六月二十六日發表的一篇文章表示：「沒有人可以指出方案中有任何一項建議是違反這兩份文件的。」他所指的文件是聯合聲明和基本法。我對這個說法感到極為詫異。正如很多人，包括我本人在內，亦曾在多個公開論壇上，包括向英國國會外交事務委員會陳辭時，指出彭定康方案與基本法並不一致，至於箇中原因，稍後我會複述我的論據。

大家都承認，基本法並沒有為功能組別下定義，但我們應記得，當基本法

尚在進行諮詢的階段，香港已引進和確立透過功能組別舉行間選的制度。政府在一九八四年和八八年發表有關代議政制的白皮書已界定了功能組別的定義。一九八四年的白皮書將功能組別界定為：（ａ）與經濟和社會有關的選民組別，將會以全港性而為各界承認的主要組織、社團和機構為基礎；及（ｂ）至於由專業人士組成的選民組別，則以某些職業的從業員資格為根據；這些職業應具有悠久而為當局承認的專業地位。

身為前基本法諮詢委員會的成員，我當然可以說，在辯論基本法草擬本時，我們是緊記上述的定義。目前的方案建議每一個工作地點的每一名在職人士，均可在功能組別中投票；但即使基本法諮詢委員會內最民主的委員，包括一些在座的議員，也從沒有這樣的想法。那些希望有更大程度普選的人應要求更多直選議席，而非透過這種安排來擴大普選。因此，新增九個功能組別的方案並不符合當初草擬基本法的精神。

基本法並沒有訂明，由一九九七至九九年選舉委員會應如何組成，因為基本法預期一九九七年第一屆立法會的組成方法和成員名單，將會成為一九九九年立法會的藍本，只要一切符合基本法便可。但一九九九年立法會的組成已在基本法附件一清楚訂明。此外，在一九九〇年一月至二月期間，即剛在基本法定稿之前，中英兩國政府所交換的外交函件亦顯示，英國政府已同意選舉委員會的組成大致與基本法內訂定有關一九九九年的選舉委員會相同。事實上，是英國政府向中國政府建議這個由四個主要類別組成的架構。

彭定康方案顯然是偏離了雙方所達成的協議。如果彭督方案被認為是更民主，又如果基本法在九七年後沒有修改，那麼民主發展便會開倒車。換言之，這個發展亦不能持續至九七年後。

主席先生，聯合聲明和基本法曾向港人承諾，本港的社會經濟制度在九七年後保持不變。香港市民將會由一個他們熟悉的地區走往應許之地，但他們不清楚這應許之地在那裏。他們盼望在這次旅程中能乘搭一列既舒適又安全的「直通車」。但這班「直通車」現已從時間表上刪除，只因為負責管治本港的工程師希望以另一套軌距和幾何計算法來興建路軌，以便這列火車可以更快速度前進，但卻罔顧管制站另一邊的情況，以及對乘客可能帶來的危險。

主席先生，香港人都盼望有民主發展。有些人可能希望民主發展的步伐會較

基本法中所訂定的更快。但假如現在的政府和本局誤導他們，以致他們抱有更大的期望，而到主權移交之時，卻發現一切頓成泡影。這實在是辜負了港人對我們的信任。向香港市民許下一些無法兌現的承諾，是一種不仁不義的做法。

主席先生，無論大家說得如何漂亮，香港政府與本局均不能承諾，可以有一個較基本法所訂更快或不同的民主發展步伐。只有在中英兩國政府之間達成協議下，我們才可以作出這樣的承諾。為此，我不能支持本條例草案。

既然再沒有「直通車」，本局議員對今天所作的決定顯然要負起更大及神聖的責任。各位議員應確保在英國主權管治下的後過渡期裏，我們可以有一個盡量接近基本法所訂定的政制模式。這是為了確保本港的民主發展得以持續，而在主權移交時如需作出任何變動，這些變動也應盡可能減至最少，使其對本港社會安定所帶來的衝擊可減至最低。

我還記得政府在一九八八年白皮書這樣描述：「從現在到一九九七年期間，政府的目標是使香港現有的代議政制能繼續逐步發展，而發展的方式應要取得香港市民的充分信心，和確保政府繼續能顧及社會不斷轉變的需求，並能有效地管理香港。這些發展亦應顧及一九九七年政權的順利交接和在其後維持高度的持續性。」上文載列了香港政府應遵守的所有規則。

主席先生，楊孝華議員代表自由黨提出的修訂，是由多位黨內黨外的議員經過廣泛諮詢後絞盡腦汁鑽研出來的。這些修訂建議將為本港帶來一個公開和公平的民主制度。最重要的是，由於這些建議都與基本法所制訂的制度十分接近，可以提供一個穩固的基礎，讓民主得以在九七年後進一步發展，並對我們的政制穩定帶來最少的衝擊。

楊森議員致辭：

主席先生，最近我對一些記者朋友說，民主派最重要的是保持身體健康，心境平靜。他們以為我在說笑。其實，最主要的原因在於中國政府對香港的政策愈來愈「左」。我們今日面對一個很嚴峻的局面，就是民主派的方案，是否有機會在本局通過。若然失敗了，總督彭定康這個比自由黨較為民主的方案未知是否有機會通過？許多同事說今天是一個歷史性時刻，這種說法非常正確。如果今天

我們通過了一個十分保守的方案，即是告訴全世界，香港沒有能力發展一個較民主的方案，這是令人非常可惜的。亦有人說，不論採用甚麼的制改方案，中國政府在九七年七月一日都會重組三級議會。因此，我們毋須作出變改，或改革方案應盡可能接近基本法，使將來要面對的改變減至最少，這是自由黨談得最多的論點。可惜的是，無論其用心如何良苦，中方最終還是將三級議會重組。因此，無論政改方案如何接近基本法，這種震盪也是無可避免的。

既然是須要作出變改，我們又怎樣做呢？香港人須要自求多福。我們應盡可能，在既有的限制下盡力發揮最大的影響力，將我們可以發展的政制向前推進一步，而不應返回九一年的軌道。因此，我在這裏向各位議員、新聞界及市民呼籲，對這個嚴峻的局面，我們要冷靜和審慎，要在穩定中求進步，要自求多福，盡自己的本分，不要太悲觀，我們不應將一些可能未必發生的事說成一定會出現。我們應抓緊現實，把握機會，發揮現時可以發揮的力量。

香港是具備發展民主的條件。英國管治了香港百多年，當其撤離這個殖民地時，唯一留給香港人的資產，就是一個法治的制度。這種法治的制度，對香港是非常重要的。香港人在法律面前人人平等。香港亦通過了人權法，甚至中國政府亦同意人權法可以接受。我們有好的法律制度，我們亦有一個較為普及的教育制度。自從八十年代開始，我們約有 14% 適齡學生可以入讀大學。我們經濟亦較為穩定，不單止穩定，更是持續增長。有些地方雖然有經濟增長，但卻是「大起大落」。我們既沒有種族糾紛，也沒有宗教仇恨。我們這些在戰後出生的一群已逐漸成長，在各行各業中，擔任著一定的角色。香港出現了一個十分龐大的中產階級及專業階層。事實上，一些政治學者告訴我們，若說香港沒有發展民主的條件，那麼我們就連最基本政治常識都沒有。所以，香港實在有條件按九一年的基礎，再向前發展。

港同盟的方案基本上是將彭定康的方案修改。稍後，當我們提出修訂時，我們將會逐點向大家解釋。基本上，我們是將彭定康方案再向前發展。不過，若我們的方案未能獲得接納，我們會支持彭定康方案，因為彭定康方案基本上較自由黨方案民主。主要原因是在選舉委員會方面，其建議遠較自由黨的方案好，它是由普選產生的區議員組成選舉團，由三百多人代表香港市民選出十個立法局議員。這三百多個透過分區直選產生的區議員，要向其選民交代，因此要控制選舉

結果是不可能的。選舉團雖然是一個間接的選舉，但卻是由一個普選的基礎產生。因此，這個方案與自由黨所提出的，只有少數人參與和只透過四個界別所產生的選舉委員會相比，當然較為可取。不過自由黨亦會說該四個界別亦是由選舉產生。但我們不要忘記，人大和政協不是由香港人選出來的。所以，雖說是選舉產生，事實上卻是「閉門」選出來的，而並非由香港市民選出來。此外，選舉委員會為何一定要由這四個界別，而非其他市民組成？因此，由普選產生的區議員組成的選舉委員會，遠較自由黨所提交的方案好。

自由黨建議新增九個功能界別，但這並不足夠。因為這些組別並未包括退休人士、家庭主婦和 18 歲以上的學生，因此，港同盟會將功能團體選舉修改。其實港同盟和匯點一向都反對功能團體選舉。因為這種選舉的選民人數較少，並不普及。但既然基本法有規定，直至二〇〇七年都可能存在，我們便須要將這種保守的政制盡量擴大，使所有就業的人，以及家中婦女、成年學生和退休人士全都可以參與選舉。這不是更為公平嗎？我們要在有限制之中向前發展，因此，我們要修改這個方案。另一方面，自由黨提出的那個方案，只容許十多至二十萬人選舉，有些更是由公司代表來投票。若其修訂獲得通過，將會使人非常遺憾！

最後，我呼籲一些獨立議員，例如我所尊敬的鄭海泉議員、陸觀豪議員、張建東議員，請細心想想，香港是否有條件發展一些較為民主的方案？既然中方口口聲聲說會重組三級議會，而這方案亦是為香港人所接受，為何我們不給予這方案一個機會？鄭海泉議員為滙豐銀行僱員，他可能擔心影響與工商界的關係，對此我們表示理解，但我仍請你們支持這個方案。李鵬飛議員批評港同盟和匯點提出將公援由 1,550 元提高至 2,100 元的福利政策是社會主義。我相信他對政治學和社會政策認識不深，所以才有這些荒謬怪誕的言論。基本法早已說明採用「一國兩制」，我們怎可能發展社會主義？若說增加數百元的公共援助金，便是社會主義，我請他先參考加拿大、澳洲、英國等地方的福利制度，再回來與我研究這個問題。

我希望各位尊敬的議員，能夠給予香港人一個機會。我們並非要爭取甚麼，我們只是希望取回中英兩國政府在聯合聲明承諾給予香港人的東西，而這些東西是港人應得的。

劉慧卿議員致辭：

主席先生，在這幾日香港政府面臨一個很大的挑戰，總督率領各高級官員不斷向議員遊說，因為他恐怕他自己提出的政改草案會給自由黨及早餐黨某些議員成功修訂。做成政府今日這個進退維谷及非常狼狽的局面，罪魁禍首其實是政府自己。

當港英政府在一九八五年推行第一次立法局間接選舉時，並無推行公平的普選，相反地，為了繼續維護政府、工商界及一些專業人士的利益，於是設計了特權式的功能組別及間接選舉。這種選舉其實與獨裁的委任制度沒有甚麼分別。更加不幸的，主席先生，這個制度令中國政府得其所哉，並將其寫入基本法，要我們在九七年之後繼續採用，令香港的選舉制度遺臭萬年。

在一九八九年北京大屠殺之後，英國政府對香港的政黨有些改變。她希望借民主之名，令其可以光榮撤退，於是試圖擴闊功能組別選民的人數，美其名為變相的直選，其實是一個非驢非馬的選舉方案。可惜，港英政府的好夢可能難圓。今日她要面對的阻力，主要是來自那些當初她一手提拔，賦予政治特權的工商界及專業人士。今日做成這個尷尬的局面，政府可謂自食其果。其實自由黨的修訂方案與港英政府在八五年提出來的制度可謂一脈相承。港英政府過去依賴這些委任議員，現在這班人可能成為最大的叛徒。

主席先生，人情冷暖，世態炎涼。今日有些議員可能會予人一個印象，就是「有奶便是娘」。如果立法局今日通過了自由黨及早餐黨協調的修訂方案，令到香港有一個不民主的制度，英國政府在這件事上絕對難辭其咎，正如俗語所謂：「自己攞嚟衰。」「衰」其實並不重要，但害苦了我們六百萬港人，很多人對此感到非常憤怒。有人說，彭定康在九七年或之前可以一走了之，但留下來的爛攤子則要我們承受。我希望英國政府三思。講到英國的責任，我又要舊事重提。主席先生，英國人真正可以為香港做到的，就是給予我們英國國籍，以便他朝香港有難或不想留在這裏的人，有一條生路。主席先生，功能團體的選舉方案無論作怎樣的修訂，也無法令其變成真正的民主選舉。所以我的立場，由始至終都是反對的。

一九九二年當總督提出他的政改方案時，我在本局投票支持。當時政府說

出會在基本法的範圍內盡量爭取民主，盡量提高市民的參與程度。我是在這樣的情況下給予支持。但當彭定康的所謂「一滴民主」方案公布後，中國政府勃然大怒。英國政府隨即在九三年讓步，改為提出一個以為中國可以接受的方案。中國不但不接受，反而宣布在九七年要解散立法局。既然銜接已經成為泡影，為何我們還要在基本法的框框內打轉。因此我希望各位議員支持我稍後提出的私人條例草案，讓香港在九七年之前可以有一個全部民選的立法局。

其實我們稍後討論的十多項修訂，很多市民都不知道是甚麼一回事。我相信就算問題本局的議員，有些可能也不知道，因為是非常之複雜，而且是堆砌出來的。我相信絕大部分同事會投反對票。我亦相信市民不希望我們去投票支持一些我們自己也不曉得的方案。如果這些方案不幸地獲得通過，我相信整個暑假我們都會寢食難安，並且要天天開會，與政府研究那些方案是否可行。

主席先生，今日最具爭議性的修訂，相信就是功能組別選舉。其實功能組別選舉充滿了問題。試看看過去三屆的功能組別選舉，分別有三成甚至七成的議席是自動當選。再看看九一年的功能組別選舉，當時 21 個議席之中有 12 個是在沒有對手的情況下自動當選。他們包括中華總商會的黃宜弘議員、工業總會的張鑑泉議員或現在的田北俊議員、財務界的李國寶議員、勞工界的彭震海議員及譚耀宗議員、社會服務界的許賢發議員、醫學界的梁智鴻議員、健康護理界的何敏嘉議員、會計界的黃匡源議員、地產及建築界的夏佳理議員、市政局的杜葉錫恩議員及鄉議局的劉皇發議員。主席先生，功能組別明顯地出現互相協調的情形，但其實更加重要的，有些是檯底交易的結果。

主席先生，功能組別確有互相協調及檯底交易的情況。如果杜葉錫恩議員不同意，我也沒法子，但這是鐵一般的事實，香港市民的眼睛是雪亮的。如果我們不喜歡這些選舉方法，我們稍後就投票將其全部廢除。不過九一年有 12 名議員不需選舉，不須爭取就自動當選，卻是鐵一般的事實。看看我們 18 個直選議席，又是否有這樣的情況出現？市民是「心水清」的，他們深知這些功能組別選舉完全不可取。我希望議員三思，並支持我稍後提出 60 席全面直選的修訂。

最近有些功能組別自己進行內部調查。但大部分調查結果當然是顯示他們支持繼續採用這個賦予他們政府特權的選舉方式。有多少會像社工界這樣廣闊的胸襟，支持一人一票直選？要這些享有政治特權的人放棄其特權，使其他市民亦

享有同樣平等的權利，簡直是奢望！我曾遊說黃秉槐議員，他說支持我等於「自殺」。不過現在有跡象顯示，他可能會支持我。支持我絕對不是自殺，這是為香港市民的民主政制向前推進一大步。所以我呼籲各位議員，就算稍後不支持我的私人條例草案，也不要反對。唐英年議員曾對我說，他也不想「阻著地球轉」。稍後我們要看看那些人「阻著地球轉」！

主席先生，我剛才聽杜葉錫恩議員及自由黨叫政府不要投票。他們說政府不應該投那三票，我自己不同意這個說法。其實立法局 60 席之中，只有 18 席是民選出來的。按照他們的論據，所有委任議員及間接選舉產生的議員都不應投票。此外，本條例草案是政府制訂的，它當然有其立場，怎能叫政府不要投票？

主席先生，我相信市民會看得很清楚，就是在 18 名直選的議員中，肯定有 17 名是會反對自由黨這個與早餐黨協調的方案。這又說明了甚麼呢？大家議員都可能會記得，去年我們的同事梁錦濠先生由於賄選被判入獄。你們知否他當選的功能組別有多少人？只有 36 人！我曾經在本局質詢廉署，是否有辦法可以改善這個小圈子的遊戲規則，以致不會出現賄選的情形？當時廉署的答覆是沒有。唯一能夠杜絕賄選、買票、種票的辦法，就是將功能選舉全部廢除。

我劉慧卿今日旗幟鮮明地聲明，我支持 60 席全面直選。這是我九一年參選的政綱。我當時亦講明我希望未來的行政首長透過一人一票選舉產生。我的底線是立法局 60 席全部直選。

有些議員表示他們也支持 60 席直選，但其底線可能是 30 席、20 席或甚至 10 席。這樣根本是舉棋不定，沒有底線可言。所以我希望支持我的人瞭解到我是旗幟鮮明，我是有底線的。

有人批評我的修訂可能令彭定康方案不能獲得通過。我們要瞭解，要爭取就要付出代價。況且他們也希望他們選出來的議員有一個鮮明的立場，凡事不會搖擺不定。

我相信世界上有很多人正留意著本局的發展，看看本局是否有立場？我在此重申，我的底線是 60 席。我希望一九九四年六月二十九日是香港立法局創造歷史的一天，我更希望議員支持我的私人條例草案。

陸恭蕙議員致辭（譯文）：

主席先生，我相信民主，所以我完全支持劉慧卿議員的非官方議員條例草案，因為那是直至目前為止提出的最佳建議。政府的建議充其量只能名列第四或第五位，但仍然較自由黨提出的「雜碎式」方案為佳。

所謂九四選舉方案根本談不上與民主。李鵬飛議員說他提出九四選舉方案，因為方案有機會為香港在九七年帶來穩定。他相信方案能帶來穩定，因為那是按照中國的立場而設計的。雖然我希望能相信他的話，但很可惜這實在難以置信。讓我舉一個例。若乙方對甲方說，要是甲方考試及格，乙方便會用某種方式獎勵甲方。甲方知道這項建議的內容，即甲方只要考試合格，便會獲得獎勵。相反，若乙方說甲方必須先考試及格，然後乙方才會考慮是否給予獎勵，那麼甲方根本無法知道是否會有獎勵以及有甚麼獎勵。

主席先生，我相信你亦同意，這並非甚麼真正的建議。自由黨和支持九四選舉方案的其他人就像甲方。他們嘗試在考試中取得及格，希望中國就此會做某些事。他們為此不惜犧牲香港人的民主意願。難道香港對民主的渴求，代價是如此低廉，以致我們願意雙手奉上，不求甚麼回報？主席先生，我認為不是的。

我猜想那些不惜犧牲民主的人，他們本身並不相信民主。他們不是真心相信有真正的代議制政府。他們當中有許多人認為功能組別這種制度非常好。他們相信這種制度可以防止派發免費午餐，但事實上功能組別這種制度基本上是違反民主的，對香港打擊甚深，因為這種制度鼓吹各界別的利益，卻損害了社會的團結。這種制度積極鼓勵人們以私人利益作為出發點來作交易，卻把公眾利益置諸不理。

鑑於功能組別在本局所佔的優勢，再加上自由黨的建議推波助瀾，即認為選舉委員會應加入某些功能組別，作為該委員會的選舉基礎，結果會使各功能組別代表之間，可以進行政治交易，因而犧牲公眾利益。就這種情況而言，我認為可說正好準確地反映出自由黨和他們在本局的支持者希望保留的是甚麼制度。這種制度把公眾摒諸門外。

至於法團投票的問題，若公司是一個法人，透過註冊成立公司，便可以作為自然人的掩飾。

　　有人建議由一位或多位董事投票，但我認為這些建議沒有一項能解決這個問題，因為公司幕後的操縱人只須委派掛名董事，依他的意思來投票。麥理覺議員亦已指出，自由黨的建議實際上如何指定選民。他曾舉出運輸界功能組別為例，我亦想對他關注的問題表示一點意見。

　　我從自由黨的修訂動議文件中得悉，這些選民包括 Polly Ferry Company、Export Fortune Limited 和珊瑚海船務有限公司。這些公司是否如麥理覺議員所推測，真是隨意從黃頁分類中挑選出來？以這種方式挑選選民的做法是荒謬的，但亦可以這樣說，若確實以這種方式指定選民，縱使並非意圖貪污，但實質上仍可能犯了貪污，因為以這種方式把投票權授予指定選民，就像是購買選票一樣。我給你一票，以便你會投我一票。又或是選舉來臨時，我投你一票，因此記著投我一票。此外，以一間公司一票作為基礎的選民數目，或甚至是一間公司多達六票的選民數目計算，可能組成的選民數目都實在微不足道。

　　主席先生，這實在是極不民主的。就基本法是神聖不可牴觸的論點而言，且讓我們重溫一下這份神聖文件的若干項條文。基本法第十七條授權全國人民代表大會常務委員會可以廢除香港的法律。我們別忘記全國人民代表大會是甚麼組織，它是一個由中國共產黨操縱的政治組織。第十八條授權全國人民代表大會常務委員會，若香港發生「動亂」時，在香港執行中國的法律。讓我們不要忘記去年十二月所發生的事，當時，一名中方高層官員形容港府在憲報刊登第一項有關選舉規定的條例草案，是製造人為的混亂。「動亂」一辭可以有非常具彈性的意義。第十九條訂明，中央政府的未經界定的國家行為獲豁免，不受香港法院管轄，同時，第一百五十八條訂明全國人民代表大會常務委員會對基本法有解釋權。

　　這實在很不理想。我們的高度自治去了那裏？基本法必須修改，使它能充分落實聯合聲明。為甚麼自由黨和本局某些議員那麼害怕提出修改基本法？他們是否害怕中國會把基本法弄得更糟？他們是否真的以為，若我們謙恭順從，不要求民主，不要求開放的政府，亦不要求保障人權，我們便真的可以按照這份有欠理想的基本法，享受高度自治？主席先生，那是不可以的。讓我們今天便投民主一票。讓我們對香港政府和香港市民寄以信任。

胡紅玉議員致辭（譯文）：

主席先生，選票的意義是甚麼？選票代表個人作出選擇的權利、個人作出決定的權利；也是表達個人作出的選擇和決定。從整體來說，選票是表達一個社會的想法，也表達社會想追求的目標。

一個放諸四海皆認同的表達原則，就是給予每個人享有一張選票的權利，以及賦予每張選票同樣的價值。有人認為這樣做可最清楚地表明社會的意願，而且相信是最公平的制度。

可是，每當香港討論到「一人一票」時，總有人看來心驚肉跳，怕得要死。他們會警告大家，市民仍未成熟，經驗不足。他們強烈反對突變，主張採取所謂循序漸進，切勿引起動盪的方式。

事實上，香港似乎擅長倒退的方式。一九八九年的兩局共識方案認為立法局由一九九五年時有半數議席是直選議員作為起點，到二〇〇三年演變為全數直選。我們的政府也是穩健派政治的倡議者之一，它用大部分時間和精神，極力勸止香港不要這項共識，而並非大力推廣這項共識。

他們所持的理論似乎認為政治是危險品，必須小心處理；投票並非一種權利，而是一種要爭取的特權。民眾必須接受教育，而且必須先證明自己配使用這些選票，才獲得這種責任。讓民眾學習的過程愈艱巨，所需的時間便愈長，他們便會愈成熟。

這類鼓吹穩健派政治的人士，認為我們應該只奉行共識政治，並把它視為一場障礙賽。他們說，政治權不應該來得太容易，而是應該努力爭取的，愈難得到便愈好。

因此，政府的智囊團和修補匠紛紛假在政治上要共識，不要搞敵對，切勿引起動盪，要講求現實、穩健等之名，推出我稱之為「纏腳式」的政治。

他們似乎說：我們不可太過雄心勃勃，讓我們每次只踏出一小步，蹣跚地走；用拐杖而不要過於練腳力。按這樣做的話，十或二十年後，也許我們可以考慮再踏出另一小步。但不可解開腳上的纏腳布，否則我們可能會跌倒。

事實上，我們從來就沒有機會行使公民的責任和學習如何領導，只有一直受到告誡不應做甚麼事。我們花在猜測甚麼不可以做或者不可能做的時間，比探討

大家可以攜手完成甚麼工作所花的時間還要多。

這樣一來，社會變得死氣沉沉。我們變得馴如羔羊，變成一群畏首畏尾、自我克制的典範。

在今天這個大日子，我們理應志氣高昂，應當慶幸有這個難得的機會，讓我們就如何管治香港和如何建立我們的家園等事宜表達意見。可是，對於大家不願把目標訂高，反而樂於降低底線（倘若有底線的話）的做法，我感到黯然神傷。我們的政府更是喪失了那種捍衛正義的鬥志。我們的政治詞典添了「可長久保留」這個詞，而這個詞似乎已取代了「銜接」一詞。

在今天這個大日子，我們應該嚴厲斥責政府給我們的是這樣少，以及提出這樣一套不切實際的方案。在今天這個大日子，我們應該對政府所謂向立法局負責的說法嗤之以鼻。試問一個由行政主導而並非選舉產生的政府，又何來有問責性？試問一個運用行政特權不准立法局辯論的政府，又怎可以自稱是公平、公開？

今天擺在我們面前的各個方案，沒有一個是給予我們民主的。除非政府，包括行政局和立法局這兩個機構都是民主選舉產生的，否則便沒有民主可言。

各位議員，鑑於這些限制，我促請大家在提出的各個方案中，投票支持不民主程度最低的方案。權力應該是分享的，不應該拒絕給予市民。

李永達議員致辭：

主席先生，今日很多同事發言都講歷史，我亦想講歷史。我想為香港民主運動證明，我們今日所談論的政制方案，其實嚴格來說，不是彭定康方案，不是港同盟方案，亦不是劉慧卿方案。

香港在戰後，除了五六十年代受到香港境外的政治利益影響，有罷工、有騷動外，在六十年代末期七十年代初，我們有香港本地自發的學生運動。在座很多同學，很多同事，可能亦有份參與保衛釣魚台運動、爭取中文成為法定語文。當時有同學、有工人、有市民參加反貪污、捉葛柏的運動。這些都是香港歷史上有本地人自發性地爭取權益、爭取民主的運動。其實，整個七十年代都是學生運動和壓力團體運動的日子。他們為低下階層市民爭取權益，以及提出人權、法治和

民主的要求。他們在這些運動曾經作出犧牲。在反貪污、捉葛柏的運動中，有學生、有工人被警司毆打、拘禁和被捕。在七九年艇戶事件中，有 12 個學生、社工、教會人士被拘控和被判非法集會。在香港民主運動歷史裏，這些人寧願用行動和實踐去捍衞人應有的權利和自由。他們冒著被打、被拉、失去自由，去捍衞人應有的權利。但他們的犧牲並沒有白費。在反貪污、捉葛柏的運動後，我們成立了廉政公署。在七九年艇戶事件之後，政府第一次承認公安條例侵犯人權，必須修改。

到了八十年代，中英開始談判。很可惜，香港人或香港人的代表被擯諸門外。我們沒有代表去決定自己的前途，這是個悲劇。中國政府當時對香港前途大開綠燈，燃點起香港市民和那時的青年人對未來特區政府的希望。但可惜這聲明並沒有給予香港市民全面民主。在中英聯合聲明頒布後，引起了很多中產階級和知識分子對民主的進一步追尋。跟著有八八直選。一九八九年六月四日，北京鎮壓民運事件發生後，這件事成為香港民主運動的分水嶺。跟著我們爭取民主基本法。

香港市民支持民主運動，其實不是單由彭定康開始。我們翻查歷史，很多人、很多我們的兄弟姊妹、很多我們的朋友、很多我們的同事，曾經踏上這個民主的路途。在八九民運後，香港人有更大的醒覺，知道我們要回歸，回歸一個極權政府。這個運動已令香港市民認識到香港的民主和中國的民主是分不開的。其實過去幾年，香港市民的民主訴求，不斷有所增加。九一年的選舉結果、這幾年持續不斷的民意調查，都顯示香港市民希望盡快在香港有民主，就算最近由港大鍾庭耀先生進行的一項調查，也顯示有 40% 被訪者支持全面直選，另有 40% 被訪者支持一半直選。

主席先生，我長篇大論地引述我認為民主運動的歷史，是要告訴大家，我們應該肯定香港市民在民主運動的角色。我們應該肯定我們中國的同胞，包括學生、工人和知識分子在八九民運所作的犧牲。作為一個中國人，我們要思考如何面對未來？我們今後應該怎樣做？我的結論很簡單，民主運動，不是總督所引發的，不是彭定康先生所帶來的。民主政制的建立，不是由港同盟、匯點或個別的議員，例如李柱銘、司徒華、劉慧卿所促成的。民主運動是屬於大家的，是屬於市民的。

主席先生，我現在提出三個我們不應迴避的問題：

第一，這幾年的政治發展清楚顯示，中國沒有民主，香港的民主發展必然有很大的局限。中國在一九七八年開始進行經濟改革，到現在已取得長足的發展，但中國的政治制度，中國同胞所享有的自由，所享有的法治，以及一個民主社會所應有的東西，他們仍然沒有。若我們期望香港可以獨善其身，在一個極權國家的旁邊，有一個全面的民主制度，我覺得這是個奢望。我們不應否認這個現實。現實就是中國不邁向民主發展，香港的民主發展必然有一個局限。

中國政府經常批評香港關注中國民主運動的人，有意顛覆中國。我時常想，我現在是中國人，九七年後亦是中國人。根據中國憲法，我們有權參與國家事務、選舉人大代表，並由他們去參與中國的決策。我看不到我們支持民主，支持我們有權去實踐憲法所賦予的權利，就是顛覆行為？

中國政府經常說，香港的民主派想改變中國制度。坦白說，如果這種改變令到中國同胞除了經濟發展外，還有多些人權、多些言論自由及享受到應有的保護，使人民可以選擇代表，管理自己的國家，這個改變，又有甚麼不妥？這個改變為甚麼被人說是「顛覆」？為甚麼是動亂呢？中國政府又說香港很多民主派人士想和平演變中國，如果演變出來的結果，是中國人民能夠享受多些權利，又有何問題呢？莫非中國政府想我們作出暴力革命？坦白說，我從未這樣想過。

第二個我們不應迴避的問題，就是中國雖然在這十六年取得蓬勃經濟發展，但政治上的控制，仍然是非常之強大。這個政治上的控制在中國來說，不單在政治參與權方面，亦包括人民發表意見、集會、遊行、結社及其他種種自由的控制。若我們漠視這個控制、漠視這種限制，便會給人一個感覺，以為香港人只關心經濟，凡事向錢看，沒有關心中國的發展情況。我希望中國在取得經濟發展的同時，人民亦逐步參與管理國家和社會。我擔心中國領導人或中國政府不單把這種政治控制在中國施行，還慢慢在香港實踐，令到我們所說的「一國兩制」、高度自治成為泡影。我這種憂慮，不是沒有跡象。我這種憂慮，不是杞人憂天。我們在這幾年裏，尤其在八九民運之後，在終審庭的問題、在新聞自由的問題或在政制辯論的問題上，都看到中國政府不容許中國大陸的旁邊有一個民主和自由的香港。

第三，如果彭定康方案獲得通過，香港是會有改變的。彭定康先生所提出政

治體制的改變，是大是小，就視乎你用甚麼尺度來衡量。如果用六十席全面直選來衡量，當然是一個很細小的改變，但用現有的制度來衡量，這個改變是非常大的。首先我們看到，雖然我們局內有不同的意見，但今天是由我們自己本身，憑我們的良知和我們的意見去決定香港在九五年採用甚麼的選舉制度。這是我們第一次有這樣的自主權。其次，若彭定康方案通過的話，的而且確令到香港的立法局的組成分布會有很大的改變。

唐英年先生曾在信報發表一篇文章，表示如果這個方案獲得通過的話，香港是會面對很大的困難，他說屆時會有很多免費午餐派發。自由黨亦擔心，這個制度會成為社會主義制度的縮影。但實際情況是否如此呢？其實不是的，有了這個制度，有了彭定康方案，不等於香港會變成一個社會主義的社會。這個方案只不過將以往一些透過委任和限制性選舉的議席開放給市民。我們的轉變是要令這一群以往受到港英政府保護的人，要透過選舉，去取得人民的信任和支持，並向市民負責。可惜自由黨的同事不敢面對這些改變。

主席先生，當我們談論我們的政制發展時，我們對未來應有些估計。我本人的估計是基本法在九七年實施到二〇〇三年這一大段時間，甚至更長遠的時間，我們的民主發展，可能仍然很慢，甚至這種民主選舉是會受到很多規條所限制，包括多議席單票制、候選人的資格等。如果我們估計是真確的話，即使我們在九五年採用彭定康方案，但在九七年後的一段很長時間，也再沒有機會採用。其次，我估計那些中方認為是顛覆分子的議員，在九七年後必定會落車，以便打擊民主派。

最後我想講的是，既然九四方案只得兩年壽命，為何我們仍然義無反顧地支持？我自己的估計就是，九七年後，我們所面對的，將不會是一個太平靜的社會。中央政府和特區政府，香港市民的民主訴求和中國政府的控制，將永遠存在矛盾。我們會面對不斷的震蕩和不斷的鬥爭。我們要堅持一個民主的政制，並對以後的日子作一個務實的估計。既然估計會有這樣的情況出現，我們就不應迴避。讓我們和香港市民一起面對這個挑戰吧！

主席先生，馬克思在講社會發展時，談到原始社會、奴隸社會、封建社會、資本主義社會，到最後社會主義和共產主義的發展。在奴隸社會，奴隸和奴隸主的關係，是不可以質疑的。奴隸永遠聽命於奴隸主。今日投票，不單止對良心負

責，其實還是一個考驗，考驗我們是否是一個有獨立思想、憑良知去投票的人，抑或我們是一些只懂對主子阿諛奉承的奴隸。

林鉅津議員致辭：

主席先生，在彭定康總督首次將九二年政改提交立法局辯論時，我曾經指出剛履新的彭定康不明白本地情勢。他拒絕考慮中國的觀點，又教訓中國領導人，然後，以高傲姿態推出政改方案。我指出他的政改方案快者一、兩年，慢者到一九九七年一定會完結。彭定康當時顯然準備以迅雷不及掩耳的手法，用既成事實去強迫中國政府接受一個根據英美模式設計但只屬一廂情願的方案。本年度初，我也指出這種想法是脫離現實的。同時，鑑於特區籌預會的兩手準備呼之欲出，中國政府絕不可能接受不合香港，實在是為激進民主派度身訂做，同時又是受到中國政府強烈反對的政改方案。

如果彭定康的九二方案是一個腫瘤，則九二至九四年間的事情發展，使我斷定這個腫瘤是惡性的，必須及早切除；如果等到九七年毒瘤蔓延全身時才做大手術，便為時已晚。在彭定康構思政改時期，歐美對香港政情的看法是：繼東歐極權政府倒台後，中國政權將會失去穩定性，年事已高的掌權人物一旦失控，中國政壇將出現權力鬥爭；同時因為當時中國經濟過熱，勢將呈現崩潰，中國將無暇兼顧香港的政局。英美政府希望彭定康在福利方面大灑金錢，同時高舉民主旗幟，便可以為所欲為。他們期望香港在九五年的政制既成事實後，將可以過渡九七，使英國在香港留下來的剩餘勢力將不會受到北京控制。屆時，香港便可以作為推翻最後一個大共產政權的橋頭堡。這個願望在英國前首相的回憶錄中清晰可見。再加上建設新機場和西九龍海港，讓英國可以「光榮撤退」。可惜，時至今天，事與彭定康願違。數項重要發展相繼出現：

（1）中國經濟如旭日初升，多個權威性的國際經濟評論家陸續承認，中國經濟會繼續上升，預計會在二〇一〇年前後，成為世界經濟第一強國；

（2）中國方面，無論北京中央或地區政府，近年已不再由一位擁有最高權力的人士來決定一切，而變為五、六個高層官員集體決定。政權的穩定性大大增高。現在國內的政治人物普遍認為即使一、兩位國家領導人去世也不會出現政權

大動盪的局面；

（3）香港市民由追求空洞民主，轉為渴望繁榮安定。根據亞洲商業調查社本月中公布的數字顯示，彭督政改所獲得的支持率已由高處滑落到最近的 11.5%。抱有政治意見的市民差不多有四分三希望彭定康的九二政改得到適當的修訂。九二政改方案，正如彭督所屬的英國保守黨和其首相一樣，喪失人民支持，而且每下愈況；

（4）在彭定康挑釁下，中國政府根據自衛本能成立特區預委會是自然和合理的反應。從預委會的言論及行動，可見勢必在九七年終止這個政改架構，另起爐灶。如果彭督方案通過，而九五年選出的立法議員有強烈的反中傾向，則不論政制是否「運作良好」，我估計預委會的對策可以是，不承認九五至九七年所立的法律。到時香港政府將由跛腳鴨變成無腳鴨。九七年香港政壇將發生巨大震盪。

在這四個新形勢下，兩個星期前，憲制事務司仍在本局堅持相信，九二方案會「運作良好」，不會在九七年被中國推翻，簡直是自欺欺人。今日憲制事務司的角色好比近年屢見不鮮的邪教教主，明知自己所說的是謊言，但若不堅持自己所說的，則自己的前途連同其信眾將煙消雲散。因此，他唯有掩著良心說話。古書《左傳》哀公有云：「良禽擇木而棲，賢臣擇主而事。」憲制事務司這次……

　　……

我認為憲制事務司這次應避免盲目忠心，「為賢臣所不為」。我認為他今晚在答辯時，應該避免說自己不相信的謊話，做一個無知統治者的傳聲筒，去繼續欺騙港人。

時至今日，幾經艱苦得來的「直通車」協議，給一個好勇不好學的總督一手推翻，政制過渡無望。在這情況下，彭督仍然交一個二十個月後會遭到毀滅、引起大動盪的政改方案，並且瘋狂遊說立法局議員通過，唯恐天下不亂。

彭定康在九一年英國國會直選中，為選民所棄。這次用「缸瓦船打老虎」的招數，希望撈取政治本錢，顯然是預備他日回到英國東山再起。可悲的是，他用香港的平穩過渡作其「缸瓦」。從另一個角度來看，他在香港的造作是擾民的。在中國數千年歷史中，向來受稱頌的德政，都是能令到國泰民安，而彭定康所提倡，以及激進民主派所提的方案，都是違背歷史所讚頌的。就算今天獲得通過，亦會為歷史所責。

主席先生，香港是個工商社會，需要穩定的局面，和諧的氣氛。正所謂「和氣生財」，原封不動的九二方案會為香港帶來政治震盪，破壞和諧。自由黨與本局無黨派議員胼手胝足，協調各方，共同構思，制訂了一個就算不能過渡也至少可保得平穩的方案。

自由黨本月中在醫療界作出一個科學的意見調查，發現約三分二的醫學界人士支持楊孝華議員所提出的修訂思路，只有 9.3% 的人同意彭定康方案。梁智鴻議員的諮詢全民但非全民投票形式的調查，也顯示醫學界支持楊孝華議員的修訂。在 5.6% 交回問卷的醫生中，只有部分支持彭定康九二方案。梁議員今早表示他相信所謂「全民投票」的 5.6% 交回問卷率，足以代表其餘 94.4% 沒有交回問卷的醫生界人士。我必須指出：（1）凡有思考力的人都不會相信只有 5.6% 的回卷調查結果有任何代表性，反而會認為 5.6% 的「全民投票」回卷名不副實；（2）據科學性調查數據顯示，接受諮詢但不回卷的 94.4% 醫學界人士是反對彭定康政改的大多數。梁智鴻議員今早說醫生一面把脈，牙醫一面脫牙，一面聽調查電話，未明白問題便回答自由黨的調查。這種說法便等於指控醫生沒經大腦便作回答。對於醫生的工作態度，恐怕是一種侮辱。

自由黨對今次調查結果，其實對答案曾作綜合分析，發覺在一條題目上反對彭定康政改的人士，也會在另一條題目上反對彭督政改，相反亦然。這個現象顯示作答者明白問題所在，有立場並且經過思考才作答。不明白問題而硬去作答的，最多也是少數，證明自由黨政改調查的可信性。

香港在一九九一年的政治制度與九七年的政制設計，有一段距離。在九五選舉前推行政改是必須的，我支持草案進行二讀。但是，彭定康方案必須朝基本法的方向修訂。

詹培忠議員致辭：

無論如何，香港市民可能擔心中英兩國在主權銜接、將來治權的移交方面出現問題。我們應該冷靜分析。現在就彭督九二方案和九四協調方案去作出詳細的檢討。主席先生，很多同事都講過，今日具有歷史意義。事實上，如果我們冷靜分析的話，便會知道今晚通過方案之後，未來只不過還有三年時間；在九五年選

舉之後，離九七年也只不過是有二十一個月多一些的時間。彭定康總督應該深切瞭解，他在九二年來到香港要為香港人爭取民主，事實只不過是他一廂情願的想法。立法局稍後投票的結果，無論是通過九二方案，還是九四協調方案，都會給總督一個很清楚的訊息，就是未必大部分議員認同他的政改方案。他自己知道他做過甚麼。

主席先生，在這裏我不對總督再提出很刻意的批評，因為他初抵香港時，我已經批評過他。如果對他作出太多的批評，令他惱羞成怒，恐怕我承受不起有關的政治或者其他的壓力。

我們作為議員應該冷靜分析。如果彭定康總督的方案是這樣好的，為甚麼我們有十幾個修訂呢？當然，有部分修訂是涉及其他技術性的問題。但是，無論如何，事實上他的方案是有瑕疵的。

麥理覺議員說過，我們在九二年十月和十一月十一日分別在立法局通過兩個支持總督的政改方案。但是，我們亦深切瞭解到時勢已經不同。現在是兩年後，大家要面對現實。時代是進步的。我們不可以一成不變。所以，我很希望其他議員不會在壓力下屈服，應該對社會作出負責任的承擔。

我曾經作出一個預測，就是若果九二方案得到通過，香港的股市（當時恒生指數是 9,500 點）將會下跌 25% 左右，也不用政府再去動腦筋遏止樓價，因為地產會受到衝擊。當然，我只是半個專家。（所謂半個專家，就是本人由一九七〇年開始從事金融服務界的業務，亦沒有正式拿到牌照，如果有牌照便是正式專家，因此我是憑經驗作出專家的分析）。我亦不是妖言惑眾，因為很多事的發生可能與我個人無直接利益關係，但我是很關心香港的經濟和各方面的因素的。

剛才很多同事批評，若果這個九四協調方案得到通過，將會是民主的退步。我們要瞭解，中國政府從來沒有反對民主。當然，與世界其他所謂自由國家比較，中國的民主步伐是慢一點。但是，我們亦要深切瞭解，中國已經向香港答應「一國兩制」，我們還要求甚麼呢？我們站在這裏罵中國，能夠達到目的嗎？我們只不過令香港市民對中國政府的領導階層作出無形的對抗。

當然，以前香港大部分市民對政治根本漠不關心。即使現在對政改亦只不過關心多一點，但不是說深切瞭解其影響。大部分的市民只不過從傳媒中瞭解政治。我們要瞭解香港的實際環境。過去一百多年來，香港的青年人都是受殖民地

教育。有些青年人受到他們老師很大的影響，例如司徒華議員和張文光議員，他們兩位都是做過老師的，他們如何教導學生，大家可想而知。

有四分一香港市民是嘗過中國共產黨的滋味。因此，有些對中國共產黨過去的歷史錯誤緊記不忘。在這種情形下，必然造成一種無形的社會壓力。

我們亦要瞭解，香港和英國目前與中國在政制方面合作並不愉快，傳媒報導自然對中國政府不利。

我們作為立法局議員，要理性地評估這個情形，然後使各方面能夠求得一個共同的目標，而不是造成對抗。對抗又有甚麼用呢？

很不幸的，港同盟的李柱銘議員現在不在會議廳內。放眼世界，當年越南戰爭死了多少美軍，現在美國不是與越南修好嗎？我們不值得因這些不同的政見，而將香港人推入一個比較受壓力的環境。今早李柱銘議員講過：我們不只是吃飯那麼簡單。我們要緊記，其實若要面對吃飯這個問題，是頗為困難的。二十年前的越南、幾個月前的索馬里、今日的盧旺達，當地人民受多少苦！我們在香港卻訴求「民主」兩個字，有時實在是妙想天開，將事情弄得太過對抗性。

主席先生，今日辯論的結果，若果是對協調方案有利的話，即所謂早餐派的獨立議員投自由黨一票，自由黨不要因而沾沾自喜，應該聽取代表部分香港人的同事的意見，逐步作出更好的改進。

相對來說，若果總督的九二方案能得到通過，他應該低調處理，應該從實際去汲收經驗，在其他各方面與中國取得更好的合作，令中英以後不要為香港的事對抗。希望中英兩國能夠攜手為香港努力。我們在座的各位議員亦不要只為「民主」兩個字，而忽視其他有關的問題。我個人認為若果通過九四協調方案，則對香港司級官員（特別是有意在香港繼續留任的司級官員）將來的工作會有方便，而不是造成衝擊。雖然我可能是杞人憂天，但是我的顧慮經常成為事實。所以，我很希望總督能夠理性地從各方面去協調社會不同的意見，而不要使社會造成對抗。當然，我對於有幾位議員在總督的遊說下，不按自己的心願投票，深表遺憾。

李家祥議員致辭：

　　主席先生，處於中英兩國巨大的政治陰影下，本局今日要作出自己的決定。不過，這個本本應該是歷史性的重要決定，已經「黯然失色」。隨著中英政制談判破裂，中方已頒布在九七年重組立法會，完全限制了政制的發展空間。同時，預委爐灶亦正蠢蠢欲動，等候政改方案通過後，可以正式開展拳腳，達到和立法局分權奪勢之效。另一方面，英方亦不甘示弱，傾力推銷現時這個並非由港人構思，在本局亦無一名議員會當為首選的九二方案。其實這個粗糙九二方案，原本只是用作談判之用，甚有「開天殺價」之嫌。若果因為本局不能協調成功，而在毫無選擇的情況之下，勉強通過，都會清楚暴露英國只是由上而下，在香港催生這個只是徒具形式的民主政制，絕無名譽可言。

　　本局今次政改之爭，仿如換了一個舞台，將中英爭拗搬進在本局延續。但今日無論那個方案得以僥倖通過，都不能達到有中英協議的「直通車」效果，港人被分化所造成的傷害已經很深。在未來三年，我同意李永達議員所說及的，相信在局內局外爭論不斷，政府「理也理唔掂，管也管不住」。

　　回顧港人在一項民意調查中表示，對世界盃興趣大於政制改革，可見市民對關心政治的熱烈程度已降到極低溫度，寧願安坐家中「睇波」，這些只是清楚反映出大部分市民的最平實要求，希望安享無憂的生活，而絕非刻意的政治冒險。市民對政改不熱衷表示態度，議員只有忠於自己的判斷，擇善固執，承擔後果。

　　今次的政改方案，市民的冷淡，與平時不熱衷政治的工商界朋友對事件的特別關心，成為強烈對比。他們擔心未來政治不明朗，恐怕出現極大的政治震蕩，而急進選舉安排可能會令九五年立法局工商界的聲音弱小，而新的立法局組成，很大可能對現時的法例及政策產生巨大衝擊，甚至帶來根本性改革，九七年後又要再面對另一次可能的大變。他們對我表示，希望有一個稍為漸進式的九四政制，至少可以在後過渡期間，保持最起碼的經濟穩定。

　　自九一年起，本屆立法局已有寶貴民主成分，但多次的事件都提醒我們，行政權仍牢牢地掌握在英國政府之手。在九二年十月二十一日本局辯論，本人曾清楚表示，九二政制方案並非「港人治港」，保障自由法治人權的「萬應保護牆」。首先，英國政府在九五年立法局直選議席限於二十席及立法局主席由議員互選產

生的兩次修改《英皇制誥》事件中，明顯地反映出英國政府在本港所做的政改，只是門面功夫。再者立法局所通過的議案，只得到港府的選擇性接納。在行政主導，行政局與立法局分家的情況下，英國政府充其量可以賜予香港的只是一些形式多於一切，不知何時有權，不知何時有責的「清議」民主制度。

本人在第二部分政改草案通過首讀後，與自由黨議員協調而產生九四方案，本人在支持穩步漸進或更快民主政制改革這條分叉路上，經歷多次激烈心理交鋒。但是，近兩個月來，眼見立法局處處受制於政府，市民對政改的厭倦，工商界人士的焦慮，再加上對九四協調方案有可能減低震蕩的分析，我與其他本局 55 個非官方議員一樣認為政府九二方案並非最負責任的首選。為有意從政的人士提供更多直選短暫機會，正如一些議員所說的，為了半滴或一滴的民主，我認為不應誇大如林鉅成議員所說的功能，更不應不惜要市民付出任何代價，有多少個直選或變相直選議席，亦非取決政改的唯一理性的考慮。

本人會投票支持漸進式的九四協調方案，雖然這並不是一個理想的政改方案，甚至乎跟我們最初與自由黨提出討論時的原初提議，仍存在著一個很大的距離。所以，我們這些獨立議員須要從中取捨是十分困難的。鑑於第一部分政改方案已有一些進展，同時，九四方案是個最實實在在能夠使香港的工商界穩定信心的一個方案。在兩個不完美的方案中，應該是較可取的選擇。但無論如何，今日會通過甚麼形式的方案，彭定康總督已經對本局作出交代。我很希望這個結果不會影響到中英的關係，同時亦衷心期望，九五年所產生的立法局議員，雖然人、車不能直通，但仍有大多數可以重新上車，維護現行法律及現時政策的施行，盡量令市民安居樂業，投資者有穩定的投資環境。

主席先生，我支持動議。

黃宜弘議員致辭：

主席先生，在今天的辯論之前，已有不少的遊說活動，推銷不同的修訂方案。從現實的角度來看，無論政府的條例草案也好，各種修訂方案也好，我們不能忽視兩者都是在中英兩個主權國未曾達成協議的大前提下，提交本局通過的。中方已經一再表明，無論本局通過何種政改方案，三級議會都不能過渡九七。所

以，問題不在於目前的條例草案或修訂方案與基本法有幾多牴觸，有幾多接近，我們都不能漠視選舉制度本身是港英政府單方面推行的現實。在目前的情況下，如果投贊成票，無疑是一種支持將本局凌駕於中英兩個主權國之上的行動，而我們是不應該這樣做的。但我認為，自由黨對三名官守議員就所有修訂方案投棄權票的要求是合理的。所以我的投票取向，將視乎該三名官守議員的動向。也即是說，如果他們同意對所有修訂方案投棄權票，我對九四方案亦將投棄權票；既然他們已經表態對九四方案投反對票，我只好投贊成票，以抵消他們的反對票。至於其他與基本法有明顯牴觸的方案，我就不得不投反對票。

有人說，尤其是自由黨的朋友，擔心通過今天的政改草案之後，一九九四／九五年選出的議會架構，可能會給本港帶來很多負面的影響。但我必須指出，這正是對政府一向主張的行政主導原則的重大考驗。我認為，無論一九九四／九五年選出的議會架構如何，政府仍然有責任，同時應該有勇氣，在施政中作出符合香港利益的選擇和決策。在行政主導的原則之下，政府對確保香港的繁榮穩定，必須負起百分之百的責任。我不希望到時聽見總督出來說：他已經抵受不住立法局的壓力，而不得不在政府從行政角度看來不符合香港利益的某些草案上面簽署。他自己不要忘記，他是難以推卸單方面推行政改方案的責任的。

劉健儀議員致辭：

主席先生，穩定的制度一向是香港成功的因素，香港的經濟繁榮亦有賴於此。過去，香港政府在政制發展方面，強調必須循序漸進，不應勉強改變步伐，避免香港出現不明朗和不穩定的情況，影響有效管治。不過，自從彭定康先生成為香港的末代總督以後，這些重要的考慮因素，似乎已被拋諸腦後。當然，香港只有三年便要回歸中國，所以對英國政府來說，香港未來幾年能否繼續維持穩定，可能已不重要。在九七年後，就算香港出現任何動盪，都只是中國政府的事。雖然香港在九七年前後的動盪與英國政府無關，但肯定是與數百萬留下來的香港人有關。

時至今日，大家都心裏明白，香港的政制發展是不能脫離基本法框框的。彭督十分清楚這一點。所以，他不敢公然提出明顯與基本法條文有衝突的方案。他

的九二方案，只是躲躲閃閃，利用基本法的灰色地帶，即利用法律罅。對於利用法律罅的人，我們很可能無可奈可〔何〕。但是，我們相信，多數人都並不欣賞這種做法，因為這並不光明磊落。

彭督的九二方案，將新增的九個功能組別，拼湊為變相直選，顯然是不顧過往香港對功能組別的定義，完全推翻了原先成立功能組別的基礎，違反了多年來行之有效，並被社會接納的功能組別選舉精神。彭督將數種不同種類，根本難以組合的行業歸納在同一功能組別內，使人摸不著頭腦，不知道甚麼界別發揮甚麼功能、代表甚麼利益。

事實上，這種選舉安排在技術上是否可行，未知彭督有否曾深思熟慮？這些功能組別的選民分布在港、九、新界、離島各地，候選人怎樣接觸選民，怎樣向選民宣傳，獲選的候選者怎樣向選民作出交代，根本是存在很大的困難。

至於選舉委員會方面，彭督方案顯然與基本法不符合，亦違反了中英兩國外長所達成的原則協議。因此，彭督方案未能過渡九七，是意料中事。彭督明知其方案不能過渡，但仍堅持香港的政制可以延續至九七年之後，這是一廂情願的想法，簡直是自欺欺人。

時至今日，我仍十分懷疑，英國是否真正有誠意為香港帶來更大的民主。我相信，如果英國希望香港獲得民主，早在百多年前已開始推行。如果英國在當時這樣做，現時的立法局很可能已是由全面直選產生，毋需劉慧卿議員費心。英國在管治香港的最後兩、三年內，透過一些名不副實的功能組別，讓更多人透過功能組別的名義多投一票。這就是民主嗎？我認為真正的民主是毋須找藉口掩飾的，理應堂堂正正，在這方面，劉慧卿議員的建議是比較堂正的。但是，自由黨是不能支持劉慧卿議員的建議，因為她的建議過分激進，亦違反了基本法。

自由黨認為民主的進程應該是逐步發展，不能不〔一〕蹴而就，勉強推行。無論彭督的方案是否民主，但該方案卻未見其利，先見其害。自從方案推出以來，已經使香港社會呈現分化。支持彭督的被推舉為民主一派；反對彭督者，無論你是否具備多麼好的理由，都被指摘為反民主、親中一族，彼此互相對立。過去，出現矛盾時，政府都會盡量協調，減低衝突。但是，今日的政府，不僅坐視不理，還間中煽風點火，實在使人失望。

政制不能過渡，事實上也使市民擔心九七年後的轉變，會對香港帶來多大的

衝擊。雖然「直通車」無望，但自由黨相信市民仍然渴望能夠平穩過渡，並不願看見劇變，不希望社會上出現過分的矛盾，過多的紛爭。平穩過渡是香港人的權利，沒有人有權將這權利作為一種賭注，負責任的政府更不應這樣做。

自由黨和無黨派議員協調的九四政制方案是最接近基本法，最能保存功能組別原有意義的方案。我們相信這個政制模式與九七年後的政制模式最相似。大家都知道九七年後三級議會都需要重組。但是，九七年前後的制度，差距愈小，重組議會的變化也會愈低，過渡期間香港所受到的震蕩亦會愈小。這點是有利維持香港的安定繁榮。當然沒有人可以保證香港在過渡九七時，可以完全無風無浪。但是，最低限度，我們不應自己製造風浪，或是加強風浪。自由黨希望盡一切努力將震蕩和風浪減至最低。我們深信這是市民的願望。

李華明議員致辭：

我代表匯點發言，講述匯點在這幾年來在政改方案及與中方接觸所得的感受。在八七年，匯點已早與中方展開多次溝通遊說，希望中方會支持香港民主化，因為當時討論的是八八年是否應有直選。那時政府已出了錄〔綠〕皮書，作為民主派團體，匯點已和中方作積極溝通，爭取中方主動給予港人訊息，表示支持民主，贊成香港盡快推行直接選舉，而不是等待香港政府或英國政府用某種方式去提供，使港人覺得是英國政府給予港人民主。可惜，那次是錯過了機會，而中方發動輿論反對八八直選。從這數年來說，作為一個團體的匯點，亦主張與中方溝通，但失敗地說是「溝而不通」。我們的意見儘管表達，但中方能聽進多少呢？到基本法拍板，連左派、親中、民主派等所有團體都能妥協出一個「四四二方案」（即 40% 直選、40% 是功能、20% 是選舉委員會），即九五年有 24 席直選。這是比較保守的方案，較兩局共識更是保守的了，但已經得到各派系，包括親中人士，今天也有在場的人士及團體的支持。不過，基本法否決了此方案，而採納了更為保守的方案。談起這些歷史背景，便帶出了今天的歷史性時刻，可惜卻引致了局內四分五裂及香港人因政制改革而有分化的現象。

回顧過去，根本上是中方在處理香港回歸這問題上一直犯了很嚴重的錯誤。以致產生今天的分歧。中國以為收回香港，香港只要仍然經濟繁榮、經濟發達，

就可以解決很多問題，「馬照跑、舞照跳」。香港經濟的蓬勃發展是可以有助中國，這絕對是一個事實。但是，收回香港其實是一個很複雜的問題，由一個殖民地制度，由一種不同的文化而轉為另一種文化。香港人的生活與中國人的生活已是很不同。我們香港人建立了一套自己的文化。現時若詢問香港人，有誰可表示對前途極度有信心的？我以為如果加以統計，是不會超過 10%。為何在近數年內的民生調查中，港人對前途的擔憂永遠是放在第一或第二位置？這就是港人對中國政府本身缺乏信心；而中國政府在爭取市民、爭取港人信心方面屢次使我們失望。

中國政府認為只要得到香港的大資本家、大富豪的支持，那麼收回香港將不會產生問題，因為他們將會繼續在香港投資。不過，諷刺的是，一個共產主義國家反而須要倚賴一班資本家。相對基層市民來說，較為接近基層的民主派人士，幾年以來一直沒有將這些意見放入腦中，至今天仍然是倚重那些喜歡聽他們說話的人。

到基本法拍板後，政爭和政改事實上並沒有消失，並非由於基本法拍板就消失於空氣中，只不過是潛伏下來。直至彭定康上任的兩年前，英國政府改變了政策，因而再次挑起這些紛爭。所以我們今天仍然面對這些問題。我相信即使今日討論過後，九七年或以後仍然會有著這些問題。因為社會上保守和前進的勢力，永遠是存在著矛盾，而很可惜的是，中方一直以來都是倚重保守方面的勢力，並打擊開放、前進和民主一方的勢力，而同時，開放、前進和民主的勢力是得到民意授權為基礎的。

較早前有議員已提到，自九一年引進 18 個直選議席至今，我們 18 位直選議員絕大部分都支持比較民主的方案，或許只有一位會支持自由黨的方案，這點已能反映出市民授權一人一票下的議員，基本上已能反映出對民主的渴望、對民主的追求。

我認為中方現時處理香港問題，犯了嚴重錯誤，且不談設立預委會的問題，自由黨提出修訂方案，說是會減輕震蕩，使九七年後的重組較為容易，是對是錯，我們必須拭目以待。但從最客觀來說，功能團體選舉最致命的在於只有一小撮，即使自由黨能夠爭取到每間公司有六票（但事實不是這樣的，田議員是要求一間公司一票），都只得二十多萬人投票選出九個議席，再加上 19 萬人投票選出

之前的 21 個議席，亦只是由三、四十萬人選出三十個立法局議席。意思是說，有一小部分市民的政治權利，較大部分市民的為高，可以多投一票。甚至乎，假如選舉委員會通過，還可能更加多一票。這是甚麼的邏輯，是否可以容忍有這種情況出現？這些事情可說是「大是大非」，基本法政制部分若仍過分保守，我們會怎樣做？我們會一直爭取修改。這是否代表不尊重基本法？是否代表我們不擁護基本法？是否他日就必須「下車」而不能再參選？我認為這是一個很危險的問題。基本法是否聖經，不可以作出修改？一直以來，在政制部分沒有聽取當時「四四二」所協調出來的方案，並沒有加以容納，這是最大的失敗。

現在，彭定康方案推出，這是否彭定康一個人的功勞？是否支持這方案便等同支持彭定康？若果回顧民主派十多年來的記錄，由八五年開始引入功能團體組別選舉，我們已經提出反對，這是有跡可尋的。功能團體選舉是小圈子、精英制度和可能會出現貪污與賄選的情況。再加上選出來的議員，其焦點和眼光，會十分容易地集中在自己的一小撮選民身上，這些是制度上的問題。現時彭定康是將這些缺點盡量減少，但並沒有完全消除。他只是將功能團體選舉一些致命的缺點盡量掃除，但自由黨卻將這些缺點盡量恢復，並盡量擴大。明顯地，在這種尺度下，我們怎可以支持呢？

所以，匯點在這個大原則下，是沒法支持自由黨的九四方案。同時很可惜的是，不知為何，中間派和獨立派的議員，較早前用九三方案來協調，而其後轉為九四方案；由九十萬的選民轉為只得十幾二十萬選民。我不知道箇中發生何事，可能亦是這些原因而令李議員十分激動。我希望能夠多多支持李家祥議員，請大家都安慰他，因為在和自由黨協調的過程中，不知發生甚麼事？

對於稍後的修訂，我們匯點將會提出對功能團體更為全面的擴大選民基礎，較彭定康總督方案所提出的更加廣闊和公平。

鄧兆棠議員致辭：

主席先生，過去差不多兩年的政制爭拗，今日終於會有個了斷，無論是龍或者蛇，都很快清楚知道。其實政制的藍本早已在基本法內訂定，有些訟棍喜歡舞文弄墨，唯恐天下不亂，所以才有今日的地步。

身為立法局的議員，對於審議法案實在責無旁貸。雖然今次有些被人玩弄的感覺，但身在其位，一定要行乎其位，難道我們要逃避嗎？今日的修訂動議主要骨幹有三件事：第一、是劉議員的六十席直選；第二、是彭督的九二方案；第三、是九四協調方案。其他的修訂，例如脊醫爭取換位，或者取消存在已久的功能組別等，不過是枝葉而已，不值得我們關注，而且只是用來擾亂視聽。

劉議員提議的六十席直選，無疑與人生而平等的民主精神很吻合，但對於今日香港的環境可能是早了一些。其實民主是我們的目標，民主是我們的理想，但追求民主的過程卻是荊棘滿途，不能夠一蹴而就。只要我們朝著這方向走，遲早我們能夠同登彼岸，何必爭在朝夕呢？至於彭督的九二方案，可以說是「彭氏出品」，至於是否「精品」就值得商榷，即使是龍，有時也會生異胎，何況是人？

功能組別的安排是變相的直選，明顯違反基本法，會對平穩過渡設置障礙。九四的協調方案比較上接近基本法，對九七過渡引起的震蕩是比較少，對市民是有益。有人說既然沒有「直通車」，我們為何不能橫衝直撞？最多是車破人亡。其實，車破人亡雖然是個人的選擇，我們也不想見到，何況更有六百萬人是坐在車上的，他們的生活、他們的生命、他們的環境才值得我們憂慮。

主席先生，「國之將亂，必有妖孽」，香港不幸，彭督當權。今日政制的辯論，有人說是一個歷史的時刻，我覺得不過是「棚尾拉箱」的遮醜布，就算任何方案通過了也沒有甚麼了不起的，最多只有二十個月命，九七年七月一日三級議會重選已是不爭的事實。

詹培忠議員的修訂，有人說是「自殺」的方案，亦有人說是「拆車」的方案，不過這是事實。我們有責任說給香港市民聽這就是現實。難道我們要像政府高官「吳大炮」所強調「有直通車」去欺騙市民嗎？主席先生，「居廟堂之高，則憂其民……」

　　……

「……處江湖之遠，則憂其君。」君臣父子之義，古今詮釋有所不同，但其意義則「以民為貴，以君為輕」。我覺得彭督方案、彭督個人的得失不值得我們介懷的；而市民的生活、市民的生命、市民的居住環境等，才值得我們瀝血嘔心。剛才李家祥議員發表演辭時，聲淚俱下，李議員素來是政府的護航使者，人所皆知，但今日是民族切膚之痛的時候，他能夠神志未泯，覺得須要為炎黃子孫

說一句話，我非常讚賞。

各位尊貴的議員，我希望你們肯拿出良心來，面對現實，不要自欺欺人，選出一個對香港平穩過渡的最好方案。若果各位還是眷戀窮途、徘徊歧路、坐失先機，則引致香港後患無窮。各位試舉頭望一望，今日這個城內，究竟是誰人的天下？

田北俊議員致辭：

主席先生，今時今日生存在這世界上的人是希望甚麼呢？當然有些人可能想做探險家、想踢世界盃、或者想做出名的畫家，但這是很少人可能實現得到的。今時今日，大部分人生活在這世界上，只希望一樣東西，就是有一個好的生活方式。世界上很多地方沒有一個好的生活方式，例如非洲，為甚麼？因為種族是一個問題，貧困又是一個問題；中東，宗教是一個很大的問題。香港一直以來都是一塊福地，全部是中國人，可能大部分都沒有宗教，那有甚麼拗撬？也沒甚麼值得拗的，這就可能涉及精英、工商界，專業人士與基層的問題。在世界上很多地方，好的生活方式等如自由，甚麼都要自由，言論自由，閱報、看世界盃自由，但在那麼多的自由中，最要緊的一樣自由是甚麼？我認為好聽些就稱做「經濟自由」，說得俗些就是「有錢大晒」！

且看今時今日世界上的政治，美國的民主算是自由嗎？她不是靠用錢，擲向全世界各地，可以影響到那麼多第三國家去做她想做的事情嗎？她若不是用錢擲向蘇聯，今日的蘇聯會變成現時的局面嗎？退一步說，怎樣才能達到這麼多的所謂自由呢？自自然然就是民主萬歲，因為這兩個詞時常拉在一起，民主萬歲就自由萬歲，那麼民主萬歲後又怎樣呢？西方的概念是民主萬歲就是一人一票，除了一人一票的所謂民主萬歲外，任何由協商所得的民主，都是不民主的。但換過來說，一人一票是否真的民主？是否在 100 個人有 51 個要行右，49 個要行左，那麼，該 49 個就要被人拖著鼻子走？若社會架構內有企業界（即在資本主義的社會內），其下就有企業家，按著便是管理的專業人士，再到基層人士，是否這樣的社會，才有一個好的生活方式？若然，是否一人一票選出來的民主，就最可以達到各式各樣的自由呢？我就覺得不是了。西方的民主，甚麼都是「死砌」的。劉

慧卿議員剛才提到功能團體自動當選，全部都是圍內談妥的，「談妥」是否就代表協商產生？就一定不民主嗎？是否一定要好像美國、英國那樣選，即由一個政黨內推出幾個人，經過初級和連串選舉，然後再與別派競選，經過西方這種所謂「民主」而選出來的才能真正代表民主？劉慧卿議員又提到自動當選的功能團體，很多有賄賂和貪污成分，好像暗示直選就沒有貪污，那又是不是呢？看看菲律賓的馬可斯總統和現時日本的所有政客吧！一人一票的民主沒貪污？很多參加「一人一票」選舉的人士，出身時可能一無所有，可能（我說「可能」）受到貪污的引誘更大。

主席先生，香港政府統治了香港百多年，時至今日全世界有很多人羨慕我們。我最近見到的英國朋友都說：「唉！如果我們這十多二十年來有這樣一個政府管治，我們就不會如此「仆街」！（對不起，是經濟上這樣不濟。）意思是指現時的失業率達到 10%，他們的經濟始終沒有起色；加拿大亦然。楊森議員提到目前的公援已達到 2,100 元，這是沒有所謂；又說稅收從 16 元多加了些少，又未加到 40%，亦沒有所謂吧。因為加拿大是百分之三四十！不錯，這是事實，但加拿大有 10% 的失業率，經濟始終是搞不起的。楊森議員也說到了問題關鍵。這麼多年來，在英國政府統治下，就只僱用一些精英，專業人士，工商界來統治香港，現在只餘下三年，是否因為「棚尾拉箱」所以就還政於民，轉過來另外找「新拍檔」呢？政府亦提及，如果九個新的功能團體，每個都牽涉 25 萬人，選區擴大了，就更加有民意。我們亦可看到八五年有功能團體的選舉，當時的功能團體是代替以前的委任議席，每位所選出來的，到底都可以為香港提供意見，說得不好聽，亦可以說是工商界專業人士的議員為香港「搵錢」，而直選議員就替香港「花錢」！這是沒有問題的，「搵」得到就可以花，量入為出，做得到的，當然是沒有問題。

自由黨和很多專業人士議員，會覺得香港有今日的成就，是因為我們懂得製造財富（不是分配財富），這絕對是香港政府的功勞。但是如果九個功能團體全部共有 25 萬人，我就認為是變相的直選。十個大選舉團，從三百六十多位民選區議員產生，只要一個黨可以佔到一百人左右，在互選的情形下，就一定可以取得其他十個席位，在這情形下，就一黨獨大了。政府對於差餉事件甚不滿意，即自由黨和其他兩黨合作而影響政府的運作，變成「沉默的羔羊」。如果在九五的直

選是按照九二的方案通過，民主派佔過半數，我想政府想做「沉默的羔羊」都很難，那會變了甚麼羊呢？嚴重些，我可能形容是「被劏的羔羊」（slaughter of the lamb）；沒那麼嚴重的，可能是「castration of the lamb」。

政府說這是不會發生的，民主派一直沒份參與，若有份參與，他就會「識做」的，我們可以想想這樣的論據，是否因為民主派時常扮演反對黨的角色，甚麼都反對？我們試看看立法局這一兩年來的動議辯論，獨立議員和自由黨支持政府的多還是港同盟支持的多？我敢相信絕對是我們支持政府的多。現時政府只剩下三年，就說不和這班人「玩」，而跟那一班「玩」。政府認為與他們「玩」，他們就曉得愛護政府，究竟是不是呢？立法局有二十個月是在民主派控制下，當然我不想用到「社會福利派」和「資本主義派」這些字眼。我最多形容他們為「偏向社會福利派」，但他們又否認。最近自我返回立法局後，他們投票反對西隧，反對展覽中心的建設，卻建議利得稅由 16.5% 提升至 17.5%……

……

主席先生，我要講到其他兩點，就是資產增值稅和利得稅，在今年的財政預算案有七十多億元盈餘情形之下，還提出由 16.5% 增至 17.5%，這是否因為「眼紅」呢？是否認為工商界和專業人士在香港已賺了太多錢，即使政府不要，亦要加些稅，讓他們吐些出來，放作儲備也是好的，不知是否這個意思？工商界（我不是說現時的自由黨）如果不是港同盟常常建議這些政綱，可能對他們的抗拒心都不那麼大。政府認為與他們合作（一黨獨大的民主黨），是不要緊的，可以駕馭他們。但我們則有點擔心，認為這個情形是不會發生的，為甚麼呢？因為民主派很明顯知道，由於中英談判破裂，在一九九七年六月三十日，就要重選。他們明知只有二十個月「玩」，所以在這二十個月內定必會「玩」到盡，又怎會去支持政府呢？主席先生，政治的「平穩過渡」，在「過渡」方面能否做到，並不是很大問題，我們想看到的是經濟上的「平穩過渡」，這才可令到香港六百萬人維持現時這個好的生活方式。我們認為經濟上如能平穩過渡，即使政治上不過渡亦要平穩，平穩到一九九七年六月三十日。所以我們認為九四協調方案較接近基本法，如果是九五年實施這個九四協調方案，在政治上可以平穩到該地步，而所有立法局所通過和修改的法例，亦可以避免一黨獨大，在這情形下，我是支持九四的方案。

最後，我想一提的是詹培忠議員的動議。中方已經說明在一九九七年六月三十日後要重選，但香港政府不承認，認為這是個假設問題，雖然如此說，但還有幾年，未必會這樣做。不過，這是因為港府的高官可能沒有甚麼機會上北京的緣故，我們在北京卻聽到他們親口說一定是要取消的。我們亦提到這應是預備委員會確認的權力，如到九七年不予確認的話，就一定要重選。所以我認為詹培忠議員的動議是可以接受的。

潘國濂議員致辭：

主席先生，香港在一百五十年前因為鴉片戰爭割讓給英國。一直以來，香港以殖民地的地位立足於中國南方，標誌中國的衰弱，外國的欺凌，以及中國人的悲哀。我們這一代年青時，到外地去是拿香港政府發出的身份證明文件，到處受到刁難、歧視，只有期望中國有朝一日富強起來，在國際上贏得聲譽，亦期望香港可回歸中國，與長久以來國勢衰弱、戰亂頻繁的中國統一。一九八〇年代，一個強盛的中國終於為實現這個期望創造了環境，通過中英談判及中英聯合聲明訂下日期，結束香港殖民地的地位，使中國的統一事實邁進一大步。

香港與中國分離一百五十年；在過去一百年間，每每成為中國的戰亂及鬥爭的避難所。在殖民地的政策下，香港人只有民族觀念，而沒有國家觀念，亦不知甚麼叫宗主國。因此，在香港回歸過程內，中心點不是英國怎樣下旗返回英倫三島，而是怎樣建立中港互信，如何帶領香港進入中國的「一國兩制」政治體系內。英國政府在一九九七年六月三十日就下旗歸去，但香港的六百萬人是要留在香港的。一個地方政府如果與中央政府不能夠互信，處處製造分離、對抗，是無助於六百萬香港人在「一國兩制」的政治架構下生存，更無助於香港的順利回歸。

香港目前的政治環境存在著濃厚的抗中意味，很多人歸咎於五年前「六四」事件。這留待政論家對這事件作出結論。但是，面對這種抗中的氣氛，面對九七回歸的事實，一個負責任政府的政策應該是疏導這些氣氛，進一步建立中港互信，因為一個中港對抗的局面是沒有前途的。可是，英國政府推出的政策卻是剛剛相反。總督彭定康先生在九二年到任後提出他的政制方案，效果正是令香港與中國更加分離。總督既然沒有辦法重寫中英聯合聲明及基本法，於是就在這些文

件內鑽空子，用一些似是而非的論據，推出一個與基本法截然不同的政制方案。結果是增加香港內部及中港之間的矛盾與猜疑，為過渡期及九七後的香港管治製造障礙。

總督說他的政制方案沒有違反基本法。我當然不可以說他是錯的，因為基本法是適用於九七年後的特區，在九七年前是沒有約束力的。但是作為一個負責任的總督，他提出來的政制應該與基本法銜接。總督的九二政制方案內的選舉委員會以區議員為基礎，這是與基本法四個組別的形式截然不同。總督的九二政制方案為功能團體重新訂下的定義，使功能團體成為變相的直選三不像怪物，亦是與基本法的功能團體截然不同。除了與基本法不能配合及無法銜接之外，總督的政制方案亦與中英兩國外長的七封文件不配合。

既然英國政府在英國國會推介香港的基本法，那麼為何總督會提出一個與基本法不配合、不銜接的政制方案？這是令人費解的。我不想推測甚麼陰謀論，但事實上總督的做法產生分化，增加了中港的不信任，增加了中港的矛盾，為九七管治帶來障礙。我說分化，是指香港人中間的分化。由於政制問題的矛盾，港人被分裂為兩極化。港英政府只信任那些支持總督政制方案的人，另一方面亦迫使中國只信任那些對總督政制採取強硬態度的港人；同時亦迫使絕大多數的港人無所適從、造成分化。我說的分化亦是指分化了中央政府及將來特區政府，為中港對抗製造基石。我相信絕大部分的香港人都希望中國富強及順利統一，絕不接受分化香港及製造中港對抗的任何幻想及行動。

主席先生，自從九〇年以來，英國政府顯然對香港及中國已經採取了一個與前不同的政策，而根據這個新政策推出的，就是今日我們在這裏辯論的總督政制方案。這個新的政策可能建基於希望中國政府好像前蘇聯政府一樣倒台，或者中國政府會四分五裂。中國過去兩百年歷盡內外的困擾，現在是全中國人希望安定繁榮的時刻。英國政府的新政策所包含的可能期望及假設，實在是中國人及香港人所不能接受的。

總督以民主為口號去推銷他的政制方案，但英國在香港統治的一百五十年是沒有以民主為依歸，又為何英國在最後的二十多個月管治期內，透過以英國最佳利益為依歸的總督，以抗中的手法去推動民主？他的可信程度是非常低的。在這種情況下，自由黨及部分獨立議員日以繼夜協調一個與基本法相銜接的九四政制

方案。其中一個主要目的就是使中港關係得以有機會重建，建設一個比較平衡及平穩的政制，有利於香港的回歸，有利於中港的互信。

主席先生，總督的政制方案使香港人混淆中英對抗等於中港對抗。我們應該認清楚英國推出與中國對抗的手段及一個全球策略的考慮。我們六百萬香港人將長期須要與中國中央政府維持一個良好的互信關係。香港人是沒有理由支持英國推行與中國對抗的政策。主席先生，九四政制方案標誌著進一步按基本法的步伐推行民主，是應該比較務實的。

譚耀宗議員致辭：

……三年後的今日，即九七年六月二十九日，那時立法局的議員因為任期已經屆滿，相信會感到十分無奈或不滿、遺憾，尤以當時新當選的議員為然。但是，這些議員也可能問為何出現這些情況？大家都可能記得這是拜總督彭定康先生的九二政改方案所賜。這是因為當年彭定康先生犯了三大錯誤。

第一，背信棄諾。這點我亦曾在本局內提出質詢。彭督在九二年十月七日提出了其三違反的政改方案，而這三違反的政改方案是違反了中英聯合聲明，違反了基本法和違反了兩國外長的七封函件。

第二，衝擊過渡。政改方案推出後，導致中英爭拗，極度破壞雙方的合作關係，互相信任到了低點，對香港社會亦造成分化。

第三，破壞談判。在談判進行 17 輪後，英方單方面推翻了談判桌，甚至將談判的椅子也拋掉了，但卻惺惺作態，說談判之門仍然開啟。

在過去歷時二十個月的風風雨雨，不少人都希望早日雨過天晴。較早前我在本議會的門外亦聽到一些記者希望政制的爭議可以早日解決。近期媒介亦十分關注民建聯在今日投票的取向。事實上，對於投票取向，我們已經有原則性的決定。我們的意見概括為三點：我們反對彭督的政改方案；我們亦不希望彭督的方案在本局得到通過；對於議員所提出的政改方案，如果與基本法的方向相符，我們會積極考慮。

有議員問既然沒有「直通車」，為何仍須理會基本法？民建聯主席曾鈺成在六月十四日《華僑日報》的一篇文章中，曾講述了這一點。他指稱沒有「直通

車」，但仍須銜接，因為九五年立法局的組成，如果和基本法確定的發展步伐一致符合的話，則仍然可以在循序漸進的過程中起著正面的作用。九五立法局的產生辦法和運作模式，可以為九七年之後的發展提供有用的經驗。相反，若嚴重偏離銜接的軌道，只能成為香港政制發展史上短短的一頁。因此，我們反對彭督的政改方案。我們支持九四協調方案。我們支持九四協調方案，並不是單考慮有關方案是否對民建聯在選舉中有利，亦不是說九四協調方案完美無瑕。我們表示支持，是希望在沒有直通情況下仍有銜接。這個目的符合平穩過渡和符合社會大眾的利益。

在今日議員的發言中，有很多人口口聲聲都是講求民主，爭取民主，並強調議會內直選的比例：有些人要求三十席，另有一些人要求六十席。事實上這種訴求，在基本法內已有所體現。因此，我不認為這種訴求與基本法有所牴觸。但是，有一點我須要指出的是，這些訴求若果要符合香港發展，符合大眾利益的話，是應該循序漸進地發展。所以，直選三十席的到臨，按照基本法的規定，到二〇〇三年時，有三十個席位是直選，而立法機關的全部直選，我相信在二〇〇七年便可以完全達到。為此，民建聯亦就此問題，在九二年時前往北京，向港澳辦主任魯平提出，亦得到其正面的支持。

另外，在較早時發言的一些議員中，我對他們舉出的一些例子不敢恭維。我想特別指出的是，黃震遐議員身為醫生，在發言中，卻用一些「三級」的例子，使本人感到十分刺耳。例如他談到「強姦」、「上床」、「非禮」等等言辭。我認為以醫生來說 —— 幸而他只是腦科醫生 —— 實不宜引這些例。但是，他談及這些事情，使本人亦感到十分詫異。我希望今後會有所改善或利用其他的例子。

此外，李柱銘議員在今早發言中，談到一些人既然這般喜愛北京，不如返回大陸居住，我認為須要向香港呼籲：我們既要留港，便須建設香港。我們不返回大陸，亦不前往外國，我們不要上別人的當，我們民建聯的全人，不僅留港建港，更會積極參與選舉，通過選舉來力爭香港可以平穩過渡、繁榮創富、安居樂業，這是我們民建聯的政綱。

夏佳理議員致辭（譯文）：

主席先生，正如布政司今天曾適切地指出，今天確實是個重要的日子，而一九九七年六月三十日亦會是另一個重要日子，因為香港的主權將於當天移交。這是史無前例的，是香港本世紀唯一最重要和最具歷史意義的事件。因此，部分同事在致辭時言詞激動，而部分則心情沉重，實在不足為奇。但最終各人都須結合情感、理智和良心來決定對此事投甚麼票。

主席先生，眼看政府甚或政黨之間出現的所有指摘和反指摘，縱使有 90% 的香港市民不明白正在發生甚麼事情也絕不稀奇。他們不是不知道，便是不關心。以我理解，這兩種情況對於政府當局及其自一九九二年十月以來所作的努力來說，都同具破壞力。主席先生，在真正的民主體制裏，這樣的政府根本無法生存。

主席先生，今天我希望就數點發表意見。第一點是關於九二方案中所謂九個新功能組別。這項安排究竟是甚麼？為何它會獲得港同盟支持並以此作為底線？答案其實很簡單，因為有關安排與他們要求三十席直選議席的建議僅差一席而已。港同盟顯然深信他們的建議正確，故此即使他們未能從前門透過其建議促成三十個直選議席，也樂於走後門取得額外的九個議席。然而，這兩項建議之間有一重大分別，就是港同盟的建議是實際可行的，但政府的方案則並不可行。

關於政府方案此方面的一個論點，是其選民數目很大。但我們是否在玩數字遊戲？抑或我們是在嘗試藉此在香港孕育和推動民主？我相信必定是後者。我說政府的方案不可行，是因為候選人怎樣找選民？他們怎樣爭取選票？他們是否要走遍全港，逐戶拍門，自我介紹？但他們能夠這樣做嗎？候選人會走上一幢樓，按門鈴，門打開後他便會問陳先生是否在家，開門的人或會問：「那位陳先生？」他會回答：「是從事塑膠業的那一位。」試想像陳先生已轉業，答案便會是：「並無這位陳先生。」

主席先生，我相信不必再詳細闡釋此點。我想談的第二點是有關為今天辯論事項爭取票數的遊說工作，以及李柱銘議員和一些港同盟的議員所作的評論。有人批評大商家及中國政府進行的遊說工作，但對於港同盟或香港政府的遊說工作，批評卻未有所聞，我們是否就此相信他們沒有進行遊說工作？倘他們有進行

遊說，又如何辯護或解釋此種差別？當然，港同盟的立場斷不會認為不擇手段為九二方案或港同盟方案而進行的遊說工作才是恰當的，但為其他事宜進行遊說工作則不正當，因為這樣並不民主。主席先生，我認為港同盟並不至於如此不民主。

談到民主，我希望正式加以記錄，自由黨認為三位官方議員應就今天所有修訂動議投棄權票。理由很簡單。第一，此事應由香港市民決定；第二，政府完全未能向公眾充分解釋九二方案；第三，九二方案並未得到市民足夠的支持；最後，倘有關事項今天由少於三票來決定，這是否公平？是否民主？

主席先生，有人指摘自由黨提出九四方案是放棄或犧牲了香港的利益，這是完全無理及絕對不公平的。但我們早已預料一些政敵會作出這種指摘。請容許我再一次簡單而明確地表明自由黨的立場。香港人想要甚麼？他們是否想要麵包？他們能否單靠麵包來維持生命？

主席先生，日復一日，香港人賺錢供養子女。他們的父母、那些較不幸的人士以至他們自己，都希望繼續這樣做，其實他們亦須要繼續這樣做。他們當然希望有自由，誠然，他們想要民主，亦想要安定繁榮。我們所有人都有此希望。其實就自由黨而言，我們必然會嘗試竭盡所能為他們爭取，但在這個劍拔弩張的政治辯論當中實不易為之。

主席先生，無論今天發生甚麼事，我覺得香港亦要熬過去，而我亦相信港人理應獲得的待遇不止於此。主席先生，我認為今天表決時，香港的憲制發展面臨兩條路：務實派或理想派的道路。務實派的道路是九四方案，這也是香港應走的路。

曹紹偉議員致辭：

我希望今日作出決定後，便定了我們在九五年立法局的選舉遊戲規則。各界人士、議員，尤其是政府，可以在今後將精力，重投入我們其他很需要做的工作。我原來很希望快點進行投票，我亦不想再作發言，去阻礙投票的進行。但是，當我看見李家祥議員剛才很激動地將他爭取協調的過程及看法說出來，使我覺得我須要在今日仍然透過立法局表白我一些感受。

其實如果要九二方案在今日通過，是很容易的。在這件事的過程中，我們瞭解到，直至上星期為止，很多方面的預測都認為九四方案未能取得足夠的票數，因為有部分議員仍未作出支持決定，而有部分議員甚至可能打算投棄權票。如果是這樣的話，九二方案便將會通過。但是，自由黨的各位議員，以及部分的獨立議員並未氣餒。他們在這段期間裏面，繼續鍥而不捨地與各未作決定的議員協調，向他們解釋，希望作出一個達至平穩過渡的政制方案，並且最後獲得接受。期間有部分被形容為親中、或者是早餐派的議員，受到大力遊說。

如果不是有這些議員為了穩定香港的大局而進行這項工作的話，我相信九二方案就會輕易在今日的投票中通過。但是，我們亦可能看見接著發生的，是中港之間被分化，彼此猜疑、抗拒，甚至出現直接磨擦。若出現這種不幸的情況，相信會有一些英國的政客，或者是一些國際的破壞者，躲在背後竊竊私笑。

主席先生，我認為理想的政制是妥協的藝術，而並不是互相攻訐、互相鬥爭可以產生的。民主的精神是互相容讓，希望不同的政見能夠獲得充分考慮，而並非鬥得你死我活。剛才我們已聽過一些港同盟議員的發言，使我覺得非常不滿。李柱銘議員及他一些黨員極盡所能，將支持九四方案的一些議員貶低，甚至作出一些侮辱性的批評。這是否正確的做法呢？他們是將事情說成非黑即白，好像他們就是民主的代表及捍衛者。這種態度是否過分自我呢？

李議員說彭定康所委任的三位議員應該支持九二方案，因為在委任的時候，他們已經知道彭督的政改立場。這個立論我認為是錯的。我認為個別的議員應該按他們的良知、信念來投票。在香港政府下，有很多諮詢委員會的成員，他們都是由彭定康總督所委任的。若按李議員的邏輯，難道他們在有關委員會的工作就不可以有獨立的意見，甚至是反對的意見嗎？怪不得在年多前，由彭督所委任的其中一個三人檢討小組，在檢討總督的薪酬應否納稅時，結論是總督的薪酬不需要納稅。他們的結論可能是基於以往的總督是毋須納稅的，亦可能是他們事前已經知道總督的心態，因為這正正是與李議員的立論不謀而合。若他的邏輯是合理的話，則我們亦應該接受這個結論。

楊孝華議員的修訂是經過很長時間的磋商協調，然後產生的。我認為這是一個忍辱負重的方案。民主發展的道路是崎嶇漫長的。就算這個九四方案並非理想的方案及安排，但是在現實的環境下，不失是一個被港人所接受的方案。我認

為今日本局各派的議員及一些獨立的議員，應該本著他們自己的信念作投票的決定。無論那個方案獲得通過，希望大家能夠同心同德、共同努力，為平穩過渡作出貢獻。如果各個黨派不能夠容讓，試問我們又怎能承擔「港人治港」、平穩過渡這樣重大的工作目標呢？這是否港人在這個後過渡期所願看見的情況呢？

楊孝華議員致辭：

我想談談這次為何會有這麼大的爭議，原因是總督彭定康先生一九九二年在立法局宣布了所謂九二政改方案。這兩年來確實引起了很多爭議。我記得當時聽到他的建議時，覺得很新鮮，但是覺得有些不妥，所以，我一直都沒有表態，表示未看清楚、未想清楚，不便舉手贊成。

在他的建議中，比較引起我懷疑的，就是究竟這是否符合我們的遊戲規則呢？其中主要涉及兩個地方。一是功能團體；二是選舉委員會。我記得當時我很早便說，我要想清楚有關的功能組別與基本法是否銜接。當日散會時，我便向傳媒這樣說。當時我沒有答案。

先談談功能組別（基本法是講功能團體的，英文譯名都是「functional constituencies」）。一九九二年我與彭定康總督在總督府吃早餐時，他問我覺得他的政改有甚麼爭議的地方？我當時拿出我在旅遊界剛做完的一個調查（裏面有圖表「barchart」的）給他參考，我覺得似乎最大爭議就是那新增的九個功能組別和選舉委員會。

另外有一樣令我很詫異的，就是我所屬的功能組別竟不接受降低投票年齡。不過，我說我們這個旅遊界組別確實是比較保守一些。我個人對 18 歲這個投票年齡是沒有意見的。

我本身對總督建議的功能組別組成和選舉委員會確實由開始就有疑慮，後來更感到懷疑。經過細心研究後，我最後得出一個結論，就是我看不到這些建議可以符合香港對功能組別，或者基本法對功能團體的理解。

我從來沒有說過總督違反基本法。我是很小心講的，我英文是這樣講的：「I do not think it conforms to the spirit of the Basic Law and what is meant by functional constituencies.」我不是律師，不敢說他如何違反。政府最近到處宣傳，希望市民

可以登記做選民，有一句宣傳口號意思是若有所期求，就要登記做選民。我覺得他制訂這九個功能界別，是有所「求期」的。他將全港的工作人口分成九個組別，我認為這是另一種形式的直選，我願意客觀地考慮將來我們六十席直選時，其中三十席是否應該採用現在港同盟的建議，再加上三十席，依照總督九二方案的建議？我不敢妄下結論。但是，我覺得我們不應該排除這種可能性。

我始終覺得應「call a spade a spade」，功能團體就是功能團體，遊戲規則是這樣。而且，功能團體不是中國發明的，亦不是基本法發明的，是香港政府自己發明的。一九八四年時，我們很清楚功能團體是甚麼東西，我覺得功能團體在香港社會是行得通，是可以接受的，亦是過渡至最終達到全面直選的一個最佳方法。

當中英因為這問題而發生爭拗時，很多立法局議員都做了很多事情。剛才有議員說，有些議員去北京遊說錢其琛。我覺得這個問題的決定權始終都是在這個立法局。但是，我想指出，遊說的目的，是希望中英雙方可以坐下來商討，取得協議，然後交上立法局通過。我覺得這是最佳的安排。現在理想成為泡影。但是，為了達到這個目的，我們不僅去過北京，我記得在九二年初我們（包括李鵬飛議員、周梁淑怡議員等）去倫敦，要求英國為這個問題展開談判，然後再去北京，亦要求中國領導人不要再強調總督撤回方案，總之大家坐下來商談。香港人很願意見到中英雙方能夠有個良好的、大家都可以接受的結果。後來中英雙方宣布展開會談，大家很開心，當談判破裂，大家不免感到失望。

有一位議員曾問，為甚麼要提出這個九四方案呢？其實這是一些很希望爭取在沒有「直通車」的情況下香港得到平穩過渡的議員，本著誠意、經過細心研究後制訂出來的，不是胡亂推出的。

李家祥議員在這方面作出很多努力，但都是以低調進行。他的目的不是為了個人，而是為了香港人的利益。

我們的方案亦不是憑空想出來的，我們是有所本的。我們記得有些獨立議員加上一部分自由黨議員，都曾向憲制事務司索取一些資料。我們希望拿著一九八三年英方在談判桌上拿出來的所謂修訂方案來參考，因為彭定康總督曾經說過，在中英談判過程中，曾經有修訂建議。他亦曾說他方案中的選舉委員會是更接近基本法，我不與他爭拗究竟是否屬實，總之起碼是更接近基本法。此外，他說功能團體是以團體為投票基礎。他又表示從他的立場來說，有關建議不是最

佳的方案，但起碼覺得是可以符合的，公平、公開和為港人接受的。

我們曾經企圖在這些文件裏面看看可否找尋一個路子。中英已談不攏，我不敢說我們是收拾殘局。但是，我們無論是那個功能組別的構成，以至選舉委員會的組成，都是完全參照政府給我們的資料。我在這裏亦很謝謝憲制事務司，他很合作，真的給予我們很多資料，這點我不可以說有任何不滿意的地方。我明白他還未做過充分的研究，以及無法向我們推薦。我們試圖參照有關資料，來制訂功能組別。

舉例來說，漁農界這個功能組別，根本是幾乎 95% 依照憲制事務司在五月二十五日給我們的信所提出的資料組成的，只是刪除了一個擁有九百人的工會，因為那是漁農處職員的工會，我覺得並不適當。

文化界的功能組別是幾乎完全參照總督在中英會談期間常說的「港人可以接受，以及公平、公開的」方案而提出的。紡織界亦是如此，我們完全沒有改動。

另外，我們看到中英談判雖然沒有協議，又沒有任何共識，但我發覺裏面確實有五項起碼表面看得到是有某種程度的共識的。這是我們的制訂方案基礎。我們希望能夠達到一個模式，無論有否「直通車」，起碼都是在九七年「車變車」；「車變車」就是說，即使這輛車要裝修，下了車的人不能再上車，但始終是車變車，不要飛碟變車，或者牛車變馬車。我覺得這對香港人是好的。

我們覺得為何中英宣布恢復談判時，香港人這麼高興，他們都希望可以解除這個九二方案的刺或結。九二方案不僅是中英關係的一個刺，亦引起很多問題。雖然雙方都謂政治與經濟無關，我覺得這肯定會有關的。這根刺談判也拔不出。我們雖然也拔不出那根刺，但起碼我覺得香港人都會希望見到一個更加溫和、向民主邁進一步的方案。

我們建議新增的九個功能界別，例如文化界、漁農界等，全部都是個人投票的，幾乎是沒有公司投票的。保險界亦絕大部分是個人投票。我留意到匯點亦有這個建議，我們建議的保險界功能組別有萬多人，是以個人方式投票，而匯點只得二百多間公司。

我們為了達至最大的共識，作出最大的努力，與自由黨以外的非自由黨議員取得很多很多共識，不只是早餐派，亦有很多「無名英雄」，好像麥理覺議員，他沒有參加我們任何一個會，但他給我們很多寶貴意見。最初自由黨自己宣布推

出零售界的功能組別，這是參照麥理覺議員的意見。其實，當時很多獨立議員也問，為何只得零售界？不過，我們覺得麥理覺議員是很有見地的人，亦熟悉功能界別這個概念，既然他有這樣的理據，做了這樣的研究，於是我們就參照了他的意見。

不過，我認為這次爭拗無論結果如何，都反映了香港市民的心聲：希望能夠有溫和的方案，希望能夠有更平穩的過渡。

我們從政府方面取得中英談判的資料，一看之下，原來選舉委員會這麼容易訂出來的。所以，我們是將有關構思的八成至九成搬過來，沿著這個模式來制訂方案，目的是為了盡量在原有的基礎上，達成一個港人能夠接受的溫和方案。

我們新增的九個功能組別人數，比以前更多。雖然自由黨是希望「一公司一票」，但為甚麼我們將那個決定另外拿開，由另外一位議員動議呢？因為我覺得這未必可以獲得大多數議員的接受。所以，我們另作修訂，如果不能通過，便接受另外一些議員的意見。

功能組別和選舉委員會關係密切。當然，我們認為是一個配套，但是，我們不是強求選舉委員會一定要照搬我們的模式，希望議員可以接受我們的功能組別模式，或者起碼不要反對。

唐英年議員致辭：

主席先生，所謂「九四方案」其實不是「自由黨的九四方案」，這個方案是在多方面的人士參與下，努力達成的一個結果。參與制訂這個九四方案的，包括自由黨人士、局內一些獨立人士，也包括很多其他非立法局的人士。他們都很關心代議政制的發展；關心一九九五年至九七年大家「下車」，這二十多個月期間，政改方案如何協助取到一個平穩過渡、穩定繁榮。我相信在過去這數個星期內，很多人為了做這件事，每日由睡六小時變成睡二小時，有人甚至不敢在家吃飯，因為每天晚上均有來電。

我覺得這個九四方案是一個循序漸進，確保香港穩定繁榮的好方案。這個方案充分確保代議政制白皮書一些少數聲音可以在立法局得到代表。這些少數聲音絕對不應抹殺。

　　彭定康在一九九二年提出了他那新增的九個功能組別。這九個新功能組別有二百多萬選民。他說這樣可以使選舉更加公開、更加公平、更得到港人接受。這一點我不接受。甚麼叫更公開、公平呢？為何二百多萬人便叫更公開、公平呢？為何有些人沒有投票權呢？

　　何謂功能組別？現在我們在九四方案內的九個新功能組別，包括有工商界組別、專業組別，又有兩個勞工組別；使代議政制白皮書很多不同行業在此過渡期得到代表。

　　基本法附件一及二寫得很清楚，到了二○○七年，港人有自由決定立法會將如何組成。我深信屆時港人會要求 60 席直選（可惜現在劉慧卿議員不在這裏，可能在外面聽著）。60 席直選是一個很好的目標，是一個最圓滿的方法。二○○七年距今只有 13 年，其實並不很長。我覺得循序漸進，可以令香港在這個交接期和一九九七年順利回歸後的十年間，得到穩定繁榮，是港人的願望。所以，我很希望在座如正在考慮是否支持我們九四方案的功能組別建議的議員，希望他們考慮這點。

　　少數聲音應在這議會中得到代表，少數聲音不應被抹殺。

憲制事務司致辭：

　　主席先生，正如林鉅津議員較早時指出，我在立法局的發言，包括今日的發言，當然是以官方，即憲制事務司的身份代表香港政府闡釋當局的立場，我同時強調條例草案所提的各項建議，不是總督的建議或某一政府官員的建議，而是香港政府整體在小心衡量社會各方人士之後所作出的建議。本人沒有資格，亦沒有這個奢望能夠媲美任何宗教的教主，至於「車大炮」，我相信我間中亦能夠講一些令朋友半信半疑的誠意謊言（white lie），但在我頭上加以類似我們大家尊崇的孫中山先生的別號，鄧兆棠議員太過言重了！

　　在今天的辯論中，各位議員踴躍發言，雖然往往有頗為激烈的爭論，但各議員的熱誠及信念，是無可置疑的。在唇槍舌劍之餘，各位不妨再反省一下我們到底要達到甚麼的目標？我們的目標，是制訂一套公開、公平而又能夠延續至一九九七後的選舉安排。正如布政司今早說過，這個是我們的條例草案的目的。

而我想在這裏作進一步的解釋。

讓我們大家先談一談功能組別。在這裏的大前提是，選舉的制度必須而且是要公認是公開及公平的，否則實在無法取信於人。多年來，現行的功能組別制度對香港政制的發展有很大的貢獻。但經驗說給我們聽，這個制度仍有待改善，而且刻不容緩。

假如有個別人士透過多間公司的擁有權，可以在任何數目的選舉組別內有效控制差不多任何數目的選票，而令選舉過程不盡公平，社會人士是有理由感到憂慮的。又假如選民範圍狹窄的功能組別出現貪污舞弊，市民亦會有理由感到憂慮的。這些嚴重的缺點，涉及整個功能組別制度的核心，削弱了選舉過程和當選人士的公信力。假如政府，或者立法機關不正面消除這些缺點，這是一種毫不負責的做法。同樣，假設以為這制度只要略為修改就可以解決問題，亦是自欺欺人。

我們在條例草案內提出的建議，目的在三方面消除以上的缺點。第一，廢除所有形式的法團投票。將投票權予公司董事後，我們可以一舉兩得，既可以解決「多次投票權」的問題，同時亦可擴大有關功能組別的選民範圍。這個建議是非常合理。歸根究柢，功能組別內各個金融及經濟界別之能夠有今日的成就，實際上是公司董事作出正確重要決定的功勞。

第二，條例草案建議擴大若干現有專業功能組別的選民範圍。這項措施不單止擴大選民範圍，亦可增強這個制度的代表性。

第三，條例草案建議增設九個新的功能組別，包括了全體就業人口。這樣一來，可以確保功能組別具有廣泛的代表性，亦更可因而增加這制度的公信力。

說到這裏，我要強調有關九個新功能組別的三個重點。第一點，我們的建議方案不是急進的改革。事實上，這些建議全部建基於現行的功能組別概念上。有關準則在一九八八年的白皮書內有清楚說明，即是要令到具有規模的、以及在社會上有重要地位的不同經濟和專業界別，能夠成為功能組別。因此，新增加的九個功能組別，各自代表一個重要的界別，而該等界別多年來一直為香港的安定繁榮作出重要貢獻。我們的建議，當然亦完全符合聯合聲明和基本法的規定。

第二點，有些人將這九個新增加的組別視為「勞工組別」，這是個錯誤的看法。事實上，我們的建議不單止令一般藍領和白領僱員成為選民，亦把投票權給予中層和高層的管理人員。就整體的權益均衡而言，九個功能組別，連同現有

的 21 個功能組別，實際上可確保能夠有充分代表所有僱主、僱員和專業人士的權益。

第三點，我們並非，我重複說一次，我們並非變相設立更加多的直選議席。我們建議維持功能組別選舉的原則，即只有那些從事經濟活動的人士，才能夠參與功能組別的選舉。工作人口以外的人士，例如學生、退休人士、家庭主婦等，均不會包括在內。事實上，有人曾經批評過我們，說我們為何不擴大功能組別的選民範圍，將這批大約百多萬的學生、退休人士、家庭主婦等包括在內。假如我們這樣做，就一定會脫離現行功能組別選舉制度的概念，顯然得不到社會人士的支持。

在稍後委員會審議階段，一些議員會針對我們在功能組別方面的建議，提出修訂。因此，我想在這裏，藉此機會，簡單地評論其中一些比較大的修訂建議。

首先要談一談的是自由黨的修訂建議。這些建議，是以「一公司一票」為基礎，將九個新功能組別劃分在非常狹窄的範圍內。從多方面來看，都不過是變相的法團投票方式。所造成的結果是功能組別的選民範圍仍然非常之小，而選民範圍細小所產生的各種問題，也無從解決。根據自由黨本身估計，他們提議的九個新功能組別的選民總數，最多可能有 12 萬人，或者平均來說，每個功能組別有 13,000 人。這樣的話，我看不到這些功能組別怎樣能夠得到大眾的公信？

在那些修訂建議之下的新增九個功能組別，極度偏重僱主和專業人士的利益，而忽略了對香港的成功有重大貢獻的普通勞工界。即使建議增設兩個勞工組別的議席，亦不過是一種表面姿態，這樣的安排，不能說是公平，亦稱不上具有廣泛代表性。

第二方面，有幾項修訂建議要求撤銷市政局、區域市政局和鄉議局功能組別的地位。政府當局對這些建議並不贊同。兩個市政局為市民提供廣泛的服務和設施，而鄉議局是一個代表新界原居民權益的法定組織。因此，兩個市政局和鄉議局在立法局佔有議席是恰當的。

第三方面，有幾項修訂建議，例如李柱銘議員、馮檢基議員和李華明議員所提的建議，要求增加功能組別，代表在職人口以外的人士。正如我剛才解釋，這些建議根本上偏離功能組別制度的既定概念，即是說功能組別必須足以代表重要的、有規模的經濟和專業界別。這一點非常重要，無論我們作出任何改進，我們

都要符合這個基本概念。

第四方面，有一些修訂，是在廢除法團投票之後，就每間公司有投票權董事的人數上加上限。以我的理解，這些意見的論據，是防止所謂「種票」。政府當局認為這些建議實際上無需要，因為條例草案內已訂有詳細條文，確保只有真正的公司董事才有資格登記為選民。雖說如此，政府當局亦不排除訂立上限的可能，但上限一定要合理，而且不會大幅縮減整體的選民範圍。

功能組別或者我們談到這裏為止，現在讓我談一談選舉委員會的問題。選舉委員會將會選出十位立法局議員。大家都認為，這是非常重大的責任。如要整個選舉過程得到社會接受，就一定要符合兩項非常重要的條件：

（i）選舉委員會本身的成員一定要經過公開、公平的選舉程序產生；

（ii）由選舉委員會所選出十位立法局議員的各項安排，亦一定要公開和公平。

要符合這兩項條件，方法當然不止一個，但肯定最直接的方法，是規定選舉委員會經由直選產生的區議員組成。這方法既簡單又具公信力。簡單，因為這安排不涉及新的選舉方法；具公信力，因為區議員本身是經普選產生的。

馮檢基議員及楊孝華議員的修訂動議，提出由四個部分組成一個選舉委員會。比較來說，建議方法極為繁複，而亦難作妥善安排。此外，亦無證據顯示由四個部分組成的選舉委員會，會較我們條例草案所建議的更具代表性。

按條例草案建議，選舉委員會會採取可轉移單票制，選出十名立法局議員。這辦法所產生的選舉結果，與投票人的選擇成正比，而這個辦法正適合規模細小的選舉委員會。假若我們採取全票制，就可能出現以下的局面：一個能夠控制選舉委員會半數席位的政黨，就可以操縱選舉十個立法局議席的結果。我相信這一個是極之不理想而大家不想見到的做法。

我相信各位議員或者記得，立法局其實不是今天才第一次討論選舉委員會的問題。各位議員於一九九二年十月曾經通過動議，所支持的正是現時這個條例草案內所提的選舉委員會方案。因此我十分希望當時支持有關動議的議員，再次支持條例草案的建議方案；至於在一九九二年辯論的時候有所保留的議員，我亦都希望他們現在同意建議方案所帶來的明顯好處。

最後，我想談談三個極其重要的一般性問題。第一個問題，關乎杜葉錫恩議員和馮檢基議員所提的所謂「一人一票」建議。這建議是基於一個錯誤的論據，

這論據就是說假如有些選民只能在地區選舉中投票，或者另外有些選民可以再在功能組別或者選舉委員會的選舉中再投票，這便是不公平，這是違反人權法案條例的規定。但事實上，我們建議的選舉安排，包括載於現正辯論的條例草案中的那些安排，均完全符合人權法案條例的有關規定。因此，並不會出現違反人權法案條例的問題。至於公平與否這一點，如果說是擴大功能組別的選民範圍，反而會令選舉制度沒有那麼民主，我覺得這論調是非常之奇怪，而亦是自相矛盾的。事實上，「一人一票」的後果是會令到某些選民不能夠在地區選舉中投票，而地區選舉是香港現時唯一由普選產生立法局議員的安排，故此在現時制度之下提出「一人一票」只會損害民主原則。

第二個問題，關乎修訂條例草案兩個附表的權力。現行的安排是由總督會同行政局修訂附表，但對附表作出任何修訂，都必須以一項經本局審議的法令頒布。這樣的安排，除了落實行政主導，亦確保行政當局須向立法局負責。這制度包括了制衡的原則，而且一直運作良好。政府當局不認為有任何理由須要加以改變。

第三，亦是最後一個問題，關乎在一九九五年當選的立法局議員任期縮短至一九九七年六月三十日的建議。我將會在委員會審議階段較詳細討論這個問題。不過，現在我想說的，就是這個匆匆提出的建議，不單止與社會人士希望有「直通車」的明確願望相違背，而且與過去二十個月以來本局全力爭取達到的一切目標背道而馳。肯定地說，香港市民絕對不會接納這樣的一個建議。

正如布政司今早所說，對於不能提交一個中方同意的條例草案，當然是感到遺憾，但就算中英雙方不能夠在某一事情上有同一個看法，這並不代表他們會在所有事情上有歧見。其他方面的合作，受到政制問題的影響，這明顯對任何人都是沒有益處的。中方亦曾經說明，他們是不會作出任何傷害香港經濟利益的行動；相反，他們亦多次表示願意與英方在經濟領域上合作。就我們來說，我們當然隨時預備與中方在這些問題上加強合作。我們所提出的建議，亦在這個原則上盡量符合社會人士對參與公共事務的訴求。關於中英雙方在一九九〇年交換的外交函件，英方的立場大家亦都耳熟能詳，我亦不打算詳加覆述。我自己想再一次指出，中英雙方在一九九〇年未有就一九九五年的選舉安排達成任何的協議及諒解。杜葉錫恩議員、何承天議員及部分其他的議員說我們的建議是違反中英聯

合聲明及基本法，這些指控是毫無根據。現在或者再給我一個機會說明原因。第一、聯合聲明附件一指明立法局應該由選舉產生，我們的建議完全符合這項條文。

......

我剛才說過，概括來說，有些議員抨擊我們，說我們的建設是違反中英聯合聲明，或者違反基本法，或者同一時間違反這兩份文件，這是「毫無根據」的。第一個理由就是聯合聲明提過由選舉產生，而我們的建議是符合這項條文。第二，基本法亦都沒有對功能組別作出定義，而根據常理，應該由一群來自同一個行業的選民所組成，而這正是我們的建議。正如我較早前說過，我們的建議亦是基於一九八八年白皮書內所提的功能組別概念。

主席先生，概括來說，政府堅決支持這條例草案所建議的方案，因為這方案不單止是達至公開及公平選舉的最佳方法，而且符合基本法、聯合聲明和以往與中國達成的協議。有些議員擔心草案的建設會導致所謂「一黨獨大」。我對這論調實際上是摸不著頭腦。事實上草案的精神，正是讓各大小政黨以至獨立的候選人，都能在一個公平的環境下競爭。我們三位當然議員將會對這條例草案投支持票。我亦謹此請其他議員對草案加以支持。